WEINE AUS FRANKREICH

Champagne

Elsass und Lothringen

Jura und Savoyen

Burgund

Das Tal der Rhône

WEINE AUS FRANKREICH

ROBERT JOSEPH

DORLING KINDERSLEY
LONDON • NEW YORK • MÜNCHEN • SYDNEY

DORLING KINDERSLEY

Projektbetreuung Marcus Hardy
Bildbetreuung Tessa Bindloss
Redaktion Nancy Jones, Jane Bolton, Edward Bunting
Gestaltung Catherine MacKenzie, Tim Mann
Cheflektorat Francis Ritter
Chefbildlektorat Derek Coombes
DTP-Design Sonia Charbonnier

Bildrecherche Brigitte Aurora
Karten James Anderson
Illustrationen Claire Littlejohn
Wein-Fotografien Steve Gorton
Herstellung Julian Deeming

Robert Josephs Team
Kitty Johnson, Jane Boyce, Richard Royds

Die Deutsche Bibliothek – CIP-Einheitsaufnahme

Ein Titeldatensatz für diese Publikation ist bei der Deutschen Bibliothek erhältlich.

Titel der englischen Originalausgabe:
French Wines

Übersetzung Gisela Sturm
Redaktion Dr. Carla Meyer, Amorbach, für Verlagsservice Monika Rohde, Bonn
Satz Verlagsservice Monika Rohde, Bonn

ISBN 3-8310-0033-6

Printed and bound in Italy

Besuchen Sie uns im Internet
www.dk.com

INHALT

Weinbergemblem in Riquewihr, Elsass

EINFÜHRUNG FRANZÖSISCHE WEINE

Lesehelfer bei der wohlverdienten Rast

Detail eines Eichenholzfasses von Champagne Mercier

DIE FRANZÖSISCHEN WEINBAUREGIONEN

Gepflegte Weingärten im französischen Alpenvorland

BENUTZERHINWEISE

GENUSSMITTEL UND KAPITALANLAGE
Wein als Kapitalanlage oder Wein zum Genießen – dieser Guide vermittelt umfassende Kenntnisse über die Weine Frankreichs.

Dieser französische Weinführer wendet sich an Weinenthusiasten, aber auch an alle, die einfach mal gerne ein Glas Wein zum Essen genießen.

Im ersten Teil folgt nach einer Darstellung der Weinbaugeschichte Frankreichs eine Beschreibung der Techniken der Weinherstellung, eine Schritt-für-Schritt-Anleitung für die Weinverkostung, Tipps für die Anlage eines eigenen Weinkellers sowie Empfehlungen zum Kochen mit Wein.

Der zweite Teil befasst sich kapitelweise in alphabetischer Reihenfolge mit den 10 Weinbauregionen Frankreichs, ergänzt jeweils durch farbige Illustrationen. Nach einer Einführung in die jeweilige Region folgen, in Form von Routenempfehlungen, ausgewählte Zielorte. Im Anschluss daran erläutert Robert Joseph die regionalen *appellations* und verschiedenen Weinstile, nennt gute Erzeuger und Jahrgänge und gibt Tipps zur Kombination der Weine mit passenden Speisen.

Zusätzlich werden am Ende jedes Kapitels die typischen Spezialitäten der regionalen Küche vorgestellt sowie, in einem Kasten, typische regionale Käsesorten.

Dieser Weinführer wird Ihnen zu Hause wie in Frankreich behilflich sein, Ihre Kenntnisse über französische Weine zu vertiefen.

DIE WEINANBAUREGIONEN

Frankreichkarte
Zu Beginn eines jeden Kapitels wird die Lage der jeweiligen Region innerhalb Frankreichs dargestellt.

Regionalkarte
Diese Karte veranschaulicht die Lage und die Größe der wichtigsten Anbaugebiete in der genannten Region.

Farbillustrationen
Der Einführungstext zu jedem Kapitel wird jeweils durch Bildmaterial ergänzt.

Legende zur Regionalkarte
Anhand der Farbcodierung ist jedes Anbaugebiet leicht auffindbar.

Wichtige Angaben
In diesem Kasten sind u. a. Angaben über Jahresproduktion, Klima, Bodentypen und die wichtigsten Rebsorten der Region zu finden.

Beschreibung der Region
Jedes Kapitel beginnt mit einer Einführung, die viele Hintergrundinformationen über die Region bietet.

WEGWEISER

- Weinprobe
- Essen und Trinken
- ★ Sehenswürdigkeit
- Touristeninformation
- Aussichtspunkt

Zur Orientierung
Auf der Orientierungskarte sind die Stationen der Routenempfehlung im Überblick dargestellt.

Nützliche Informationen
Adressen und Telefonnummern von Fremdenverkehrsbüros, Hotels und Restaurants sowie Veranstaltungshinweise.

REGIONALE ROUTENEMPFEHLUNG

Routenverlauf
Diese Karte zeigt den empfohlenen Routenverlauf durch die Region.

Routenbeschreibung
Hier finden Sie detaillierte Beschreibungen einzelner Orte und Sehenswürdigkeiten.

DIE EINZELNEN APPELLATIONEN

Name der Appellation
Die Namen der wichtigsten appellations sind alphabetisch aufgelistet und in der Farbe der jeweiligen Region markiert.

Beschreibung der Appellation
Hier finden Sie Hinweise zu Qualität und Weinstil der jeweiligen appellation.

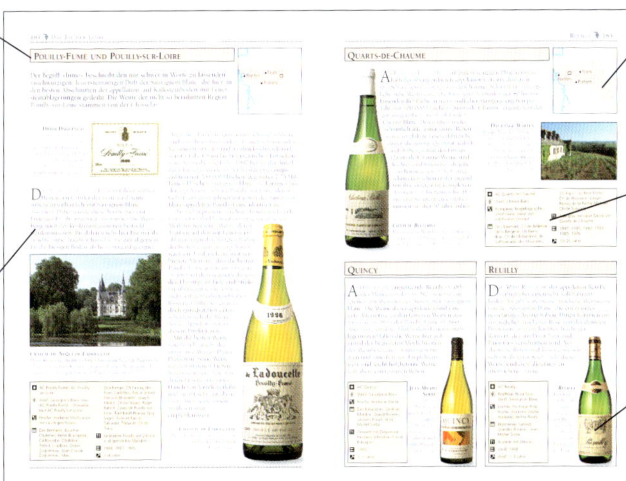

Zur Orientierung
Hier ist die Lage der appellation aufgezeigt.

Nützliche Informationen
Diese Infobox enthält weitere Angaben zur jeweiligen appellation.

Ein Highlight
Hier erscheint jeweils ein führender Wein der genannten appellation.

ERLÄUTERUNG DER SYMBOLE

- Beurteilung der Weinqualität von nicht so gut bis ausgezeichnet
- Spitzenlagen
- Ernteertrag
- Klima
- Boden
- Rebsorten für Rot, Weiß und Rosé
- Weinstil(e)
- Produzenten oder Spitzenweine (Champagne)
- Konzerne (Champagne)
- Empfohlene Speisen
- Spitzenjahrgänge
- Lebensdauer für Rot, Weiß und Rosé

Vorwort

Meine Liebe zum französischen Wein begann, als ich als Junge den Weinkeller des Hotel-Restaurants meiner Eltern erforschte. Hatte ich bislang geglaubt, dass sich Weine nur durch ihre Farbe, also Rot, Weiß, Rosé oder Braun, und ihren Süßegrad unterscheiden, so entdeckte ich nun eine ungeahnte Geschmacksvielfalt. Da gab es den jugendlichen roten Burgunder, dessen Himbeernote mit den animalisch anmutenden Aromen älterer Jahrgänge kontrastierte, einen Chablis mit Feuersteincharakter, einen nussigen Meursault, einen roten Bordeaux mit Cassisaromen aus dem Médoc, einen pflaumigen St-Émilion. Ich entdeckte die Stachelbeeren im Sancerre und die Frühlingsblumen in den Weinen aus Condrieu an der Rhône.

Ein natürlicher Umwandlungsprozess

Dann reiste ich als junger Mann nach Frankreich, wo ich mein Wissen mithilfe von Büchern und der Unterstützung großzügiger Winzer erweiterte. Beim Verkosten von Weinen unterschiedlichster Herkunft, z. B. aus Jurançon, Château Chalon und Banyuls, vertiefte ich meine Kenntnisse in Geographie und Geschichte und lernte, dass jede Rebsorte ihren eigenen Charakter hat und dass Boden, Klimaverhältnisse und Jahrgänge ihren Geschmack prägen. Damals schon und später, als ich in Burgund lebte, erfasste ich die bedeutende Rolle des Winzers in jenem chemischen Prozess, in dem sich eine einfache Frucht in ein berauschendes Getränk verwandelt, dessen Geschmack sich dem Gedächtnis eines Weintrinkers für Jahrzehnte einprägen kann.

Das, was einen Wein ausmacht, ist nur in Zusammenhang mit seinem Ursprungsort, seinem Erzeuger und den lokalen Gerichten, die er begleitet, wirklich zu erfassen. Genau darauf aber bezieht sich vorliegender Weinführer, der eine Auswahl der bekanntesten – und unbekanntesten – französischen Weine präsentiert und Ihnen die Wechselbeziehung zwischen Herkunft, Geschmack und Stil eines Weines aufzeigen möchte.

Die Tücken des Systems

Während ich die französischen Weine hinsichtlich Geschmack und Stil erforschte, lernte ich, was es bei der Weinauswahl zu beachten gilt. Die Kritik ist sich einig, dass das französische System der *appellations contrôlées* dringend einer Revision bedarf. Denn die Herkunftsangabe auf dem Weinetikett allein ist noch kein Garant für Qualität. Dieser Champagner, jener Bordeaux kann ein Hochgenuss sein, der nächste ein Fiasko. Ein so genannter Basisburgunder von geschickter, sorgfältiger Machart mundet oft besser als ein teurer Wein aus einer benachbarten Grand-Cru-*appellation*, die weniger strengen Qualitätskriterien unterliegt. Aber damit nicht genug: Das Appellationssystem stiftet obendrein Verwirrung. So kommen aus Cheverny und Cour-Cheverny Weißweine, die zwar ein und denselben Ursprungsort haben, im Geschmack aber völlig unterschiedlich sind, weil sie aus verschiedenen Rebsorten gekeltert wurden. In Rully ist der Wein völlig anders als in Reuilly, und auch die Ähnlichkeit der Weine aus Pouilly-Fumé, Pouilly-sur-Loire und Pouilly-Fuissé bleibt auf deren Namen begrenzt.

Eine komplizierte, aber lohnende Sache

So begreift man, dass Weinfreunde immer öfter Wein kaufen, bei dem der Name der Traube, etwa Chardonnay, Cabernet Sauvignon oder Merlot, ausgewiesen ist. So bringen sie sich allerdings um den Genuss all der subtilen Geschmacksnuancen, die den Wein vor allen anderen Getränken auszeichnen. Frankreich hat mannigfaltige klimatische und mikroklimatische Verhältnisse, Bodentypen, Rebsorten, Winzer und Weinbautraditionen; alles zusammen ergibt eine komplexe Vielfalt an Weinen, die jeweils charakteristische Eigenschaften aufweisen. Trotz dieser Komplexität, oder gerade deswegen, setzt dieses Land mit seiner langen Weintradition immer wieder unerwartete Höhepunkte, die weltweit ihresgleichen suchen.

Ein Wegweiser

Dieses Buch soll Ihnen als Wegweiser durch das Labyrinth der französischen Weine dienen, Sie vor falschen Kaufentscheidungen bewahren und Ihnen die notwendigen Kenntnisse für eine eigenständige Beurteilung praktisch aller französischen Weine vermitteln. Und ich kann nur hoffen, dass Sie dabei ebenso viel Freude empfinden wie ich während meiner Recherchen und der Niederschrift dieses Guide.

Robert Joseph

EINFÜHRUNG
FRANZÖSISCHE WEINE

WEIN IN DER GESCHICHTE

SCHON IM ALTEN TESTAMENT STEHT, DASS VERGORENER TRAUBENSAFT GUT SCHMECKT UND DIE SINNE BEFLÜGELT. DEN WEIN VERFEINERT HABEN JEDOCH ERSTMALS DIE FRANZOSEN.

NOAHS WEIN
Noah war, so die Bibel, der erste Mensch, der Wein produzierte. Obiges Relief von Andrea Pisano aus dem 14. Jh. verweist auf dieses Ereignis.

TROTZ ÄRZTLICHER EMPFEHLUNGEN bezüglich des täglichen Mindest- bzw. Höchstkonsums von Wein darf man nicht vergessen, dass Wein einst das reinste und somit gesündeste Getränk gewesen sein dürfte, der eigentliche Luxus hingegen sauberes Trinkwasser war.

Hört man französische Winzer reden, dann muss der Eindruck entstehen, dass die Idee, aus Trauben Wein zu machen, aus Frankreich stammt. Doch auch wenn wir den Franzosen zugestehen müssen, dass sie in der Weinbereitung am erfolgreichsten waren und dass ihre Weine heute zu den berühmtesten der Welt zählen, so sind trotzdem nicht sie es, die den Wein erfunden haben. Denn der erste Weintrinker soll, so die Bibel, Noah gewesen sein. Nachdem seine Arche an der Küste der heutigen Türkei angelegt hatte, fiel ihm das übermütige Gebaren eines Ziegenbocks auf, der an überreifen, im Gären begriffenen Trauben genascht hatte. Das bewog Noah, einen Weinberg anzulegen, sehr zum Verdruss seiner Söhne, denn: »Da er von dem Wein genoss, ward er trunken und lag in der Hütte aufgedeckt.« Wenn man der Bibel also Glauben schenkt, dann war Noah nicht nur der

WEIN ALS APHRODISIAKUM
Rubens' Gemälde zeigt, wie Lots Töchter ihren Vater betrunken machen, um sich »zu ihm zu legen«, auf dass »die Linie nicht aussterbe«.

erste Winzer, sondern auch der erste Betrunkene auf Erden. Wein kommt in der Bibel immer wieder vor. Als die zwei Töchter Lots sich mit ihrem Vater in einer Höhle versteckt hielten, gaben sie ihm an zwei aufeinander folgenden Tagen Wein zu trinken, denn sie wollten sich »zu ihm legen«, um »die Linie zu erhalten«. Bei den Persern wiederum entdeckte den Weingenuss eine trauernde Prinzessin, die ihrem Leben ein Ende setzen wollte. Sie fand einen Krug mit gärendem Most, und weil sie ihn für ein tödliches Gift hielt, trank sie davon, so viel sie konnte. Der Rauschzustand, in den sie daraufhin verfiel, und der Umstand, dass sie überlebte, müssen die Prinzessin sehr überrascht haben. Leider ist nicht überliefert, wie sie auf den unvermeidlichen Kater reagierte, der sicherlich auch eine Premiere in der Geschichte der Menschheit darstellte.

IMMER SCHÖN COOL BLEIBEN

Wie auch immer, lange kann es nicht gedauert haben, bis der Mensch entdeckte, dass sich Traubensaft durch Gärung in ein alkoholisches Getränk verwandelt, das durchaus angenehm schmeckt. Und gleichzeitig entdeckte man wohl auch, dass vergorener Traubensaft robuster und haltbarer ist als unvergorener, jedoch auch zu Essig werden kann. Heute wissen wir, dass Letzteres durch Bakterien verursacht und durch Wärmeeinwirkung zusätzlich verstärkt wird, und verwenden Kühlmittel und Schwefeldioxyd, um den Wein vor bakteriellen Einwirkungen zu schützen. Früher aber hatten nur Weine, die in relativ kühlen Regionen hergestellt und gelagert wurden, die Chance, das Jahr zu überdauern.

IM HAFEN VON BORDEAUX
Monets Gemälde (1871) mit dem geschäftigen Hafen von Bordeaux, seinen Frachtschiffen und seinem Wald von Schiffsmasten dokumentiert den regen Weinhandel in jener Epoche.

Ausgehend von den ersten Weinen, die im Gebiet des heutigen Nahen Osten wuchsen, lässt sich die Geschichte des Weins durch nahezu alle Länder der zivilisierten Welt verfolgen. Ausgrabungsfunde belegen, dass die Ägypter schon seit mindestens 3000 Jahren Weinbau betreiben, und Marco Polo trank, so die Überlieferung, um 1400 in China einen Wein, der aus Persien stammte. Auch die Römer liebten Wein und lagerten ihre besten Jahrgänge bis zu hundert Jahre ein. Sie pflanzten sogar in England Rebstöcke an, doch archäologische Funde lassen darauf schließen, dass man dort auch damals schon importierte Weine bevorzugte.

Schließlich brachten Auswanderer aus Europa Wein und Reben auch in die Neue Welt. Der weltweiten Verbreitung des Weins stand damit nichts mehr im Wege.

DIE PERSER
Wein galt stets als Symbol für einen kultivierten, höfischen Lebensstil; hier sieht man einen persischen Prinzen beim Weintrinken in seinem Harem.

FRANZÖSISCHE WEINBAUGESCHICHTE

Einst prägten Kardinäle, Könige und Revolutionäre Frankreichs Weintradition. In jüngerer Zeit zerstörten Krankheiten ganze Weinberge und veränderten Supermarktketten die Trinkkultur.

FRÜHE WEINKENNER
Wie dieses Paar aus dem 1. Jh., mit seinem Sklaven auf einem Bild in Herculaneum dargestellt, tranken auch viele andere Bürger Roms gerne Wein, importierten ebenso wie eigenen.

SO GENAU WERDEN WIR ES WOHL nie erfahren, wer zu welcher Zeit den ersten Schluck Wein französischer Herkunft trank. Höchstwahrscheinlich wurde in Frankreich schon 500 Jahre v. Chr. Wein getrunken, zuerst wohl von den Phöniziern und Griechen in ihren dortigen Handelsstationen am Mittelmeer. Das Klima dieser Region, die Tatsache, dass es auch dort Reben gab, und das schwierige Un-terfangen, Wein in Amphoren hierher zu transportieren, begünstigten im Weiteren sicherlich die Entscheidung der Neuankömmlinge, sich bald nach ihrer Ankunft dem Weinbau zu widmen. Als die Römer dann im 1. Jh. den Norden des Landes besetzten, wurden auch dort Reben gepflanzt, in Regionen, die heute renommierte Weinanbaugebiete sind. Die einheimische Bevölkerung aber übernahm viele Lebensweisen und Kulturtechniken der Römer, und so bestanden hier der Weinbau und der Weinverkauf auch noch nach dem Niedergang des Römischen Reiches fort.

Schon seit den Anfängen des Weinbaus suchten die Winzer stets nach optimalen Standorten mit besten Wachstumsbedingungen für ihre Reben. So ist beispielsweise überliefert, dass Kaiser Karl der Große im 9. Jh. in Burgund (*S. 98 ff.*), an einer bestimmten Stelle des Corton-Hügels, Reben pflanzen ließ, da er beobachtet hatte, dass dieser Hang regelmäßig Sonne hatte und somit auch sehr früh im Jahr schon schneefrei war.

KARL DER GROSSE ALS WEINBAUER
Karl der Große soll viel Sorgfalt auf die Auswahl neuer Standorte für seine Reben verwandt haben.

WEINLESE IM MITTELALTER
Diese Darstellung aus dem 15. Jh. dürfte idealisiert sein. Frankreichs Aristokratie ist bestimmt nicht in Festgewändern im Weinberg aufgetaucht!

Vorläufer

Vom 10. bis 13. Jh. entstanden überall in Frankreich Klöster, die heute allgemein als Begründer der neuzeitlichen Weinkultur gelten. Wegen der schlechten Verkehrsverbindungen konnten jedoch nur Regionen wie das Elsass (*S. 58 ff.*), die über Binnenschifffahrtswege erreichbar waren, und Seehäfen wie Bordeaux (*S. 70 ff.*) einen größeren Markt für ihre Weine erschließen.

Erst die Erfindung des Flaschenkorkens um 1650 eröffnete bessere Transportmöglichkeiten und somit auch neue Märkte. Doch ab 1789 wurde der Klerus im Zuge der revolutionären Bestrebungen mehr und mehr von Bürgern und Bauern aus dem Weinbau verdrängt, und schließlich regelte 1804 der Code Napoléon auch das neue Erbrecht, demzufolge nun alle Nachkommen, ungeachtet ihres Alters und Geschlechts, gleichberechtigt erben.

Bruch mit der Tradition

Die Zerstückelung der Weinberge, die mit diesen neuen Besitzverhältnissen einherging, bahnte nun aber der Zunft der Weinhändler den Weg. Ihre Rolle bestand darin, die Weine der vielen Kleinbetriebe aufzukaufen, sie zu mischen und weiterzuverkaufen. Die Händler profitierten hierbei von inzwischen besseren Straßen und Kanälen und etwas später von den ersten Eisenbahnverbindungen.

Ein Jahrhundert später aber erlebte der französische Weinbau schlimme Zeiten: Der Falsche, dann der Echte Mehltau und schließlich eine Reblausinvasion zerstörten fast alle Weinstöcke. Ganze Weinberge mussten neu angelegt werden, wobei man nun Pfropfreben auf reblausresistente Amerikanerreben setzte, was jedoch den gesamten Weinbau veränderte.

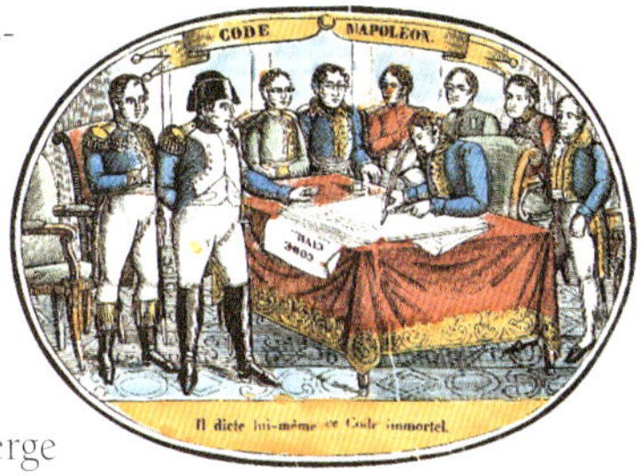

Napoleons Vermächtnis
Hier signiert Napoleon den Code Napoléon, der verfügt, dass jegliches Vermögen, auch Rebbesitz, zu gleichen Teilen unter allen Nachkommen aufgeteilt wird.

Einst berühmte Weinberge schrumpften, vormals populäre Rebsorten verschwanden und zwischen den Weltkriegen blühte der Etikettenschwindel. Letzteres aber bedingte 1935 die Einführung der *appellations contrôlées*.

In der zweiten Hälfte des 20. Jh. erforderte die massive Konkurrenz der Neuen Welt eine grundlegende Analyse der Methoden und Ziele von Weinbau und Weinerzeugung. So erlebte der französische Wein einen neuen Aufschwung, der selbst die bis dahin vernachlässigten Rebgärten im Süden des Landes erfasste.

Auch Kauf- und Trinkgewohnheiten der Franzosen änderten sich: Heute bieten Supermärkte eine breite Palette von Weinen unterschiedlichster Regionen an, es wird weniger, aber besserer Wein getrunken und Jüngere trinken oft gar keinen Wein. Auch deshalb konzentrieren sich französische Winzer immer stärker auf das Exportgeschäft.

Die Revolution der Supermärkte
So bequem und preiswert wie heute hatten es die Weintrinker weder unter den Römern noch unter Karl dem Großen.

WIE WEIN ENTSTEHT

FÜR DAS SO EINFACHE WIE KOMPLEXE VERFAHREN DER WEINBEREITUNG SIND GLEICHERMASSEN DIE FERTIGKEITEN EINES BAUERN, EINES GÄRTNERS, KOCHS UND CHEMIKERS GEFRAGT.

DIE FRANZÖSISCHE SPRACHE HAT keine Entsprechungen für den »Wein-Macher« und die »Kellerei«, in dem Sinn, wie ihn die Neue Welt versteht. Für Franzosen wird der Wein von einem *vigneron* oder *viticulteur* gemacht, wobei letzterer die Trauben zwar anbaut, aber nicht selbst weiterverarbeitet. Und was die Kellerei betrifft, so sprechen die Franzosen nach wie vor von der einfachen *cave,* selbst wenn diese mit fortschrittlichster Technologie ausgerüstet ist und auf den ersten Blick wie eine Halbleiterfabrik aussieht.

Außer in Bordeaux, in der Champagne und im Elsass ist auf jedem französischen Weinetikett ein Hinweis auf den Ursprung des Leseguts vermerkt. Der Name des Erzeugerbetriebs erscheint kleingedruckt. In der Neuen Welt wird dagegen der Name des Weinerzeugers oder der Kellerei auf dem Etikett hervorgehoben.

VERSCHIEDENE AUFFASSUNGEN

In dieser Vorgehensweise spiegelt sich der Sinn der Franzosen für Tradition und ihre Überzeugung, dass ein Wein im Weinberg entsteht. Demgegenüber wird in den USA und Australien betont, dass ein Wein im Keller erzeugt wird. Beide Auffassungen prallten in den 1990er Jahren aufeinander: Unzufrieden mit den Weinen aus einigen französischen Anbaugebieten, schickten britische Händler sogenannte »Flying Winemakers«, die meist aus Australien

ALTE METHODEN
Weinpressen wie diese aus Kientzheim im Elsass wurden für Jahrhunderte konzipiert. Bis vor einiger Zeit haben sich die Weinbereitungstechniken auch tatsächlich kaum verändert.

WEINPRESSE
In der Champagne sind noch Korbpressen, die von Hand betrieben werden, im Einsatz.

kamen, in die französischen Genossenschaftskellereien *(coopératives)*, um den Wein nach ihren Wünschen zu gestalten.

DIE ABFÜLLUNG

Früher konnten sich die Winzer keine eigenen Holzpressen, Holzfässer und Gärbottiche leisten. Sie lieferten ihre Trauben an ein Kloster oder Château, das als zentrale Weinkellerei diente. Nur wenige Einzelweingüter, etwa in Burgund, kelterten ihren Wein selbst und verkauften ihn fassweise an Händler *(négociants)*, die ihn verschnitten und unter eigenem Namen abfüllten. Heute jedoch gibt es immer mehr Burgunder aus Weingutabfüllung, also direkt von einer *domaine*. Doch selbst in Bordeaux, wo jedes Château sein jahrhundertealtes Prestige pflegt, setzte sich die Idee der Weingutabfüllung erst nach dem Zweiten Weltkrieg durch.

Die 1970er und 1980er Jahre brachten dann neben der Konkurrenz aus der Neuen Welt auch eine neue Generation Winzer *(vignerons)* hervor, die ein Önologie-Studium absolvierten und wissen, wie man in anderen französischen Regionen, ja zum Teil auch in australischen und kalifornischen Kellereien arbeitet. Sie verkaufen ihre Weine unter eigenem Namen an eine internationale Kundschaft, statt sie unter dem Namen eines Händlers oder einer Genossenschaft *(coopérative)* zu vertreiben. Bis vor 20 Jahren gab es kaum einen Champagner, der nicht von/einem Handelshaus oder einer Winzergenossenschaft stammte, heute aber gibt es viele Kleinerzeuger, und die Konkurrenz unter den Winzern ist groß. Sie wissen, wie wichtig das Urteil eines angesehenen Kritikers sein kann, dass sorgfältige Pflege des Weinbergs nur der erste Schritt zum Erfolg ist, dass Qualität und Geschmack ihres Weins auch davon abhängen, wie sie mit dem Lesegut umgehen. Denn ein Wein entsteht zwar im Weinberg, kann aber im Keller verbessert werden.

CHÂTEAU CARBONNIEUX
Die Château-Abfüllung gibt es noch nicht allzu lange. Bis zum Zweiten Weltkrieg wurden die Weine von Handelshäusern abgefüllt.

NEUE METHODEN
Moderne Weinbaubetriebe wie Château Haut-Brion bei Bordeaux verwenden Edelstahltanks.

REBSORTEN

Jeder Wein wird von den Gegebenheiten des Bodens und des Klimas sowie der Handschrift des Kellermeisters geprägt. Vor allem aber schmeckt ein Wein nach der Traube, von der er gekeltert wird.

GAMAY
Die weit verbreitete Rebsorte Gamay fühlt sich auf den Granitböden im Beaujolais besonders wohl.

MERLOT UND CABERNET SAUVIGNON
Diese typischen Bordeaux-Rebsorten benötigen sehr unterschiedliche Böden. Merlot (links) liebt Lehm, Cabernet Sauvignon (rechts) bevorzugt Kies.

FESTE REGELN, WELCHE REBSORTEN wo angepflanzt werden dürfen, gab es schon immer, und sie wurden auch über Jahrhunderte hinweg befolgt. Dennoch experimentierten französische Winzer stets unbeirrt auch mit neuen Sorten. All dies fand jedoch 1935 ein Ende, als in ganz Frankreich die *appellations contrôlées* eingeführt wurden, ein System zur Kontrolle der Herkunft und Qualität der Weine. So werden in Pomerol *(S. 87)*, wo vor 1935 auch Weißweintrauben wuchsen, heute nur noch rote Trauben angebaut. Selbst entscheiden dürfen die Winzer nur über die jeweilige Menge, in der sie Merlot, Cabernet Franc und Cabernet Sauvignon anbauen. In Regionen wie Burgund *(S. 98 ff.)*, wo ausschließlich sortenreine Weine erzeugt werden, beschränkt sich die Freiheit des Winzers beim Pflanzen lediglich auf die Auswahl eines spezifischen Klons oder einer Klongruppe. Gewiss trug das Reglement dazu bei, den bekanntesten Weinen Frankreichs ihren individuellen Charakter zu bewahren und die Verbreitung traditioneller französischer Rebsorten in der Neuen Welt zu fördern. Doch weniger positiv ist, dass dadurch dem Experimentieren der Winzer Einhalt geboten und die Entwicklung insgesamt abgebremst wird.

Doch zum Glück gibt es auch Ausnahmen. So konnten die Winzer in Südfrankreich kürzlich der Erkenntnis zum Durchbruch verhelfen, dass Veränderungen, vernünftig durchgeführt, der Qualität des Weins durchaus zugute kommen: Herkömmliche, recht fade Rebsorten wie z. B. Carignan wurden hier durch bewährte Alternativen wie Syrah und Mourvèdre ersetzt. Auch berühmtere Anbauregionen, etwa Muscadet, könnten sich diese innovative Denkweise zunutze machen.

Die bekanntesten französischen Rebsorten

A **Aligoté** Diese säuerliche Weißweintraube ergibt guten weißen Burgunder und wird vorwiegend im Weindorf Bouzeron angebaut.

C **Cabernet Franc** Verschnitten in roten Bordeaux-Weinen, findet sich diese kräuterwürzige Verwandte der Cabernet Sauvignon auch im Chinon und Bourgueil von der Loire.

Cabernet Sauvignon Die bevorzugte Traube der Médoc-Region duftet nach Cassis und schwarzem Pfeffer. In den südlichen Appellationen wird sie verschnitten und für *vins de pays* verwendet.

Carignan Im Languedoc-Roussillon (Fitou, Corbières und Minervois) zu Rotwein gekeltert, bedarf sie sorgfätiger Verarbeitung, um nicht nur schlicht und erdig zu schmecken.

CHARDONNAY
Die Weißweintraube in Burgund und in der Champagne.

Chardonnay Sie wächst längst nicht mehr nur in Burgund und der Champagne, sondern auch an der Loire und in Südfrankreich, wo man hieraus weiße *vins de pays* keltert.

Chasselas Eine eher ausdrucksarme weiße Traube, die im Elsass und in Pouilly-sur-Loire angebaut wird.

Chenin Blanc Die klassische Weißweintraube der Loire, so für Vouvray, für Schaumwein aus Saumur und Bonnezeaux.

Cinsault Eine vollmundige und zunehmend beliebtere Rotweintraube, die im südlichen Rhônegebiet und in Südfrankreich wächst.

Colombard Weiße, schlichte Rebe mit Apfelaroma, die in der Gascogne kultiviert wird.

G **Gamey** Wird in roten Loire-, Beaujolais-, Gaillac- und Mâconnais-Weinen vergoren.

Gewürztraminer Typische, weiße Elsass-Traube mit Litschi-, Veilchen- und Rosenwasseraromen.

Grenache Pfeffrig-aromatische, rote Traube des südlichen Côtes-du-Rhône-Gebiets; in Südfrankreich wird sie mit anderen Sorten verschnitten.

Gros/Petit Manseng Eine Weißweintraube aus dem Jurançon mit köstlichem Honigaroma.

Gros Plant Diese Massenweintraube liefert die gleichnamigen trockenen, säuerlichen Weißweine aus dem Tal der Loire.

M **Malbec** Früher wurde die würzige Malbec in Bordeaux zum Verschneiden benutzt. Heute wächst sie nur noch in Cahors und an der Loire, wo sie Cot genannt wird.

Marsanne Blumige Weißweintraube mit Zitronenaroma, oft mit Roussanne zu Hermitage und Châteauneuf-du-Pape verschnitten.

Melon de Bourgogne Eine ausdruckslose Sorte, nur für Muscadet verwendet.

PINOT NOIR
Die Traube für roten Burgunder und Champagner.

Merlot Cremeweiche, pflaumige Bordeaux-Rebe, speziell in Saint-Émilion und Pomerol angebaut sowie für südfranzösische *vins de pays*.

Mourvèdre Liefert die Brombeeraromen in roten Rhône-Weinen. Wächst auch im Süden, vor allem in Bandol.

P **Pinot Blanc** Weiße Elsass-Traube mit sanftwürzigen, nussigen Aromen.

Pinot Gris/Tokay Im Elsass werden aus dieser würzigen Traube schöne, trockene Weiße und Spätlesen gewonnen.

Pinot Meunier Die fast schwarze Verwandte der Pinot Noir ist in der Champagne weiter verbreitet, als man meint.

Pinot Noir Traube mit Himbeeraroma; wird für rote Burgunder, für Sancerre in Rot und in Rosé, für elsässische Rote, südfranzösische *vins de pays*, Champagner und roten Bouzy verwendet.

R **Riesling** Ergibt im Elsass trockene und süße Weißweine mit Apfel- und Zitronenduft.

Roussanne Diese duftende Weißweintraube wird an der Rhône mit Marsanne verschnitten.

S **Sauvignon Blanc** Weißweintraube mit Stachelbeer- und leichten Spargelaromen; wächst an der Loire und in Bordeaux.

Sémillon Sie hat Pfirsicharoma und wird in Bordeaux mit Sauvignon Blanc verschnitten.

RIESLING
Eine der edelsten elsässischen Sorten, im Ausland leider nur wenig gefragt.

Sylvaner Ausdrucksschwache Weißweintraube des Elsass.

Syrah Ihr rauchwürziger Johannisbeerduft prägt viele Rotweine aus dem nördlichen Rhônetal sowie Südfrankreichs, z. B. in Minervois.

T **Tannat** Kräftige rote Traube aus Madiran.

V **Viognier** Aromatische Traube, früher nur im nördlichen Rhônegebiet, heute für *vins de pays* verwendet.

KLIMA, BODEN UND WEINBERGLAGEN

Der individuelle Weincharakter ist Ergebnis vieler Faktoren. Benachbarte Weinberge, deren Boden und Mikroklima nicht identisch sind, können ganz unterschiedliche Weine hervorbringen.

WOHLTUENDE KÄLTE *Frühjahrsfröste können gefährlich sein, die Winterkälte aber sorgt dafür, dass die Säfte des Weinstocks in den Wurzeln bleiben und der Wein seine Ruhezeit erhält.*

ENERGIESPEICHER *Kieselböden speichern die Sonnenwärme und strahlen sie wieder ab. So werden die Trauben aromatischer.*

AUCH DIE FRANZÖSISCHE SPRACHE hat einen Terminus, der in anderen Sprachen keine Entsprechungen findet: *terroir* steht für ein präzises Konzept, das in die internationale Weinsprache Eingang gefunden hat. Bruno Prats, einst Eigner von Château Cos d'Estournel in Bordeaux, definierte *terroir* einmal als das »Zusammenspiel von Klima, Landschaft und Boden, das einen Weinberg kennzeichnet«. Auf den einfachsten Nenner gebracht, könnte der Begriff *terroir* für einen Hang mit Kreideboden und kühlem Klima stehen. Doch in Wirklichkeit umfasst dieser Begriff sehr viel mehr, denn Prats erwähnt auch »die Tages- und Nachttemperaturen, die jährliche Verteilung der Niederschläge, die Sonnenscheindauer, die Tiefgründigkeit des Bodens, den pH-Wert, die Hangneigung und das Wasserrückhaltevermögen. Alle diese Faktoren stellen in jedem Teil des Weinbergs ein ganz spezifisches Wirkungsgefüge dar.«

Wörtlich übersetzt heißt *terroir* einfach nur »Boden«, der Begriff umfasst aber auch das Makro- und Mikroklima. Das Makroklima, in Bordeaux etwa das gemäßigte Meeresklima, in Burgund das strengere Kontinentalklima, bestimmt das Wetter einer ganzen Region. Das Mikroklima dagegen verweist auf spezifische Bedingungen eines einzelnen Weinbergs: seine Höhe, Ausrichtung und sein Gefälle, seine Nähe zu Gebirgen, Wäldern, Flüssen, Seen und zum Meer.

ASPEKTE DES TERROIRS

Südliche Hanglagen haben mehr Sonne, so dass die Trauben dort weit besser als in der Ebene reifen. Hügel und Wälder bilden bei Unwetter zwar einen schützenden »Regenschatten«, verhindern jedoch, dass die kühlen, die Fröste begünstigenden Luftschichten vom Wind weitertransportiert werden. Gewässernähe wiederum erhöht die Luftfeuchtigkeit, die das Auftreten der erwünschten Edelfäule *(S. 93)*, aber auch der unerwünschten Graufäule im Weinberg begünstigt.

Bezüglich des Bodens sind drei Faktoren wichtig: zunächst die Beschaffenheit, also die Größe der Bodenpartikel. Reben wachsen sowohl auf Sandböden wie auf Kiesschotter, die Böden müssen allerdings tonige Bestandteile aufweisen, um nicht durch Wind und Regen abgetragen zu werden. Der zweite Faktor, die Bodenstruktur, bezeichnet das Gefüge zwischen den tonigen und sonstigen Bestandteilen sowie das Wasserrückhaltevermögen oder die Bodendurchlässigkeit. Wesentlich sind hier Menge und Art der organischen Materie, der Natrium- und Kalziumgehalt und der Typ der Tonerde. Der dritte Einflussfaktor ist der Säuregrad des Bodens, der über den Säuregehalt des Weins entscheidet.

BLICK AUF DIE WEINTERRASSEN
Schon die ersten Winzer entdeckten, dass die Trauben an Steilhängen besser reifen, aber mühsamer zu kultivieren und zu ernten sind. Das Problem wurde durch die Anlage von Rebterrassen gelöst.

DIE WICHTIGSTEN FRANZÖSISCHEN BODENTYPEN

KREIDEKALK STATT KÄSE
Von Kalkböden profitieren der Champagner und trockene Weißweine.

WERTVOLLE KIESEL
Die Kiesböden von Bordeaux sind ideal für Cabernet Sauvignon.

Alluvialboden Fruchtbarer Boden aus Sand, Silt und Flussgeröll. Die besten Alluvialböden gibt es im Médoc.

Tonige Böden Sammelbezeichnung für tonige Sedimente, Silt, Mergel und Schieferton. Unter *argilo-calcaire* versteht man ein Kalk-Ton-Gemisch.

Tonerde Saure, formbare, tonhaltige Komponente mit gutem Wasserrückhalte-, aber schlechtem Wasserabzugsvermögen. Wichtig als Unterboden in Pomerol, da gut für Merlot geeignet.

Granit Quarzhaltiges, kristallines Gestein mit alkalischen, gut dränierten, kargen Böden; die besten Lagen von Beaujolais und nördlichem Rhônetal.

Kiesel Durchlässiger, karger, kieselhaltiger Oberboden, vor allem in Bordeaux und Châteauneuf-du-Pape. Guter Wärmespeicher.

Kalkstein Alkalisches, wasserdurchlässiges Gestein, vorwiegend Kalziumkarbonat. Optimal für Weißwein geeignet.

Lehm Eine krümelige Mischung aus Ton, Silt und Sand. Im Allgemeinen zu gehaltvoll für feinen Wein.

Mergel Säurereiche Kombination aus Kalkstein und Ton; in Bestform in der Côte d'Or, im Rhônetal und im Jura.

Sand Sandiger Boden schützt gegen die Reblaus, hat aber den Nachteil, nicht ausreichend Feuchtigkeit und Nährstoffe zu speichern.

Sandstein Variables Sedimentgestein, zusammengesetzt entweder aus Quarz oder Kalziumkarbonat.

Schiefer Kristallines Gestein, das sich in Schichten aufspalten lässt. Kommt als Unterboden im Elsass und in der Côte Rôtie vor. Reich an Magnesium und Kalium.

Schieferton Ein blättriges, recht fruchtbares Sedimentgestein.

Silt Recht fruchtbares, schlecht wasserdurchlässiges Flussdepot.

Tonschiefer Kristallines Gestein aus Ton, Tonstein und Schieferton. Als Oberboden in Pouilly Fumé und teilweise im südlichen Beaujolais (französisch: *schiste*).

Tuffkalk Gut durchlässiger Kalksteinboden an der Loire.

WEINANBAU UND LESE

Alle Trauben, egal welcher Herkunft und egal, welche Weine sie ergeben, unterliegen einem Vegetationszyklus, der Monat für Monat die Arbeit im Weinberg bestimmt.

RÜCKSCHNITT
Der Rebschnitt, wichtig für den Frühjahrsaustrieb, ist harte Arbeit, oft in eisiger Kälte, doch sie muss vor Beginn der neuen Saison getan sein.

JANUAR Trotz niedriger Temperaturen muss der Winzer raus und die Reben zurückschneiden – traditionsgemäß ab dem 22. Januar, dem Namenstag des hl. Vinzenz, Schutzpatron der Winzer.

FEBRUAR Nach dem Rückschnitt herrscht nun im Weinberg einen Monat Ruhe, doch jetzt erfordert der neue Wein, der im Keller reift, viel Arbeit.

MÄRZ Die meisten Winzer sind mit dem Rückschnitt fertig. Nun müssen sie den Boden pflügen, um ihn zu belüften und von Unkraut zu befreien. Bei günstigen Boden- und Klimaverhältnissen treibt der verholzte Rebstock Ende März bereits aus.

AUSTRIEB
Wenn der Frühling naht, treiben junge Blätter und Triebe aus den verholzten Stöcken.

APRIL Die ersten Blätter sprießen, Triebe und Rispen bilden sich. Die Rispen, an denen sich Blüten und später Früchte entwickeln, erlauben erste Vorhersagen über Erträge und Zeitpunkt der Lese. Wird es jetzt zu kühl oder zu feucht, können die Trauben verrieseln. Durch diese so genannte *millerandage* entstehen kernlose Trauben, die nicht ausreifen können. Ist es aber zu sonnig und zu warm, geht die Kraft des Weinstocks in die Blätter statt in den Fruchtansatz. Dies nun führt oft zur *coulure*, d.h. die Beeren verkümmern und fallen ab.

MAI In den Weinbergen werden zum Schutz gegen Frost Ölöfen und Windmühlen aufgestellt. Es wird erneut gepflügt, und viele Winzer spritzen die Trauben gegen Echten und Falschen Mehltau und düngen den Boden.

JUNI Zeit der Bestäubung, Befruchtung und Blüte. Trockenes, warmes Wetter fördert die Blüte und begünstigt ein einheitliches Wachstum der Beeren. Bei wechselhaftem Wetter hingegen wachsen Beeren, die mal größer, mal kleiner sind. Nach der Blüte werden Teile der neuen Triebe ausgeschnitten, die verbleibenden an Drähten hochgebunden und erneut gegen Mehltau gespritzt.

BLÜTE
Die Weinblüte ist einer der spannendsten Momente im Wachstumsprozess: Sie erlaubt erste Prognosen bezüglich des Ernteertrags.

Juli Mit den warmen Tagen entwickelt sich aus jedem bestäubten Fruchtknoten der Rispen eine winzige Beere, der so genannte Fruchtansatz. Bei einigen Rebsorten, z. B. Merlot, ist dieser spärlicher als bei anderen. Von jedem Stock werden nun einige Rispen entfernt, damit die Pflanze all ihre Kraft auf die restlichen Früchte konzentriert. Meist ist jetzt auch nochmaliges Spritzen und Unkrautjäten angezeigt.

August Jetzt setzt die so genannte *véraison* ein, chemische Veränderungen, die zu einer Färbung der Beeren führen. In diesem Stadium konzentriert sich der Zucker in der Traube. Jetzt wird es kritisch: Ein starker Regenguss mit nachfolgender Warmwetterperiode, und die Fäule setzt ein. Deshalb wird nun Weinlaub entfernt, damit die Trauben genügend Luft und Sonne bekommen und schnell wieder trocknen. Starke Trockenheit zum jetzigen Zeitpunkt verzögert den Reifeprozess.

September Qualitätsbewusste Winzer schneiden die Reben noch einmal kräftig zurück und entfernen unreifes Lesegut. Diese »*vendage verte*« oder »grüne Lese« hat den Vorteil, dass der Weinstock nun seine ganze Kraft auf die verbleibenden Trauben konzentriert. Zu große Trockenheit kann jetzt den Reifeprozess verzögern, bei zu viel Regen oder gar Hagel aber besteht die Gefahr, dass die Trauben faulen. Je nach Region, Witterung und Rebsorte beginnt dann normalerweise Ende September die Weinlese.

Farbe und Zucker
Eine wichtige Phase im Reifungsprozess: Durch chemische Veränderungen bildet sich Zucker und werden rote Trauben dunkler.

Oktober In den meisten Regionen ist die Lese noch im Gang, nur in kälteren Jahren und für Spätlesen beginnt sie erst jetzt. Sobald das Lesegut im Keller ist, werden die Trauben gepresst. Mit den Schalen, Rappen und Kernen, *marc* oder Trester genannt, werden dann, oft mit Kompost und chemischen Mitteln vermischt, die Reben im Weinberg gedüngt.

November Wenn der Winter naht, zieht sich der Saft der Rebe in die Wurzeln zurück, die zum Schutz gegen Kälte mit Erde aufgehäufelt werden. Der Weinberg wird in Ordnung gebracht.

Dezember Die meisten Winzer sind bestrebt, ihre Weine bereits vor Weihnachten in den Verkauf zu bringen. Einige beginnen jetzt schon mit dem Rebschnitt.

Lese
Erntemaschinen sind vielfach im Einsatz, doch qualitätsorientierte Winzer bevorzugen die manuelle Lese.

DIE ROTWEINBEREITUNG

Der Mensch wird bei der Produktion hochwertiger Weine stets eine wichtige Rolle spielen, egal, ob diese unter Einsatz primitiver Geräte oder fortschrittlichster High-Tech erfolgt.

MASCHINELLE LESE *Hochleistungsfähige Maschinen lesen die Trauben rasch und rund um die Uhr.*

SOBALD DER WINZER GLAUBT, DASS die Trauben ihren optimalen Reifegrad erreicht haben, werden sie von Hand oder maschinell gelesen. Allgemein gilt, dass das Lesegut für hochwertige Weine manuell gepflückt werden muss; aber die maschinelle Lese, bei der der Rebstock kräftig gerüttelt wird, so dass dieTrauben herabfallen, hat den Vorteil, dass sie auch nachts stattfinden kann.

DIE GÄRUNG

Qualitätsorientierte Winzer sortieren nicht einwandfreies Lesegut spätestens im Gärkeller *(cuverie)* aus. Danach werden die Traubenstängel entfernt, damit der Wein nicht zu tanninreich wird. Die nur angemahlenen Trauben werden in einen Gärbehälter aus Edelstahl *(cuve)* oder Holz *(foudre)* gefüllt, wo sie bis zu drei Tage bleiben. Die Gärung kommt entweder unter Verwendung von Zuchthefen oder durch natürliche Hefen in Gang, bisweilen wird das Lesegut erhitzt oder es wird Most zugesetzt. Damit die an der Oberfläche schwimmenden Schalen und Kerne nicht austrocknen, werden sie nach unten gestoßen, dieser Vorgang heißt *pigeage*, oder weiter mit Most übergossen. Auch so genannte Rotofermenter, die wie Zementmischer aussehen, werden hierzu verwendet, setzen aber, so Kritiker dieses Verfahrens, übermäßig Gerbsäure frei. Die Gärung erfolgt bei gleichmäßiger Temperatur von 25 bis 30 °C. Bei leichten, fruchtigen Weinen wie dem Beau-jolais *(S. 106 f.)* wird das Lesegut ungemahlen im *macération carbonique*-Verfahren vergoren.

DIE LESE VON ROTWEINTRAUBEN *Guter Wein setzt Trauben von guter Qualität voraus. Qualitätsbewusste Winzer sortieren im Weinberg oder im Gärkeller schlechtes Lesegut aus, damit keine unreifen oder verdorbenen Beeren in den Gärbehälter gelangen.*

DIE RICHTIGE MISCHUNG

Durch die Zugabe von Zucker während der Gärung erhöht sich der Alkoholgehalt, durch Beimischung von Weinsteinsäure, einem natürlichen Bestandteil der Traube, der Säuregehalt des Weins. Beide Vorgänge, sowohl das Chaptalisieren als das Azidifizieren, unterliegen strikten gesetzlichen Bestimmungen. Ist der Most zu wässrig, wird bereits jetzt ein Teil davon abgestochen, so dass sich die Weinaromen in der restlichen Flüssigkeit stärker konzentrieren.

NACH DER GÄRUNG

Sobald sich der Fruchtzucker restlos in Alkohol verwandelt hat, ist die Gärung beendet. Nun bleibt der Wein oft noch ein bis vier Wochen auf den Schalen liegen, um die Farbe zu intensivieren und die Tannine zu mildern. Dann wird der Vorlaufwein *(vin de goutte)* abgezogen. Die verbleibende Maische kommt in die Presse und ergibt den kräftigeren, dunkleren Scheitermost *(vin de presse)*. Beide Weine werden später vom Kellermeister verschnitten und danach auf Flaschen gezogen.

Nach der alkoholischen Gärung folgt bei Rotwein fast immer eine Zweitgärung, malolaktische Gärung genannt, bei der die saure Apfelsäure in die mildere Milchsäure umgewandelt wird.

Manche Weine, z. B. Beaujolais und einfache Landweine *(vins de pays)*, sollten jung getrunken werden. Hochwertigere Weine reifen noch bis zu 18 Monate in Holzfässern. Für diesen Fassausbau werden zunehmend neue Eichenfässer verwendet. Gut dosiert, verleiht das Eichenholz dem Wein einen angenehmen Vanilleton, doch bisweilen überlagert der Holzton auch das feine Aroma des Weins.

NEUE WEINFÄSSER
Hochwertige Rotweine werden immer öfter in neuen Eichenholzfässern ausgebaut, was ihnen einen verführerischen Hauch von Vanille verleiht.

ABSTECHEN UND »SCHÖNEN«

Schwefel schützt den Wein vor Bakterien, die sich während des Gärprozesses bilden können. Bei einer nachlässigen Gärführung kann sich der Schwefel jedoch mit Sauerstoff verbinden, wodurch der übel nach faulen Eiern riechende Schwefelsauerstoff entsteht. Verbindet dieser sich dann mit Alkohol, bilden sich zusätzlich faulig riechende Mercaptane. Um solche Fehler zu vermeiden, sticht der Kellermeister den Wein von Zeit zu Zeit in ein anderes Fass ab. Derart wird er »belüftet« und verdirbt nicht.

Vor dem Abfüllen wird der Wein oft noch mit Bentonit oder geschlagenem Eiweiß »geschönt«, d. h. geklärt, sowie gefiltert, um die Trubteilchen zu entfernen. Viele Erzeuger ziehen ihre Weine heute jedoch ungefiltert und »ungeschönt« auf Flasche, um sein Aroma besser zu wahren.

EIWEISS
Das geschlagene Eiweiß bindet die Trubteilchen und setzt sich dann am Fassboden ab.

Die Weissweinbereitung

Es bedarf vieler Faktoren, die feinen Geschmacksnuancen eines Weißweins zur Geltung zu bringen. Nicht wenige Kellermeister erachten dies daher als die größte Herausforderung ihrer Zunft.

Die Traubenlese
Diese Trauben aus dem elsässischen Riquewihr ergeben volle, aromatische, etwas süßere Weißweine.

Die Edelfäule
Der unattraktive, aber gern gesehene Pilz Botrytis cinerea, *Edelfäule genannt, verleiht dem Süßwein sein köstliches Aprikosenaroma.*

Die Schale der roten Trauben enthält den Farbstoff und das Tannin, das dem Wein Haltbarkeit verleiht. Die Schalen der hellen Trauben aber spielen keine derartige Rolle für den Wein. Auch deshalb stellt der Ausbau eines guten Weißweins höhere Ansprüche an den Winzer als der eines guten Rotweins. Denn helle Trauben haben dünnere Schalen, die rascher von Fäulnis befallen werden. Zudem neigen helle Trauben, die frisch gepflückt in der Sonne stehen, zum Oxidieren, ein Problem vor allem in südlichen Regionen.Viele Winzer setzen deshalb Erntemaschinen ein, mit denen sie auch nachts den Wein lesen können. Qualitätsbewusste Winzer bevorzugen jedoch immer noch die manuelle Lese.

Werden helle Trauben zu früh gepflückt, wird der Wein grün; werden sie zu spät gelesen, kann er fade schmecken. In einigen Regionen lässt man die Trauben aber bewusst überreif werden, damit sie möglichst viel Zucker bilden und von der Edelfäule, *Botrytis cinerea* (*S. 93*), befallen werden. Dieser Pilz erzeugt konzentriert süße Trauben mit dem intensiven Geschmack getrockneter Aprikosen. Edelfäule kann sich jedoch nur unter feuchten Bedingungen entwickeln, und so tritt sie meist zusammen mit der unerwünschten Graufäule auf. Daher müssen die Winzer ihr Lesegut sorgfältig aussortieren, um wirklich nur die edelsüßen Trauben zurückzubehalten.

Schwefeln und Pressen

Gegen Oxidation und Fäulnis hilft das bewährte Antiseptikum und Antioxidant Schwefeldioxid. Schwefel ist für den Gärkeller so wichtig wie das Spülmittel für die

Die Auslese
Bei hellen Trauben müssen schlechte und oxidierte Beeren sorgfältig aussortiert werden.

Küche. Zu viel Schwefel aber hat den Effekt etwa eines Fleckenlösungsmittels in einer Sauce. Heute verhindern viele Winzer den Bakterienbefall außerdem durch Kühlvorrichtungen. Sobald die Weißweintrauben im Keller sind, kommen sie, häufig noch mit Rappen und ungemahlen, in die Presse. Bei geschmacksärmeren Rebsorten wird der Kellermeister das Lesegut eventuell mahlen und dann mehrere Tage maischen, um den Schalen die Aromastoffe zu entziehen. Dies geschieht entweder in einem Gärbottich oder einem *vinimatic*, der wie eine Zementmischmaschine aussieht. Anschließend wird die Maische gepresst und somit der Most von Kernen und Schalen getrennt. Jetzt könnte der Most bereits gekühlt, geklärt oder gefiltert werden, doch viele Produzenten weißer Qualitätsweine sind der Meinung, dass derartige Prozeduren das Aroma und die Konzentration des Weins beeinträchtigen.

Die Gärung

Anschließend erfolgt die Gärung unter Verwendung von Natur- oder Zuchthefen, in Edelstahltanks oder Holzfässern und bei Temperaturen zwischen 5 und 30 °C; sie kann Wochen, ja sogar Monate dauern. Niedrige Gärtemperaturen ergeben leichte, frische Weine mit Pfirsichcharakter, höhere Gärtemperaturen gehaltvollere Weine mit weniger spezifischen Aromen. Nach der alkoholischen Gärung werden trockene Weißweine wie Burgunder oder Bordeaux einem natürlichen biochemischen Prozess unterzogen. Bei dieser so genannten malolaktischen Gärung wird Apfelsäure in mildere Milchsäure umgewandelt. Bei süßeren Weinen, die von der frischen Apfelsäure profitieren sollen, wird die malolaktische Gärung durch Zusetzen von Schwefel verhindert.

Leichte, fruchtige Weine werden oft schon wenige Monate nach der Lese geklärt, gefiltert und abgefüllt. Feinere Weine reifen bis zu 18 Monate, meist in Eichenholzfässern, bevor sie gefiltert, zum Schutz gegen Oxidation noch etwas geschwefelt und auf Flasche gezogen werden.

Tanks und Fässer
Moderne Weinbaubetriebe wie Château de Meursault in Burgund kombinieren Edelstahltanks und frische Eichenholzfässer zum Vergären und Ausbauen ihrer Weine.

Rosé

Für Champagne Rosé werden weiße und rote Weine verschnitten. Für alle anderen Rosés wird der Most aus dem Rotweintank abgezogen, bevor die Schalen ihre Farbstoffe restlos an den Wein abgegeben haben. Danach wird der Rosé so behandelt wie Weißwein.

Rosé
Rosé wird wie Rotwein von dunklen Rebsorten gewonnen, aber wie Weißwein vinifiziert. Die helle Farbe entsteht dadurch, dass der Most nur kurze Zeit auf den dunklen Schalen liegt.

CHAMPAGNER UND VINS DOUX NATURELS

Frankreich produziert viele ausgezeichnete Schaumweine, einschließlich natürlich des weltberühmten Champagners. Interessant sind aber auch die *vins doux naturels,* d. h. gespritete Weine.

CHAMPAGNER UND HEFE
Das Geheimnis des schäumenden Weins ist die Hefe, die in der Flasche eine Zweitgärung auslöst.

MASCHINELLES RÜTTELN
Selbst namhafte Champagnerhäuser überlassen das mühsame Rütteln heute der Maschine.

GEWÖHNLICHE LIMONADE UND feiner Champagner haben eines gemeinsam: die perlende Kohlensäure. Während der Limonade Kohlendioxid jedoch zugesetzt wird, unterscheidet man bei hochwertigen, langlebigen Schaumweinen vier verschiedene Herstellungsverfahren, bei denen sich die Kohlensäure ohne äußere Einwirkung während des Gärens bildet.

Die älteste Methode ist die heute fast ausgestorbene *méthode rurale*, bei der der Wein vor Beendigung der ersten Gärung wie Cidre oder Bier auf Flaschen gezogen wird. Das während der Gärung frei gesetzte Kohlendioxid kann nicht entweichen und bleibt in gelöster Form im Wein. Nach dieser Methode entsteht z. B. im nördlichen Rhônetal der süße Clairette de Die Méthode Dioise Ancestrale. In Gaillac in Südwestfrankreich hingegen ergibt dasselbe Verfahren, hier *méthode gaillaçoise* genannt, feine trockene Schaumweine.

MÉTHODE CHAMPENOISE

Hochwertige Schaumweine werden nach der *méthode champenoise* bereitet. Hier findet in der Flasche eine Zweitgärung statt. Zu diesem Zweck versetzt man den vergorenen Wein vor der Abfüllung mit etwas Fülldosage aus Wein, Hefe und Zucker, dem *liqueur de tirage*. Wie bei der *méthode rurale* wird das Kohlendioxid auch hier im Wein gelöst. Bei der *méthode champenoise* hat der Wein jedoch den Geschmack des Hefelagers, der ihm vor der Zweitgärung mit der Fülldosage verliehen wird.

Damit die toten Hefen später den Wein im Glas nicht trüben, werden sie nach der Zweitgärung aus dem Wein entfernt. Das ist der Rüttelvorgang, *remuage* genannt: Die in eine geneigte Position gebrachten Flaschen werden manuell oder maschinell nach und nach weiter nach unten gedreht. Durch behutsames Rütteln gleitet das Hefedepot langsam in den tiefer liegenden Flaschenhals und setzt sich dort direkt unter der Verschlusskappe ab.

Dann werden die Flaschen in senkrechter Position drei bis vier Jahre gelagert. Die während der Zweitgärung abgestorbenen Hefezellen spalten sich nun durch ihre eigenen Enzyme auf. Diese Autolyse verleiht dem Wein seinen typischen Biskuitcharakter. Je länger die Lagerdauer, desto kräftiger das Biskuitaroma. Den Abschluss des

Manuelles Rütteln
Das kunstvolle, aber langwierige Rütteln von Hand wird heute nur noch selten praktiziert.

Verfahrens bildet das *dégorgement*: Die Flasche kommt in ein Eisbad, der Verschluss, meist ein Kronkorken, wird abgenommen, und das vereiste Hefedepot schießt in einem Stück aus der Flasche. Dann füllt man die Flasche mit einer Mischung aus Wein und Zuckersirup *(liqueur d'expédition)* auf und verschließt sie mit dem traditionellen Champagnerkorken.

Zwei weitere Herstellungsverfahren sind lediglich Vereinfachungen der *méthode champenoise*. Keine davon wird für die Weine der *appellation contrôlée* benutzt: Beim Transvasionsverfahren entfällt der Rüttelvorgang. Nach der zweiten Gärung wird das Hefedepot abgefiltert und der Wein erneut in Flaschen abgefüllt. Bei der Charmatmethode *(cuve close)* verfährt man ähnlich, doch findet hier die Zweitgärung nicht in der Flasche, sondern im Drucktank statt.

Vins Doux Naturels

Die französischen *vins doux naturels* sind nicht so berühmt wie Portwein, Sherry, Marsala und Madeira, doch sie entstehen nach demselben Prinzip: Lese der dunklen oder hellen Trauben im vollreifen Zustand; während der Gärung Zugabe eines neutralen Weinbrands an den Most – daher der Begriff gespritete Weine –, um seinen Alkoholgehalt auf mehr als 15 % zu erhöhen. Derart sterben die Hefen ab, die Gärung wird unterbrochen. Das Resultat: süße, fruchtige Weine wie der berühmte Muscat de Beaumes-de-Venise *(S. 215)*, die im Charakter meist einfach sind und sich mit fortschreitendem Alter nur selten verbessern.

Die Ausnahme bildet die südlichste *appellation* Frankreichs, Banyuls *(S. 164)*. Roter Banyuls ist das französische Pendant zu einem Jahrgangs-Portwein. Er reift bis zu 40 Jahre in der Flasche und entfaltet hierbei sein ganzes Aroma. Ebenfalls lagerfähig sind hochwertige *rancios* wie der Rasteau *(S. 216)* aus dem südlichen Rhônetal. Ein *rancio* muss im Eichenholzfass lagern und mindestens zwei Jahre, der Hitze (oft der Sonne) ausgesetzt, im Kontakt mit Sauerstoff reifen. Nur so bildet er sein typisches, kräftig-nussiges *rancio*-Aroma.

Vin doux naturel
Die Franzosen lieben ihre vins doux naturels, *die im Ausland leider nicht gebührend gewürdigt werden.*

Champagnerkorken
Schaumweinkorken, aus verschiedenen Korklagen unterschiedlicher Elastizität hergestellt, bilden erst in der Flasche ihre typische »Pilz«form aus.

DAS WEINETIKETT

FÜR DEN OPTIMALEN WEINKAUF IST ES UNVERZICHTBAR, DIE SPRACHE DES ETIKETTS ZU VERSTEHEN. EIN FRANZÖSISCHES WEIN-ETIKETT IST AUFSCHLUSSREICH – UND VERWIRREND ZUGLEICH.

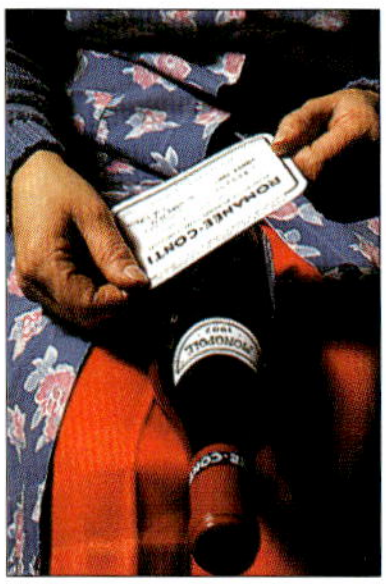

URSPRUNGSNACHWEIS *Auch Kleinstbetriebe halten sich an die Etikettierungsvorschriften, die je nach Exportland variieren.*

ANFANG DES 20. JH. KAM ES häufig vor, dass Weinhändler die Etiketten fälschten. Seither haben die französischen Behörden alles Mögliche getan, um die Etikettierung zum Schutz des Verbrauchers zu regeln. Der bekannteste und sichtbarste Teil dieses Reglements ist das System der *appellations contrôlées (S. 34 f.)*, der kontrollierten Ursprungsbezeichnungen. Doch bevor wir diese Vorschriften genauer unter die Lupe nehmen, müssen wir uns den anderen Angaben des französischen Weinetiketts zuwenden.

Das Etikett auf der Flaschenvorderseite muss eine Reihe vorgeschriebener Angaben enthalten, egal ob es sich um einfachen *vin de pays (S. 230 ff.), vin délimité de qualité supérieure (VDQS) (S. 32)* oder *appellation d'origine contrôlée* handelt. Zunächst die Füllmenge, die gemeinhin 37,5 cl, 75 cl oder 150 cl beträgt. Zweitens den Namen und die Anschrift des Abfüllers, der mit dem Erzeuger identisch sein kann. Diese Angabe darf ärgerlicherweise auch verschlüsselt werden, wie z. B. *JVF à 5600;* auch Pseudonyme sind zulässig, um ein und denselben Wein an verschiedene Zielgruppen zu verkaufen. Die dritte obligatorische Information betrifft die Ursprungsangabe. Wein ohne Ursprungsnennung ist als *vin de table* zu deklarieren, der auf seinem Etikett jedoch auch keine Jahrgangs- und Rebsortenbezeichnung aufführen darf.

Darüber hinaus kann das Etikett einen Markennamen nennen (z. B. Mouton Cadet, Malesan, Piat d'Or), eine spezifische Weinberglage wie Clos du Mesnil oder den

ELSASS *Das Elsass ist die einzige große Weinregion Frankreichs, die generell die Rebsorte auf das Etikett setzt. Eine* sélection de grains nobles *stammt von edelfaulen Trauben.*

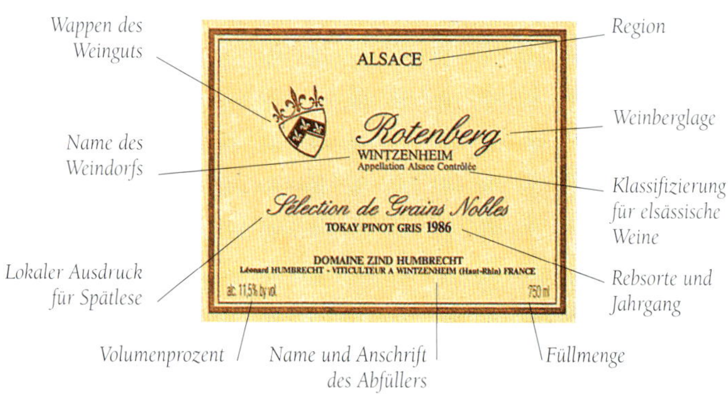

Burgund
Die besten Burgunder stammen von einem premier cru *oder einem* grand cru. *Jeder Weinberg, ob klassifiziert oder nicht, kann auf dem Etikett angegeben werden. Achten Sie deshalb auf die Aufschrift* premier cru. *Grand-cru-Bereiche wie Corton brauchen keinen Dorfnamen zu nennen.*

Namen einer individuellen *cuvée*, wie Cuvée Laurence. Hinzu kommen die Volumenprozent, in der Regel 10,5 bis 15 %, die Rangstufe *(vin de table, vin de pays, VDQS oder appellation d'origine contrôlée)*, die Kellerei, in der der Wein abgefüllt wurde, und der Jahrgang.

Lokale Klassifizierungen

Obendrein gibt es in verschiedenen Regionen weitere lokalspezifische Klassifierungssysteme. Sehen wir uns einmal die Etiketten dreier verschiedener Anbauregionen an: Elsass *(S. 58 f.)*, Burgund *(S. 98 ff.)* und Bordeaux *(S. 70 ff.)*. Im Elsass ist die Rebsorte fast immer ausgewiesen; dort gibt es etwa 50 Grand-Cru-Lagen. Die Regionen Bordeaux und Burgund haben ihre besten Weingüter und Weinberglagen wiederum in verschiedene Untergruppen eingeteilt: *cru bourgeois, cru classé, premier cru, grand cru* bis hin zum *grand cru classé* und *premier grand cru classé*. Hier wird die Rebsorte nicht genannt. Mit Vorsicht zu genießen sind Angaben wie *Grand Vin de France, Cuvée Prestige* und *Réserve Spéciale*, die eine gewisse Exklusivität vorspiegeln, vor dem Gesetz aber keinerlei Bedeutung haben. Der Ausdruck *vieilles vignes* steht für einen Wein, der von alten Reben stammt, die weniger ertragreich sind. Die Weine sind daher gehaltvoller und aromatischer. Wann eine Rebe jedoch tatsächlich alt ist, wird allerdings verschwiegen. Ähnlich verhält es sich bei einem Wein, der eine gewisse Zeit im Eichenholz ausgebaut wurde, damit er mit dem Zusatzvermerk *élevé en fûts de chêne* verkauft werden darf; über das Alter des Fasses erfährt man allerdings ebenfalls nichts, obwohl dies wichtig wäre, denn altes Holz beeinflusst das Aroma und den Geschmack des Weins anders als neues Holz.

Bordeaux
In Bordeaux variieren die Etiketten je nach ihrem Herkunftsbereich. Saint-Émilion hat eine eigene Klassifikation, ebenso Médoc (mit Pauillac); Pomerol hingegen nicht.

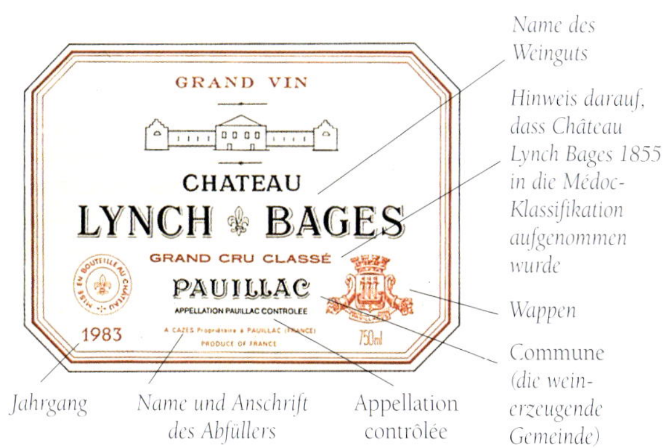

Wein für jeden Tag

Der Großteil der französischen Weine wird außerhalb einer *appellation contrôlée* hergestellt. Diese Weine können aber trotzdem sehr gut und angenehm zu trinken zu sein.

Der Aufstieg
Zu der Zeit, als dieser ausgezeichnete Wein produziert wurde, gehörte Corbières in die Kategorie der VDQS (vin délimité de qualité supérieure). *Heute hat Corbières den Status einer* appellation contrôlée.

Alle französischen Weine sind Bestandteil einer Qualitätspyramide, die ihnen ihren Rang zuweist. Es gibt vier Güteklassen: die unterste Stufe bildet *vin de table*, dann folgen *vin de pays* und *vin délimité de qualité supérieure (VDQS)* sowie die höchste Rangstufe *appellation contrôlée*.

Vin de Table

28 % der französischen Weinproduktion entfällt auf die einfachste Gütekategorie. Für *vin de table* ist nicht vorgeschrieben, wie er zu produzieren ist, doch dürfen Rebsorte und Ursprungsbezeichnung nicht auf dem Etikett genannt werden. Sie sind selten anspruchsvoll, doch gelegentlich findet man hier gute Weine, solche nämlich, die gegen die einengenden Vorschriften der *appellation contrôlée* vinifiziert wurden, wie der innovative, süße Pouilly-Fumé *(S. 184)* von Didier Daguenau, einem der besten Winzer an der Loire, und der prämierte Rotweinverschnitt Rebelle von Dulong in Bordeaux.

Vin de Pays

Die nächsthöhere Rangstufe bilden die so genannten *vins de pays* (etwa 150 geographische Ursprungsbezeichnungen). In dieser 1973 geschaffenen Kategorie entstehen »Landweine«, deren Rebsorten, Herstellungsverfahren und Ursprungsbezeichnungen für jeden Weinstil vorgegeben sind. Im Unterschied zu den meisten Weinen der *appellation contrôlée* darf auf dem Etikett der *vins de pays* die Rebsorte genannt werden. In dieser Kategorie, die rasante Entwicklungen durchmacht, sollten ursprünglich ordentliche Alltagsweine entstehen, mehr nicht.

Vin de Table
Dieser ungewöhnliche, prämierte Rotwein besteht aus einem Gebietsverschnitt. Daher dürfen nach dem französischen Weingesetz weder Ursprung noch Rebsorte oder Jahrgang auf dem Etikett angegeben sein, und der Wein darf nur als vin de table *verkauft werden.*

VIN DE PAYS
Die Domaine Cazes darf Wein in der appellation contrôlée *herstellen. Dieser Muscat wird nicht im Rahmen der Appellationsgesetze vinifiziert und somit als* vin de pays *deklariert. Wie bei den meisten* vins de pays, *aber anders als bei den meisten Weinen der* appellation contrôlée, *ist die Rebsorte genannt.*

Inzwischen erzielen die besten *vins de pays* jedoch höhere Preise als manch ein *appellation contrôlée*-Wein. Diese Entwicklung ist ehrgeizigen Winzern wie Aimé Guibert von Mas de Daumas Gassac im Hérault *(S. 232)* und Robert Skalli von Skalli Fortant de France in Languedoc-Roussillon zu verdanken, die sich auf die Produktion ihrer *vins de pays* konzentriert haben, um sich neben den Erzeugern der *appellation contrôlée* behaupten zu können.

Der Erfolg des *vin de pays*, der ein Viertel der gesamten französischen Weinproduktion ausmacht, hat in Minervois *(S. 169)* und Corbières *(S. 165)* dazu geführt, dass auch Trauben aus einer *appellation contrôlée* für die Produktion von *vins de pays* verwendet werden.

VIN DÉLIMITÉ DE QUALITÉ SUPÉRIEURE

Die zwischen *vins de pays* und *appellation contrôlée* eingeschobene Kategorie des *vin délimité de qualité supérieure (VDQS)* hat schon seit Jahren offiziell keine Berechtigung mehr. Die meisten *VDQS*-Weine haben den Status der *appellation contrôlée* erlangt. Nur wenige, wie der berühmte Sauvignon de St-Bris *(S. 136)*, befinden sich unerklärlicherweise noch in dieser Nische.

VIN DÉLIMITÉ DE QUALITÉ SUPÉRIEURE
Wie der Name sagt, wird Sauvignon de St-Bris, der zur bedrohten Spezies der VDQS-Weine gehört, ausschließlich von Sauvignon Blanc gewonnen. Ansonsten fehlt bei VDQS-Weinen meist die Angabe der Rebsorte.

Appellation d'Origine Contrôlée

40 % der französischen Weine kommen aus einer *appellation d'origine contrôlée*. Diese Bezeichnung ist Garant für den Stil und die Herkunft des Weins, bürgt aber nicht für Qualität.

Wer macht die Regeln?
Das INAO (Institut National des Appellations d'Origine) mit Sitz in Paris. Es fördert und regelt die Produktion zahlreicher französischer Weine und anderer regionaler Nahrungsmittel, darunter 30 Käsesorten.

Das 1935 eingeführte System der *appellation d'origine contrôlée* betrifft die bekanntesten französischen Weine und wurde seither weltweit kopiert. Als Garantie dafür, dass der Inhalt einer Flasche mit dem, was auf dem Etikett steht, übereinstimmt, sollte es dem Schutz der Erzeuger und Verbraucher dienen.

Genau wie damals versteht sich die *appellation contrôlée* auch heute als Garantie für Ursprung, Stil und Qualität eines Weins. Für die meisten Erzeuger ist diese Absicht zwar löblich, doch birgt sie in ihren Augen auch gewisse Fallen. Positiv ist, dass die Bezeichnung *appellation d'origine contrôlée* trotz illegaler Weinströme von einer Region in die andere nach wie vor dafür bürgt, dass die Trauben aus einer bestimmten Region, Gemeinde (*commune*) oder Lage stammen. Außerdem ist die Bezeichnung zumeist Garantie für die Verwendung nur solcher Rebsorten, die in der jeweiligen *appellation* zugelassen sind. Doch dieses System hat auch seine Tücken. Wenn der weiße Burgunder (*S. 98 f.*) fast ausschließlich aus der Chardonnaytraube erzeugt wird, dann überrascht natürlich ein Burgunder aus der ebenfalls zugelassenen Pinot-Blanc-Traube. Oder: Die meisten Weine der *appellation* Minervois (*S. 169*) werden aus mehreren Rebsorten verschnitten. Einige Erzeuger aber, die Weine nach dem Vorbild Australiens und des Rhônetals (*S. 200 ff.*) machen wollten, fanden eine Gesetzeslücke, die es ihnen

Junge Reben in Muscadet
Ein Wein aus der appellation contrôlée *Muscadet darf nur aus Melon de Bourgogne vinifiziert werden. Die gesetzliche Regelung, welche Rebsorten jeweils verwendet werden dürfen, hilft dem Verbraucher, die Weine einer bestimmten Appellation besser einschätzen zu können.*

erlaubt, ihren Wein sortenrein aus der Syrah-Traube zu keltern, was diesem Minervois natürlich einen völlig anderen Geschmack verleiht. Auch was das Etikett betrifft, bewirken die *appellation d'origine contrôlée*-Bestimmungen nicht selten das genaue Gegenteil ihrer Intention. So ist beispielsweise die üppig süße Spätlese Pouilly-Fumé von Didier Dagueneau *(S. 184)* offiziell gesetzeswidrig, während zahlreiche Erzeuger in Vouvray *(S. 190)* und im Elsass *(S. 58 ff.)* vorschriftsmäßig oft köstliche Süßweine machen, obwohl sie laut Etikettierung eigentlich trocken sein müssten.

Die Schwächen des Systems

Auch die obskuren Regelungen, wie ein *premier cru* zu deklarieren ist, sorgen für Konfusion. Nehmen wir z. B. die Weinlage Charmes in Meursault *(S. 125)*, die *premier cru*-Status hat. Die hiesigen Erzeuger können diesen Wein entweder als *appellation contrôlée* Meursault Charmes Premier Cru oder als *appellation contrôlée* Meursault Charmes etikettieren. Der Weinberg Charmes liegt nur einen Steinwurf vom Weinberg Clos de la Barre entfernt, dessen Wein als *appellation contrôlée* Meursault oder als *appellation contrôlée* Meursault Clos de la Barre etikettiert wird. Hat man nun eine Flasche Meursault Charmes und eine Flasche Meursault Clos de la Barre vor sich, woher soll man dann wissen, welcher der beiden Weine ein *premier cru* ist? Ganz einfach: Bei einem *appellation contrôlée* – nicht aber bei einem *premier cru* – darf der Name des Weinbergs auf dem Etikett nur höchstens halb so groß gedruckt sein wie der Name des Weindorfes! Aber das ist nichts, gemesssen an der größten Schwachstelle des Systems, der Qualitätskontrolle. Um *appellation contrôlée*-Status zu erhalten, muss sich jeder Wein einer Blindverkostung unterziehen. Doch diese wird von ansässigen Experten durchgeführt, die bekanntermaßen Freunden gegenüber sehr generös sind. Zudem wird der Wein stets vor der Abfüllung verkostet, häufig sogar, bevor er offen zum Verschneiden an einen Händler geliefert wird. Somit haben Sie also überhaupt keinen Grund anzunehmen, dass der Wein, den Sie trinken, mit dem Wein, den die Jury verkostet hat, identisch ist. Nun gab es 1995 den Versuch, diese Probleme ernsthaft anzugehen. Als im Zuge dessen jedoch der Leiter des Institut National des Appellations d'Origine öffentlich bekannte, dass etwa 15 % der *appellation contrôlée*-Weine nicht diesen Anforderungen entsprechen, fand er sich kurz darauf an einem neuen Arbeitsplatz wieder – in der Fischkomission. Wie die französischen Bauern haben auch die Winzer ihre – sehr einflussreiche – Lobby.

Verborgene Qualitäten
Obwohl die vins de pays *von Mas de Daumas Gassac, langlebige, erstklassige Rot- und Weißweine, keinen* appellation contrôlée-*Status haben, zählen sie zu den berühmtesten Weinen Frankreichs.*

Weinpioniere
1923 schuf Baron Levy (rechts) die Grundlagen für das spätere appellation contrôlée-*System, praktisch umgesetzt von Männern wie Joseph Capus (links), dem »Gottvater« der Appellationsgesetze.*

WEIN DEGUSTIEREN

KAUM EINE FERTIGKEIT, DIE DER MENSCH SICH IN JAHRHUNDERTE-LANGER ÜBUNG ERWARB, WURDE DERART DER LÄCHERLICHKEIT PREISGEGEBEN WIE DIE WEINPROBE ODER WEINDEGUSTATION.

WEIN BETRACHTEN
Das Aussehen des Weins lässt Rückschlüsse auf sein Alter und seinen »Gesundheitszustand« zu; sogar die Herkunft lässt sich daran erkennen.

MAN KANN DIE SPÖTTER SCHON verstehen: Was hat dies ehrfürchtige Gehabe, dies Schwenken, Schnüffeln und Ausspeien bei einer Weindegustation eigentlich mit Weintrinken zu tun? Die westliche Welt trennt sehr sauber zwischen der sinnlichen und intellektuellen Wahrnehmung der Dinge. So sehen, hören, essen und trinken wir, oder aber wir beobachten und horchen oder ergründen einen Geschmack. Der Unterschied besteht einfach darin, dass der Intellekt mal weniger, mal mehr beteiligt ist. Man kann sich eine teure Konzertkarte kaufen, um Mick Jagger oder Mahler »live« zu erleben, oder die gleiche Musik bei einer Party als Geräuschkulisse benutzen. Tag für Tag werden unzählige Cocktailhappen gegessen, unzählige Schlucke Wein getrunken. Aber wie viel davon wird tatsächlich mit allen Sinnen genossen und nicht nur achtlos konsumiert?

Jeder sinnliche Genuss appelliert an unser Erinnerungsvermögen. Wir mögen oder genießen etwas, vorausgesetzt, wir können es in den Kontext früherer Erfahrungen einbinden. Die Degustation erfordert, dass wir uns auf die Eigenschaften eines Weins konzentrieren und sie mit früheren Wahrnehmungen vergleichen. Dieses Verfahren wird auf der folgenden Seite näher erläutert.

BEAUJOLAIS
Dieser junge Beaujolais, der am Rand ins Violette zieht, ist typisch für jungen Wein jedweder Art.

BURGUND
Ein Burgunder ist an seiner ziegelroten Farbe erkennbar. Dieser dreijährige Wein wird an den Rändern schon heller.

BETRACHTEN

Betrachten Sie als Erstes den Wein: Er muss transparent sein und glänzen, egal wie alt er ist und wie er gemacht ist. Jedwede Trübung (es sei denn das Depot im Rotwein) verweist auf einen Fehler im Wein. Der Farbton und die Tiefe des Farbtons lassen auf das Alter des Weins schließen; die Art, wie er am Glas entlangfließt, verrät etwas über seine Konzentration.

RIECHEN

Schwenken Sie den Wein im Glas, atmen Sie tief durch die Nase ein und konzentrieren Sie sich auf seinen Geruch. Wirkt er leicht oder intensiv? Frisch und sauber oder modrig, schmutzig oder essigartig? Duftet er nach Früchten, Gewürzen, Blumen oder Gemüse? Versuchen Sie, diesen Duft im Gedächtnis zu speichern, und Sie werden überrascht sein, wie schnell Sie lernen, einen Wein zu erkennen, ohne auf das Etikett zu schauen.

SCHMECKEN

Weinverkoster lassen sich viel Zeit, damit der Wein seinen vielschichtigen Geschmack auffächern kann. Früher konzentrierten sie sich auf die Zunge und ihre Empfindungen für Salz, Zucker, Säure und Bitterkeit; heute achten sie mehr auf das Aroma. Um den Wein mit Sauerstoff zu belüften, ziehen Sie etwas Luft durch die Zähne, die sich im Gaumen mit dem Wein verbindet. Durch die Wärme im Mund können sich Aromen entfalten, die man sonst nicht wahrnimmt.

AUSSPEIEN ODER SCHLUCKEN

Egal, ob Sie den Wein schlucken oder ob sie ihn ausspucken, achten Sie darauf, welchen Eindruck er hinterlässt – ob er überhaupt einen Eindruck hinterlässt. Denn die Qualität und die Länge des Abgangs, also sein Nachhall, sind entscheidende Kriterien dafür, ob ein Wein als fein oder als gewöhnlich zu beurteilen ist.

SAUTERNES
Ein dreijähriger Sauternes eines guten Jahrgangs wie dieser hier präsentiert sich in attraktivem Goldgelb, das mit der Zeit dunkler wird.

RIESLING
Ein trockener elsässischer Riesling hat im Alter von 2 Jahren die Farbe von Stroh. In 10 Jahren wird er goldgelb sein.

FARBE – TRANSPARENZ
Ist der Wein glänzend und transparent – jugendlich oder schon braun?

GERUCH
Riecht er sauber? Wonach riecht er? Hat er einfache oder komplexe Aromen?

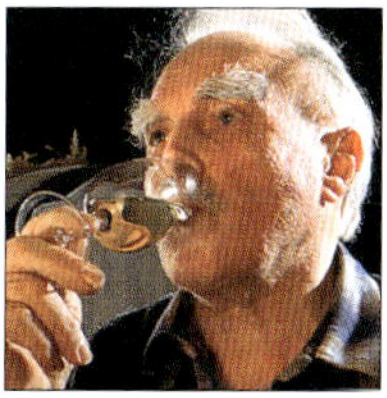

KÖRPER UND TEXTUR
Ist der Wein leicht und duftig-zart oder ist er körperreich und voll?

GESCHMACK
Schmeckt er fruchtig? Hat er würzige, tierische oder vegetabile Noten? Ist das Aroma einfach oder vielschichtig? Verflüchtigt es sich oder »hallt es nach«?

WEIN BEURTEILEN

Nachdem Sie sich die Grundkenntnisse der Weinverkostung angeeignet haben, können Sie Ihre Fertigkeiten nun in der Praxis erproben und vervollkommnen.

IMMER NOCH IN BESTFORM
Nur wenige Weine können drei Viertel eines Jahrhunderts überdauern. Einer von ihnen ist dieser Château Margaux aus Bordeaux.

EINEN GUTEN WEIN kennzeichnen nicht nur seine ausgewogenen Aromen, sondern auch deren Vielschichtigkeit. Viele Weine sind wie die Melodie eines einzelnen Instruments, ein Spitzenwein jedoch hat den vollen Klang eines ganzen Orchesters.

Mit dem Alter verändert der Wein sein Aussehen. Wenn Sie Ihr Glas gegen einen hellen Hintergrund halten, werden Sie bemerken, dass sich der Wein, je älter er wird, im Randbereich aufhellt und wässriger wirkt. Auch die Farbe des Weins erlaubt Rückschlüsse auf sein Alter: Rotwein zieht von Violett über Rubinrot und Ziegelrot bis Braun. Weißwein entwickelt sich von Grüngold über Gold bis Bronze. Auch Duft und Geschmack verändern sich. Der Wein verliert die einfachen Primäraromen, die von der Rebsorte und den Vinifikations- und Ausbauverfahren herrühren, und entfaltet die komplexeren sekundären Duft- und Geschmacksnoten, die sich nur durch Alterung in der Flasche einstellen.

Heute werden die meisten Weine bereits auf ihren primären Aromen getrunken. Beaujolais *(S. 106 f.)*, Muscadet *(S. 183)* und Vins de Pays d'Oc *(S. 233)* sind in diesem Stadium in Bestform. Rote und weiße Spitzenweine jedoch jung zu trinken, ist etwa so, als ginge man bei einem erstklassigen Theaterstück zur Generalprobe statt zur festlichen Premiere.

DAS ENTWICKLUNGSPOTENZIAL

Wie sich ein Wein in der Zukunft entwickeln wird, lässt sich an verschiedenen Eigenschaften erkennen. Duftet und schmeckt er angenehm frisch? Gute Weine können sich ihre Frische bis ins

DIE NACHWUCHSSTARS
Hier wird der jüngste Jahrgang getestet. In diesem Stadium können sich die besten Fachleute irren.

hohe Alter bewahren. Ein Wein aber, der heute eintönig und flach wirkt, wird es auch im Alter sein. Ist das Aroma stark genug, um noch einige Jahre in der Flasche zu überdauern? Ein leichter, zarter Wein, der heute mundet, kann nach einer gewissen Zeit dünn und wässerig werden. Wichtig ist auch das Gleichgewicht: Rotwein braucht eine gewisse Menge Tannin (zum Ausgleich der Frucht der roten Trauben), und Weißwein benötigt Säure zum Ausgleich für die Süße. Doch weder Tannin noch Säure dürfen im Übermaß vorhanden sein.

WEINWETTBEWERBE
Bei Blindverkostungen (s. u.) kann man Überraschungen erleben, wie hier auf dem International Wine Challenge, der jedes Jahr stattfindet.

Bei der Degustation eines jungen Bordeaux ist es schwierig, Qualität und Umfang der Frucht hinter dem Tannin zu erkennen. Kritiker, die den tanninreichen 1970er Bordeaux bei der ersten Verkostung in höchsten Tönen lobten, sagten dem tanninschwachen 1982er ein frühes Ende voraus. Sie hatten sich geirrt. Der 1970er bewahrte sich die Härte bis an sein Lebensende und war nie ein besonders angenehmer Wein. Der 1982er hingegen erwies sich als sportlicher Typ, der seine Kräfte anfangs nur geschont hatte und über unerwartet viel Tannin verfügte.

VERWANDLUNGSMUSTER

Eine weitere Herausforderung an die Weinverkoster ist die Vorhersage über die weitere Entwicklung eines Weins. Je nach Rebsorte und Region entwickeln Weine sich rascher oder langsamer. Ein Viognier aus der *appellation* Condrieu im Rhônetal *(S. 208)* entwickelt sich schneller als ein elsässischer Riesling *(S. 58 ff.)*. Weißwein aus dem Rhônetal, aus Marsanne und Roussanne gekeltert, hat seinen Höhepunkt nach einigen Jahren überschritten, kann im Alter von sieben Jahren aber wieder mit interessanteren Aromen aufwarten.

Bordeaux tendiert ebenfalls dazu, sich in verschiedenen Stadien seiner Entwicklung eine Zeit lang zurückzuziehen. Diese Eigenschaft variiert jedoch jahrgangsbedingt. Während der 1985er diese Launen nicht zeigte, haben sich gute Weine des 1966ers, obwohl bereits totgesagt, immer wieder gut entwickelt. Roter Burgunder, der tanninärmer ist als andere Weine, kann sich im Geschmack binnen sechs Monaten von angenehm fruchtig nach wässrig verändern. Der tanninreichere rote Bordeaux braucht im Allgemeinen auch nicht viel länger, um abzubauen, kann dann sein Leben aber oftmals mit einem trockenen, tanninösen Abgang beenden.

BLINDVERKOSTUNG
Bei Blindverkostungen wissen die Prüfer nicht, welchen Wein sie trinken und müssen sich auf ihr subjektives Wahrnehmungsvermögen verlassen. Hier sind die Etiketten mit Geschirrtüchern verhüllt.

Die Weinsprache

JEDE GENERATION, JEDE NATION HAT IHR EIGENES VERKOSTUNGS-VOKABULAR, UM WEINE ZU BESCHREIBEN UND ZU BEURTEILEN.

Stilvariationen
Sie sind unendlich – und jeden Weinstil in seiner Einzigartigkeit zu beschreiben, ist eine hohe Kunst.

Die Eindrücke, die ein Wein beim Verkosten vermittelt, in Worte zu fassen, ist ebenso schwierig wie der Versuch, eine Symphonie oder ein Gemälde zu beschreiben. Offensichtlich ist die Sprache zum Vermitteln von Sinneseindrücken nicht besonders geeignet. Um Wein zu beschreiben, muss man ihn unter drei Gesichtspunkten analysieren. Man beginnt bei den Duft- und Geschmacksnoten, die meist vertraute Früchte, Gewürze und Kräuter assoziieren. Dann kommt der Stil des Weins: Ist er gerbstoffreich wie starker Tee oder so flach wie ein wässriger Apfel aus dem Treibhaus? Ist er dünn oder konzentriert? Auf dieser Grundlage stellt sich die Frage nach der Trinkreife. Ist er unreif, auf dem Höhepunkt oder baut er bereits ab? Ist er einfach oder komplex? Verflüchtigt das Aroma sich oder hallt es im Gaumen nach? Weine werden sehr unterschiedlich beschrieben: Michelangelos Wein »küsst, leckt, beißt, stößt und brennt«, der eines anonymen Weinkenners ist wie »das Christuskind, das in Samthöschen die Kehle heruntergleitet«, andere sprechen von Weinen wie »Seide« oder »Klöppelspitze«. In Nordamerika hingegen spricht man von »malolaktischer Gärung« und »Schalenkontakt«. Die gängigsten Ausdrücke der Weinsprache Frankreichs und Deutschlands sind in nachstehender Übersicht in alphabetischer Reihenfolge aufgeführt.

A

Abgang Der nach dem Herunterschlucken verbleibende Geschmackseindruck.
Adstringierend Ein bitterer, tanninreicher Wein.
Amylisch Pfirsich-Charakter eines Weins, der bei niedriger Temperatur vergoren wurde.
Animalisch Bezeichnung für ältere Rotweine und jüngere Weine auf Syrahbasis.
Aromatisch Beschreibt den würzig-duftigen Charakter aromatischer Weine, z. B. Gewürztraminer.
Aroma Ausdruck für das frische Traubenaroma in einem jungen Fasswein.
Ausgewogen Ein Wein, dessen Eigenschaften sich in einem harmonischen Gleichgewicht befinden.

B

Barrique Eichenholzfass (gewöhnlich neu).
Biskuitaroma Das volle Aroma eines reifen Weißburgunders oder Champagners.
Boisé Ein Wein mit Holzaroma.
Bouchon (goût de) Korkgeschmack.
Bukett Der Duft, den ein Wein während der Flaschenalterung entwickelt, im Unterschied zum »Aroma« eines jungen, noch nicht abgefüllten Weins. Wird auch als Synonym für den Duft des Weins benutzt.
Buttrig Einen buttrigen Charakter hat zum Beispiel ein guter weißer Burgunder.

C

Capiteux Ausdruck für einen übermäßig alkoholischen Wein.
Chaleureux Bezeichnung für einen gehaltvollen Rotwein mit hohem Alkoholgehalt.
Chaptalisé Ausdruck für einen Wein, dem während des Gärvorgangs Zucker zugesetzt wurde, um den Alkoholgehalt heraufzusetzen.
Charnu Eine Nuance unter *chaleureux*.
Charpenté Ein sehr aromatischer Rotwein mit leichtem Übermaß an Tannin, das mit der Zeit milder wird.

Chêne Eichenholz – meist neu.
Complet Komplex und schön ausgewogen.
Corsé Synonym für *charnu* und *chaleureux*.

D ***Dépouillé*** Ein flacher, geschmacksarmer Wein.

E **Edelfäule/*pourriture noble*** Dieser Pilz bildet sich auf weißen Trauben und verleiht Süßweinen ein einzigartiges, köstliches Aroma.
Elegant Ein feiner, gut ausgewogener Wein.
Étoffé Wein mit Körper und Alterungspotenzial.
Éventé Der Wein hat seinen Höhepunkt überschritten.

F ***Féminin*** Zarter, leichter Wein.
Fett Aromareicher Wein von reifem Lesegut.
Fleischig Die Weintextur ist so dicht, dass man den Wein fast kauen könnte.
Flüchtige Säure Säuren, die sich bei niedriger Temperatur verflüchtigen. Am stärksten ist die Essigsäure, die einen unangenehmen Essigcharakter verleiht.
Fondu Ein reifer Wein in Bestform.
Friand Wein jedweden Alters mit gut ausbalanciertem Verhältnis von reifer Frucht und Säure.
Fumé Rauchig – vor allem im Zusammenhang mit dem Loire-Wein Pouilly Fumé *(S.184)*.

G **Grün** Ein Wein von unreifem Lesegut. Häufig das Resultat eines kühlen Sommers.

H **Hefegeschmack** Typisch für Champagner und Muscadet, der *»sur lie«* vinifiziert und ohne Abstich von der Hefe abgefüllt wurde.
Heiß Synonym für *capiteux* und *chaptalisé*. Ein Wein mit einem Übermaß an Alkohol.

K **Komplex** Wein mit vielfältigen Aromen.
Konzentriert-fruchtig Steht für sehr fruchtige Weine; für roten Bordeaux in neuem Stil, für südfranzösische und Rhône-Weine.
Korkgeschmack Bezeichnung für den Modergeschmack, der von schlechten Korken herrührt. Dieser Fehler tritt, mehr oder weniger stark, bei 3 bis 6 % aller Flaschenweine auf.
Kurz Wein mit rasch abklingendem Geschmack.

L **Länge** Bezeichnet den langen Nachgeschmack eines Weins.
Louche Durch Bakterienbefall getrübter Wein.

M ***Mercaptan*** Faulig riechende chemische Verbindung; entsteht durch das Zusammenwirken von Schwefelsauerstoff mit Alkohol.
Moisi Modriger Geruch, der durch schlecht gereinigte Fässer oder Gärtanks entsteht.

N **Nase** Der Duft des Weins; paart das *arôme* (Aroma) und das *bouquet* (Bukett).

P ***pâteux*** Süßer, säurearmer Weißwein.
pétillant Gleichbedeutend mit crémant, steht für einen leicht schäumenden Wein. Noch zarterer Schaum wird als *perlant* bezeichnet.
Pierre-à-fusil Wörtlich: Feuerstein; steht für den stahligen Charakter von Sauvignon Blanc.
Pourri Charakterisiert einen Wein, der von fauligem, verdorbenem Lesegut gekeltert wurde.
Puissant Der Wein zeichnet sich durch kräftigen Geschmack und Alkoholstärke aus.

R ***Rancio*** Geschmack eines *vin doux naturels*, der mindestens zwei Jahre im Eichenholzfass reift und dabei häufig der Sonneneinstrahlung ausgesetzt ist. Der Wein oxidiert und entwickelt den begehrten Sherrycharakter. Besonders beliebt im Roussillon.
Robe Das Aussehen, das »Gewand« des Weins.
Rôti Röstaroma edelsüßer Weine.

S **Schwach** Säurearmer Wein, der mit der Zeit schlechter wird.
Schwefel Wird bei der Weinbereitung als Antiseptikum und Antioxidant benutzt. Im Übermaß bereitet Schwefel Hustenreiz, vor allem bei weißen Süßweinen.
Schwefelsauerstoff In einem schlecht belüfteten Keller kann sich der als Antioxidant zugesetzte Schwefel in Schwefelsauerstoff verwandeln, was dem Wein einen üblen Fäulnisgeruch verleiht.
Soyeux Solche Weine sind seidenweich und süffig (angenehm zu trinken).
Stichig (essigstichig) Wein mit Essiggeschmack als Folge von Bakterienbefall.
Streng Ein säuerlicher Weißwein oder ein tanninreicher Rotwein.
Struktur Bezeichnung für das Zusammenspiel von Faktoren wie Tannin, Säure, Zucker und Fruchtigkeit im Verhältnis zum Alkohol.

T **Tanninreich** Stämmiger Rotwein; adstringent und bitter wie kalter Tee.
Traubenstrunk Ein Wein, der durch den strengen Geschmack der Stiele beeinträchtigt ist.

Ü **Üppig, opulent** Ein vollmundiger, aromatischer Wein mit hohem Alkoholgehalt.

V **Vegetabil** Vegetabile Düfte und Aromen stammen von unreifem Lesegut.
Verschlossen Duft und Geschmack sind noch nicht erkennbar. Solche Weine können sich voll entfalten wenn sie älter werden und mit Sauerstoff in Kontakt kommen.
Vif Lebendig, leicht.
Vollmundig Synonym für kraftvoll, *puissant*.

W **Wässrig/*dilué*** Für unkonzentrierte Weine (infolge zu hoher Erträge oder Regens).

Z **Zigarrenkiste** Steht für den Zedernholzcharakter heranreifender roter Bordeaux.

WIE WEIN SERVIERT WIRD

JAHRHUNDERTELANG WURDE WEIN AUS UNTERSCHIEDLICHSTEN GEFÄSSEN GETRUNKEN, AUS KOSTBAREM KRISTALL, ABER AUCH AUS ZINNKRÜGEN, DIE FÜR WEINSCHÄNKEN BESSER GEEIGNET WAREN.

KÜHLUNG
Weißwein schmeckt meistens besser, wenn er gekühlt wird; doch älterer, feinerer Weißwein darf nicht zu kalt serviert werden.

EINEN MEINER KÖSTLICHSTEN Weine trank ich mit meiner ersten großen Liebe mitten in einem Kornfeld. Dieser Wein war ein 50-jähriger roter Burgunder, den wir aus einem Zahnputzbecher des Hotels schlürften. Weder dieses Behältnis noch die Temperatur noch das Essen waren diesem Wein angemessen, aber die idyllische Landschaft, unser Zusammensein und der Geschmack des Weins waren so unvergleichlich, dass all dies keine Rolle spielte. Und hätte ich diesen Wein zu Hause serviert, hätte ich mich um all diese Dinge natürlich kümmern müssen und entsprechend mehr Aufwand damit gehabt.

Der österreichische Glasfabrikant Georg Riedel hatte eine geniale Eingebung, als er nachwies, dass die Form des Glases den Weingeschmack, wenn auch subtil, so doch erkennbar beeinflusst. So entwarf er jeweils ein eigenes Glas für roten Bordeaux, roten Burgunder und roten Rhône-Wein, und auch für die Weine anderer Anbauregionen, deren Zahl stetig weitersteigt. Wer einen bestimmten Wein bevorzugt, braucht zwar nicht das komplette Riedel-Programm, man sollte sich jedoch drei bis vier verschiedene Modelle anschaffen, die sich dann wie das Küchenmesser-Set vielseitig verwenden lassen. Mein Vierer-Set besteht aus einem großen Rotweinglas, einem kleineren, langstieligen Weißweinglas, einer Champagnerflöte und einem kleinen, wenn auch nicht allzu kleinen Port- und Dessertweinglas.

Aber egal, welches Glas Sie verwenden, es sollte auf jeden Fall folgende Kriterien erfüllen: Es sollte ein Kristallglas sein und so groß, dass es nur zu einem Drittel oder höchstens zur Hälfte gefüllt werden muss. Es sollte oben am Rand etwas enger sein als sein größter Durchmesser, und es sollte höher sein als breit. Oder mit anderen Worten gesagt: Zum Verkosten beispielsweise von Schaumweinen ist nichts schlechter geeignet als die herkömmliche weite Sektschale, da sie die Bläschen und das Aroma des Champagners völlig ungehindert entweichen lässt.

GLÄSER FÜR VERSCHIEDENE ZWECKE
Vier Gläser aus reinem Kristall reichen für fast alle Trinkgelegenheiten.

WEIN DEKANTIEREN

Das Dekantieren der Weine, das ihnen das »Atmen« ermöglichen soll, ist umstritten. Doch eine Flasche nur wenige Stunden vor dem Servieren zu öffnen, reicht meiner Meinung nach nicht, da die mit der Luft in Berührung kommende Oberfläche zu klein ist. Das Dekantieren hat zwei Vorteile: Bei älteren Rotweinen wird dadurch die Flüssigkeit vom Depotlager am Flaschenboden getrennt. Und junge Rotweine, Weißweine und sogar Schaumweine lassen sich durch das Dekantieren »aufschließen«, sofern man den Wein an der Wandung des Dekantiergefäßes herunterlaufen lässt. Junge Weine werden zwei bis drei Stunden, ältere Weine erst kurz vor dem Servieren dekantiert: Abrupter Kontakt mit Sauerstoff kann einem Wein, der jahrelang in der Flasche gereift ist, einen Schock versetzen.

Traditionsgemäß trinkt man zum Abendessen lieber einen leichten Wein statt eines körperreichen, einen weißen statt eines roten, einen jüngeren statt eines älteren, einen trockenen statt eines süßen. Man beginnt mit dem einfachsten und steigert die Qualität im Lauf des Menüs. Aber was tun, wenn der weiße Burgunder feiner ist als sein roter Vorgänger und der alte Bordeaux, den man zum Käse reicht, exquisiter als der Hermitage, der zum Wild serviert wurde? Probieren Sie die Weine, sobald Sie Ihr Menü zusammengestellt haben! Denn die Zuordnung von Weinen zu bestimmten Speisen erfordert eine ebensolche Sorgfalt wie das Aussuchen von Bildern für einen bestimmten Raum: Auch sie kommen nur in einem angemessenen Ambiente zu ihrer vollen Geltung.

DEKANTIEREN BEIM SCHEIN DER KERZE
Das Geheimnis des Dekantierens: Stellen Sie die Flasche mindestens 24 Stunden vorher aufrecht. Dann gießen Sie den Wein über einer Kerze oder einer anderen Lichtquelle um, bis die ersten Trubteilchen sichtbar werden.

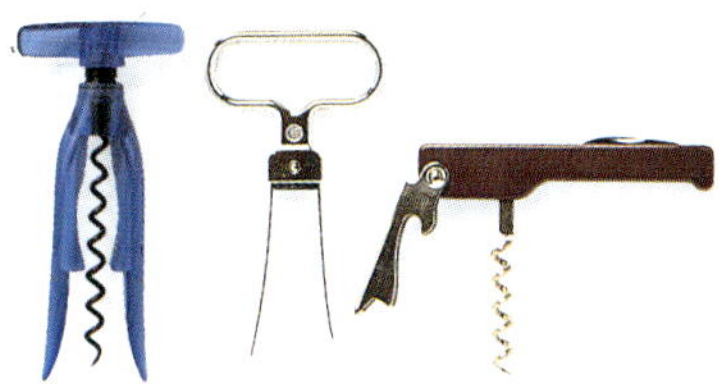

SCREWPULL — DES BUTLERS FREUND (AUS AMERIKA) — DES KELLNERS FREUND

DER PASSENDE KORKENZIEHER
Am unkompliziertesten ist der Screwpull; »Des Butlers Freund« aus Amerika ist gut für alte Korken, und auch »Des Kellners Freund« ist sehr zuverlässig. Wählen Sie auf jeden Fall ein Modell mit Gewinde.

SERVIERTEMPERATUREN

Wird ein trockener Weißwein zu kalt serviert, schmeckt er fad; wird ein Rotwein zu warm serviert, wird er zu Suppe. Zum Kühlen kommt die Flasche für die Dauer von 10 Minuten in einen Eimer mit Wasser und Eiswürfeln. Ist der Wein zu kalt, wird er in lauwarmem Wasser wieder erwärmt.

Leichte Rotweine aus dem Loiretal und Beaujolais	11–13 °C
Jüngerer roter Burgunder und Rhône-Wein, älterer Bordeaux	14–16 °C
Älterer Burgunder, tanninreicher junger Bordeaux und Rhône-Wein	16–18 °C
Leichter, trockener und halbsußer Weißwein wie Vouvray	6–9 °C
Rosé, Champagner, aromatischer Weißwein wie Riesling und körperreichere Weine wie Sancerre und einfacher Chablis	8–11°C
Vollere weiße Burgunder und Bordeaux	11–13 °C

Essen und Wein

DASS KÜCHE UND WEIN EINER REGION SO GUT HARMONIEREN, IST KEIN ZUFALL: DIE WINZER TRINKEN IHN ZUERST AM EIGENEN TISCH. WEIN MUSS, WIE SAUCE, PERFEKT ZUM ESSEN PASSEN.

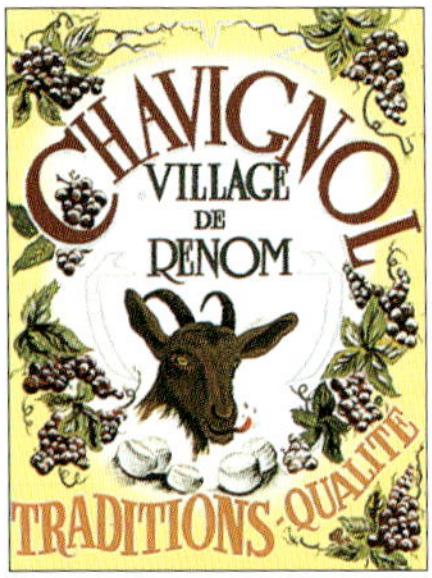

Wein und Käse
Nicht jeder Wein passt zu jedem Käse. Sauvignon Blanc schmeckt perfekt zu Ziegenkäse wie Chavignol.

Der Alleskönner
Durch langsames Kochen mit Wein wird das zäheste Federvieh zart und mürbe (links unten), und Muscheln (rechts unten) werden dadurch aromatischer.

Es gibt zwei Möglichkeiten, den passenden Wein zum Essen zu finden und umgekehrt. Entweder man hält es mit den traditionellen *sommeliers*, die die Verbindung von Speisen und Weinen wie heilige Ehen vollziehen, oder man entscheidet nach persönlichem Gusto. Ich selbst habe die besten Erfahrungen damit gemacht, auf meine eigenen Vorlieben zu achten und gleichzeitig fachlichen Rat anzunehmen. Es ist nur natürlich, dass die Weinerzeuger im Lauf der Zeit immer mehr Weine kreiert haben, die mit dem Stil der regionalen Gastronomie harmonieren. Burgund *(S. 98 ff.)* liefert die besten Rinder und Hühner Frankreichs; das Médoc *(S. 83)* ist für sein Lamm berühmt, und Sancerre *(S. 186)* ist für Ziegenkäse ebenso bekannt wie für seine Weine.

Bei Tisch spielt ein Wein in etwa die gleiche Rolle wie eine würzige Sauce. Ein wuchtiger Hermitage *(S. 214)* passt zum Kalbsbries so wenig wie eine *sauce poivrade*, und ein Muscadet wird vom Wildgeschmack ebenso erschlagen wie eine Sahnesauce. Achten Sie also auf die Intensität des Geschmacks, wenn Sie einen Wein zum Essen wählen. Doch der Geschmack an sich ist natürlich ebenso wichtig. Wild, z. B. Rehfleisch, wird durch scharfe Saucen wie *sauce poivrade* und würzige Weine wie Hermitage ergänzt. Fruchtigsüße Speisen wie *sole Véronique*, die mit Trauben zubereitet wird, kommen in Begleitung würzig-fruchtiger Weine, wie Riesling oder Muscat, am besten zur Geltung. Ebenso wichtig ist die Konsistenz der Speisen und Weine. Eine der schlimmsten Kombina-

tionen, die ich kenne, ist fetter Fisch wie Räucherlachs mit ebenso fettigem Wein wie Gewürztraminer. Ein frischer Sauvignon Blanc ist da weit besser geeignet.

Harter, tanninreicher Rotwein zum Rind ist zu meiden, da Rindfleisch die Strenge des Weins noch hervorhebt. Servieren Sie Burgunder mit Rind und Bordeaux *(S. 77)* zum Lamm. Falls Sie diese Unverträglichkeit von Rindfleisch und Bordeaux überrascht haben sollte, probieren Sie einmal einen guten, jungen Médoc mit Rohmilchbrie: Sie werden schockiert sein, denn der sahnige Käse verleiht dem tanninreichen Wein einen geradezu metallischen Geschmack. Ein weicher roter Burgunder oder ein trockener Weißwein würde weit besser dazu passen.

Geschmacksintensive Dessertweine haben oft Anklänge an Früchte, die im Garten wachsen, was wundervolle Harmonien ergibt. Ob Dessertwein zum süßen Nachtisch gereicht wird oder als Dessert an sich, bleibt Ihnen überlassen. Aber probieren Sie vielleicht einmal ein Dessert auf Weinbasis: Gelee von rotem Bordeaux mit roten Johannisbeeren oder ein Champagner-Sorbet.

Klassische Verbindungen
Zu delikaten Schalentieren passen nur die zartesten Weißweine. Muscadet ist fast für jeden Fisch perfekt.

Kochen mit Wein

Schon die alten Römer bereiteten Marinaden aus Wein, Olivenöl und Kräutern, um zähes Fleisch zart, mürbe und aromatisch zu machen. Am besten geeignet hierfür sind einfache, jugendliche, geschmacksintensive Rotweine aus dem Rhônegebiet *(S. 200 ff.)*, aus Bordeaux *(S. 70 ff.)* und Südfrankreich. Pfirsiche werden aromatischer, wenn man sie in weißem Bordeaux *(S. 77)* einlegt; Erdbeeren werden in altem rotem Bordeaux mazeriert, und Fruchtsalat schmeckt mit Muscat de Beaumes-de-Venise *(S. 215)*. Fisch wird in einer Mischung aus Weißwein und Fond pochiert und Gerichte wie *coq au vin* oder *boeuf bourguignon* zeigen, wie zart sehniges Fleisch werden kann, wenn es langsam in Rotwein gegart wird. Bei der Auswahl des Weins, den Sie zum Kochen verwenden, müssen Sie nur eine Regel beherzigen: Kochen Sie nie mit einem Wein, den Sie nicht trinken würden! Sie bestimmen, ob Ihre Speisen nach Essig oder nach Sherry schmecken sollen, und genau das muss die Flasche dann enthalten. Meiden Sie aber Rezepte, für die Sie den teuren Tropfen, den Sie Ihren Gästen zum Trinken reichen, auch zum Kochen verwenden sollen. Heute kann sich kaum noch jemand einen Grand Cru Chambertin zum Trinken leisten – wer dann also zum Kochen! Als Alternative ist ein körperreicher Vin de Pays *(S. 230 ff.)* Pinot Noir, Mâcon Rouge oder ein anderer milder Rotwein geeignet. Wird ausdrücklich roter Bordeaux verlangt, kann es meist genauso ein guter Vin de Pays Cabernet Sauvignon sein. Schaumwein ist generell Ersatz für Champagner *(S. 42 ff.)*, auch ein Muscadet mit Hefecharakter *(S. 183)* ist akzeptabel. Kochen Sie mit Wein, achten Sie darauf, ihn früh genug zuzusetzen, damit der Alkohol Zeit hat zum Verdunsten.

Ein Schuss Wein
Den Wein nie im letzten Augenblick zufügen – wenn Sie nicht gerade sherrygetränkte Biskuits zum Dessert servieren!

GLOSSAR ESSEN UND WEIN

Alle nachstehend aufgeführten Kombinationen spiegeln meine ganz persönlichen, langjährigen Erfahrungen wider und werden nicht unbedingt von jedem *sommelier* gutgeheißen.

WEIN UND KÄSE *Nach landläufiger Meinung sind Rotwein und Käse ein Paar; aber zu den meisten cremigen Käsen passt Weißwein besser.*

VORSPEISEN

Kaviar Champagner ist hierzu als Getränk wie prädestiniert.

Eier In Burgund poschiert man Eier in Rotwein; Beaujolais und junger, einfacher Burgunder passen gut zum Omelett. Alternativen wären ein *blanc de blanc* Champagner oder Weißwein aus Burgund, dem Loiretal oder Bordeaux.

Foie Gras Der üppige, »süße« Charakter der *foie gras* geht mit Sauternes und jeder anderen hochklassigen Spätlese köstliche Verbindungen ein.

Terrine Zur herzhaften Bauernterrine passen einfache Weine aus Madiran, Fitou, ein Provence *rosé*, Côtes du Rhône oder Beaujolais.

Melone Diese Frucht ist dem Geschmack der meisten Weine abträglich. Am besten ist ein Quarts-de-Chaume oder ein Riesling *vendange tardive*.

Salat Essig-Saucen und Wein passen naturgemäß nicht zusammen. Wenn Sie zum Salat Wein trinken wollen, dann wählen Sie einfachen Weißwein.

FISCH UND SCHALENTIERE

Süßwasserfisch Diese geschmacksintensiven Fische verlangen geschmacksintensive Weine: weißen Burgunder, Riesling d'Alsace, Sancerre und trockenen weißen Bordeaux, trockenen Rosé und jungen roten Burgunder (auch zum Garen von Forellen geeignet).

Meeresfisch Zum zarten Fisch passen nur zarte Weine. Chablis, weißer Hermitage, trockener weißer Bordeaux, Jurançon oder Pinot Blanc sind für die meisten Meeresfische geeignet.

Räucherfisch Der fettige Charakter von geräuchertem Fisch verlangt nach Frische. Elsässischer Gewürztraminer zum Räucherlachs ist zu meiden! Räucherlachs passt aber gut zu holzgereiftem Weißwein, zu Weinen in modernem Stil wie Pessac-Léognan, Burgunder und *vins de pays*.

Schalentiere »Süßere« Schalentiere wie Krebse, Krabben, Hummer und Kamm-Muscheln munden zu weißem Burgunder, Sancerre, trockenem Vovray, Pinot Gris und Riesling d'Alsace, zu pfeffrigen Rosés von der Rhône und zu Champagne Rosé. Muscheln sind optimal mit Muscadet, Chablis und Sauvignon de Touraine.

Austern Am liebsten trinke ich dazu Chablis oder Muscadet. Champagner wäre die Alternative.

FLEISCHSPEISEN

Rind Entscheidend ist die Art der Zubereitung. Grundsätzlich ist roter Bordeaux weniger geeignet als roter Burgunder oder Weine aus dem Norden und dem Süden der Rhône.

Lamm Am besten ist roter Bordeaux; auch Chinon oder Bourgueil sind empfehlenswert, ebenso Cahors.

Innereien Sie munden mit rotem Bordeaux (St-Émilion oder Pomerol) und Châteauneuf-du-Pape.

Wild Roter Burgunder schmeckt gut; noch besser sind die roten Rhône-Weine, ebenso die südfranzösischen Weine aus Cahors und Madiran.

Hühnchen Der Wein darf weder zu kräftig noch zu leicht sein. Wenn das Hühnchen in Sahne zubereitet wird, ist ein trockener, fruchtiger Sauvignon, ein trockener Vouvray oder ein Riesling d'Alsace angebracht. Chardonnay oder Elsässer Riesling munden vor allem mit Hähnchen vom Grill.

Ente Roter Burgunder ist optimal; auch ein aromatischer Riesling d'Alsace oder ein fruchtiger Rhône-Wein aus Gigondas oder ein Châteauneuf-du-Pape kann sich behaupten.

SCHARF GEWÜRZTE SPEISEN

In Indien hat der Weinbau keine Tradition. Daher kann es zu einer Herausforderung werden, einen Wein zu finden, der zum Curry passt. Gewürztraminer und fruchtiger weißer Sancerre sind gut geeignet. Ingwer steht mit den meisten Weinen auf Kriegsfuß, verträgt sich aber mit Gewürztraminer oder einem Clairette de Die Tradition.

GEMÜSE

Hier gibt es – fast – keine besonderen Vorschriften, es sei denn, es handelt sich um ein sehr geschmacksintensives Gemüse. **Artischocken** z. B. sind heikel: Mit Rotwein schmecken sie meist etwas metallisch, vor allem zusammen mit Sauce Hollandaise. Ein Sancerre, weiß oder rosé, würde besser passen, auch ein trockener Tokay Pinot Gris, Cabernet d'Anjou oder ein Rosé aus dem Jura oder aus dem Burgund wären geeignet. Trockener weißer Sauvignon von der Loire mundet köstlich zu **Spargel**, der sich mit den spargelähnlichen Noten des Weins gut verträgt. Auch ein Chablis ohne Holzausbau oder ein guter Pouilly Fuissé sind ernst zu nehmende Kandidaten. Gefüllt oder als Bestandteil einer *ratatouille* schmecken **Auberginen** mit einem südfranzösischen Roten so gut wie mit einem pfeffrigen Côtes du Rhône. Ein frischer Sauvignon von der Loire, ein Chablis oder auch ein Pinot Gris ist eine gute Ergänzung zum öligen Charakter der **Avocado**. Zu **Fenchelgemüse**, dessen Lakritzaroma sehr dominant sein kann, ist ein fülliger Pouilly-Fumé empfehlenswert.

KÄSESORTEN

Als Faustregel gilt, dass ein tanninreicher Rotwein ebenso wie ein jugendlicher Bordeaux nur mit einem harten, pikanten Käse wie **Parmesan** gereicht werden darf. Reife, leicht süßliche Sorten wie **Comté, Gruyère** und **Emmentaler** passen zu fruchtigen Elsässern wie Pinot Gris, Muscat oder Gewürztraminer, und Edelpilzkäse wie **Roquefort** mundet köstlich mit Spätlesen, z. B. mit Sauternes, mit Bonnezeaux oder mit halbsüßem Jurançon. Sahniger Weichkäse wie **Brillat Savarin, Brie** und **Camembert** ist mit vielen Rotweinen ungenießbar, schmeckt aber hervorragend mit Weißweinen, z. B. mit Sancerre oder Pouilly Fumé, die auch als Begleiter von **Ziegenkäse** perfekt sind. Tanninarmer roter Burgunder passt zu cremig-weichen Sorten besser als Rotwein aus Bordeaux oder dem Rhônegebiet; ein kräftiger burgundischer Käse wie **Ami du Chambertin** ist für einen feinen, reifen Burgunder hingegen zu dominant. Champagner ist zu jedem Käse geeignet, ebenso ein *vin jaune* aus Arbois.

DESSERTS

Schokodesserts Das intensive Aroma von Vollmilch- oder Bitterschokolade verträgt sich generell schlecht mit Wein. Ein Muscat *vin doux naturel* wie Beaumes-de-Venise oder ein Banyuls schneiden am besten ab. Clairette de Die Tradition verträgt sich nur mit Schokomousse; von Champagner ist dringend abzuraten.

Sahnedesserts Die besten Süßweine müssen nicht die fruchtigsten sein. Probieren Sie halbsüßen Jurançon, süßen weißen Bordeaux oder Champagner im Stil *riche* oder *doux*.

Fruchtdesserts Frucht zu Frucht! Zu Fruchtdesserts passen entsprechend ein Riesling *vendange tardive* oder ein Muscat *vin doux naturel*.

SÜSSE PARTNER
Dessert verlangt, so ein eherner Grundsatz, nach Sauternes. Zu ihm gibt es jedoch viele Alternativen.

EINEN WEINKELLER ANLEGEN

WAS FÜR BÜCHER- UND MUSIKFREUNDE DIE BIBLIOTHEK ODER CD-SAMMLUNG, IST FÜR WEINLIEBHABER EIN WEINKELLER, SO RUDIMENTÄR ER AUCH SEIN MAG.

WEINREGAL IN PRIVATBESITZ
Etiketten sind nützlich, müssen aber feuchtigkeitsbeständig sein; ebenso der Stift, mit dem sie beschriftet werden.

WEINE EINES CHÂTEAU
Weingüter wie Château Cos d'Estournel in Bordeaux bewahren von allen alten Jahrgängen Flaschen auf.

DER BEGRIFF »WEINKELLER« ist in einer Zeit, in der die wenigsten von uns das Glück haben, in einem Haus mit entsprechend zweckdienlichem Keller zu leben, zwangsläufig ein sehr dehnbarer. Mal reduziert er sich auf ein Regal unter der Stiege, mal auf einen Platz im stillgelegten Kamin. Manche bevorzugen den so genannten Eurocave, einen Schrank mit Temperatur- und Feuchtigkeitsregulierung, anderen leistet ein alter Kühlschrank gute Dienste.

Wein wird bei konstant kühler Temperatur von etwa 11 °C gelagert und, damit die Korken nicht austrocknen, bei 75–85 % Luftfeuchtigkeit. Ist der Keller zu trocken, muss er befeuchtet werden, ist er zu feucht, hilft etwas Streu. Die Luft muss frei zirkulieren können, und natürlich muss der Keller sicher sein. Wer Schmuck im Safe verwahrt, darf nicht gleichzeitig riskieren, dass seine kostbaren Weine Einbrechern in die Hände fallen. Schließen Sie eine Versicherung ab und achten Sie darauf, die Versicherungssumme stets anzupassen. Dann brauchen Sie nur noch Regale oder Container, wie hier abgebildet.

ORDNUNGSSYSTEME

Aber was hilft der schönste Keller, wenn man die Übersicht über die Flaschen in den Regalen verliert. Die Suche nach einer Flasche Musigny kann ebenso frustierend sein wie die nach einem bestimmten Roman. Früher, als es nur ein paar Dutzend Weine gab, war die Sache leichter. Aber heute ist alles komplizierter, da sich das Angebot an neuen Weinen ständig erweitert.

Ich habe ein System, das es mir erspart, die Weine nach Stilen zu ordnen. Es ermöglicht mir, jede Lücke im Regal zu nutzen und dennoch jederzeit die Übersicht zu bewahren. Zu diesem Zweck habe ich ein Schema entworfen und aufgezeichnet, bei dem jedes Fach oder jeder Behälter durch ein fortlaufendes System aus Nummern und Buchstaben identifiziert ist. Die Nummern laufen in horizontaler Richtung, die Buchstaben von oben nach unten. So befinden sich

DIE SCHATZKAMMER
Dieser elegante Weinkeller ist in eine Wendeltreppe eingebaut und über eine Falltür im Esszimmer zugänglich.

meine zu verschiedenen Zeitpunkten gekauften Flaschen Nuits-St-Georges z. B. an den Stellen B45, F82 und U12. Natürlich muss diese Übersicht immer auf dem neuesten Stand sein – hierbei ist ein Computer sehr hilfreich.

Sie sollten Ihre Weine in vier Gruppen einteilen: trinkreife und noch nicht trinkreife Alltagsweine, trinkreife und noch nicht trinkreife Weine für »besondere Anlässe«. Muscadet, die meisten Pinot Blancs und einfachen roten Côtes du Rhône werden nicht sehr alt, während gute Rotweine aus Bordeaux noch einige Jahre weiterreifen. Manche Weine sind trinkfertig, können aber noch ein bis zwei Jahre liegen, wie z. B. ein guter jahrgangsloser Champagner.

In der Übersicht finden Sie eine Empfehlung für die Bestückung Ihres Kellers mit insgesamt 210 Flaschen. Die vorgeschlagene Menge kann aber auch auf 105 Flaschen reduziert werden.

SO KÖNNTE EIN WEINKELLER AUSSEHEN

- 6 Flaschen trinkreife hochwertige rote Bordeaux, sortiert
- 6 Flaschen junger, hochwertiger Bordeaux-Rotwein
- 12 Flaschen Bordeaux, *cru bourgeois* oder *petit-château*
- 6 Flaschen Rotwein aus dem nördlichen Rhônegebiet: Hermitage, Côte Rôtie oder Cornas
- 6 Flaschen Rotwein aus dem südlichen Rhônegebiet: Châteauneuf-du-Pape oder Gigondas
- 12 Flaschen Rotwein Côtes du Rhône-Villages
- 6 Flaschen junger roter Burgunder: Beaune, Volnay Vosne-Romanée
- 6 Flaschen der vorgenannten Weine, ältere Jahrgänge
- 12 Flaschen roter Burgunder
- 4 Flaschen Chinon oder Bourgueil
- 4 Flaschen Fleurie
- 12 Flaschen Rotweine aus Cahors, Minervois und Côteaux d'Aix-en-Provence
- 12 Flaschen guter roter Vin de Pays
- 6 Flaschen hochklassiger weißer Burgunder: Chablis Grand Cru, Meursault oder Chassagne-Montrachet
- 12 Flaschen weißer Burgunder oder guter Chablis
- 4 Flaschen Riesling d'Alsace, Pinot Gris oder Gewürztraminer
- 4 Flaschen Alsace Pinot Blanc
- 4 Flaschen Alsace Vendange Tardive
- 6 Flaschen Condrieu
- 6 Flaschen Pouilly Fumé
- 4 Flaschen Vouvray Sec
- 4 Flaschen Vouvray Mousseux
- 6 Flaschen Pessac-Léognan Blanc
- 12 Flaschen weißer Bordeaux
- 4 Flaschen junger Condrieu
- 4 Flaschen Sauternes oder Barsac
- 4 Flaschen Jurançon Sec
- 12 Flaschen Vin de Pays Sauvignon oder Chardonnay
- 4 Flaschen Muscadet (für Austern)
- 6 Flaschen guter jahrgangsloser Champagner
- 4 Flaschen Jahrgangschampagner

NOT MACHT ERFINDERISCH
Weidenkörbe sind als Flaschenregale bestens geeignet – ebenso wie der Kaminabzug.

WEIN ALS KAPITALANLAGE

WEIN HAT SEINEN WERT UND SOMIT AUCH SEINEN PREIS. STEIGT SEIN WERT, SO STEIGT AUCH SEIN PREIS. DOCH ES GIBT AUCH WEINE, DIE EINE WERTMINDERUNG HINNEHMEN MÜSSEN.

WEINKAUF BEI KERZENSCHEIN
In den Hospices de Beaune kommen die Weine nicht »unter den Hammer«: Der Auktionator zündet in Erwartung des neuen Gebots eine Kerze an.

WER WEIN KAUFT, WILL IHN meistens auch trinken und nicht Geld damit verdienen. Hätten Sie aber 1993 den 1982er von Château Latour einem Auktionshaus angeboten, hätten Sie satte 1000 % daran verdient! Denn mit Wein lässt sich Geld verdienen, solange man nur den richtigen kauft.

Viele Weinproduzenten halten es für inakzeptabel, dass Wein zum Spekulationsobjekt verkommt. Doch wie viele von ihnen kalkulieren die Popularität, die ein Wein in den letzten Jahren durch diese Versteigerungen erzielen konnte, nicht dennoch bereits bei ihrer Preisgestaltung mit ein?

Anders als bei einem Gemälde, das große Zeitspannen überdauern kann, wird bei Wein die Lebenserwartung von den Jahrgangseigenschaften, der Qualität des Leseguts und der Weinbereitung bestimmt. Die Lebensdauer eines jungen Weins und damit auch sein Wert lassen sich nur schwer voraussagen. So kostete der 1983er von Château Latour zunächst so viel wie der 1982er. Da dieser Jahrgang aber viel schneller alterte, ist sein Wert gesunken.

Bis in die 1990er Jahre setzten Käufer, die bei Auktionen mitsteigerten und damit die Preise in die Höhe trieben, vor allem auf sichere Größen wie Château Latour und ein paar andere Spitzenreiter aus Bordeaux. Dies hat sich geändert, und zwar aufgrund des Einflusses der amerikanischen Weinpäpste, die stets neue Weine »entdecken«, und aufgrund der heute veränderten Kundenstruktur.

EIN WERTMASSSTAB
Das 200-jährige Auktionshaus Christie's befindet sich inzwischen in französischer Hand und verkauft Weine in alle Welt; es bleibt jedoch das Herzstück des Londoner Weinhandels.

CHÂTEAU LE PIN
Der Preis für Weine dieses kleinen, noch neuen Weinguts ist dramatisch gestiegen; Beobachter erwarten aber einen baldigen Preisverfall.

DIE BLUE CHIPS

Bordeaux: Château l'Angélus, Cheval Blanc, Cos d'Estournel, Ducru-Beaucaillou, Figeac, Grand-Puy-Lacoste, Gruaud-Larose, Haut-Brion, Lafite, Lafleur, Léoville Barton, Léoville-las-Cases, Lynch Bages, Margaux, La Mission-Haut-Brion, Montrose, Mouton Rothschild, Palmer, Pape Clément, Pétrus, Pichon-Lalande, Pichon-Longueville, Rauzan Segla, Château Église Clinet, La Mondotte, Le Pin, Valandraud.
Burgund: Drouhin Marquis de Laguiche, Gros Frères, Hospices de Beaune (Drouhin und Jadot), Lafon, Leroy, Méo Camuzet, Romanée Conti (La Tâche, Romanée Conti, Romanée St-Vivant) de Vogüe.
Rhône: Chapoutier, Chave, Guigal, Jaboulet Aîné.

NEUE STERNE AM WEINHIMMEL

Sobald die Spekulanten ihre Keller mit den »Blue Chips«, den Spitzenreitern unter den Weinen, gefüllt haben, suchen sie nach Neuheiten. So kommt es, dass der Wein eines sehr jungen Weinguts wie Château le Pin, das alljährlich nur 25 000 Flaschen produziert, teurer ist als jene des altehrwürdigen Château Margaux, das zehnmal so viel produziert. Auch die raren Weine unbekannterer Weingüter aus St-Émilion und Pomerol, aus Burgund und dem Rhônegebiet locken Anleger an.

Ob diese Weine eine längerfristige Kapitalanlage bilden, ist jedoch davon abhängig, ob sie über das gleiche Entwicklungspotenzial wie die bisherigen Spitzenreiter verfügen. Denn nur bei einem klassischen Spitzenwein hat man die Sicherheit einer längerfristigen Wertsteigerung. Wenn Sie als Weinliebhaber von diesem Trend profitieren möchten, müssen Sie nur mitverfolgen, was angesehene Kritiker über die Jahrgänge in Ihrem Keller sagen, Ihren Weinkeller pflegen und die Weine kaufen, die Ihnen schmecken. Das hat zumindest den Vorteil, dass Sie Ihr flüssiges Gold selbst genießen können, sollte es sich anders entwickeln als erwartet.

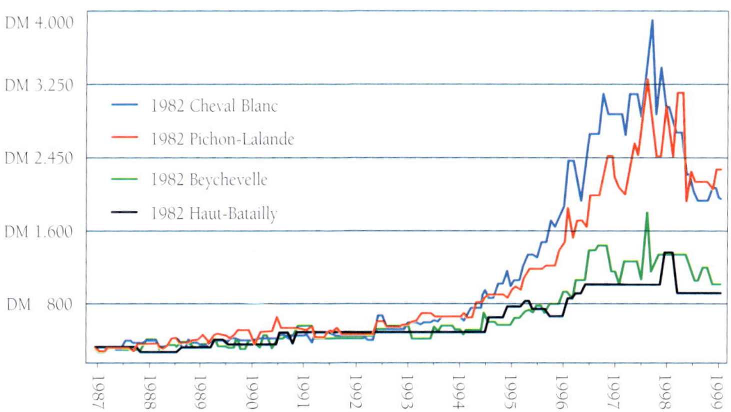

DER LAUF DER ZEIT
Weine von Einzelgütern können Wertschwankungen unterliegen. Nach dieser Verlaufskurve des Bordeaux-Index für den 1982er sind die klassischen Spitzenreiter wie Cheval Blanc und Pichon-Lalande weit verlässlicher als andere Weine.

DIE JAHRGÄNGE

DAS POTENZIAL EINES WEINS ALLEIN NACH DEM LESEGUT ZU BEURTEILEN, IST RISKANT. GUTE JAHRGÄNGE KÖNNEN ENTTÄUSCHEN, ANSCHEINEND MITTELMÄSSIGE SICH ZU KLASSIKERN ENTWICKELN.

WAS WIRD DARAUS?
In der Zeit, in der der Wein wächst und gedeiht, bis hin zu dem Moment, wo er im Tank oder im Fass vinifiziert wird, sind verlässliche Aussagen über seine Güte und Lebensdauer sehr schwierig.

DIE SACHE MIT DEN JAHRGÄNGEN hat selbst für erfahrene Weinkenner ihre Tücken. Jedes Jahr stellt die Natur den Menschen hier erneut vor eine Herausforderung. Niemand kann exakt voraussagen, wie sich die Traube am Stock, wie sich der Wein in der Flasche entwickelt. Zudem haben Weinliebhaber oft unterschiedliche Vorstellungen von einem perfekt gereiften Wein, was die Beurteilung seiner Lebenserwartung noch komplizierter macht.

Wer Jahrgangstabellen konsultiert, sollte beachten, dass sie die Situation nur grob skizzieren. Sie berücksichtigen *(s. rechts)* überdurchschnittlich gute Erzeuger, informieren über die Güte eines bestimmten Jahrgangs und seine Trinkreife. 1988 war z. B. sehr gut in Margaux, und gute Châteaux dieses Jahrgangs haben ihr bestes Trinkstadium 2004 bis 2020.

Um Jahrgangstabellen zu verstehen, sollte man auch nicht die häufig auftretenden regionalen Unterschiede vergessen, sogar innerhalb einer Gemarkung kann es zu Unterschieden kommen. 1982 war ein großer Jahrgang für roten Bordeaux, aber in Burgund war er nur durchschnittlich. Ein gutes Jahr für Merlot muss auch nicht gleichzeitig ein gutes Jahr für Cabernet Sauvignon sein; so war es 1998 leichter, im Merlot-Gebiet Pomerol und St-Émilion guten Bordeaux zu vinifizieren als im Nachbarbereich Médoc, wo Cabernet Sauvignon vorherrscht. Und in Jahren der noblen Fäule, die köstlich edelsüße Weißweine hervorbringt, machen sich gute, trockene rote Gewächse eher rar.

Ein Jahrgang lässt sich nicht einfach als gut oder schlecht abhaken, sondern kann große Unterschiede aufweisen. In Spitzenjahren gibt es Weine, die sofort trinkreif sind, während andere unsere Geduld strapazieren, obwohl sie aus derselben Region stammen. So genannte schlechte Jahrgänge können ungenießbar sauer oder einfach dünn und wässrig geraten. So genannte geringe Jahrgänge können nach einer gewissen Zeit viel Freude bereiten, während Spitzenjahrgänge ihr Versprechen vielleicht niemals einlösen werden.

ZEIT DER BEWÄHRUNG
Die Spitzenjahrgänge erstklassiger Güter können unter geeigneten Lagerbedingungen uralt werden.

LEGENDE

**	Durchschnittlich
***	Gut
****	Sehr gut
*****	Hervorragend
'01-'07	In Bestform zwischen 2001 und 2007

(1987 entfällt; hat seinen Höhepunkt bereits überschritten)

	1998	1997	1996	1995	1994	1993	1992	1991	1990	1989	1988	1986	1985	Sonstige gute Jahrgänge
ELSASS														
Sélection de Grains Nobles/Vendange Tardive	*** '02-'10	***** '02-'20	**** '99-'10	**** '97-'08	*** '97-'02	**** '96-'08	** '95-'99	** '93-'98	***** '94-'16	**** '93-'05	**** '92-'01	*** '88-'00	***** '90-'15	'83, '76, '71
BORDEAUX														
Margaux	**** '04-'20	*** '01-'10	**** '00-'15	**** '00-'17	*** '96-'00	*** '96-'00	** '96-'01	*** '95-'00	***** '95-'20	**** '95-'20	**** '01-'12	**** '96-'10	**** '90-'07	'83, '82, '81, '70, '61, '59
Pauillac	**** '05-'25	*** '01-'10	**** '00-'20	**** '00-'18	*** '97-'01	*** '96-'02	*** '97-'02	*** '95-'03	***** '95-'20	***** '95-'20	**** '02-'15	**** '98-'12	**** '90-'10	'83, '82, '75, '70, '61, '59
St-Estèphe	**** '05-'20	*** '02-'05	**** '02-'20	**** '01-'21	*** '98-'06	*** '97-'02	*** '98-'01	*** '95-'00	***** '97-'20	**** '97-'20	**** '03-'16	**** '99-'12	**** '90-'08	'83, '82, '70, '66, '61, '59
St-Julien	**** '05-'23	*** '01-'08	**** '02-'18	**** '01-'18	*** '97-'07	*** '96-'02	** '97-'02	** '95-'00	***** '96-'20	**** '97-'20	*** '02-'15	*** '98-'12	*** '90-'09	'83, '82, '70, '66, '61, '59
Pomerol	***** '03-'28	**** '01-'08	**** '01-'15	***** '02-'20	**** '00-'15	*** '96-'02	** '96-'02	** '94-'00	***** '95-'20	**** '95-'20	**** '00-'15	*** '93-'10	**** '90-'10	'82, '71, '70, '64, '61, '59
St-Émilion	**** '03-'28	*** '01-'05	**** '02-'15	**** '01-'12	*** '00-'10	*** '95-'01	** '95-'01	** '94-'00	**** '94-'20	***** '95-'20	**** '00-'12	**** '92-'10	**** '90-'10	'82, '71, '70, '64, '61, '59
Pessac-Léognan rot	**** '04-'20	*** '01-'08	**** '02-'15	**** '01-'18	*** '98-'06	*** '96-'02	** '95-'00	** '93-'99	***** '94-'15	***** '93-'15	**** '98-'10	**** '95-'10	**** '90-'10	'83, '82, '79, '70, '64, '61
Pessac-Léognan weiß	**** '01-'12	**** '00-'10	*** '99-'05	*** '94-'02	*** '96-'02	*** '96-'00	*** '94-'99	*** '93-'98	**** '93-'00	**** '92-'01	**** '90-'99	*** '89-'97	*** '88-'95	'83, '82, '81
Sauternes/Barsac	**** '02-'25	**** '03-'22	*** '00-'12	*** '97-'05	** '96-'03	** '96-'03	** '95-'02	** '94-'00	***** '95-'17	**** '93-'12	**** '93-'14	**** '90-'10	**** '90-'09	'83, '80, '76, '75, '71, '70
BURGUND														
Beaujolais: Cru Villages	**** '00-'05	**** '99-'04	**** '98-'01	***** '97-'02	**** '96-'00	**** '95-'00	** '94-'97	**** '93-'00	**** '92-'00	**** '91-'98	*** '90-'97	** '88-'95	***** '87-'95	'83, '78, '71
Chablis: Grands Crus	*** '01-'07	**** '00-'07	***** '00-'12	***** '99-'10	*** '97-'03	*** '95-'00	**** '96-'04	** '93-'99	**** '93-'03	**** '93-'02	**** '91-'02	***** '89-'00	**** '88-'00	'82, '79, '78, '73
Mâcon	*** '00-'08	**** '00-'06	**** '99-'10	**** '98-'07	*** '97-'00	*** '95-'00	**** '95-'02	*** '94-'97	*** '93-'00	**** '92-'00	***** '92-'01	**** '89-'00	*** '87-'98	'82, '79
Côte de Beaune weiß	*** '01-'08	**** '00-'10	***** '99-'15	**** '99-'10	*** '97-'00	*** '95-'00	***** '95-'12	** '93-'98	**** '92-'00	***** '91-'08	**** '90-'04	**** '88-'02	**** '88-'02	'83, '82, '79, '78, '73
Côte de Beaune rot	*** '02-'10	**** '00-'12	**** '00-'10	**** '98-'12	** '98-'02	*** '97-'05	*** '95-'02	*** '93-'05	***** '94-'11	**** '93-'11	***** '92-'11	*** '90-'99	**** '88-'10	'78, '76, '71, '64, '61, '59
Côte de Nuits rot	**** '03-'12	**** '01-'15	**** '01-'12	**** '00-'15	** '98-'03	*** '97-'06	*** '95-'02	*** '93-'05	***** '95-'12	**** '95-'12	***** '93-'11	**** '90-'01	**** '90-'11	'78, '71, '64, '61, '59, '55
CHAMPAGNE														
Jahrgang		***** '05-'25	***** '03-'25	**** '02-'15		**** '00-'15	**** '99-'15		***** '98-'20	**** '98-'15	***** '98-'17	*** '94-'05	***** '95-'15	'83, '82, '79, '76, '75, '70
TAL DER LOIRE														
Anjou Touraine rot	**** '00-'10	***** '00-'15	***** '99-'14	**** '98-'04	*** '96-'00	*** '95-'00	** '94-'98	** '93-'98	***** '93-'06	***** '92-'05	**** '88-'00	**** '88-'00	***** '89-'02	'78, '71, '64, '61, '59, '55
Coteaux de Layon	**** '05-'15	***** '02-'22	***** '01-'21	***** '00-'22	**** '97-'09	** '96-'08	** '94-'02	** '93-'00	***** '95-'20	***** '94-'15	*** '90-'00	*** '90-'00	**** '90-'06	'78, '71, '64, '61, '59, '55
TAL DER RHÔNE														
Nördliche Rhône rot	**** '02-'20	*** '00-'15	***** '02-'23	***** '00-'24	*** '98-'15	** '96-'05	**** '96-'09	***** '95-'11	***** '95-'11	**** '94-'09	***** '92-'10	**** '89-'08	***** '89-'10	'83, '79, '78, '70, '61, '59
Nördliche Rhône weiß	**** '00-'06	**** '99-'02	**** '98-'08	*** '98-'04	*** '96-'02	** '95-'01	*** '94-'03	***** '93-'06	***** '93-'06	**** '92-'04	**** '90-'04	**** '88-'02	***** '87-'04	'83, '82, '79
Südliche Rhône rot	**** '01-'12	*** '00-'08	*** '99-'03	**** '98-'12	*** '96-'06	*** '96-'01	** '94-'00	** '93-'99	***** '94-'06	***** '94-'08	**** '91-'00	*** '89-'99	**** '88-'00	'81, '78, '70, '67, '61

Weinreisen

WINZER SIND OFT ZUGÄNGLICHER ALS ERWARTET. AUCH NAMHAFTE VERTRETER DER ZUNFT EMPFANGEN BESUCHER IN IHREN KELLERRÄUMEN UND LASSEN SIE IHRE WEINE DEGUSTIEREN.

Die Steuermarke
Für jeden Wein, der in Frankreich verkauft wird, ist eine Verkaufssteuer fällig. Die Vignette auf der Kapsel ist der Nachweis dafür, dass sie abgeführt wurde.

Die schotterbedeckten Rebgärten von Châteauneuf-du-Pape, die Kalkhänge der Champagne und die halsbrecherischen Steilhänge im Rhônegebiet werden ganz anders aussehen, sobald Sie die dazugehörigen Weine verkostet haben. Es ist wie mit dem Schauspiel, das man bislang nur aus Büchern kennt und nun endlich einmal auf der Bühne erlebt.

Die beste Reisezeit in eine Weinregion richtet sich danach, was Sie von dieser Reise erwarten. Wer Weingüter besichtigen will, fährt am besten im Sommer. Dann sind Besucher willkommen, allerdings müssen Sie sich dann den Keller und die Aufmerksamkeit der Eigentümer mit anderen teilen.

Die Lese ist die richtige Zeit zum Fotografieren: Pflücker und Pflückerinnen jeder Altersstufe bei der Arbeit im Weinberg und abends im Keller in gemütlicher Runde. In der Regel findet die Lese in den französischen Anbauregionen in der Zeit vom 20. September bis 15. Oktober statt. Wer seine Reise direkt in diese Zeit legt, ist allerdings nicht vor Enttäuschungen gefeit. Denn die Winzer sind oft gezwungen, die Lese wetterbedingt zu verlegen. Und wer gerne Wein mitnehmen würde, muss damit rechnen, dass zu diesem Zeitpunkt alle Hände zum Pflücken, Pressen und Vinifizieren des Leseguts gebraucht werden, so dass kaum jemand auf dem Weingut

Schutzpatron der Winzer
In vielen Anbauregionen präsentieren die Winzer ihre Weine am ersten Wochenende nach dem 22. Januar; das ist der Tag des heiligen Vinzenz, Schutzpatron der Winzer.

die Ruhe findet, sich den Gästen zu widmen. Wenn Sie also Ihren Weinkeller auffüllen wollen, dann fahren Sie außerhalb der Lesezeit.

Wenn ich unter der Woche im Januar oder im Februar auf den Weingütern aufkreuze, mache ich die besten Erfahrungen. In dieser Zeit werde ich immer herzlich empfangen. Dann sind die Winzer meist froh, wenn sie einen Grund haben, die Arbeit in der eisigen Kälte zu unterbrechen, um Sie den Wein im Keller degustieren zu lassen. Und Sie brauchen dann auch nicht mit anderen Touristen um die besten Plätze zu streiten.

BESUCHE VON KELLEREIEN

In den USA und in Australien haben die Kellereien meist eigens eingerichtete Verkostungsräume und Geschenkboutiquen, wo man alles Mögliche kaufen kann: Gläser, Korkenzieher, T-Shirts, Hüte und Poster, alles mit dem Namenszug des Weinguts. Nicht so in Frankreich. Dort werden die Gäste meist von einem Familien- oder Belegschaftsmitglied betreut. Viele Kellereien locken mit Hinweisschildern am Straßenrand Touristen an, doch sind diese Betriebe, ähnlich wie Restaurants mit greller Neonreklame, sicher nicht die besten, um gute Weine der Region zu entdecken.

Wenn Sie ein kleines Weingut besuchen, denken Sie daran, dass dies kein Geschäft und keine Ausstellung, sondern eine Heim- und Arbeitsstätte ist. Melden Sie sich am besten vorher an. Doch falls dies nicht möglich ist, sollten Sie keinesfalls ausgerechnet zur Mittagszeit unangemeldet erscheinen.

LEBENDIGE GESCHICHTE
In vielen Regionen gibt es Weinmuseen mit Gebrauchsgegenständen und Utensilien für die Weinherstellung aus Altertum und Mittelalter. In Kombination mit Kartenmaterial und historischen Schriftstücken stellen sie den Wein der Region in einen historischen Kontext.

Wer in der Nebensaison ein Weingut besucht, dem kann es passieren, dass ihm eine angebrochene, »müde« Flasche, die vom Vorgängern übrig ist, vorgesetzt wird. Sagen Sie offen, welchen Eindruck der Wein Ihnen vermittelt, damit sich der Winzer auf Ihren Geschmack einstellen kann. Falls Sie den Wein der Region schon kennen, könnte sich Ihr Gastgeber – oder Ihre Gastgeberin – bei einem diesbezüglich taktvollen Hinweis veranlasst sehen, eine oder zwei weitere Flaschen zu öffnen. Kaufen Sie keinen Wein von einem Winzer, der Ihnen nicht einige verschiedene Flaschen zum Probieren kredenzt. Die meisten freuen sich, wenn sie etwas verkaufen, egal ob es eine Flasche oder eine ganze Kiste ist. Doch lassen Sie sich auch nicht unter Druck setzen, wenn Ihnen keiner der Weine zusagt. Dann allerdings sollten Sie auch Ihren Besuch so kurz wie möglich gestalten, um dem Winzer nichts von seiner kostbaren Zeit zu stehlen.

BAR À VIN
Falls Sie kein angemessenes Verkostungslokal finden, halten Sie sich an ein Restaurant oder eine kleine bar à vin, *wo man die regionalen Weine offen serviert.*

DIE FRANZÖSISCHEN WEINBAUREGIONEN

ELSASS UND LOTHRINGEN

Elsass und Lothringen

WIE FRÜHER AUS DEM ANGRENZENDEN LOTHRINGEN KOMMEN AUS DEM ELSASS HEUTE EINIGE DER SCHÖNSTEN WEISSWEINE DER WELT.

DAS ELSASS ODER ALSACE, wie die Franzosen sagen, nimmt unter den französischen Weinanbauregionen einen besonderen Platz ein. Ich erinnere mich noch, dass ich vor etwa 20 Jahren im Rahmen einer Verkostung mit Winzern aus Burgund und Bordeaux auch eine Reihe anonymer Weine zu beurteilen hatte. Für einen meiner Kollegen war dies eine regelrechte Zumutung. Nachdem er einige Male am Wein geschnüffelt und einen Schluck probiert hatte, spie er das Ganze aus und beklagte sich konsterniert: *»C'est pas du vin, c'est du parfum!«* (Das ist kein Wein, das ist Parfum!). Für jemanden, der Chardonnay zu trinken pflegte, war dieser intensiv nach Gewürzen und Parfum riechende Gewürztraminer ungenießbar.

Zum Glück für mich war dies nicht meine erste Begegnung mit der charaktervollsten Traube des Elsass, doch konnte ich den Unmut des burgundischen Kollegen durchaus nachvollziehen. Heute sind französische Winzer zum Glück bei Weinproben nicht mehr so engstirnig. Die Elsässer verdanken ihre Sprache, ihre Küche und ihre Weine, die trotz deutscher und französischer Einflüsse ganz und gar elsässisch sind, ihrer einstigen Existenz als Enklave zwischen Deutschland im Osten und Frankreich im Westen. Das Elsass ist übrigens die einzige große französische Weinbauregion, die außer einem Rosé Pinot Noir ausschließlich Weißwein produziert und die einzige *appellation contrôlée*, die auf dem Weinetikett die Rebsorte angeben darf.

ELSÄSSISCHER WEINHÄNDLER
Viele elsässische Handelshäuser wurden bereits vor 400 Jahren gegründet.

- 13 500 ha; 157 Millionen Flaschen
- Nordkontinental, im Sommer warm. Die Reben wachsen im Regenschatten der Vogesen, meist in Hanglage, wo sie schön reifen und gute Erträge bringen.
- Sehr vielfältig, mit Granit und Sandstein an den Hängen der Vogesen, mit Kalksteinhügeln und fruchtbarem Flachland
- Weiß: Pinot Blanc, Tokay-Pinot Gris, Muscat, Gewürztraminer, Sylvaner, Auxerrois, Pinot Noir

FAST NUR WEISSWEIN
Auf fast 90 % der elsässischen Rebfläche wachsen Weißweintrauben unterschiedlichster Rebsorten, z. B. Gewürztraminer.

Während man in Burgund beim Kauf eines Chardonnay zwischen berühmten Appellationen wie Chassagne-Montrachet *(S. 115)* oder Puligny-Montrachet *(S. 133)* wählen kann, werden die Freunde elsässischer Weine mit Etikettangaben wie Riesling d'Alsace, Gewürztraminer d'Alsace oder Tokay Pinot Gris d'Alsace konfrontiert. Diese drei Weine, aus drei völlig unterschiedlichen Sorten gekeltert, wachsen praktisch überall, auf einer Gesamtfläche von 13 000 Hektar, auf mannigfaltigsten Böden und unter vielfältigsten klimatischen Gegebenheiten. Im

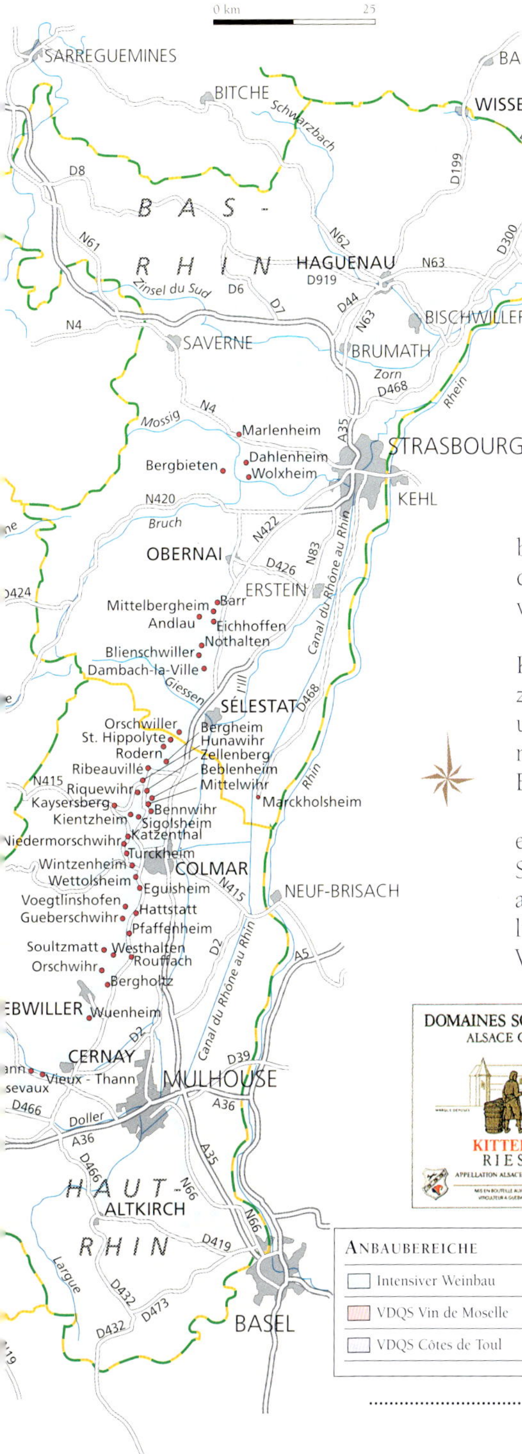

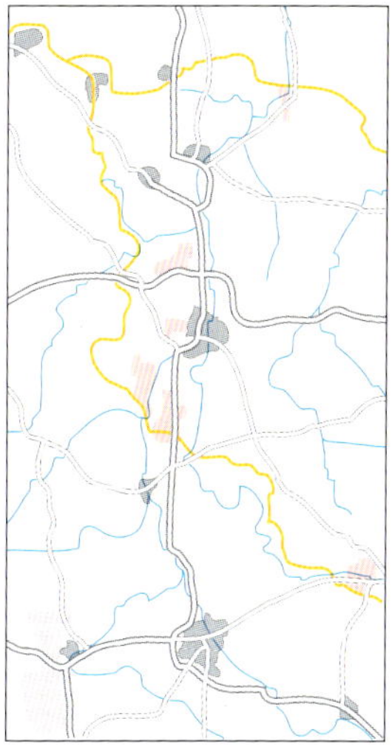

Liebliches Lothringen
Heute beherrscht das Elsass die Szene, die alte Weinbauregion Lothringen findet hingegen kaum Beachtung.

Anbaubereiche

- Intensiver Weinbau
- VDQS Vin de Moselle
- VDQS Côtes de Toul
- *Département-Grenze*
- Grenze AOC-Bereich Alsace

besten Fall ist eine *grand cru*-Lage genannt, doch das ist nicht sehr hilfreich, weil es davon mehrere Dutzend gibt.

Wer elsässischen Wein kauft, sollte auf das Kleingedruckte achten und nach einem Erzeuger Ausschau halten, der in puncto Stil und Qualität vertrauenswürdig ist. Das gilt natürlich auch für andere Weine, aber im Elsass ist dies besonders wichtig.

Bis vor 100 Jahren war auch Lothringen eine berühmte Weinregion, deren größter Strom, die Mosel, in Deutschland eine großartige Weinbauzone bewässert. Lothringen liefert hingegen nur die beiden *VDQS*-Weine Vin de Moselle und Côtes de Toul.

Das Salz des Lebens
Im Unterschied zu allen anderen französischen Weinen wird im Elsass die Rebsorte auf dem Etikett genannt. Die Qualität jedoch kann sehr unterschiedlich sein. Eine gute Adresse ist Schlumberger.

Elsass und Lothringen in der Geschichte

Sowohl im Elsass als auch in Lothringen wurde Wein schon unter den Römern angebaut, und seither wechseln sich fette und magere Jahre ab. In den 1870er Jahren ging die Weinproduktion in beiden Regionen zurück. Im Elsass erlebte sie Mitte des 20. Jh. eine Renaissance, doch Lothringen konnte sein Ansehen, das es im 19. Jh. genoss, nicht wiedererlangen.

Weinbau im 15. Jh.
Die elsässischen Bauern, die auch Reben kultivierten und Wein kelterten, waren rund um das Jahr beschäftigt. Diese wunderschöne Tapisserie aus dem 15. Jh. zeigt sie bei der Arbeit.

Die letzten 2000 Jahre gehörte das Elsass abwechselnd mal zum heutigen Frankreich, mal zum heutigen Deutschland. Diese historischen Wechselfälle lassen sich bis in das 1. Jh. zurückverfolgen, als die Region von den keltischen Sequanern an die germanischen Sueben überging.

Die nächste Wende brachte Julius Cäsar. Die Römer blieben 200 Jahre, bis das Elsass im 4. Jahrhundert von den Alemannen, einem ebenfalls germanischen Volksstamm, erobert wurde. 496 mussten die Alemannen dann den Franken weichen, die mit zu den Vorfahren der heutigen Franzosen zählen.

Zum Glück für die Weinliebhaber gab es aber auch Friedenszeiten, in denen sich die Elsässer dem Pflanzen und Kultivieren von Reben widmen konnten. Um 780 erwähnte ein geistlicher Chronist namens Adam, der Weinbau habe damals die Haupteinnahmequelle der Region dargestellt.

Im Vertrag von Verdun (843) wurde das Fränkische Reich, von Karl dem Großen (747–814) begründet, unter seinen drei Enkelsöhnen aufgeteilt. Das Elsass fiel mit dem Ostteil des Frankenreichs an Ludwig den Deutschen, auf dass auch er »Wein habe in seinem neuen Herrscherreich«. Gegen Ende des 9. Jh. wurde dann bereits in 119 elsässischen Dörfern Wein angebaut und gekeltert.

In den nächsten 500 Jahren erhöhte sich diese Zahl auf 400 Dörfer, und zusätzlich gab es 300 Klöster, die Wein erzeugten. Der berühmte elsässische Weinhändler Johnny Hugel schreibt in seinem Aufsatz »Die Renaissance der Elsässer Weine«, das Exportvolumen habe um 1481, umgerechnet auf heutige Verhältnisse, 80 Millionen Flaschen erreicht, also fast doppelt so viele wie heute insgesamt produziert werden.

Pinot Noir, wahrscheinlich von den Römern eingeführt, war vermutlich die erste im Elsass angepflanzte Rebsorte.

Bereits im 12. Jh. verlegten sich die Elsässer von Rot- auf Weißwein. »Rissling«, Traminer (Gewürztraminer) und Muscat dürften erstmals im 15. Jh. angebaut worden sein, später dann auch Pinot Blanc, höchstwahrscheinlich aus Burgund eingeführt. Auch der Tokay Pinot Gris dürfte von dort stammen, obwohl die Elsässer meinen, diese Traube habe ein elsässischer General von seinem heldenhaften Feldzug aus Ungarn mitgebracht. Wie dem auch sei, die elsässischen Winzer des 16. Jh. hatten sich bereits gründliche Kennt-

Malerische Gassen
Die malerischen Winzerhäuser machen den Weinkauf im Elsass zu einem Vergnügen.

Krieg unter Nachbarn
Französische und deutsche Soldaten im Krieg von 1870/71, in dessen Folge das Elsass wieder an Deutschland fiel.

nisse über das jeweilige Potenzial der verschiedenen Rebsorten erworben. Und sie wussten auch um die besten Anbau- und Leseverfahren. Damals wurde der Handel mit Wein von der Winzervereinigung in Riquewihr beherrscht; ihr Reglement bestimmte, dass die Trauben so spät und so reif wie möglich gelesen wurden.

Blütezeit und Niedergang

Unter dem Reglement von Riquewihr hatten die *Weinsticheren* den Wein von Amts wegen zu verkosten. Sie unterschieden zwischen dem *hüntsch,* der nicht über die elsässischen Grenzen hinaus verkauft werden durfte, und dem *vin noble,* der für den Export bestimmt war. Um das überregionale Geschäft kümmerten sich Handelshäuser wie das 1574 gegründete Haus Dopff, aus dem die heutigen Firmen Dopff au Moulin sowie Dopff & Irion hervorgingen. Die Exporthändler Trimbach und Hugel starteten 1626 bzw. 1637.

Das Geschäft florierte, bis diese erste Hochblüte der elsässischen Weine mit dem Dreißigjährigen Krieg (1618–48) ein Ende fand. Ende des 17. Jh. war die Zahl der Weinsticheren um die Hälfte gesunken, Zuwanderer aus dem übrigen Frankreich, der Schweiz, aus Tirol und Deutschland übernahmen die Weinberge, die ihnen König Ludwig XIV. praktisch unentgeltlich überließ. Doch viele hatten nicht das Qualitätsbewusstsein ihrer Vorgänger. Sie pflanzten ihre Reben in die fruchtbaren Niederungen statt auf die arbeitsintensiven Hanglagen, und obwohl zwei königliche Edikte von 1731 und 1766 die Rebsorten Riesling, Muscat, Traminer und Pinot schützten, mussten sie den faden Sorten Elbling, Chasselas und Sylvaner weichen.

Zurück nach Frankreich

Mit der Französischen Revolution und der Aufteilung des klerikalen Rebbesitzes unter Bürgern und Bauern kam der Weinbau 1790 wieder in Schwung, doch brachte er eine weitere unterdurchschnittliche Sorte hervor, Knipperlé genannt, die bald fast ein Fünftel der regionalen Weine ausmachte.

Als die Region 1871 an Deutschland fiel, wurden die elsässischen Weine noch banaler. Dann zerstörten Krankheiten und die Reblaus die Weinberge, und so war das Elsass, als es nach dem Ersten Weltkrieg wieder französisch wurde, in völlig desolatem Zustand, so J. Hugel.

Erntedankfest 1911
Heute kleiden sie sich anders, doch die Lust am Feiern ist den Lesehelfern geblieben.

»Der Wechsel der Nationalität bedeutet nicht nur, dass man die Fahne wechselt. Er bedeutet auch, dass man in einen anderen Wirtschaftsraum vordringen muss. Die Zollämter ziehen um, man verliert seinen Kundenstamm und muss sich an andere Weingesetze gewöhnen ... 1918 hatten wir nicht einen Kunden in Paris.« Doch selbst wenn, es wäre fraglich gewesen, ob ihn Wein aus dem Elsass damals interessiert hätte.

Dass die traditionell orientierte elsässische Weinindustrie überleben konnte, ist vor allem einigen ungemein dynamischen und qualitätsbewussten Winzergenossenschaften *(coopératives)* zu verdanken.

Eine Tour durch das Elsass

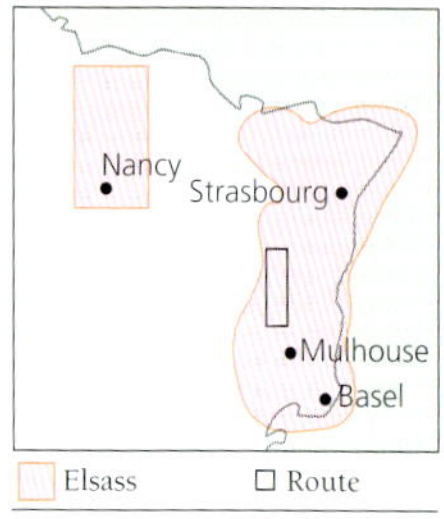

Zum Teil identisch mit der Route du Vin, jener berühmten Panoramastraße, die sich über 180 km von Marlenheim nach Thann schlängelt, führt diese Route durch einige der schönsten Dörfer und Städte des Elsass, die an die Märchenwelt der Gebrüder Grimm erinnern.

Von Colmar nach Éguisheim

Ein Spaziergang durch Colmar ①, über die kopfsteingepflasterten Sträßchen, zwischen den mit Uhren und Symboldarstellungen geschmückten, farbigen Fachwerkhäusern hindurch, vermittelt einen ersten Eindruck von der großen Bühne des Elsass. Das reizvolle, idyllische Colmar ist typisch für viele andere Städte und Dörfer dieser Region. Ebenso typisch im Elsass: Der Rundgang erfolgt am besten per pedes, weil die Stadt mit Autoverkehr nichts im Sinn hat. Unbedingt ansehen: das Kanalviertel Petite Venise und die Maison Pfister in der Rue des Marchands. Das von einer Mauer umgebene Rouffach ② bildet den südlichsten Punkt unserer Tour; die altehrwürdige Kirche wurde über mehrere Jahrhunderte hinweg erbaut; die Getreidebörse stammt aus dem 15. Jh. In den Hügeln, fast 400 m über dem Meer, liegt Husseren-les-Châteaux mit drei Bergfrieden, die wie die Zähne eines Sauriers zwischen den Bäumen herausragen. Hier macht Kuentz-Bas guten Wein, ebenso die Grand-Cru-Lage Eichberg, in der nahen *commune* Éguisheim ③, unserem nächsten Stopp. Das Schloss in der prächtigen Stadt Éguisheim aus dem 15. Jh. gehörte einst Papst Leo IX., der hier geboren wurde. Bruno Sorg und Leon Beyer sind empfehlenswert, und auch die großen Genossenschaftsbetriebe machen gute Weine. Wintzenheim lockt mit zwei Burgruinen; sein vortrefflicher Weinberg Hengst Grand Cru liefert ausgezeichneten Gewürztraminer.

Ein schöner Ausblick
Durch die Weinberge im Elsass ziehen sich schöne Spazierwege mit reizvollen Ausblicken auf die romantischen Ortschaften.

Von Turckheim nach Riquewihr

Turckheim ④ ist die Gelegenheit, die Weine eines der elsässischen Spitzengüter, Zind Humbrecht, und der ebenso hervorragenden Winzergenossenschaft Turckheim zu verkosten. Vergessen Sie auch nicht, nach oben zu schauen: Mit etwas Glück sehen Sie nämlich die Störche, die auf den Dächern nisten. Im Dorf Kaysersberg ⑤ an den Ufern des Flüsschens Weiss stand die Wiege von Albert Schweitzer, einem der berühmtesten Söhne des Elsass. Von der langen Weinbautradition in dieser Gegend zeugen schöne Häuserfassaden; in der Kapelle gibt es eine Statue von Christus mit einer Traube in der Hand. Als Mekka für Weinkenner gilt die Domaine Weinbach. Hier steht Laurence Faller im

Wegweiser

- Weinprobe
- Essen und Trinken
- Fremdenverkehrsamt
- ★ Sehenswürdigkeit
- Streckenverlauf
- Aussichtspunkt

Wieder daheim
In Turckheim und Molsheim wurden Storchzentren gegründet, um Adebar ins Elsass zurückzuholen.

Bildschön
Vergoldete Ladenschilder verleihen Riquewihrs Gassen einen besonderen Reiz.

Keller und macht einen exquisiten Riesling. Die Zwillingsgemeinden Bennwihr ⑥ und Mittelwihr ⑦, im 2. Weltkrieg zerstört, wurden wieder sehr schön aufgebaut. Die oft so unbeliebte Sylvanertraube erhält hier fast ebenso viel Zuwendung und Pflege wie die Architektur. Wenn Sie die Touristenströme meiden wollen, dann dürfen Sie Riquewihr ⑧ nicht im Sommer besuchen. Die Hugels gründeten hier ihr erstes Handelshaus, das immer noch existiert. In Hunawihr gibt es eine befestigte Kirche mit Wehrturm; die Zeiger der Turmuhr sind einer Traube nachempfunden.

Von Ribeauvillé nach Mittelbergheim

Ribeauvillé ⑨ fühlt sich immer noch als die elsässische Weinhauptstadt. Sie besitzt hübsche alte Kirchen, Burgruinen und viele gute Restaurants, Weinkellereien und eine Reihe erstklassiger Grand-Cru-Lagen. Bergheim ⑩ ist berühmt für seine Stadthalle und das Obertor *(Porte Haute)*, wo einst Flüchtlinge Unterschlupf fanden. St-Hippolyte darf sich nicht nur eines schmucken Platzes, sondern auch seines Pinot Noir rühmen. Der alte Aussichtsturm ist zwar äußerst fotogen, aber Sie sollten sich noch einen Film für Haut-Koenigsbourg aufheben; die Burg erhebt sich über den Reben zwischen Kientzheim und Châtenois. Dambach-la-Ville ⑪, einst Dambach-la-Vigne genannt, hat eine Kapelle aus dem 14. Jh. Sie ist dem heiligen Sebastian geweiht und liegt schon fast auf dem Grand Cru Frankstein. Dambach selbst sieht mit seinen Fachwerkhäusern und den blühenden Pflanzen wie ein kleines Juwel aus. Andlau ⑫ verdankt seine Gründung einem Bären, der im 9. Jh. von Engeln ins Tal geschickt wurde, um den Standort des neuen Klosters zu bestimmen. Und Mittelbergheim ⑬, die historische Weinstadt, gilt als die schönste und unberührteste Gemeinde der Region.

Nützliche Hinweise

Information: Auskünfte über elsässischen Wein erteilt vor allem das Büro des regionalen Weinkomitees. 12, Avenue de la Foire au Vin, **Colmar** ☎ 03 89 20 16 20.

Veranstaltungen: Fast jede Woche findet in einem Weindorf der Region ein Weinfest statt. Auf der Foire Régionale in Colmar, alljährlich vom 5. bis 16. August, kann man die unterschiedlichsten Weine degustieren.

Restaurants:
L'Auberge de l'Ill, 2 Rue de Collonges au Mont d'Or, **Illhaeusern** ☎ 03 89 71 89 00. Dieses Mekka der Feinschmecker mit 3 Sternen von Michelin zählt zu den nobelsten Tafeln Frankreichs. Moderne und traditionelle elsässische Küche, wundervolle Auswahl an Weinen.
La Maison des Têtes, 19 Rue des Têtes, **Colmar** ☎ 03 89 24 43 43. Dieses Nationaldenkmal verdankt seinen Namen den Köpfen an der Hauswand; gute, herzhafte, traditionelle elsässische Küche.

Übernachten:
Le Maréchal, 4–6 Place des Six Montagnes Noires, **Colmar** ☎ 03 89 41 43 07. Direkt am Wasser, in einem Fachwerkhaus aus dem 16. Jh. im Stadtzentrum. Sehr romantisches Ambiente.
Château de Barembach, 5 Rue du Maréchal de Lattre de Tassigny, **Colmar** ☎ 03 88 97 97 50. Renaissanceschloss mit Grünanlagen und Tennisplätzen. Genau das Richtige zum Entspannen.

Dorfidylle
Das verschlafene Mittelbergheim bildet den Abschluss dieser Weintour.

EDELZWICKER

TROTZ DER VORHERRSCHENDEN MEINUNG, die Elsässer hätten nur Sortenweine, haben dort auch Verschnittweine Tradition. Ein Verschnitt aus mehreren Sorten trägt die deutsche Bezeichnung Zwicker, Wein aus einer hochwertigen Rebsorte heißt französisch *gentil*. 1871 wollten die Deutschen, die damals im Elsass das Sagen hatten, das *gentil* durch *Edelwein* ersetzen. Aber die Elsässer waren nur mit dem *Edelzwicker* und *Zwicker* einverstanden. 1972 wurde der *Zwicker* von den Franzosen amtlich abgeschafft, so dass man heute als *Edelzwicker* alle elsässischen Verschnittweine, ungeachtet der verwendeten Sorten, bezeichnet. Allerdings steht der Wein in eher schlechtem Ruf. Viele Winzer weisen ihn deshalb als »Gentil«, »Réserve« oder »Côtes« (vor dem Namen der Weinbaugemeinde) aus. Doch auch darunter gibt es leider einige absolut schlechte.

ROLLY GASSMANN
Rolly Gassmanns Edelzwicker stellt alle anderen in den Schatten; er ist nicht besonders teuer, dennoch stilvoll.

WILLKOMMEN
Besucher sind in vielen Kellereien willkommen. Im Elsass betreiben selbst Spitzenwinzer ein Verkaufslokal, in dem man die verkosteten Weine erhält.

- Dieser Wein wird überall im Elsass produziert
- Traditioneller, einfacher, fruchtiger, trockener Weißwein
- Jean-Baptiste Adam, Marcel Deiss, Jean-Pierre Dirler, Hugel, Kreydenweiss, Kuehn, Rolly Gassmann, Cave de Ribeauvillé, Schlumberger, Louis Sipp, Pierre Sparr
- Schweinehüfte mit Pistazien
- 1998, 1997, 1996
- 2–3 Jahre

GEWÜRZTRAMINER

FRÜHER HIESS DIE REBSORTE GEWÜRZTRAMINER einfach nur »Traminer«. Die Elsässer selbst mögen zwar davon überzeugt sein, dass ihre Riesling-Weine feiner und langlebiger sind, doch so faszinierend verführerisch wie die absolut unverkennbaren Weine dieser rötlichen Traube sind sie selbst in Bestform nie. Der Charakter des Gewürztraminers fällt jedoch sehr unterschiedlich aus und hängt von der Lage des Weinbergs, vom Reifegrad des Leseguts und vom Können sowie von den Vinifizierungsmethoden des Kellermeisters ab. Qualitätsorientierte Erzeuger wie Faller, Ostertag, Trimbach und Zind Humbrecht verarbeiten Trauben von ertragsarmen Reben aus besten *grand cru*-Lagen. Gewürztraminer kann trockene, köstliche Spätlesen ergeben mit unwiderstehlichen, orientalisch anmutenden Aromen und Düften edler Parfums.

ZIND HUMBRECHT
In warmen Jahren kann Gewürztraminer säurearm ausfallen. Spitzenweine wie dieser werden trotzdem perfekt ausbalanciert sein.

WEINBERGE
Typisch für das Elsass: Am Hang die Reben und gleich unten im Dorf die Winzer.

- Ammerschwihr, Barr, Bergheim, Guebwiller, Hunawihr, Kaysersberg, Kientzheim, Mittelbergheim, Mittelwihr, Obernai, Orschwihr, Ribeauvillé, Riquewihr, Rorschwihr, Rouffach, Turckheim, Wintzenheim
- Trockene und süße Weine
- Blanck, Deiss, J.-P. Dirler, Faller, Mittnacht Klack, Ostertag, Zind Humbrecht
- Munsterkäse
- 1997, 1996, 1995, 1990
- 5–10 Jahre

MUSCAT

DA DIE ELSÄSSISCHEN WEINE oftmals süß ausfallen, überrascht die Trockenheit des Muscat, der sonst mit üppiger Süße assoziiert wird. Anzunehmen, es gäbe nur eine Muskatellertraube, wäre falsch. Im Elsass gibt es sie in drei Spielarten: Muscat Blanc à Petits Grains in Weiß und Rötlich, und Muscat Ottonel. Welche die besten Weine ergibt, darüber lässt sich streiten. Trotz der potenziell köstlichen Qualität des Alsace Muscat verschwindet die Rebe zusehends und ist heute kaum noch verbreiteter als die Chasselas. Es erfordert viel Engagement, die Erträge niedrig zu halten und den Zeitpunkt der Lese so anzusetzen, dass die Früchte noch genug Säure haben. Zum Glück gibt es unter den Elsässer Winzern wahre Könner ihres Fachs, so dass die Muscat ihr Bukett mit Anklängen an Trauben, Äpfel, Orangen und Mandarinendüfte voll entfalten kann.

MEYER-FONNÉ
Einen feinen, aromatisch trockenen Muscat wie diesen Meyer-Fonné trinkt man am besten auf seiner jugendlichen Frische.

BILDSTÖCKE
In den abgelegenen Tälern haben religiöse Traditionen überdauert. Dieses Kreuz steht inmitten der Rebgärten nahe Riquewihr.

- Barr, Bennwihr, Katzenthal, Mittelwihr, Riquewihr, Rorschwihr, Voegtlinshofen, Wettolsheim, Wintzenheim
- Leichter, traubiger, trockener Weißwein
- Ernest Burn, Hugel, Kitzler, Meyer-Fonné, René Muré-Clos-St-Landelin, Bruno Sorg
- Käsekuchen
- 1998, 1997, 1996, 1995
- AC Alsace Muscat: 1–3 Jahre
  AC Alsace Grand Cru Muscat: 2–5 Jahre

PINOT BLANC

DIESE VERWANDTE DER PINOT GRIS ist nicht aromatisch und für das Elsass also eine Ausnahme von der Regel. In Bestform kann sie attraktive, sanftwürzige Weine hervorbringen. Vielerorts im Elsass wird ein Klon namens Gros Pinot Blanc verwendet, der eine Zeitlang hauptsächlich zusammen mit Chasselas zu Edelzwicker verschnitten wurde. Pinot Blanc kann sehr blass ausfallen. Daher gestattet das Reglement der *appellation*, unter der Bezeichnung Pinot Blanc oder unter jener der verwandten Sorte Klevner bzw. Clevner (S. 67) auch Weine zu verkaufen, die ganz oder teilweise von Pinot Gris, Pinot Auxerrois, Chardonnay und Pinot Noir gekeltert sind. So steht dieser Name also für unterschiedlichste Weine, die zumeist jedoch interessanter sind als sortenreiner Pinot Blanc. Vor allem die Sorte Pinot Auxerrois bringt hier eine typisch elsässische, würzige Note mit ein.

PAUL BLANCK
Die Pinot Blanc wird im Elsass normalerweise zu Alltagswein verarbeitet. In Bestform ergibt sie köstliche, sanftwürzige, volle Weine.

GRAND CRU
Der Hengst-Weinberg, ein grand cru, ist eine der Spitzenlagen im Elsass.

- Mittelbergheim, Pfaffenheim, Saint-Hippolyte, Westhalten, Wintzenheim
- Frische, prickelnde trockene Weißweine; Grundweine für die Bereitung von Crémant; Komponente für Edelzwicker
- Paul Blanck, Henri Brecht, Kuentz-Bas, Meyer-Fonné, Cave de Turckheim, Zind Humbrecht
- Zwiebelkuchen
- 1997, 1996, 1995, 1994
- Weißwein: 2–8 Jahre

Pinot Gris

Dass ein Elsässer Wein seinen Namen mit einem ungarischen Weinanbaugebiet teilen muss, bleibt ein Rätsel. Nach einer Überlieferung soll der elsässische General Baron Lazare de Schwendi 1565, zum Dank für seinen Beistand gegen die Türken, aus dem ungarischen Tokay 4000 Fässer Wein und ein paar Reiser Pinot Gris erhalten haben. In Ungarn ist Pinot Gris heute nicht mehr zu finden; ihr Anteil im Elsass beträgt 4 %. Die Traube, die sich zwischen einem potenziell säuerlichen Riesling und einem übermäßig süßen Gewürztraminer oder Muscat ansiedeln lässt, ergibt einige der stilvollsten Weine der Region. Die Elsässer nennen sie »Sultan« und trinken die *vendange tardive* und die *sélection de grains nobles* gern zur *foie gras*. Auf dem Etikett heißt der Wein, inoffiziell auch als Tokay d'Alsace bekannt, Tokay-Pinot Gris oder Pinot Gris.

Trimbach Pinot Gris Réserve
Es gibt keinen besseren elsässischen Händler für Pinot-Gris-Weine als Trimbach. Sein Pinot Gris ist stets absolut verlässlich.

Riquewihr
Eines der reizvollsten elsässischen – und französischen – Städtchen. Riquewihr beherbergt einige der besten Handelshäuser und Winzer der Region. Pinot Gris ist ausgezeichnet.

Barr, Dambach-la-Ville, Guebwiller (Kitterlé), Kaysersberg, Kientzheim (Schlossberg), Mittelwihr (Mandelberg), Obernai, Riquewihr (Sporen), Thann (Rangen), Turckheim

Volle trockene und süße Weine

Ernest Brun, Bott-Geyl, Dopff & Irion, Kreydenweiss, Ostertag, Schleret, Sorg, Weinbach (Faller), Zind Humbrecht

Süß: *Pâté de foie gras*

1997, 1996, 1995, 1994

Trocken: 3–4 Jahre

Pinot Noir

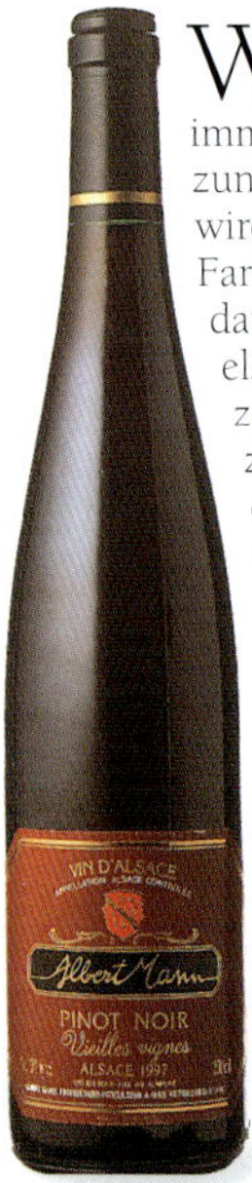

Wenn ein Elsässer Wein überhaupt aus einer dunklen Traube gemacht wird, dann aus der Pinot Noir. Allerdings zeigt es sich immer wieder, dass die Winzer es nicht leicht mit ihr haben. Da ist zunächst der Umstand, dass sie nicht rosé, sondern rot vinifiziert wird. Neue Klone und der Einsatz von Rotofermentern, die den Farbstoff extrahieren, erleichtern die Aufgabe, obwohl die Finesse darunter leiden kann. Die Ambitionen elsässischer Winzer, rote Burgunder zu imitieren, erklärt den großzügigen Einsatz von Eichenholz, das sich für diesen Wein oft so schwer wie ein massiver Goldrahmen für ein kleines Aquarell ausnimmt. Meiner Ansicht nach wäre es weit besser, Vosne-Romanée *(S. 138)* in Burgund zu lassen und dafür dem oft so köstlichen Rosé d'Alsace mit seinen kirsch- und himbeerähnlichen Nuancen mehr Aufmerksamkeit zu widmen.

Albert Mann
Albert Mann, einer der ambitioniertesten Winzer im Elsass, baut seinen Pinot Noir nur sehr gezielt in neuen Eichenholzfässern aus.

Der Wein ist König
Solche Schilder sind typisch für das Elsass, wo kleine Winzer und Weinhändler auf ihr Erbe stolz sind.

Dambach-la-Ville, Éguisheim, Orschwiller, Ottrot, Pfaffenheim, Ribeauvillé, Rodern, St-Hippolyte, Traenheim, Turckheim

Leichte, frische Rote

J.B. Adam, Jean Becker, Joseph Cattin, Marcel Deiss, Caves de Éguisheim, Robert Faller, Albert Hertz, Hugel, Roger Jung, Kuentz-Bas, Pfaffenheim, de Turckheim, Charles Wantz

Fleisch-Gemüse-Eintöpfe

1997, 1996, 1995

Rotwein: 10–15 Jahre

RIESLING

DIESE VON WEINHÄNDLERN UND KRITIKERN favorisierte Traube ist der ganze Stolz der Elsässer. Spätestens seit dem 15. Jh. unter ihrem damaligen Namen Rissling oder *gentil aromatique* angebaut, verdrängte sie nach und nach die Sylvanertraube (*s. u.*), und macht nun ungefähr 20 % des Gesamtanbaus aus. Der elsässische Riesling litt zwar einerseits unter dem schlechten Ruf des deutschen Rieslings, andererseits profitierte er jedoch gleichzeitig gerade von seinem diametral entgegengesetzten, individuellen Charakter. Anders als in Deutschland gelangt Riesling im milderen elsässischen Klima zu voller Reife. Sein Charakter variiert je nach Bodeneigenschaften. Die vollsten Rieslinge stammen von tonhaltigen Böden; Granit oder Kalkstein verlangsamt die Entwicklung, weshalb die Weine erst 18 Monate nach der Lese zum Verkauf freigegeben werden.

DOMAINE WEINBACH, CUVEE THEO
Laurence Faller macht sehr feine Weine, etwa diese Einzelcuvée, die nach ihrem Vater benannt wurde.

RIBEAUVILLE
Ribeauvillé, ehemals offiziell die »Hauptstadt« des Elsass, bietet mit ihren grands crus *Geisberg, Kirchberg und Osterberg einige der feinsten Rieslinge der Region.*

- Barr, Beblenheim, Guebwiller, Kaysersberg, Ribeauvillé, Riquewihr, Rouffach, Turckheim, Wintzenheim
- Trockene und süße Weine
- Paul Blanck, Marcel Deiss, Dirler, Albert Hertz, Kientzler, Ostertag, Rolly Gassmann, Schlumberger, Roland Schmitt, Bruno Sorg, Trimbach, Weinbach, Zind Humbrecht
- Trocken: elsässischer Fischeintopf
- 1997, 1996, 1995, 1994
- *Grains nobles:* 5–15 Jahre

SONSTIGE

CHASSELAS WIRD VON DER GLEICHNAMIGEN TAFELTRAUBE gewonnen, die im Elsass fast ausgestorben ist (2 % der Anbauflächen, gegenüber 16 % 1969). Produzenten wie Schoffit und Kientzler verarbeiten sie zu leichten, fruchtigen, süffigen Weinen; der größte Teil geht in Edelzwicker (S. 64) ein. Ein Crémant d'Alsace ist ein sanft schäumender Weinverschnitt, wobei die Mischung aus Pinot Gris, Pinot Noir und Chardonnay am erfolgreichsten ist. Besonders die Rosés sind empfehlenswert. Klevener de Heiligenstein, der Name für die Traube und den Wein, ist nicht mit der Clevnertraube (oder Klevner) verwandt, sondern eine lokale Spielart der Sorte Savagnin Rosé, die im Jura wächst. Pinot Auxerrois ist wie eine Kreuzung aus Pinot Blanc und Pinot Gris; die leicht würzige Traube wurde offiziell – irrtümlicherweise – als Pinot Blanc klassifiziert. Einige Winzer schreiben unzulässigerweise den Namen Auxerrois auf das Weinetikett. Die einfache Sylvanertraube bedeckt 17 % der elsässischen Anbauflächen (gegenüber 27 % 1969); meist wird sie zu Edelzwicker verschnitten. In Lothringen produzieren die Côtes de Toul *VDQS* winzige Mengen an guten, leichten Rotweinen von Pinot Noir und Meunier sowie Rosé aus diesen Sorten und aus Gamay. Der rote und weiße Vin de Moselle *VDQS* von der Mosel wird besser vor Ort gekauft, doch nur Weine aus warmen Jahren.

SIERCK-LES-BAINS
Viele Häuser im Elsass haben einen unverkennbar deutschen Einschlag.

GENTIL HUGEL
Dieser Wein zeugt von einem gelungenen Rückgriff auf jene Zeit, als man im Elsass hauptsächlich Verschnittweine produzierte.

Essen in Elsass und Lothringen

Die geographische und historische Grenzsituation zwischen Frankreich und Deutschland spiegelt sich vor allem in der regionalen Küche. Liebhaber von Schweine- und Pökelfleisch, wie es auch östlich des Rheins serviert wird, finden einiges nach ihrem Geschmack, und wer Feinstes aus Flüssen und Seen bevorzugt, wird in Lothringen auf seine Kosten kommen.

Porc aux deux pommes
Die Elsässer wissen seit alters her, dass sich Schweinefleisch mit Äpfeln und den apfelartigen Noten des Rieslings harmonisch verbindet.

Teigwaren spielen eine grosse Rolle in der elsässisch-lothringischen Küche, so die weltberühmte und oft verfälschte *quiche Lorraine* oder *Flammeküeche,* ein kross gebackener Brotteig mit einem Belag aus Zwiebeln, Speck und Sahne.

Die traditionelle Verehrung des *seigneur cochon* (Seine Majestät, das Schwein) zeugt von der Bedeutung des Schweins, vor allem im Elsass. Die unterschiedlichen Zubereitungsarten können Sie alle zusammen im *choucroute* probieren, das mit Gepökeltem und Geräuchertem, mit Würsten, Schinken und Speck serviert wird. Das Wichtigste ist natürlich das Sauerkraut, das ihm den Namen verleiht und dem es seinen Spitzenrang in der regionalen Küche verdankt.

Salade de pommes de terre
Die Kartoffel gehört zu den Grundzutaten der elsässischen Küche und wird in vielen Variationen zubereitet, hier als Kartoffelsalat mit Wurstscheiben.

Choucroute garnie
Wie für deutsches Sauerkraut, wird auch im Elsass klein geschnittener Weißkohl mit Salz, Wacholderbeeren und Weinblättern etwa einen Monat in einem Steingutbehälter vergoren. Dann wird das Sauerkraut mit Schweinefleisch, Schinken, Würsten und elsässischem Wein langsam gegart.

Tarte Alsacienne
Sie wird traditionsgemäß mit Äpfeln, Aprikosen oder Kirschen (in Kirsch und Zucker eingelegt) zubereitet. Über die Früchte kommt eine Zimt-Eiercreme.

Früher gab es professionelle »Kohlschneider«, die nach der Weinlese im Herbst von Haus zu Haus gingen, um die frisch geernteten Kohlköpfe fachmännisch zu zerkleinern. Danach kam das Kraut mit etwas Wasser, Salz, Kümmel, Wacholder, Wein- oder Kohlblättern in ein Behältnis aus Steingut und wurde mit einem Tuch abgedeckt und mit einem Stein beschwert. So zubereitet, hielt sich das Sauerkraut über die Wintermonate. Zusammen mit anderen Fleischsorten, etwa Kalb, wird Schweinefleisch zur *tourte de la valleé de Munster* verarbeitet; für ein *baeckeoffe* werden Stücke vom Schwein, Lamm und Rind sanft im Ofen geschmort. Der jüdischen Bevölkerung haben die Elsässer die Gans zu verdanken, die Alternative zum Schweinefleisch. Das Gänsefleisch wird geräuchert, die Leber wird in Form von *foie gras* genossen. Beliebt ist auch Wildfleisch. Es hat einen strengeren Geschmack und stammt von den Hasen und Wildschweinen aus den Wäldern der Region.

Auch Fisch gibt es reichlich. Früher lebten in Rhein und Ill Lachse und Neunaugen, heute findet man eher Barsche, Aale, Hechte und Forellen, aus denen mit Fischfond und Riesling die *matelote*, eine Suppe, zubereitet wird.

Guglhopf
Der Guglhopf ist ein klassischer Napfkuchen aus Hefeteig mit reichlich Rosinen und Mandeln. Er wird in der typischen irdenen Kuchenform gebacken, die der Form einer mittelalterlichen Kopfbedeckung nachempfunden ist.

Alle Gerichte werden reichlich mit Zimt, Kumin, Kümmel, Koriander und Muskatnuss gewürzt, auch süße Nachspeisen und Gebäck. Der berühmte *Guglhopf* aber ist ein duftiger Napfkuchen mit Rosinen und Mandeln.

Regionale Käsespezialitäten

So würzig-aromatisch im Charakter wie der elsässische Wein ist auch der Käse der Region, erstmals von Mönchen für ihren Eigenverbrauch hergestellt. Es gibt noch viele kleine Käsereien, doch der größte Teil des Käses wird heute industriell gefertigt. Derart hergestellt, ähneln der pasteurisierte Munsterkäse und der ihm verwandte lothringische Gérome im Charakter zwar den traditionell hergestellten Produkten, sie sind aber längst nicht so kräftig im Geschmack. Es gibt nur wenige empfehlenswerte Produzenten. Man erkennt sie daran, dass sie ihr Diplom des Syndicat Interprofessionnel de Munster im Geschäft hängen haben.

Munster
Dieser Weichkäse mit seinem charakteristischen kräftigen Aroma wird im Elsass und in Lothringen produziert. Die Elsässer essen ihn zu Pellkartoffeln.

Trami d'Alsace
Der weiche, cremige Rohmilchkäse wird mit Gewürztraminer eingerieben. Er riecht kräftig und ist sehr würzig im Geschmack.

BORDEAUX

BORDEAUX IST DIE WIEGE WELTBERÜHMTER SPITZENWEINE, DEREN LEBENSERWARTUNG OFT HÖHER IST ALS DIE IHRER ERZEUGER.

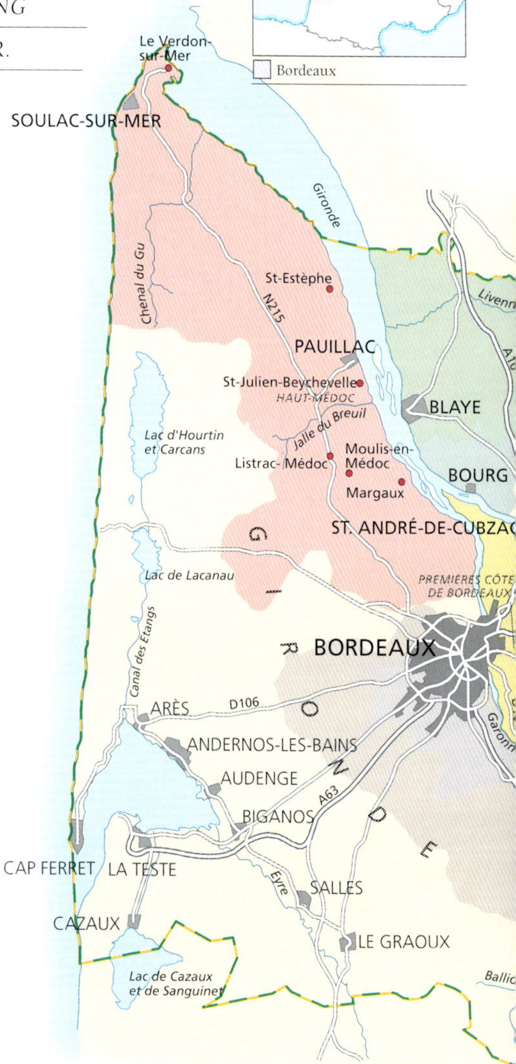

WER DIE WEINE VON BORDEAUX VERSTEHEN will, muss wissen, dass es hier deutliche Qualitätsunterschiede gibt, die durch die Größe dieses Anbaugebiets mitverursacht werden: 100 000 ha Anbaufläche, das ist das Dreifache von Burgund *(S. 98 ff.)*. Die Weine aus Bordeaux, die es in vielen Stilrichtungen gibt, stammen von insgesamt 20 000 Erzeugern, von denen aber nur ungefähr 100 internationalen Ruf genießen. Mindestens ein Drittel praktizieren die Château-Abfüllung unter eigenem Etikett, darunter Châteaux von der Größe einer Gartenlaube. Natürlich gibt es in der Region auch unterschiedlichste Böden und klimatische Bedingungen. Die besten Appellationen, wie z. B. Haut-Médoc *(S. 81)* und Graves *(S. 80)*, erzeugen rote Verschnittweine. Die hierfür verwendeten Rebsorten, cassisbetonte Cabernet Sauvignon, Merlot, Cabernet Franc sowie ein Schuss würzige Petit Verdot, gedeihen auf Kiesschotterböden. In anderen Appellationen, z. B. in Saint-Émilion *(S. 89)* und Pomerol *(S. 87)*, dominieren schwerere Tonböden, die der pflaumweichen Merlottraube vorbehalten sind. Anders als der vorzügliche Süßwein aus Sauternes *(S. 94)* oder Barsac *(S. 76)*, fiel der klassische, halbsüße Weißwein in Bordeaux eher mittelmäßig aus. Dank moderner Herstellungsverfahren entwickelte sich jedoch eine ganze Generation hochwertiger

113 000 ha; 860 Millionen Flaschen

Vorherrschend atlantisches Klima; standortbedingt treten jedoch große Klimaunterschiede auf. In Saint-Émilion und Pomerol macht sich der kontinentale Einfluss stärker bemerkbar.

Sowohl Kiese, die für Cabernet Sauvignon geeignet sind, als auch Tonerde, auf der Merlot gut gedeiht

Rot: Cabernet Sauvignon, Cabernet Franc, Merlot, Malbec, Petit Verdot
Weiß: Sauvignon Blanc, Sémillon, Muscadelle

WASSER, SO WEIT DAS AUGE REICHT
Der Waldsaum der Atlantikküste und die Flüsse Gironde und Garonne sorgen in Bordeaux für mildes, beständiges, für den Weinbau ideales Klima.

trockener Weißweine, die von Sauvignon Blanc und Sémillon gekeltert werden.

Das Gebiet liegt im Klima mäßigenden Einflussbereich des Atlantiks, der Bordeaux im Westen begrenzt. Da die Weinregion aber relativ weit im Norden liegt, kann das Lesegut hier dennoch nur etwa jedes dritte Jahr voll ausreifen. Dass günstige Jahrgänge oftmals auf ganz bestimmte Appellationen oder auch Rebsorten beschränkt bleiben, ist zwar verwirrend, aber derart durchaus begreiflich. So können in einem Jahr, das vorzügliche Süßweine hervorbringt, katastrophale Rotweine entstehen. Als Orientierungshilfe dient hier die im 20. Jh. mehrmals revidierte, offizielle Klassifizierung von 1855, die den Châteaux von Médoc, Graves und Sauternes je nach Güte ihrer Weine einen entsprechenden Platz in der Rangordnung zuweist.

In jüngerer Zeit wird jedoch zunehmend anerkannt, dass es in jeder Rangstufe über- oder unterbewertete Châteaux gibt, da z. B. auch das Talent und die technische Ausrüstung der Winzer beurteilt werden. Echte Bordeaux-Liebhaber erstellen daher ihre persönliche Rangordnung, die sie Jahr für Jahr revidieren, indem sie die Entwicklung ausgewählter Erzeuger verfolgen.

SÜSS WIE HONIG
Am Nordufer der Garonne, in Loupiac (S. 81), wachsen die Trauben für köstliche weiße Süßweine.

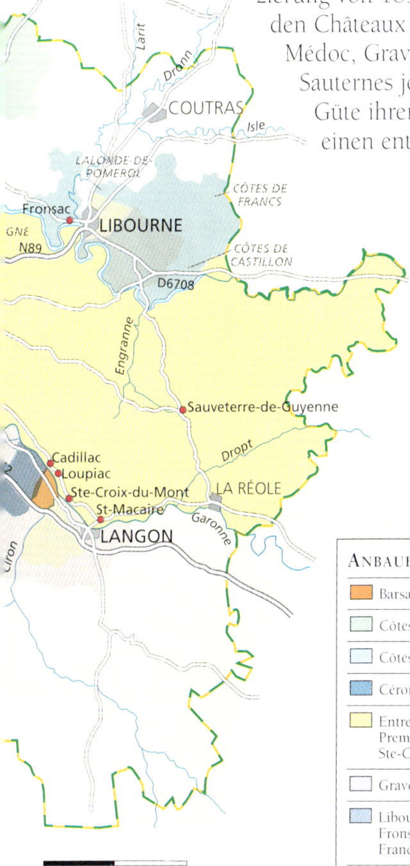

ROT UND WEISS
Die Stadt Bordeaux grenzt im Süden an die Region Graves, die als einzige regionale appellation hochwertige rote und weiße Weine erzeugt. Bekannt für Weiße ist z. B. La Tour Martillac.

ANBAUBEREICHE

- Barsac
- Côtes de Blaye
- Côtes de Bourg
- Cérons
- Entre-Deux-Mers (mit Cadillac, Loupiac, Premières Côtes de Bordeaux, Ste-Croix-du-Mont)
- Graves
- Libournais (mit Fronsac und Canon Fronsac, Côtes de Castillon, Côtes de Francs, Lalande de Pomerol)
- Médoc (mit Haut-Médoc, Listrac-Médoc, Margaux, Moulis, Pauillac, St-Estèphe, St-Julien)
- Pessac-Léognan
- Pomerol
- Sauternes
- St-Émilion (mit Satellitenbereichen)
- *Département-Grenze*
- Grenze AOC-Bereich BORDEAUX

BORDEAUX IN DER GESCHICHTE

Erst im 12. Jahrhundert, nach der Vermählung der Fürstin Eleonore von Aquitanien mit dem englischen Thronfolger Henri Plantagenet aus der Normandie, wurde in Bordeaux systematisch Wein kultiviert. Die neue Allianz eröffnete den Weinen aus Aquitanien auch einen neuen Markt und festigte die Position der Stadt Bordeaux als Handelshafen.

WÄHREND DIE WEINPRODUKTION in den meisten Teilen Frankreichs durch »geduldige Mönche«, wie der Weinhistoriker Hanneke Wirtjes sie einmal nannte, weiterentwickelt wurde, erhielt die Weinregion Bordeaux Auftrieb durch die Weinhändler, die stets nach Transportgütern für ihre Handelsschiffe suchten. Bordeaux hatte im Mittelalter als Seehafen etwa die gleiche Bedeutung wie heute Hongkong und so, wie der clevere Geschäftsmann dieser Insel lieber Kleidungsstücke als Baumwollstoffe exportiert, erkannten auch die Händler von Bordeaux sehr schnell, dass der Export von Wein weit einträglicher war als jener von Trauben.

DAS KÖNIGLICHE SIEGEL
Der normannische Fürst Henri Plantagenet wurde 1154 König von England.

Zu Beginn des 14. Jh. ging fast die Hälfte aller Weine, die im Hafen von Bordeaux umgeschlagen wurden, nach Britannien. Ein Großteil des Weins kam aus dem Haut Pays, östlich der heutigen *appellation* Bordeaux gelegen, also aus Bergerac (S. 224) und Gaillac (S. 226). Die Weinhändler und Erzeuger in Bordeaux aber witterten Gefahr und setzten durch, dass die Konkurrenz ihren Wein nicht vor dem Martinstag (11. November) in die Stadt bringen durfte; bis zu diesem Datum nämlich hatten sie ihren Wein verkauft. Dieser Mentalität der Bordeaux-Winzer ist auch geschuldet, dass die Weine nicht mehr unter dem Namen des Weindorfs, sondern erstmals unter Châteaunamen in den Handel kamen, also etwa als ein »Ho Bryan«.

Château Haut-Brion liegt in der *appellation* Pessac-Léognan (S. 86), wo die Reben von vortrefflichen Böden mit natürlichem Wasserabzug profitieren. Bis in das 16. Jh. hinein bestand der Médoc (S. 83) vor allem aus Wäldern und Sümpfen, so dass an Weinbau nicht zu denken war. Einige Güter wie Château Margaux und Château Lafite, die etwas höher lagen, pflanzten die ersten Reben Ende des 17. Jh. Die weitere Erschließung des Médoc ist geschickten holländischen Ingenieuren zu verdanken, die noch heute erkennbare Abzugskanäle anlegten. So konnte der Wein nun in langen Rebreihen angepflanzt werden, zwischen denen ein Ochsenpflug problemlos passieren konnte.

SAMUEL PEPYS
1663 trank der Engländer Samuel Pepys in Médoc eine Flasche Château Haut-Brion und verzeichnete dies in seinem Tagebuch, womit erstmals französischer Wein eines Château im Englischen Erwähnung fand.

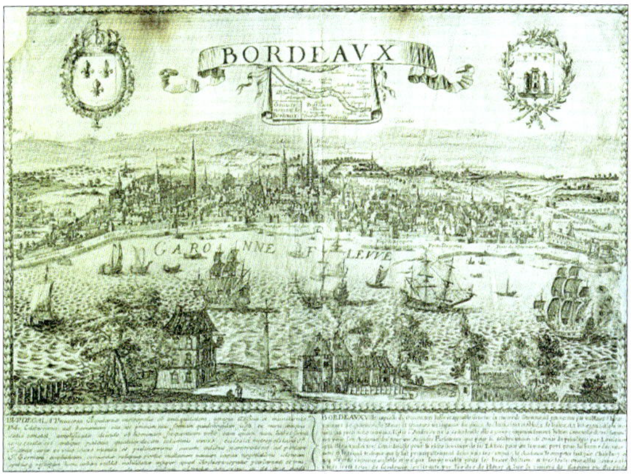

Der Hafen von Bordeaux
Wie dieser Stich aus dem 17. Jh. zeigt, war die Garonne die Lebensader der sich rasch entwickelnden Weinhandelsmetropole Bordeaux.

Der Weg zur modernen Appellation

Im 18. Jh. gingen die Weine, die aus dem Umland in den Hafen von Bordeaux transportiert wurden, durch die Hände einer wachsenden Zahl englischer, irischer, holländischer, deutscher und dänischer Händler. So entstand ein lukratives, gut organisiertes Vertriebsnetz, das die Französische Revolution von 1789 überdauerte und teilweise noch heute existiert. Wichtigstes Vermächtnis aus jener Zeit ist die systematische Einstufung der regionalen Weine nach den Preisen, die sie erzielen. Diese Liste, schlicht »Klassifikation« genannt, war auf Wunsch der Handelskammer Bordeaux für die Pariser Weltausstellung 1855 erstellt worden. Sie umfasst die Spitzenweingüter von Médoc und Sauternes *(S. 94)* sowie Château Haut-Brion in Pessac-Léognan und gilt in fast unveränderter Form bis zum heutigen Tage.

Ab 1945 prägten drei Namen die Entwicklung der modernen *appellation* Bordeaux. Zunächst der des inzwischen verstorbenen Eigners von Mouton-Rothschild in Pauillac *(S. 84)*, Philippe de Rothschild. Er war einer der Ersten, der den Wein nicht mehr an ein Handelshaus weiterverkaufte, sondern auf seinem Château ausbauen und abfüllen ließ. Rothschild kam auch auf die geniale Idee, einen gewöhnlichen Gebietsverschnitt unter dem Namen seines Château zu vermarkten, nämlich als Mouton Cadet. Dieser taktische Schachzug führte dazu, dass ein banaler Mouton Cadet heute ebenso berühmt ist wie jeder andere Bordeaux. Der nächste Förderer von Bordeaux ist der Vater der modernen Önologie, Professor Émile Peynaud, der sich insbesondere um die wissenschaftliche Erforschung aller Stadien der Weinbereitung verdient gemacht hat. Auf seine Anregung hin wurde es auf den Châteaux gang und gäbe, aus den nicht so hochwertigen Trauben eines Jahrgangs einen Zweitwein herzustellen. 1978 dann gab der Weinkritiker Robert Parker, ein ehemaliger Anwalt, erstmals sein Weinmagazin *Wine Advocate* heraus. Er dachte sich ein eigenes Notensystem aus, nach dem jeder Wein mit 50 bis 100 Punkten beurteilt wurde. 1993 zählte der *Wine Advocate* bereits 28 000 Abonnenten, vornehmlich aus den USA. Ohne Parkers enorm populäres Punktesystem wären viele Châteaux von Bordeaux niemals zu internationalem Ansehen gelangt, und sie hätten auch nie so hohe Preise für ihre Weine erzielt, wie dies inzwischen der Fall ist.

Émile Peynaud
Der Wissenschaftler, Weinverkoster und Dozent Professor Émile Peynaud von der Universität Bordeaux ist weit über die Grenzen seiner Heimatstadt Bordeaux hinaus bekannt.

EINE TOUR DURCH BORDEAUX

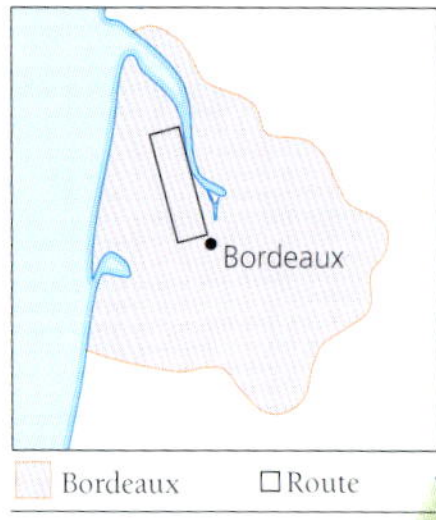

Während die Weindörfer in Burgund oftmals eng beieinander liegen, sind die Ortschaften im Bordelais und vor allem in Médoc weiter gestreut. Die folgende Route führt durch die wichtigsten Appellationen des Médoc, wobei auch unbekanntere Bereiche mit einbezogen werden.

BORDEAUX

Die Besichtigung der Stadt Bordeaux ① mit ihren Kunstgalerien, Museen und Weingeschäften beansprucht mehrere Tage. Nicht versäumen: In der Maison du Vin de Bordeaux erhalten Sie Informationsmaterial der vielen regionalen Winzervereinigungen.

VON BORDEAUX NACH MARGAUX

Der Weg nach Norden ins Médoc ist, was Wein betrifft, uninteressant, bis man nach Ludon-Médoc ② gelangt, wo Sie an Château Lagune vorbeikommen, einem der wenigen klassifizierten Güter außerhalb von Margaux, St-Julien, Pauillac und St-Estèphe. Dort befindet sich auch das unklassifizierte Château Cantemerle, ebenso Château Maucamps, bekannt für sein gutes Preis-Leistungs-Verhältnis. In Macau ③ geht es nach rechts und weiter bis zum Ufer der Gironde. Dort gibt es ein paar Cafés, das Ambiente erinnert an die Gemälde der französischen Impressionisten. Die *appellation* Margaux beginnt ein Stück weiter südlich, nach dem gleichnamigen Dorf. In Labarde ④ befinden Sie sich bereits im Norden von Château Giscours, einem der namhaftesten Güter von Margaux. Wenn Sie der Straße folgen, kommen Sie nach Cantenac ⑤. Halten Sie bei Château Prieuré Lichine, Besucher sind hier willkommen. Zu sehen ist eine Sammlung alter eiserner Glanzfasane und eine Bibliothek, die auf den Gründer des Château, Alexis Lichine zurückgeht. Er war russischer Abstammung, Weinhändler und Autor. In Issan ⑥ können Sie ein Stück hinter den Wehrtürmen von Château Palmer einen Abstecher zu dem von einem Wassergraben umgebenen Château Issan aus dem 16. Jh. machen. Folgt man der Straße, gelangt man zum Château Rauzan Ségla; dieses aufstrebende Gut profitiert heute von seinen massiven Investitionen in Weinberg und Keller. In Margaux ⑦ rückt dann unter den Platanen am Ende der Allee das wunderschöne, schmiedeeiserne Gittertor von Margaux in den Blick.

WEIN UND WOHLSTAND
Ein premier cru *und ein großartiges Palais zeichnen Château Margaux aus, eines der schönsten Güter des Médoc.*

LAMARQUE UND ST-JULIEN-BEYCHEVELLE

Während Château Margaux an die Aristokratie des 18. Jh. erinnert, weckt das Château in Lamarque ⑧ Erinnerungen an die Ritter des Mittelalters. Nach Lamarque, unweit der zinnenbewehrten Mauer, die im 17. Jh. zum Schutz gegen die Engländer errichtet wurde, erreichen Sie Fort Médoc. St-Julien-Beychevelle ⑨ hat mehrere große Châteaux; Beychevelle rückt als erstes ins Blickfeld. Sehenswert sind auch Château Ducru Beaucaillou und die drei Chateaux Léoville (Barton, Poyferré und Lascases). Am Dorfausgang passiert man das altehrwürdige, steinerne Tor von Léoville Lascases.

VON PAUILLAC NACH ST-ESTÈPHE

In der *appellation* Pauillac sieht man Château Pichon-Longueville-Baron mit seinem modernen Anbau und Pichon-Longueville-Comtesse-de-Lalande. Rechts liegt das turmbewehrte Château Latour und etwas weiter zur Linken, kurz vor dem ruhigen Städtchen Pauillac ⑩, Château Lynch-Bages. In nördlicher Richtung geht es an

DIE OBERSCHICHT
La Lagune, Besitz des Champagnerhauses Ayala, eines der wenigen klassifizierten Châteaux in Haut-Médoc.

WEGWEISER
Weinprobe
Essen und Trinken
Fremdenverkehrsamt
Sehenswürdigkeit
Streckenverlauf
Aussichtspunkt

ENGLISCHEN URSPRUNGS *Die Gründung einiger Spitzengüter von Bordeaux geht auf die Engländer und die Iren zurück, so z. B. das illustre Château Léoville-Barton in der appellation St-Julien.*

NÜTZLICHE HINWEISE

INFORMATION: Maison du Vin, 1 Cours du 30 Juillet, **Bordeaux** ☎ 05 56 00 22 66. Gute Informationsquelle, Karten und Faltblätter mit allgemeinen Hinweisen zur Region. Die Maison du Vin hat Zweigstellen in fast jedem Ort der Appellation.

VERANSTALTUNGEN: In ungeraden Jahren findet im Juni die Vinexpo statt: größte Weinmesse der Welt.

RESTAURANTS:
La Tupina, 6 Rue de la Monnaie, **Bordeaux** ☎ 05 56 91 56 37. Preiswerte, gehobene Gastronomie; preisgünstige Weine.
Le Lion d'Or, **Arcins** ☎ 05 56 58 96 79. Monsieur Barbiers Gaststätte an der Straße ist ein Treffpunkt für ansässige Winzer und durchreisende Händler. Ausgezeichnete ländliche Küche; in der Saison köstliche Steinpilzgerichte.

ÜBERNACHTEN:
Des Quatre Soeurs, 6 Cours du 30 Juillet, **Bordeaux** ☎ 05 57 81 19 20. Dieses preisgünstige Hotel liegt mitten im Zentrum.
Château Cordeillan Bages, Route des Châteaux, **Pauillac** ☎ 05 56 59 24 24. Dieses Hotel gehört dem Eigentümer von Château Lynch-Bages. Der ideale Ausgangspunkt für Ausflüge in den Norden des Médoc.

Château Mouton-Rothschild und Château Lafite-Rothschild vorbei. Schließlich erblickt man die orientalisch anmutende Fassade von Château Cos d'Estournel. Weiter am Château entlang nach Marbuzet ⑪ und St-Estèphe ⑫.

LISTRAC-MÉDOC UND MOULIS-EN-MÉDOC

Halten Sie auf dem Rückweg in Listrac-Médoc ⑬, wo Château Clarke und Château Fonréaud versuchen, weichere Rotweine als früher zu machen. Moulis-en-Médoc ⑭ beherbergt die Châteaux Poujeaux, Chasse-Spleen und Maucaillou; alle drei verkaufen günstig Wein.

BARSAC

DIE *COMMUNE* (GEMEINDE) BARSAC erstreckt sich auf dem linken Garonneufer. Im Norden stößt sie, klar abgegrenzt durch das Flüsschen Ciron, an die größere *appellation* Sauternes *(S. 94)*. Die Gemeinde darf ihre Weine entweder als *appellation contrôlée* Barsac oder als *appellation contrôlée* Sauternes *(s. u.)* verkaufen. Dem Ciron verdankt sie ihr besonderes Mikroklima: Im Herbst steigen vom Wasser kühle Morgennebel auf, die sich dann allmählich auflösen, so dass nachmittags die warme Herbstsonne durchbricht. Das begünstigt die Entstehung der Edelfäule *botrytis cinerea*, die in Barsac einen einzigartigen Süßwein hervorbringt. Diese flacheren Anbaugebiete mit einem größeren Anteil an Sand- und Kalkstein als in Sauternes liefern traditionell leichte Weine, die insgesamt verlässlicher sind als die Weine von Sauternes.

CHÂTEAU CLIMENS
Les Cypres, der »Zweitwein« von Château Climens, ist fast ebenso stilvoll wie sein großer Bruder, der »grand vin« dieses Spitzenweinguts.

MAGISCHE NEBEL
Wenn der Nebel die Reben von Château Myrat umhüllt, fördert dies die Entwicklung der kostbaren Edelfäule.

- AC Sauternes, AC Barsac
- Weiß: Sémillon, Sauvignon Blanc, Muscadelle
- Elegante, köstlich süße, weiße Dessertweine
- Ch Broustet, Caillou, Cantegril, Climens, Coutet, Doisy-Daëne, Doisy-Dubroca, Doisy-Védriens, Gravas, Liot, Myrat, Nairac, Piada, de Rolland, Suau
- Warme Entenleber mit Trauben
- 1997, 1996, 1995, 1990, 1989, 1988, 1986, 1983, 1976
- 5–20 Jahre

BARSAC UND DIE COMMUNES VON SAUTERNES

Die beiden aneinander grenzenden *appellations* Sauternes und Barsac, die zwei berühmtesten Süßweinbereiche von Bordeaux, verbindet ein fast inzestuöses Verhältnis. Seit der Einführung des Appellationssystems in den 1930er Jahren dürfen die Erzeuger von Barsac ihren Wein entweder in der eigenen *appellation* oder in der von Sauternes herausbringen; den Sauternais wird dieses Privileg nicht zuteil. Alternativ dürfen die Erzeuger in Barsac zudem ihre doppelte Zugehörigkeit durch den Doppelnamen Sauternes-Barsac verdeutlichen, was sie zunehmend tun. Die uneinheitliche *appellation* Sauternes umfasst derzeit die vier *communes* Bommes, Fargues, Preignac und Sauternes. Das Qualitätsspektrum ihrer Weine reicht von entsetzlich bis göttlich. Da große Süßweine weltweit immer beliebter werden und auch das äußerst schwierige Herstellungsverfahren Anerkennung findet, vermute ich, dass die Winzer in Barsac samt ihren Kollegen in Bomme, Fargues und Preignac sicherlich bald auf den eigenen Namen Wert legen. Nachdem einige Gebiete in Minervois *(S. 169)*, das 1985 Appellationsstatus erhielt, inzwischen als eigenständige *appellations* anerkannt wurden, wäre es ungerecht, den oben erwähnten *communes* diese Anerkennung vorzuenthalten.

BERÜHMTES DORF
Das Dorf Barsac mag noch so weltabgelegen sein, seine Weine haben es international berühmt gemacht.

BORDEAUX

Ein Viertel der *appellation contrôlée-Weine* Frankreichs stammt aus den unten genannten einfachen Bordeaux-Appellationen mit insgesamt ca. 100 000 ha Anbaufläche. Ein breites Qualitätsspektrum, bedingt durch die Vielfalt des Bodens, des Mikroklimas und der Herstellungstechniken, kennzeichnet diese erfolgreichen, aber unbeständigen Weine.

IM NAMEN DES GESETZES
Château d'Yquem (S. 94) erzeugt einen der größten Süßweine der Welt, verkauft seinen köstlichen trockenen Wein gemäß dem Reglement aber nur als einfache appellation contrôlée.

NACH ANSICHT DER MARKETINGSTRATEGEN, die sich um die Verkaufsförderung der regionalen Weine kümmern, assoziieren die Verbraucher Bordeaux mit glanzvoller Festlichkeit. Ich glaube jedoch, dass Bordeaux sich vor allem durch seine hochherrschaftlichen Châteaux in das Gedächtnis einbrennt. Letztendlich ist der Erfolg des Mouton-Cadet auf die irrige Annahme zurückzuführen, er sei die erschwingliche Alternative zum Château Mouton-Rothschild. Dabei zeigt das Beispiel dieser beiden Weine jedes Jahr erneut die Schwierigkeit, in den einfachen *appellations* von Bordeaux einen Wein zu vinifizieren und zu verkaufen. Der Mouton-Rothschild wird in Pauillac (*S. 84 f.*) gemacht, wo die Trauben wegen der günstigen Ausrichtung der Anbauflächen gut reifen. Diesem Klimavorteil haben die Weine von Pauillac ihren Ruhm zu verdanken. In anderen Teilen von Bordeaux gelangen die Trauben aber häufig nicht zu optimaler Reife, auch deshalb, weil bestimmte Passagen des Reglements zur Erzielung hoher Erträge verlocken, andere gleichzeitig jedoch die hierfür oftmals notwendige künstliche Bewässerung der Rebberge untersagen. Wassermangel aber unterbricht den Reifeprozess der Trauben.

Doch gibt es auch ehrgeizige Produzenten, die in einfachen *appellations contrôlées* von Bordeaux gute Weine herausbringen, etwa Château d'Yquem in Sauternes (*S. 94*) und Château Margaux im Médoc (*S. 83*), die aufgrund der Regeln ihre herrlich trockenen Weißweine jedoch als einfache *appellation contrôlée* Bordeaux verkaufen. Sie sind aber Ausnahmen. Meist ist die Qualität der von Handelshäusern abgefüllten Markenweine enttäuschend. Ich glaube, die Anbauregion Bordeaux als Ganzes kann sich nur dann weiterentwickeln, wenn sie bestimmte Bedingungen erfüllt: die Lockerung der strengen Appellationsbestimmungen, verbesserte Vinifikation und gekonnter Verschnitt der besten regionalen Weine.

DAS REBLAND
Im Département *Gironde wachsen die Reben an den Hängen und in der Ebene. Als größte französische* appellation *ist Bordeaux in mehr als 50 Unterappellationen und 8 allgemeine Appellationen unterteilt.*

- AC Bordeaux, AC Bordeaux Clairet, AC Bordeaux Sec, AC Bordeaux Rosé, AC Bordeaux Supérieur, AC Bordeaux Supérieur Clairet, AC Bordeaux Supérieur Rosé, AC Crémant de Bordeaux
- Rot/Rosé: Cabernet Sauvignon, Cabernet Franc, Merlot, Malbec Weiß: Sémillon, Sauvignon
- Mittelschwere bis körperreiche Rote; trockene Weiße; trockene Rosés; Schaumweine
- Barton und Guestier, Ch Bonnet, Dourthe Frères, Maître d'Estournel, Haut Bertinerie, Landereau, Michel Lynch, Tour de Mirambeau, la Raemn, Rauzan-Despagne, Reignac, Reynon, Sirius, Thieuley
- Weiß: zu warmem Kartoffelsalat, mit Muscheln, Sellerie, Zwiebeln und schwarzen Trüffeln angerichtet
- Rotwein: 1998, 1996, 1995
- 2–5 Jahre

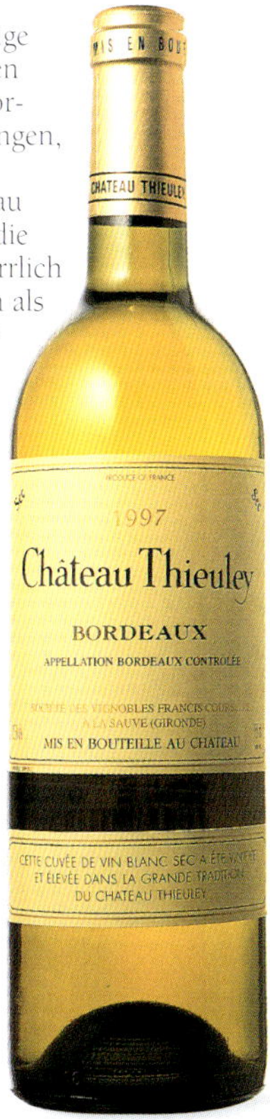

CHÂTEAU THIEULEY
Dieses denkwürdige Château gehört Francis Courselle. Er verkauft seine Weine lieber in der appellation *Bordeaux als unter der ebenfalls zulässigen Bezeichnung Entre-deux-Mers.*

CADILLAC

AM OSTUFER DER GARONNE liegt der Appellationsbereich Cadillac mit der gleichnamigen Stadt. Lange galt er nur als armer Verwandter des südlich angrenzenden Loupiac und des im Osten liegenden Anbaugebiets Sainte-Croix-du-Mont. Nach dem Reglement kommen nur botrytisierte, d. h. edelfaule Trauben in den Gärtank, aber den Weinen von Cadillac ist das kaum anzumerken. Gute Exemplare jedoch sind ansprechend leicht, cremig und traubig. Unter der Bezeichnung Premières Côtes de Bordeaux wird auch guter Rotwein verkauft.

- AC Cadillac
- Weiß: Sémillon, Sauvignon Blanc, Muscadelle
- Süße Weißweine, teilweise von edelfaulen Trauben
- Carsin, Cayla, Reynon, Jean du Roy, du Juge, Manos, Thieuley
- Leichte Obsttorten
- 1998, 1997, 1996, 1995
- Weiß: 3–8 Jahre

JEAN DU ROY *Ein herrlicher Cadillac: Er kombiniert den Geschmack der Aprikose mit dem der Edelfäule. Mit einer Zartheit, die im Sauternes ihresgleichen sucht.*

CÔTES DE BLAYE

BEREITS DIE RÖMER pflanzten in Blaye wie auch im benachbarten Bourg Reben. Die traditionell rustikalen Roten von Blaye werden immer besser, und in den Jahren, in denen die Trauben voll ausreifen, sind sie besonders gut. Sie kommen in der AC Blaye, auch als AC Blayais ausgewiesen, oder in den Premières Côtes de Blaye in den Handel, wobei die zweite Version alkoholischer, aber nicht unbedingt besser ist. Weißwein wird vielfach als AC Côtes de Blaye verkauft; er macht rund 10 % der Gesamtproduktion aus.

- AC Blaye, AC Côtes de Blaye, AC Premières Côtes de Blaye
- Rot: Merlot, Cabernet Sauvignon
Weiß: Sauvignon Blanc
- Trockene Rotweine, trockene Weißweine
- Haut Sociando, Tourtes
- Gegrilltes Lamm
- Rot: 1996, 1995
- Rot: 2–6 Jahre

CHÂTEAU HAUT SOCIANDO *Dieser elegante Wein zählt zu den Spitzenreitern der »Neuen Welle«, die Blaye erfasst hat.*

CÔTES DE BOURG

DIESES KLEINE, sehr gut gepflegte Anbaugebiet wird wegen seiner Hügellandschaft auch als die Schweiz der Gironde bezeichnet. Mengenmäßig wird hier mehr Wein produziert als in den größeren Côtes de Blaye. Obwohl ihre Böden ähnlich sind, wachsen in Bourg bessere Rotweine als in den Côtes de Blaye. Verbesserte Vinifikationsverfahren ergeben zudem immer vorzüglichere und auch beliebtere Weine. Rebsorten wie Malbec und Petit Verdot bilden interessante Ergänzungen zum klassischen Bordeaux-Rebsortiment.

- AC Côtes de Bourg
- Rot: Merlot, Cabernet Sauvignon
- Mittelschwere Rotweine
- Brûlesécaille, Falfas, Fougas, Guerry, Les Jonquières, Maldoror, Repimplet, Roc de Cambes, Rousset, Tayac
- Huhn mit Pilzen
- 1996, 1995, 1994
- Rot: 4–8 Jahre

CHÂTEAU FALFAS *Als Spitzenreiter seiner appellation, präsentiert sich der Wein voll und geschmeidig im Geschmack.*

CÔTES DE CASTILLON

DIESE *APPELLATION*, am Nordufer der Dordogne gelegen, bildet den Ostrand des Libournais. Merlot und Cabernet Franc wachsen auf einer Kombination aus Kies, Sand und Ton und ergeben weiche, fruchtige Weine, die vielfach besser ausfallen als die teureren Weine im Nachbarbereich St-Émilion *(S. 89)*. Früher stammten zwei Drittel der Weinproduktion aus der einflussreichen Genossenschaft *Coopérative de Castillon*, jedoch sind nun einige neue, verheißungsvolle und somit beachtenswerte Châteaux hinzugekommen.

- AC Côtes de Castillon
- Rot: Merlot, Cabernet Franc, Cabernet Sauvignon
- Trockene Rotweine
- Belcier, Cap de Faugères, Grand Tuillac, Grande Maye, Lapeyronie, Pitray, Poupille, Robin, Vieux Château, Champ de Mars
- Entenbrustfilets
- 1996, 1995, 1994
- Rot: 2–6 Jahre

CHÂTEAU PITRAY *Dies ist eines der ambitionierteren Weingüter der appellation, dessen Weine man lagern sollte.*

CÔTES DE FRANCS

DIESE APPELLATION, auch Bordeaux Côtes de Francs genannt, liegt am Ostrand des Libournais, in der Nähe der Côtes de Castillon (S. 78) und St-Émilion (S. 89). Der Boden ist ähnlich wie in Castillon, nur ist sein Kalksteinanteil höher. Die Reben wachsen hier zudem in höheren Lagen. All dies sowie die geringste Niederschlagsmenge und höchste Sonnenscheindauer im *département* stehen für höchste Finesse und haben in jüngerer Zeit Spitzenerzeuger wie Thienpont, Eigentümer von Château Puygueraud, angelockt.

- AC Côtes de Francs, AC Côtes de Francs Liquoreux
- Merlot, Cabernet Franc, Cabernet Sauvignon
- Geschmeidige, schwere, füllige Rotweine
- Charmes-Godard, de Franc, Laclaverie, La Prade, Puyguéraud
- Nierchen in Cognac
- 1996, 1995, 1994, 1990
- Rot: 3–7 Jahre

CHÂTEAU LA PRADE
Weine der Côtes de Francs gelten als »ehrlich«. Dieses Château steht für feinen, cassisbetonten Wein.

ENTRE-DEUX-MERS

SIEHT MAN VON DER EINFACHEN AC Bordeaux Blanc ab, wird in dieser größten *appellation* im *département* Entre-Deux-Mers mehr trockener Weißwein produziert als in jeder anderen Anbauzone von Bordeaux. Auch einige Rotweine werden hier erzeugt, die in der AC Bordeaux oder AC Bordeaux Supérieur verkauft werden. Dank besserer technischer Ausstattung und fortschrittlicherer Vinifikationsmethoden hat sich die Weinqualität insgesamt zwar verbessert, doch wirklich gute Weine sind nach wie vor die Ausnahme.

- AC Entre-Deux-Mers, AC Entre-Deux-Mers-Haut-Benauge, AC Bordeaux-Haut-Benauge
- Sauvignon Blanc, Sémillon, Muscadelle, Ugni Blanc
- Trockener Weißwein
- Bonnet, la Lezardière, Sainte-Marie, Thieuley
- Gebratene Forelle
- 1998, 1997, 1996, 1995
- 1–3 Jahre

CHÂTEAU BONNET
Dieser frische, geschmacksintensive Wein zeugt von der Qualität, die Sachkenntnis und Engagement bedingen können.

FRONSAC UND CANON-FRONSAC

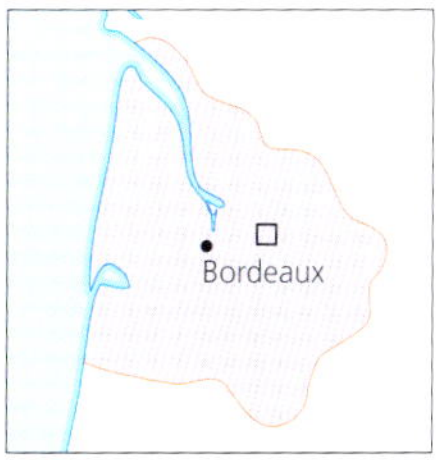

IM 18./19. JH. WAREN DIE ANBAUBEREICHE Fronsac und Canon-Fronsac im Westen der Stadt Libourne berühmter als das nahe gelegene Pomerol (S. 87). In jüngerer Zeit erlebten sie eine Renaissance und nun liegen sie wieder an der Spitze der Weine dieser Region. Die Weinberge von Canon-Fronsac, traditionell das Herzstück dieses Anbaugebiets, liegen an einem mächtigen, von der Dordogne geformten Steilhang, der den Reben Schutz vor Frost bietet. Die Böden in Fronsac und Canon-Fronsac bestehen vorwiegend aus Ton und Kalk, abgelagert auf einen Kalkstein-Unterboden, ähnlich jenem des Plateau St-Christophe in St-Émilion (S. 89). Merlot dominiert, und seit einiger Zeit werden die Weine besser: Vollmundigkeit und Opulenz der Merlot vereinen sich mit einer ausgezeichneten, festen Struktur.

CHÂTEAU LA DAUPHINE
Ein guter Fronsac wie dieser präsentiert sich mit pflaumigweichem, mineralischem Aroma, das dem eines klassischen – und ziemlich teuren – St-Émilion ähnelt.

FRONSAC
Die Größe der Kirche von Fronsac bezeugt, dass diese commune schon lange vor dem Médoc reich und angesehen war.

- AC Fronsac, AC Canon-Fronsac
- Rot: Merlot, Cabernet Franc, Cabernet Sauvignon
- Tiefrote, bukettreiche Weine
- *Fronsac:* Dalem, la Dauphine, la Fleur Cailleau, Fontenil, Moulin Haut Laroque, la Rivière, la Rousselle, la Vieille Cure Villars
  Canon-Fronsac: Barrabaque, Canon de Brem, Canon-Moueix, Moulin-Prey-Labrie, Cassagne Haut-Canon
- Gänsebrust
- 1998, 1995, 1990, 1988
- Rot: 5–8 Jahre

Graves

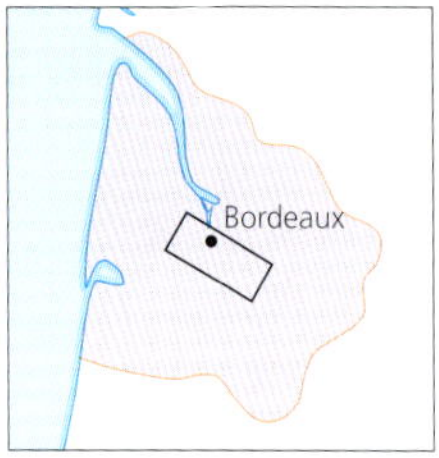

Als eines der namhaften Anbaugebiete und als einzige Region, die traditionell weiße und rote Spitzenbordeaux erzeugt, mussten es sich die Graves 1987 gefallen lassen, dass ihre besten Güter und Lagen von der neu geschaffenen *appellation* Pessac-Léognan (S. 86) vereinnahmt wurden. Der verbliebene Rest steht für eigenwilligen Stil und Charakter.

Château de Chantegrive
Auf den idealen Kiesschotterböden dieses Weinguts wachsen geschmeidige Rotweine und feine Weißweine, z. B. die fassvergorene Cuvée Caroline.

Lange Zeit schrumpften die Graves flächenmäßig zusehends. Vor der Reblausinvasion betrug die Rebfläche mehr als 10 000 ha, heute sind es nur noch 3000 ha. Große Teile wurden zudem dem Bau des Flughafens Mérignac geopfert.

Bis 1987 erstreckte sich die *appellation* Graves südlich von Bordeaux, einschließlich Château Haut-Brion, über etwa 60 km. Fast vollständig der *appellation* Pessac-Léognan einverleibt, blieb nur mehr ein Rumpfstück übrig, mit großem Namen, aber wenigen großen Weinen.

Villa Bel Air
Jean Michel Cazes ist seit 1990 Eigentümer von Villa Bel Air. Seinen Weinen lässt er hier dieselbe Pflege angedeihen wie jenen von Château Lynch-Bages in Pauillac (S. 84).

- AC Graves, AC Graves Supérieur
- Rot: Merlot, Cabernet Sauvignon
  Weiß: Sémillon, Sauvignon Blanc, Muscadelle
- Mittelschwere bis körperreiche, weiche, erdige Rotweine mit Tabaknoten; mittelschwere bis körperreiche Weißweine, auch süßer weißer Graves Supérieur
- Ch d'Archambeau, d'Ardennes, de Cardaillan de Chantegrive, Clos Floridène, la Grave, Landiras, Magneau, de Malle, Millet, Rahoul, Respide Médeville, Roquetaillade la Grange, St-Robert, Tourteau Chollet, Villa Bel Air
- Kalbsmedaillons
- 1998, 1996, 1995, 1990, 1989, 1988, 1986, 1985, 1983, 1982
- Rot: 7–20 Jahre
  Weiß: 3–12 Jahre

1961 betrug die Weißweinproduktion noch das Vierfache der Rotweinproduktion. Doch mit der Verfeinerung des Geschmacks kam auch die Abkehr vom süßen hin zum trockenen, vom weißen hin zum roten Wein. Heute kommen auf jede Flasche Weißwein zwei Flaschen Rotwein.

Graves *rouges* kann einen langlebigen Wein mit Cassisaroma abgeben, wobei ihm dann jedoch oft die so begehrte Geschmacksfülle fehlt.

Bei den Weißweinen ist es schwieriger. Die so genannten süßen »Damenweine« des 19. und 20. Jh. waren von geringer Qualität, ebenso die faden und überschwefelten trockenen Exemplare der 1960er und 1970er Jahre. Nachdem Produzenten wie Peter Vinding-Diers und Denis Dubourdieu ihrem Sémillon und Sauvignon Blanc spezifische Hefestämme zusetzen, hat sich die Qualität jedoch inzwischen verbessert. Ein weißer Graves in Bestform wie der Château Landiras von Vinding-Diers kann einen Pessac-Léognan durchaus überflügeln.

Von dem oft recht gewöhnlich ausfallenden weißen Süßwein werden 2,5 Millionen Flaschen pro Jahr produziert und seltsamerweise als Graves Supérieur etikettiert.

Domaine La Grave
Dieses moderne, relativ unbekannte Gut bringt bemerkenswert beständige Weine heraus.

Château du Seuil
Dieses Château befindet sich in britischer Hand und produziert einen der besten trockenen Weißweine der Region.

HAUT-MÉDOC

DIESE *APPELLATION* IM SÜDEN des Médoc umfasst die Unterappellationen Margaux (*S. 82*), Pauillac (*S. 84*) und St-Julien (*S. 92*). Hinzu kommen *crus classés* und *crus bourgeois* wie Château la Lagune, Beaumont, Cantemerle, Citran, Lanessan, Maucamps und Sociando-Mallet, denen kein eigener Appellationsbereich zuerkannt wird. Von den Anbauflächen in unmittelbarer Nähe zur Gironde kommen Weine, die sich durch Finesse auszeichnen; die Weine vom Plateau im Hinterland hingegen sind eher körperreich.

- AC Haut-Médoc
- Cabernet Sauvignon, Merlot, Cabernet Franc
- Mittelschwere Rotweine
- Ch Beaumont, Camensac, Cantemerle, Citran, la Lagune, Sociando-Mallet, Tour Carnet, Tour du Haut-Moulin
- Kaninchen-Kasserolle
- 1996, 1995, 1990, 1989
- 5–10 Jahre

CHÂTEAU SOCIANDO-MALLET *Dieser zeitgemäße, aufstrebende Wein mit leichtem Holzton kann seine teureren Nachbarn oft überflügeln.*

LALANDE-DE-POMEROL

DIESER BEREICH IM NORDEN von Pomerol (*S. 87*) besteht aus den Gemeinden Néac und Lalande-de-Pomerol. Mit 900 ha Rebfläche ist er weit größer als Pomerol selbst. Der Wein von Lalande wächst im Flachland auf Kies- und Sandstein-Terrassen. Die Weinberge von Néac liegen zum Teil auf einem Hochplateau mit Südexposition und ebenso vortrefflichen Kiesböden wie in Pomerol. Die besten Tropfen aus diesem *appellation*-Bereich sind früh trinkreife, merlotbetonte Weine, die sich neben dem teureren Pomerol behaupten können.

- AC Lalande-de-Pomerol
- Merlot
- Mittelschwere Rotweine
- Ch de Bel Air, Belles-Graves, Croix-St-André, Grand Ormeau, Haut-Chatain, Siaurac, Tournefeuille, Trocard
- Wildschweinbraten
- 1998, 1996, 1995, 1990, 1989, 1988
- 5–10 Jahre

CHÂTEAU DE BEL AIR *Das Gut hat mit Belair in St-Émilion nichts zu tun. Es bietet Pomerol-Qualität zu erschwinglichen Preisen.*

LISTRAC-MÉDOC

LISTRAC GILT – IRRTÜMLICHERWEISE – als Partner des südlich gelegenen Moulis (*S. 83*) und umfasst ungefähr 700 ha. Seine Böden bestehen vorwiegend aus Lehmkalk. Mit bis zu 400 m Höhe gehört es zu den höchsten Erhebungen des Médoc. Vorwiegend wird Cabernet angepflanzt, der auf dem tonhaltigen Boden ohne Kiesschichten schlecht reifen kann. So entstehen oft harte, ja robuste Weine, die den minderwertigen Weinen aus St-Estèphe (*S. 91*) näher stehen als jenen aus Moulis oder anderen *communes* im Haut-Médoc.

- AC Listrac-Médoc
- Cabernet Sauvignon, Merlot, Cabernet Franc, Petit Verdot
- Tanninreiche, mittelschwere Rotweine
- Ch Clarke, Fonréaud, Fourcas-Dupré, Fourcas-Hosten
- Gebratenes Perlhuhn
- 1996, 1995, 1990, 1989
- 6–10 Jahre

CHÂTEAU FOURCAS HOSTEN *Der perfekte Wein für Freunde des harten, langlebigen, traditionellen Bordeaux.*

LOUPIAC

LOUPIAC LIEGT AUF DEM RECHTEN UFER der Garonne, gegenüber von Barsac (*S. 76*), und gilt als die beste der drei aneinander grenzenden *communes*, die Dessertweine herausbringen – außer Loupiac selbst Ste-Croix-du-Mont (*S. 93*) und Cadillac (*S. 78*). Der relativ üppige Weincharakter ist auf die noble Fäule zurückzuführen. Während ein Loupiac oft leichter ist als ein guter Wein von Sauternes (*S. 94*) und Barsac, schneiden die Weine ehrgeiziger Erzeuger dennoch oft besser ab als jene, die als Sauternes oder Barsac verkauft werden.

- AC Loupiac
- Sémillon, Sauvignon Blanc, Muscadelle
- Süße Weiße – zum Teil aus edelfaulen Trauben gekeltert
- Clos-Jean, Ch du Cros, Loupiac-Gaudiet, Mazarin, du Noble, de Ricaud
- *Tarte Tatin* (Apfel-Tarte)
- 1998, 1997, 1996, 1995
- Rot:: 5–15 Jahre

DOMAINE DU NOBLE *Merken Sie sich seine Adresse: Dieser Erzeuger konkurriert mit den Besten der appellation Sauternes.*

Margaux

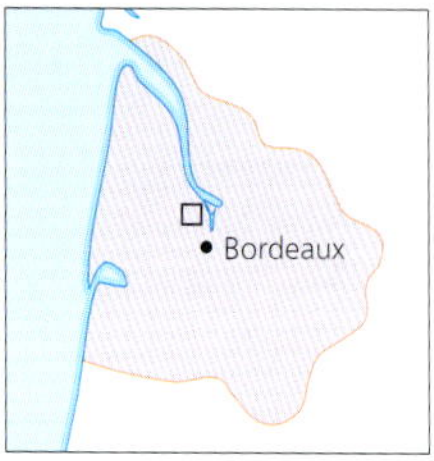

Margaux ist die einzige *appellation* in Bordeaux, die den Namen ihres herausragenden Weinguts angenommen hat. Es ist das faszinierendste und zugleich uneinheitlichste Anbaugebiet Frankreichs. Die gut entwässerten Kiesböden sind ideal für Cabernet Sauvignon, der einzigartig zart und fein, oft aber auch zu leicht und geschmacksarm ausfällt.

Glanz und Würde
Die geschliffenen, duftigen Rotweine des altehrwürdigen Château Margaux erlebten Ende der 1970er eine Renaissance. Heute zählen sie zu den Spitzengewächsen von Bordeaux.

Natürlich gibt es ein Dorf namens Margaux, inmitten von Weinbergen, die teilweise zu Château Margaux gehören (das einzige Weingut der *appellation* mit *premier grand cru classé*-Status), sowie weitere vier Rotweindörfer: Soussans, Cantenac, Arsac und Labarde. Bordeauxliebhaber, die gerne die Stilvielfalt dieser *appellation* ins Feld führen, sollten also nicht vergessen, dass selbst Château Margaux, wie viele andere Güter, seinen Wein aus dem Lesegut mehrerer *communes* verschneidet.

Émile Peynaud *(S. 73)*, der sich um den Wein von Bordeaux und vornehmlich um den von Château Margaux verdient gemacht hat, stellt sich immer wieder die Frage, inwieweit sich die viel bewunderte Zartheit, Duftigkeit und Leichtigkeit des Margaux auf die lockeren Kiese, inwieweit auf die Kunst des Kellermeisters zurückführen lässt. Angesichts der brillanten Weine, die in letzter Zeit von Château Margaux, Château Palmer und Château Rauzan-Ségla erzeugt werden, darf man annehmen, dass der Kellermeister hier eine bedeutendere Rolle spielt als der Boden, denn trotz ihrer kräftigeren Aromen stehen diese neuen Weine ihren Nachbarn in Pauillac *(S. 84)* oder St-Julien *(S. 92)* an Struktur in nichts nach.

Von diesen Ausnahmen abgesehen, erinnern jedoch viele der hiesigen Weine an launische Bühnenstars, was man gerne mit Übererträgen und schlechten Weinbereitungsmethoden erklärt. Das mag teilweise stimmen, doch glaube ich auch, dass es für qualitätsorientierte Erzeuger hier, trotz ausgetüftelter Technik, schwerer ist als für ihre Kollegen in anderen *appellations* des Médoc, beständig Spitzenweine zu produzieren. So brauchte Jean-Michel Cazes, nachdem er hier Château Cantenac-Brown aufgekauft hatte, viel länger für die Verbesserung der Weinqualität als auf Weingütern, die er in anderen Bordeaux-*appellations* erworben hatte.

- AC Margaux
- Rot: Cabernet Sauvignon, Merlot, Petit Verdot, Cabernet Franc
- Mittelschwere bis körperreiche Rote; duftiges Bukett und relativ weiches Tannin
- Ch d'Angludet, d'Arsac, Bel-Air-Marquis d'Aligre, Brane, Cantenac, Ch Cantenac-Brown, Dauzac, Desmirail, Durfort-Viviens, Ferrière, Giscours, la Gurgue, d'Issan, Kirwan, Labégorce, Labégorce-Zédé, Lascombes, Margaux, Marquis d'Alesme Becker, Marquis de Terme, Monbrison, Palmer, Paveil de Luze, Prieuré Lichine, Rauzan-Ségla, Siran, la Tour de Mons
- Kalbsbries mit Trüffeln
- 1996, 1995, 1990, 1989, 1988, 1986, 1983, 1982, 1978, 1970, 1966, 1961
- 5–25 Jahre

Château Labégorce-Zédé
Dieses Weingut, 1979 von Luc Thienpont gekauft, macht Weine beeindruckender Qualität.

Château Palmer
Die innovativen Weine von Château Palmer sind jenen von Château Margaux vielfach ebenbürtig.

MÉDOC

DIE *APPELLATION* MÉDOC, das bedeutendste Rotweingebiet von Bordeaux, erstreckt sich von der südlichen Stadtgrenze von Bordeaux bis nach Soulac-sur-Mer im Norden, zwischen dem Atlantik im Westen und der Gironde im Osten. Die *appellation* Médoc umfasst hauptseitig den Norden der Region Médoc, während der Süden der eigenständigen *appellation* Haut-Médoc *(S. 81)* sowie sechs individuellen *communes* vorbehalten ist. Die Kombination aus Kiesen, Kalkstein und Sand bringt sehr unterschiedliche Weine hervor, die oft den durch Übererträge bedingten, unreifen Charakter jener Weine aufweisen, die als typische Bordeaux verkauft werden. Andere Weine, wie z. B. Château Potensac oder Château la Tour de By, können es mit den Produkten der weitaus angeseheneren *appellations* im Süden des Médoc aufnehmen.

CHÂTEAU ROLLAN DE BY
In der angesehenen commune Bégadan erzeugt Jean Guyon stämmige, zufriedenstellende Rotweine.

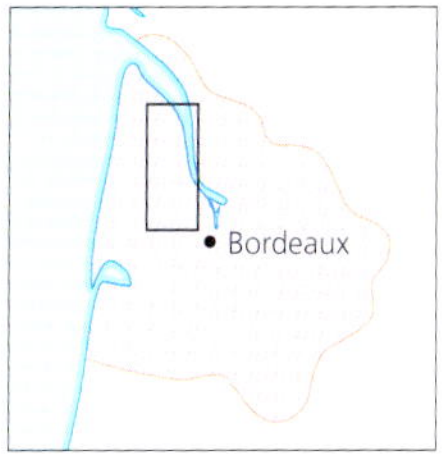

CHÂTEAU LA CARDONNE
Dieses Château in der commune Blaignan (Médoc) befindet sich in derselben Hand wie Château Lafite-Rothschild in Pauillac.

- AC Médoc
- Rot: Cabernet Sauvignon, Merlot, Cabernet Franc, Malbec, Petit Verdot
- Körperreiche, oft holzgereifte Rotweine mit festen Tanninen
- Ch Bellerive, Blaignan, Canteloup, la Cardonne, du Castéra, Greysac, Loudenne, Lestage-Simon, les Ormes-Sorbet, Patache d'Aux, Potensac, Ch Rollan de By, la Tour de By, la Tour-Haut-Caussan, la Tour St-Bonnet
- Gegrillte Entrecôte mit einer Rotwein-Schalotten-Sauce
- 1996, 1995, 1990, 1989
- 5–10 Jahre

MOULIS

DIE COMMUNE MOULIS IM MÉDOC umfasst 500 ha, und wie der Nachbarbereich Listrac *(S. 81)* liegt auch sie nicht an der Gironde, sondern an der der Küste zugewandten Seite dieses Bezirks und wird als *appellation* »auf Probe« betrachtet. Tatsächlich aber sind die samtigen Rotweine von Moulis völlig anders als die härteren, tanninreicheren Weine von Listrac, mit reifer Frucht und dem kräftigen Duft nach schwarzen Johannisbeeren. Der Boden besteht aus Ton, Kalkstein und Kies, was in Verbindung mit unterschiedlichen Weinbereitungstechniken die vielfältigsten Tropfen ergibt. Die Besten kommen oft aus der Ortschaft Grand Poujeaux, wo es mehrere Spitzenweingüter gibt, so Château Chasse-Spleen und Château Poujeaux, die exzellente, langlebige, eichenholzgereifte Weine erzeugen.

CHÂTEAU POUJEAUX
Dieses hoch angesehene Château konkurriert mit Chasse-Spleen um den ersten Platz der appellation.

CHÂTEAU CHASSE-SPLEEN
Den superben Weinen dieses ehrgeizigen Erzeugers ist es zu verdanken, dass Moulis sich wieder einen Namen machen konnte.

- AC Moulis
- Rot: Cabernet Sauvignon, Merlot
- Weiche, volle Rote, teilweise in neuem Eichenholz gereift
- Ch Bel-Air Lagrave, Biston-Brillette, Branas-Grand-Poujeaux, Chasse-Spleen, Duplessis-Fabre, Dutruch-Grand-Poujeaux, Gressier-Grand-Poujeaux, Maucaillou, Mauvezin, Moulin-à-Vent, Poujeaux
- Kalbsbrust mit Mangold
- 1998, 1996, 1995, 1990, 1989, 1988, 1986, 1985, 1983, 1982
- 8–12 Jahre

PAUILLAC

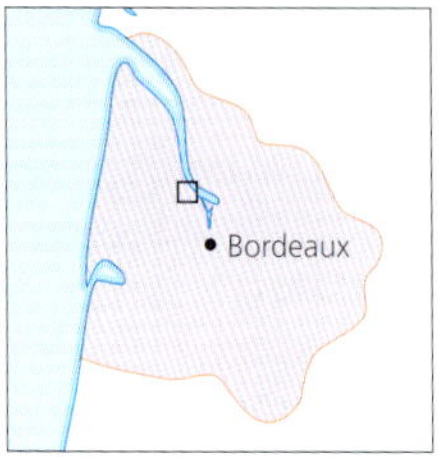

DIESE *COMMUNE* IST WIE ein Sinnbild für den französischen Ausdruck *embarras de choix*, also die »Qual der Wahl«. Die *appellation* produziert drei der fünf Weine, die 1855 zu *premiers crus* geadelt wurden, und annähernd ein Drittel aller *crus classés* des Médoc. Spontane Verführungskunst und lange Lebensdauer haben ihnen Weltruhm verschafft.

GRAND-PUY-LACOSTE
Eingeschworene Bordeaux-Liebhaber bewundern die Eleganz der Weine von Grand-Puy-Lacoste. Dennoch sind sie weitaus preiswerter als viele andere Weine der Umgebung.

IN PAUILLAC FÜHLE ICH mich immer wie in einem Feriendorf des 19. Jh., statt an der Küste am Flussufer gelegen, mit einem Kanal, mit Caféterrassen und schlichten Hotels sowie einer stillgelegten Erdölraffinerie. Nichts deutet darauf hin, dass in den hiesigen Weinbergen die Trauben für einige der schönsten Weine der Welt heranreifen. Vor der Stadt, am Flussufer und entlang der Straße nach St-Estèphe *(S. 91)*, wird die Landschaft von Châteaux und einem Meer von Rebstöcken geprägt. Hier liegen die *premiers crus* Latour, Lafite-Rothschild und Mouton-Rothschild, und nur die Straße trennt die rivalisierenden *deuxièmes crus* Pichon-Longueville Comtesse de Lalande und Pichon-Longueville Baron de Longueville. Hinzu kommen Lynch-Bages, Pontet-Canet, Clerc Milon, Grand-Puy-Lacoste und d'Armailhac, die sich auf internationalen Wettbewerben mit schöner Regelmäßigkeit die besten Plätze streitig machen.

Warum aber ist ein Pauillac etwas so ganz Besonderes? Woher nimmt er diese intensiven Aromen von Cassis und Zigarrenkiste? Die Kombination aus Samt und diskret verborgenem Stahl? Die lange Lebensdauer, die es den Besten ermöglicht, sich mehr als 50 Jahre frisch zu halten? Die Antwort: All dies liegt an den einzigartigen Bedingungen, die Cabernet Sauvignon auf dem Kiesschotter der sanft geneigten Hänge vorfindet.

Zudem hat Pauillac sehr kompetente Châteaubesitzer. Anders als manche Winzer in Margaux *(S. 82)*, die aus den schönsten Trauben nur mittelmäßigen Wein machen, waren hier Rothschild, Borie, Caze, Tesseron und Lencquesaing stets bemüht, ihren Reben das Beste abzugewinnen. Diese weichen Weine können schon in ihrer Jugend Genuss bereiten, und gewährt man ihnen ausreichend Ruhe, entwickeln sie unvergleichlich vielschichtige, fruchtige und animalische Noten.

ZWEITWEINE
Moste jüngerer Reben und solche, die den Qualitätskriterien nicht genügen, werden für den »Zweitwein« reserviert, der den Kauf in guten Jahren lohnt, z. B. dieser Château Pichon-Longueville Comtesse de Lalande.

- AC Pauillac
- Rot: Cabernet Sauvignon, Merlot, Cabernet Franc, Petit Verdot
- Körperreiche Rotweine mit dem Bukett von Cassis und würziger Zigarrenkiste
- Ch d'Armailhac, Batailley, Becasse, Clerc Milon, Colombier-Monpelou, la Couronne, Duhart-Milon-Rothschild, Fonbadet, Grand-Puy-Ducasse, Grand-Puy-Lacoste, Haut-Bages-Averous, Haut-Bages-Libéral, Haut-Batailley, Lafite-Rothschild, Latour, Lynch-Bages, Mouton-Rothschild, Pedesclaux, Pibran, Pichon-Longueville Baron, Pichon-Longueville Lalande, Pontet-Canet, la Tour-Pibran
- Rippenstück vom Lamm
- 1996, 1995, 1990, 1989, 1986, 1982, 1970, 1961
- 10–25 Jahre

PICHON-LONGUEVILLE COMTESSE DE LALANDE
Der 1855 als deuxième cru klassifizierte, vollmundige, merlotbetonte Wein tritt bei Blindverkostungen oft als Rivale der premiers crus *auf.*

Die grossen Weine aus Pauillac

Château Lafite-Rothschild
Ohne wirklich grandios zu sein, zählen die Weine von Château Lafite-Rothschild doch zu den stilvollsten der Region. Sie brauchen unbedingt einige Jahrzehnte Ruhezeit, um ihre ungemein kräftigen, komplexen Aromen zu entfalten.

Das heute als nahezu unantastbar geltende Reglement der Bordeaux-Klassifikation trat zwar erst 1855 in Kraft, aber schon im 18. Jh. hatte man den hochklassigen Spitzenweinen von Pauillac den Rang von *premiers crus* zuerkannt.

Im 16. Jh., also lange bevor man im übrigen Médoc überhaupt an Weinbau dachte, standen die Weinberge von Château Latour bereits unter Ertrag und schon Anfang des 18. Jh. hatten seine Weine ihr Debüt in den Londoner Auktionshäusern. Damals waren Château Latour, Château Lafite (später Château Lafite-Rothschild) und das heutige Château Mouton-Rothschild noch in einer Hand vereint.

Später gehörte Château Latour eine Zeit lang einem Konzern, der auch die *Financial Times* sein Eigen nannte, sowie dem multinationalen Konzern Allied-Lyons, der das Gut 1993 einem französischen Geschäftsmann verkaufte.

In der Jugend kann ein Latour noch hart sein, doch nach einer gewissen Zeit entwickelt er, selbst wenn der Jahrgang nicht sehr groß war, köstlich süße Fruchtaromen. Der Zweitwein Les Forts de Latour, der von jüngeren Reben und solchen aus nicht ganz so großartigen Lagen stammt, bildet einen erschwinglichen Einstieg in die Weine von Latour.

Obwohl er niemals die Kraft eines Château Latour und niemals die Pracht eines Mouton-Rothschild erreichen wird, gilt Château Lafite-Rothschild bei vielen Weinkennern als der eleganteste und feinste Bordeaux. Im 17. Jh. gegründet, ist die Qualität dieses Château anerkannt, seit seine Weine im 19. Jh. regelmäßig Rekordpreise erzielten. 13 Jahre nach der Klassifizierung von 1855 übernahm der Bankier Baron James de Rothschild das Gut. Sein Zweitwein trägt den Namen Les Carruades de Lafite.

Bis Mitte des 18. Jh. war das heutige Château Mouton-Rothschild Teil von Château Lafite. Beide Weine wurden getrennt produziert und verkauft, doch blieb der Mouton lange Zeit hinter der Klasse des Lafite und der eines Latour zurück.

Ein imposanter Erfolg
Der imposante, kuppelförmige Turm von Château Latour ist eines der berühmten Wahrzeichen des Médoc.

Dies war wohl auch der Grund, warum der Mouton-Rothschild 1855 nur *deuxième cru*-Status, also nur den zweiten Rang der Bordeaux-Klassifikation erhielt, doch heißt es auch, diese Entscheidung sei antisemitisch motiviert gewesen: Das Gut gehörte seit 1853 Nathaniel de Rothschild. Baron Philippe de Rothschild konnte seinem Wein jedoch 1973 die Anerkennung als *premier cru* verschaffen – ein großer Sieg und die einzige wesentliche Veränderung, die je an der Klassifikation vorgenommen wurde. Die Weine von Mouton-Rothschild sind mächtiger, voller und zugänglicher als die seiner Nachbarn und können dennoch wundervoll altern, wie die schon historischen 1945er und 1949er zeigen.

Château Mouton-Rothschild
Das einzige Château, das innerhalb der Klassifikation von 1855 nachträglich in den Rang eines premier cru *erhoben wurde.*

PESSAC-LÉOGNAN

ALS EINE DER JÜNGSTEN französischen Appellationen besitzt Pessac-Léognan einige weltberühmte Rot- und Weißweinlagen, und zwar unmittelbar außerhalb der modernen Randbezirke der Stadt Bordeaux. Hier werden Weine produziert, die das Ansehen der gesamten Region Bordeaux begründeten, so beispielsweise der berühmte »Ho Bryan«.

CHÂTEAU CARBONNIEUX
Château Carbonnieux, für verlässliche Weißweine bekannt, wurde großen technischen Veränderungen unterzogen. Heute sind die Weine besser denn je.

BIS ENDE DER 1980ER Jahre gehörten einige illustre Güter wie Château Haut-Brion, Château Pape-Clément, Château Haut-Bailly und Domaine de Chevalier zur *appellation Graves* (S. 80), deren Rebfläche sich von Bordeaux etwa 60 km nach Süden erstreckte. Doch 1987 wurden die nördlich gelegenen *communes* Pessac und Léognan von den geringwertigeren südlichen Anbauflächen getrennt und zu der *appellation* Pessac-Léognan vereint.

Das Gebiet ist nicht groß und hier werden lediglich rund neun Millionen Flaschen pro Jahr abgefüllt, während die *appellation contrôlée* Graves 22 Millionen Flaschen produziert. Doch sind die gewellten, gut durchlässigen Kieselböden perfekt für den Anbau von Sémillon und Sauvignon Blanc geeignet, aus denen trockene Weiße gekeltert werden, ebenso wie für Cabernet Sauvignon und Merlot, die geschmeidige Rote ergeben. Trotz einer etwas süßlichen, fruchtigen, mineralischen Note erinnert der Rotweinstil von Pessac-Léognan an die Weine, die aus dem nördlichen Haut-Médoc mit seinen Kieselböden kommen (S. 81). Selbst die besten, nur langsam reifenden Rotweine, wie Château Haut-Brion und La Mission Haut-Brion sind früh zugänglich, doch um ihre ganze Komplexität zu entfalten, benötigen sie ein Jahrzehnt. Güter wie die Domaine de Chevalier und Château Haut-Brion erzeugen seit langem und erfolgreich Weißweine aus Sémillon und Sauvignon Blanc. Andere Produzenten, z. B. Château Carbonnieux, die in jüngerer Zeit gewaltige Fortschritte machen, kreieren komplexe, faszinierende Weine.

- AC Pessac-Léognan
- Rot: Cabernet Sauvignon, Merlot
  Weiß: Weißer Sémillon, Sauvignon Blanc
- Weiche, erdige Rotweine mit Anklängen an Tabak; mittelschwere bis körperreiche Weißweine
- Ch Bouscaut, Carbonnieux, Dom de Chevalier, de Cruzeau, Ferrande, de Fieuzal, la Garde, Haut-Bailly, Haut-Brion, Haut-Gardère, Larrivet-Haut-Brion, Latour, Laville-Haut-Brion, la Louvière, Ch Malartic-Lagravière, la Mission-Haut-Brion, Pape-Clément, Smith-Haut-Lafitte, la Tour-Haut-Brion
- Rot: Lammbraten mit Knoblauch und Rosmarin
- 1996, 1995, 1990, 1988, 1986, 1985, 1983, 1982, 1970, 1961
- Rot: 6–25 Jahre
  Weiß: 3–15 Jahre

CHÂTEAU SMITH-HAUT-LAFITTE
Die jüngsten Investitionen haben zu erheblichen Qualitätsverbesserungen geführt.

DOMAINE DE CHEVALIER
Spitzengewächse dieses Guts mit grand cru classé-Rang benötigen 10 Jahre um zu reifen.

POMEROL

DAS EHER UNSCHEINBAR wirkende Dorf Pomerol liegt im Libournais, am flachen, östlichen Ufer der Dordogne. In der Klassifikation von 1855 *(S. 73)* wurde die *appellation* noch mit keiner Silbe erwähnt, doch heute zählen die besten der weichen, samtigen Rotweine aus Pomerol zu den großartigsten und teuersten Weinen der Welt.

EIN ÜBERRASCHENDER ERFOLG
Trotz des neuen Wohlstands verharrt die commune Pomerol in ihrer schläfrigen Abgeschiedenheit. Ohne eigentliches Dorfzentrum, ist der Kirchturm ihr wichtigster Orientierungspunkt.

BEREITS IM 1. JH. unserer Zeitrechnung wurde in Pomerol Wein kultiviert. Aber erst in den 1960er Jahren konnte die *commune*, die heute nur noch Rotweine produziert, die internationale Szene erobern. Im 18. Jh. waren die eisenhaltigen, tonigen Böden von Pomerol vorwiegend für weiße Trauben reserviert, die erst später durch dunkle ersetzt wurde, doch die anderen Feldfrüchte, die man hier traditionell zwischen die Reben pflanzte, waren der Qualität der Weine nicht förderlich. Lange Zeit galt Pomerol als das zweitbeste Anbaugebiet nach St-Émilion *(S. 89)*, das sich wiederum an zweiter Stelle nach dem Médoc *(S. 83)* platzierte. In den *Notes on a Cellar Book* (1920) des englischen Schriftstellers George Saintsbury ist Pomerol mit keiner Silbe erwähnt, denn der Wein von Pomerol wurde nur in Belgien und Nordfrankreich verkauft, zudem in so geringen Mengen, dass er sich nur schwerlich eine Reputation erwerben konnte.

- AC Pomerol
- Rot: Merlot, Cabernet Franc, Cabernet Sauvignon
- Tiefrote, opulente Weine mit weichem Tannin
- Ch Beauregard, Bourgneuf-Vayron, Certan-Giraud, Certan de May, Clinet, Clos de Clocher, Ch la Conseillante, la Croix, la Croix de Gay, Clos de l'Église-Clinet, Ch l'Enclos, l'Évangile, Feytit-Clinet, la Fleur-Pétrus, le Gay, Gazin, Haut-Tropchaud, Lafleur, Lafleur-Gazin, Lagrange, Lagrave, Latour à Pomerol, Nénin, le Petit-Village, Ch Pétrus, le Pin, Clos René, Ch Rouget, Trotanoy, Vieux Château Certan
- Geschmorter Hasenpfeffer mit Kirschen
- 1998, 1995, 1990, 1989, 1985, 1983, 1982, 1970
- 5–25 Jahre

In Pomerol gab es nie sehr große Güter. Selbst Château Pétrus, das berühmteste Weingut der *appellation*, das mit die teuersten Weine der Welt erzeugt, ist ein eher bescheidenes Landgut, das nur 5000 Kisten Wein pro Jahr produziert.

Dass Pomerol in den 1950er und 1960er Jahren einen Aufschwung erlebte, verdankt es dem Weinhändler und -erzeuger Jean-Pierre Moueix, der Château Pétrus, Château Lagrange, Château la Fleur-Pétrus, Château Latour, Château Pomerol und Château Trotanoy leitet. Zusammen mit seinem Sohn Christian verkaufte Moueix die Weine nach England und vor allem in die USA, wo sich Kenner fanden, die sich von diesen weichen, vollen, bukettreichen Weinen mit Anklängen an Buttergebäck und mit ihrer charakteristischen mineralischen Note verführen ließen. Bei den meisten Pomerols überwiegt Merlot; Güter wie Vieux Château Certan haben jedoch gezeigt, dass Cabernet Franc und Cabernet Sauvignon, wenn sie an den richtigen Standort gepflanzt werden, gute Verschnittpartner abgeben.

CHÂTEAU PÉTRUS
Die Weine von Château Pétrus zählen zu den schönsten der Welt.

VIEUX CHÂTEAU CERTAN
Hier wird die klassische Sorte Merlot mit anderen Trauben gekonnt zu herrlichen Weinen verschnitten.

Premières Côtes de Bordeaux

Ungefähr um 1000 n.Chr. war die heutige AC Premières Côtes de Bordeaux bereits eine wichtige Anbauregion. Innerhalb des Entre-Deux-Mer-Gebiets bildet sie ein schmales Kalksteinband, das sich südlich von Bordeaux 60 km an der Garonne entlangzieht. 37 Dörfer dürfen hier ihren Namen dem der *appellation* zufügen. Lange Sonnenscheindauer sowie ton- und kieshaltige Böden tragen dazu bei, dass hier fruchtig-merlotbetonte Rotweine entstehen, die nach sechs Jahren oft ausgezeichnet schmecken.

Von den süßen und trockenen Weißweinen müsssen die trockenen in der einfachen *appellation* Bordeaux Blanc verkauft werden. Ursprünglich als Ansporn für die Produzenten gedacht, bessere Süßweine zu produzieren, bewirkt diese Einschränkung jedoch nur, dass sich auch die trockenen Weißweine kaum verbessern.

Château Carsin
Dieses Weingut in finnischer Hand vinifiziert mithilfe modernster Technik ansehnliche Premières-Côtes-Weine.

Rebhänge
Die malerischen Hügel der Premières Côtes de Bordeaux, die sich am Nordufer der Garonne entlangziehen, kontrastieren mit den Ebenen auf der anderen Seite des Flusses.

- AC Premières Côtes de Bordeaux
- Rot: Merlot
  Weiß: Sémillon, Sauvignon Blanc, Muscadelle
- Mittelschwere trockene Rotweine, süße Weißweine
- Barreyre, Carignan, Carsin, Chaumont, de Chelivette, Fayau, du Grand Plantier, Haut Rian Matherau, Pascot, du Peyrat, de Plasson, Reynon, Sissan, Thieuley, Vieille Tour
- *Entrecôte* mit Schalotten und Waldpilzen
- Rot: 1998, 1996, 1995, 1990
- Rot: 3–6 Jahre
  Weiß: 5–10 Jahre

Die jungen Aufsteiger von Bordeaux

Einige Güter aus so genannten »geringeren« Bordeaux-Anbaubereichen machen seit einigen Jahren mit ihren Rotweinen Furore. In den Premières Côtes de Bordeaux *(s. o.)* liegen z. B. zwei Châteaux in Führung. Zum einen Château Reynon, wo Professor Denis Dubourdieu von der Universität Bordeaux Wein erzeugt. Zum anderen Château Carsin, das in finnischer Hand ist; dort vinifiziert die gebürtige Australierin Mandy Jones den Wein unter Einsatz modernster technischer Anlagen »made in Australia«. Überraschenderweise, aber zu Recht, sind die Weine dieser beiden Produzenten oft teurer als ein St-Émilion Grand Cru *(S. 89)*. Weitere aufstrebende Appellationen sind die Côtes de Francs *(S. 79)*, Côtes de Bourg *(S. 78)* und mehrere »Satelliten«bereiche von St-Émilion und Pomerol, z. B. St-Georges-St-Émilion *(S. 90)* und Lalande de Pomerol *(S. 81)*. Dieser gewaltige Qualitätssprung beruht auf verbesserten Anbau- und Vinifizierungsmethoden, so kommt beispielsweise aufgrund eines strengen Ausleseverfahrens nur gesundes, reifes Lesegut in den Gärkeller. Ein Übriges tut die Bereitschaft der Weinfreunde, auch für gute Weine, die aus bislang verkannten Anbaubereichen stammen, tief in die Tasche zu greifen.

Château Reynon
Denis Dubourdieu in Bordeaux ist ein sehr angesehener Produzent. Er ist Besitzer von Château Reynon in den Premières Côtes.

St-Émilion

Obwohl diese *appellation* weltweit hohes Ansehen genießt, kann sich der Kauf eines St-Émilion als ziemlich schwierig erweisen. Die Spitzenlagen dieses Bereichs ergeben die schönsten Weine von Bordeaux, aber es gibt auch viele völlig ausdruckslose Weine, die jedoch aufgrund des international hohen Prestiges ihres Namens teuer verkauft werden.

Die Dächer von St-Émilion
Die kleine Stadt St-Émilion liegt auf einem Hochplateau aus Kalkstein. Das warme Rot der Ziegeldächer kontrastiert mit dem Grün und Braun der umliegenden Rebgärten.

Die Reben von St-Émilion wurden in römischen Mosaiken verewigt und in den Schriften des römischen Dichters Ausonius gepriesen. Da es aber an Brücken über die Dordogne und Garonne mangelte, blieb St-Émilion trotz seiner illustren Geschichte von der Stadt Bordeaux und den dortigen Weinhändlern isoliert. So war dieses Anbaugebiet noch bis in das 20. Jh. hinein relativ unbekannt.

Nach dem Zweiten Weltkrieg erlebte die Region eine neue Blütezeit, und heute erzielen die Winzer hier für ihre Spitzenweine mit die höchsten Preise in ganz Bordeaux, allem voran aufgrund der opulenten Fruchtaromen, die die Weine von St-Émilion auszeichnen. 1958 erhielt St-Émilion ein eigenes, zunächst ziemlich konfuses, kompliziertes Klassifikationssystem. Die höchste Gütestufe bilden die *premiers grands crus classés* A oder B, die alle 10 Jahre neu bewertet werden. Darunter stehen die oft recht einfachen *grands crus classés*. Die letzte Kategorie schließlich, die nicht revidiert wird, umfasst mehr als 200 Grand-Cru-Lagen, meist noch einfacher als die *grands crus classés*.

Geographisch und geologisch gliedert sich die *appellation* St-Émilion in mindestens vier Unterabschnitte. Rund um die Stadt und weiter nach Süden ziehen sich Ton- und Kalkböden über das Flachplateau von St-Émilion und die Hänge der Côtes St-Émilion. Von hier kommen viele *premiers grands crus classés*. Im Westen der Côtes beginnen die Kies- und Sandböden der Graves-St-Émilion, denen sich noch weiter nach Westen hin das sandige Areal der *sables anciennes* anschließt, wo ein Großteil der einfachsten St-Émilion erzeugt werden. In den drei erstgenannten Zonen wird Merlot mit 65 % Cabernet Franc verschnitten. In den *sables anciennes* ist der Merlotanteil weit höher.

- AC St-Émilion, AC St-Émilion Grand Cru, AC St-Émilion Grand Cru Classé, AC St-Émilion Premier Grand Cru Classé A und B
- Rot: Merlot, Cabernet Franc
- Weiche, mittelschwere und tiefdunkle, opulente Rotweine
- Angelus, Ausone, Beauséjour, Beauséjour-Bécot, Belair, Canon, Canon la Gaffelière, Cap de Mourlin, Cheval Blanc, Dassault, la Dominique, Faugères, Fourtet, Figeac, Fombrauge, Fonplégade, Fonroque, Franc Mayn, des Jacobins, Lamande, Magdelaine, la Mondotte, de l'Oratoire, Troplong-Mondot, de Valandraud
- Neunauge, in Rotwein gegart
- 1998, 1995, 1990, 1989, 1986, 1985, 1983, 1982
- Rot: 5–25 Jahre

Château L'Angelus
Dieses Château, ein aufgehender Stern am Weinhimmel von St-Émilion, wird seit etwa 1980 immer eindrucksvoller.

Château Troplong-Mondot
Er ist nicht der berühmteste, aber selbst in einem so heiklen Weinjahr wie 1994 zählte er zu den gepflegtesten und verlässlichsten Weinen in St-Émilion.

St-Émilion-Satellites

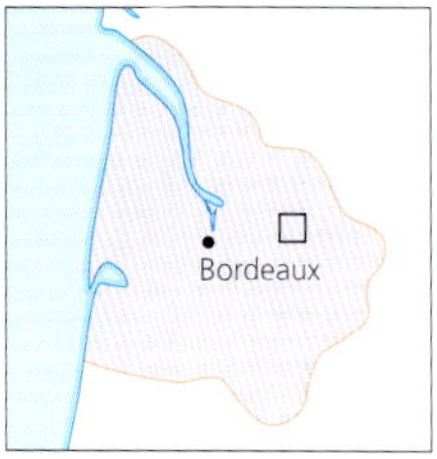

Mit der Einführung der *appellations contrôlées* im Jahr 1935 erhielten die Dörfer um St-Émilion ihre Anerkennung als eigenständige *appellations* und müssen ihre Weine nun nicht mehr als St-Émilion verkaufen. Sie sind nicht sehr bekannt, aber gut gemacht und bieten manchmal für ihren Preis weit mehr Qualität als ein echter St-Émilion.

Montagne-St-Émilion
Wie überall im Libournais dominiert Merlot, die hier füllige, samtweiche, köstlich pflaumige Weine ergibt.

Die Dörfer Lussac, Montaigne, Puisseguin und St-Georges im Norden und Osten des Städtchens St-Émilion gaben den vier *satellites*, also den so genannten Satelliten-Appellationen von Saint-Émilion, ihren Namen. Auf einer Mischung aus Lehmkalk und Kieseln wächst hier, ähnlich wie in St-Émilion, das für diese Appellationen typische Sortiment aus Merlot und Cabernet Franc, wobei die vollmundige, würzige Merlot überwiegt.

Rustikaler Charme
Robust, erdig und rustikal. Diese Adjektive kennzeichnen die Verkostungsnotizen für die »Satelliten«weine von St-Émilion, und sie passen zur regionalen Architektur, wie z. B. zu dieser Kirche in Montagne-St-Émilion.

- AC Puisseguin-St-Émilion, AC Lussac-St-Émilion, AC Montagne-St-Émilion, AC St-Georges-St-Émilion
- Rot: Merlot, Cabernet Franc
- Weiche, runde, fruchtige Rotweine
- *Lussac-St-Émilion:* Barbe Blanche, Bellevue, les Couzins, de la Grenière, Haut-Milon, Lyonnat, Moulin Noir, Trocard, Vieux Château Chambeau
  Montagne-St-Émilion: d'Arvouet, Beauséjour, Bonfort, Calon, Corbin, Faizeau, Fauconnerie, Vieux Château Calon
  Puisseguin-St-Émilion: Bel-Air, Branda, Haut Saint-Clair, Rigaud
  St-Georges-St Émilion: La Croix-St-Georges, Haut St-Georges, St-Georges
- Lamm oder Schwein vom Grill
- 1998, 1996, 1995, 1990
- 5–10 Jahre

»Ein höchst angenehm zu trinkender, frühreifer Rotwein« – so lautete in den 1970er Jahren das schwache Kompliment des britischen Weinkenners Edmund Penning-Rowsell in seinen Notizen über die Satellitenbereiche von St-Émilion. Er schlug vor, die vier Dörfer unter einer gemeinsamen *appellation* St-Émilion-Villages zusammenzufassen. Der Weinkritiker Hugh Johnson dagegen meinte kürzlich, dass »diese Weine ihren Mangel an Finesse durch ihre beachtliche Stabilität wettmachen«. Nun, über die weit teureren Weine von St-Émilion ließe sich oftmals sehr viel Negativeres sagen.

Wie auch immer, die Mängel der Satelliten von St-Émilion sind vielfach dem eingeschränkten Engagement der lokalen Genossenschaften und Châteaux zuzuschreiben. Doch noch schlimmer ist, dass manche Winzer zusätzlich bereit sind, zugunsten höherer Erträge die Qualität weiter zu senken. Was qualitätsverbessernde Maßnahmen jedoch bewirken können, zeigen seit einiger Zeit die ausgezeichneten Weine von Château St-Georges in St-Georges-St-Émilion sowie die Weine von Château Faizeau in Montagne-St-Émilion. Bevor aber das Beispiel dieser talentierten Winzer nicht Schule macht, lässt sich kaum sagen, welche der vier *appellations* das beste Potenzial hat. Die Weine von St-Georges-St-Émilion altern derzeit am schönsten; die banalsten, eindimensionalsten Weine aber macht Puisseguin-St-Émilion.

Château Corbin
Die Erzeuger von Château Corbin zählen zu der wachsenden Schar innovativer Winzer in Montagne-St-Émilion. Ihre Weine weisen oft mehr Finesse auf als die ihrer Nachbarn.

ST-ESTÈPHE

FÜR EINGEFLEISCHTE BORDEAUXFANS ist der tanninreiche, langsam reifende St-Estèphe Sinnbild dieser Region. Da aber der internationale Weingeschmack heute eher zu vollmundigen Rotweinen tendiert, haftet dieser nördlichsten *commune* von Médoc der Ruch des Altbackenen an. Inzwischen wird auch hier mehr auf Frucht und Geschmeidigkeit gesetzt.

IM JAHR 1855, BEI DER EINFÜHRUNG des Klassifikationssystems für Bordeaux, war man sich einig, dass St-Estèphe nicht zur Crème de la Crème von Médoc gehörte. Gerade mal fünf *crus classés* gab es hier, gegenüber 18 in Pauillac und 21 in Margaux *(S. 82)*. 40 Güter erhielten jedoch immerhin den Rang eines *cru bourgeois*, der sich zwischen dem *cinquième cru* und dem unklassifizierten *cru* platziert.

Mit seiner Härte, der tiefdunklen Farbe, viel Säure und Tannin kontrastiert der traditionelle Weinstil von St-Estèphe mit dem der saftigen, vollmundigen Merlots der angrenzenden *appellation* Pomerol *(S. 87)*. Obendrein ist ein St-Estèphe auch dem Pauillac nicht ähnlich, obwohl beide Anbaubereiche die gleichen Kieselböden besitzen, auf denen von alters her vorwiegend Cabernet Sauvignon wächst. In St-Estèphe ist der Boden jedoch reich an Tonen und Kiesen, was in Verbindung mit Cabernet Sauvignon Weine ergibt, die, wenn sie nicht ausgiebig reifen dürfen, etwas robust ausfallen. Aber auch dieser Stil kann zuweilen gute Resultate aufweisen, wie bei Château Montrose und Château Cos d'Estournel, die vollmundige, würzige, stilvolle Weine herausbringen.

Ende der 1980er begann in St-Estèphe eine Weinrevolution. Eine Schar junger, dynamischer Winzer hatte erkannt, dass sie einen sanfteren und weicheren St-Estèphe erzeugen, wenn sie den Anteil der für diese lehmigen Böden besser geeigneten Merlot heraufsetzen und den Lesezeitpunkt hinauszögern. Doch der meiste Wein wird hier immer noch von der lokalen Winzergenossenschaft als Massenware produziert. Offensichtlich wird St-Estèphe noch einige Zeit brauchen, um sich zu einer wirklich zeitgemäßen *appellation* zu mausern. Doch erste Anstrengungen wurden bereits unternommen, um diese üppigen, beerenfruchtigen Weine, wohl unaufhaltsam, in die Riege der begehrtesten Weine des Médoc aufsteigen zu lassen.

CHÂTEAU MONTROSE
Montrose, eines der beiden deuxièmes crus classés-Châteaux von St-Estèphe, macht klassische Weine auf der Basis der spätreifenden Sorte Cabernet Sauvignon.

CHÂTEAU HAUT-MARBUZET
Die Weine von Henri Dubosq mit einem Merlotanteil von 50 % sind fruchtiger und tanninärmer als andere St-Estèphe.

CHÂTEAU COS D'ESTOURNEL
Die geschnitzten Eichenholzportale aus Sansibar und der wenig europäische Stil dieses ungewöhnlichen, doch nach höchst funktionalen Gesichtspunkten errichteten Weinguts verweisen bereits auf die exotischen, scharfwürzigen Weine, die hier entstehen.

- AC St-Estèphe
- Rot: Cabernet Sauvignon, Merlot, Cabernet Franc, Petit Verdot
- Körperreiche, tiefdunkle, tanninreiche, langsam heranreifende Rotweine
- Andron Blanquet, Calon-Ségur, Chambert-Marbuzet, Cos d'Estournel, Cos-Labory, Le Crock, Haut-Beauséjour, Haut-Marbuzet, Lafon-Rochet, Lavillotte, Lilian Ladouys, Marbuzet, Meyney, Montrose, les Ormes-de-Pez, Petit-Bocq, de-Pez, Phélan-Ségur, Picard, Tour de Pez, Tronquoy-Lalande
- Wachteln, mit Artischockenherzen, Zwiebeln und rotem Bordeaux sautiert
- 1996, 1995, 1990, 1989, 1986, 1983, 1982, 1970, 1961
- 5–30 Jahre

ST-JULIEN

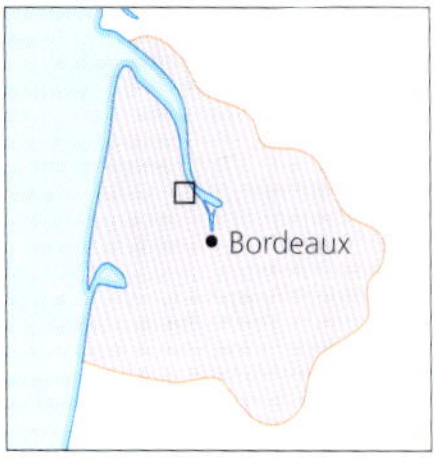

KEINE ANDERE *APPELLATION* IN BORDEAUX kann sich so vieler wahrhaft feiner Rotweine rühmen wie St-Julien. Zwar hat hier kein einziges Weingut *premier cru*-Status, doch dank der Kieselböden sowie dank ambitionierter Winzer entstehen in St-Julien Weine, die es mit den namhaftesten von Bordeaux aufnehmen können.

CHÂTEAU GRUAUD-LAROSE
Der elegante Stil von Château Gruaud-Larose lässt diese Weine zuweilen als nicht unbedingt zeitgemäß erscheinen, doch in großen Jahren zählen sie zu den feinsten, die Bordeaux zu bieten hat.

WER JEMALS DEN NORDEN VON MÉDOC durchquert hat, wird mir zustimmen, dass St-Julien weit von Margaux (*S. 82*) entfernt, Pauillac (*S. 84*) dafür umso näher liegt. Der Fluss Juillac markiert die Grenze zwischen St-Julien und Pauillac. Auf der einen Seite steht Château Léoville-Lascases, auf der anderen sein Rivale Château Pichon-Longueville-Comtesse-Lalande sowie das erstklassifizierte Château Latour. Welcher dieser Weine bei einer Blindverkostung am besten abschneidet, lässt sich vorher nicht so einfach sagen, denn alle drei sind von Cabernet dominiert und bei allen dreien gedeihen die Trauben auf Kieselböden.

Würzige Zeder, Zigarrenkiste und frische Cassisaromen prägen die Weine der *appellation* St-Julien. Sie sind nicht so kraftvoll wie die aus Pauillac, nicht so streng wie jene aus St-Estèphe (*S. 91*), aber fester strukturiert als ein Margaux. Ein Château Léoville-Lascases ist fast so teuer wie ein *premier cru* aus Pauillac. Das Nachbargut Château Léoville-Barton macht erschwinglichere Weine, oft die besten eines Jahrgangs. Weitere ehrgeizige Güter unter den elf *crus classés* sind Châteaux Branaire, Lagrange, Ducru-Beaucaillou, Léoville-Poyferré und Talbot. Bei den *crus bourgeois* sind es Châteaux Gloria, Moulin de la Rose und St-Pierre, die so manchen *cru classé* anderer kommunaler Appellationen übertreffen. Um die hohe Qualität zu gewährleisten, werden Zweitweine produziert, z. B. der Clos du Marquis des Château Léoville-Lascases oder der Les Fiefs de Lagrange des Château Lagrange. Im Süden sind die Weine schwerfälliger als nahe St-Julien, so z. B. der Beychevelle oder der Gruaud-Larose.

Ein St-Julien moderner Machart ist früh trinkreif. Gute Jahrgänge benötigen aber etwa 10 Jahre, bis ihr jugendlicher Cassis-Charakter hinter dem würzigen Duft der Zigarrenkiste verschwunden ist.

CHÂTEAU LAGRANGE
Dass dieses Château in japanische Hände übergegangen ist, fand nicht nur Beifall. Nachdem es prächtig restauriert wurde, ist nun auch der Wein wieder standesgemäß.

- AC St-Julien
- Rot: Cabernet Sauvignon, Merlot, Cabernet Franc, Petit Verdot
- Vollmundige, körperreiche, langlebige Rotweine mit Cassis- und Zedernholznoten
- Ch Beychevelle, Ch Branaire-Ducru, Ch la Bridane, Ch Ducru-Beaucaillou, Ch du Glana, Ch Gloria, Ch Gruaud-Larose, Ch Hortevie, Ch Lagrange, Ch Langoa-Barton, Ch Léoville-Barton, Ch Léoville-Lascases, Ch Léoville-Poyferré, Ch Moulin de la Rose, Ch St-Pierre, Ch Talbot
- Sautiertes Lammfilet mit Hühnchen und Petersilienmousse
- 1996, 1995, 1990, 1989, 1986, 1985, 1982, 1970, 1961
- 8–25 Jahre

CHÂTEAU LÉOVILLE-LASCASES
Obwohl das Gut nicht den Status eines premier cru *besitzt, werden die Weine inoffiziell den erstklassifizierten Châteaux der angrenzenden* appellation *Pauillac gleichgestellt.*

STE-CROIX-DU-MONT

GEHT MAN DAVON AUS, dass Wein am besten in Hanglagen gedeiht, so haben die süßen Weine in Ste-Croix-du-Mont am rechten Ufer der Garonne, südlich von Loupiac *(S. 81)*, diesbezüglich bessere Voraussetzungen als jene, deren Trauben in den flacheren Lagen von Sauternes *(S. 94)* und Barsac *(S. 76)* gedeihen. Der Boden ist gut; die nach Süden exponierten Rebhänge liegen am Fluss und die morgens hier aufsteigenden Nebel begünstigen die Entwicklung der Edelfäule. Tatsächlich sind hier einige Weine mit ihrem vollem Honigcharakter oft besser als jene berühmteren aus Sauternes und Barsac. Doch die Weine von Loupiac und Ste-Croix-du-Mont sind, verglichen mit Spitzensauternes, oft heller und zarter, vielleicht, weil ihre Produzenten es sich nicht leisten können, die edelfaulen Trauben in mehreren Durchgängen zu lesen.

CHÂTEAU LOUBENS
Dieses Château zählt zu den zuverlässigsten von Ste-Croix-du-Mont. Seine Weine sind köstlich süß und doch subtil.

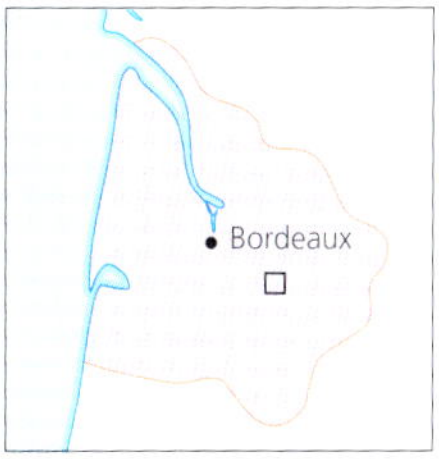

CHÂTEAU CROIX-DU-MONT
Die Region Ste-Croix-du-Mont ist zwar nicht so berühmt wie Sauternes, hat aber ein paar wirklich hervorragende Châteaux.

- AC Ste-Croix-du-Mont
- Weiß: Sémillon, Sauvignon Blanc, Muscadelle
- Süße Weißweine, zum Teil von edelfaulem Lesegut
- Ch de Beaucastel, Ch Bel Air, Ch des Coulinats, Crabitan-Bellevue, Ch Croix-du-Mont, Grand Plantier, Lamarque, Lescure, Loubens, Lousteau-Vieil, Ch la Rame
- Erdbeertarte mit einer Weinsauce, bereitet von einem Ste-Croix-du-Mont
- 1996, 1995, 1990, 1989, 1988, 1986, 1985, 1983, 1982
- 5–10 Jahre

DIE EDELFÄULE

Die große Herausforderung für die Winzer von Ste-Croix-du-Mont besteht, wie für alle Produzenten ungespriteter Süßweine, im richtigen Umgang mit der Edelfäule, *botrytis cinerea* genannt. Während man bei der Herstellung trockener Weißweine nur abwarten muss, bis die Trauben reif sind, ist die Produktion edelsüßer Dessertweine vollständig von den feuchtwarmen Wetterbedingungen abhängig, unter denen allein Edelfäule auftritt, so in *appellations* wie Sauternes *(S. 94)*, Barsac *(S. 76)*, Loupiac *(S. 81)* und Ste-Croix-du-Mont in Bordeaux, Monbazillac *(S. 228)* und Jurançon *(S. 226)* im Südwesten, Vouvray *(S. 190)*, Bonnezeaux *(S. 178)* und Quarts-de-Chaume *(S. 185)* an der Loire. Doch auch hier bleibt die Güte eines jeden Jahrgangs letztendlich vom tatsächlichen Wetter jedes einzelnen Jahres abhängig. 1982 etwa war das Wetter perfekt für roten Bordeaux, aber nicht so günstig für Sauternes. Die Erträge pro Weinstock liegen bei botrytisierten Weinen weitaus niedriger als bei trockenen Versionen. Dies sowie die ständig drohender Gefahr von Wetterumschwüngen, die eine ganze Ernte vernichten können, hindert die Winzer meist daran, das Risiko mehrere Lesedurchgänge einzugehen. Die wenigsten Süßweinhersteller arbeiten kostendeckend. Selbst Château Climens, Erzeuger eines der berühmtesten edelsüßen Sauternes, verkaufte seine Weine 1997 zu einem Flaschenpreis, der nicht höher lag als der eines Château mit doppeltem Hektarertrag.

SKURRILE SCHÖNHEIT
Botrytisierte Trauben sind rein optisch nicht sonderlich attraktiv, aber unverzichtbarer Bestandteil edler Süßweine.

MÜHEVOLLE LESE
Die Lese edelfauler Trauben ist mühsam. Anders als bei Trauben für trockene Weiße ist kein Einsatz von Maschinen möglich.

Sauternes

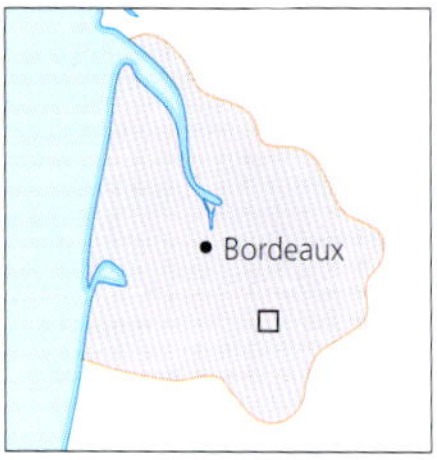

Kein Süsswein hat es jemals zu so hohem Ansehen gebracht wie jener aus dieser in jeder Hinsicht privilegierten Anbauzone von Bordeaux. Die Qualität ihrer Spitzenweine hat sich in den letzten Jahren deutlich verbessert. Die Bezeichnung Sauternes auf dem Etikett bürgt jedoch, allein für sich genommen, noch nicht für Qualität.

Château Rieussec
Dieses Weingut zählt zu den reichsten in Sauternes. Seine Lage auf einer Hügelkuppe in der Nähe des Flüsschens Ciron bietet ideale Voraussetzungen für die Produktion guter Weine.

In Sauternes wurden zunächst wohl trockene Rotweine gekeltert, bevor man im 17. Jh. begann, trockene Weiße zu erzeugen, die so leicht waren, dass die holländischen Händler sie aufspriteten. Wann nun die ersten Süßweine in Sauternes bereitet wurden, weiß niemand genau. Manche sagen, der Edelpilz habe die Trauben der Region, und zwar jene von Château d'Yquem, erstmals 1859 befallen, andere behaupten jedoch, der erste edelsüße Wein sei hier schon 23 Jahre früher von einem deutschen Winzer namens Focke vinifiziert worden, der seine diesbezüglichen Kenntnisse im Rheinland erworben hatte. So oder so: Furore jedenfalls machte der edelsüße 1859er von Yquem und seitdem haben sich die Spitzenweine von Sauternes stetig weiterentwickelt.

Château d'Yquem
Die hohen Preise von Château d'Yquem sind durch höchste Sorgfalt in Weinberg und Keller gerechtfertigt.

Die Spitzengüter Yquem, Rieusse und Suduiraut liegen auf einem kleinen Hügel, oberhalb des Flüsschens Ciron. Hier steigen morgens die Nebel auf und lassen bei günstiger Witterung die noble Fäule entstehen. Dem Yquem kommt aber nicht allein seine überragende Lage zugute. Seine Reben werden mit größter Sorgfalt gepflegt und die Trauben werden in mehreren Durchgängen gelesen. In einem Jahr, das die hohen Qualitätsanforderungen nicht erfüllt, wird kein Hauptwein hergestellt.

Sauternes, dessen Gebiet zum Teil zur *appellation* Barsac *(S. 76)* gehört, konnte die Qualität seiner Weine in den letzten Jahren insgesamt verbessern. Das exzessive Schwefeln ist seltener geworden, doch sind Weine mit der lediglich allgemeinen Bezeichnung Sauternes besser zu meiden; viele kleinere Güter machen, außer in den besten Jahren, enttäuschende Weine.

Schuld daran ist möglicherweise das Reglement, das die Erzeuger von Sauternes gegenüber ihren Nachbarn in Cérons *(S. 95)* benachteiligt. In Cérons dürfen weniger gute Weine nämlich »deklassifiziert« und als Graves *(S. 80)* verkauft werden. Die Sauternais aber können diese nur als Sauternes oder als trockene (generell überteuerte) Weißweine in der *appellation* Bordeaux Blanc verkaufen.

Château Gilette
Dieser Wein, der über viele Jahre in Zementtanks ausgebaut wird und sich seine Frische bis ins hohe Alter bewahrt, ist ein Kuriosum.

- AC Sauternes (mit Barsac); trockener Wein in der AC Bordeaux Blanc
- Sémillon, Sauvignon Blanc, Muscadelle
- Kraftvolle, köstlich süße Dessertweine
- D'Arche, Barréjats, Bastor-Lamontange, Clos Haut-Peyraguey, Doisy-Védrines, de Fargues, Filhot, Gilette, Guiraud, Haut-Bergeron, les Justices, Lafaurie Peyraguey, Lamothe, Lamothe-Guignard, de Malle, Rabaud-Promis, Raymond-Lafon, Rayne-Vigneau, Rieussec, Romer de Hayot, St-Amand, Sigalas-Rabaud, Suau, Suduiraut, la Tour Blanche, d'Yquem
- *Foie gras*
- 1998, 1997, 1996, 1995, 1990, 1989, 1988, 1986, 1983, 1976
- 5–30 Jahre

SONSTIGE

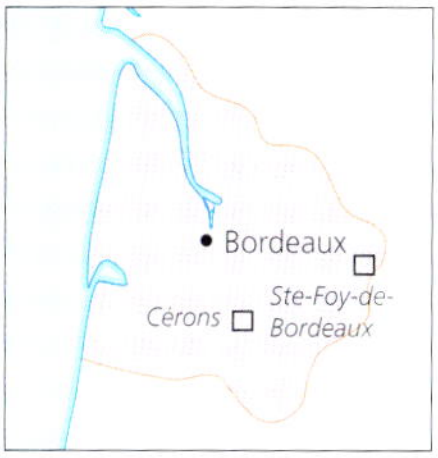

OBWOHL BORDEAUX GEMEINHIN nur mit roten und weißen Weinen assoziiert wird, werden hier auch Schaumweine und Rosés erzeugt. So gibt es verschiedene kleinere *appellations*, deren Weine außerhalb der Region jedoch kaum erhältlich sind. Da sich ihre Qualität aber stetig verbessert, können diese Weine einen exzellenten Kauf darstellen.

STEINRELIEF
Der Wein von Château de Cérons ist ein guter Kauf für jeden, der Qualität zu günstigen Preisen sucht. Die Abbildung zeigt ein Detail der reliefverzierten Südfassade des Château.

DA DER ROTE BORDEAUX eher zu Fülle und Dunkelheit tendiert, werden hier und da auch wieder Rosés und *Clairets* (ein Zwitter zwischen Rosé und Rot) gemacht. Zwischen diesen Weinen und den dunkleren Rotweinen besteht in der Tat eine enge Verwandtschaft: Sie stammen oft von denselben Trauben, nur wird bei Rosé der Most schon von der Maische abgestochen, noch bevor die Gärung beendet ist.

Die 1990 eingerichtete *appellation* Crémant de Bordeaux produziert heute geringe Mengen (etwa eine Million Flaschen pro Jahr) günstiger Schaumweine in Weiß und Rosé. Sémillon dominiert, hinzukommen gewöhnlich Muscadelle, Sauvignon, Colombard und etwas Cabernet Franc.

Die unbekannteren Weine von Cérons stammen von den Anbauflächen in der Nähe von Barsac *(S. 76)*. Sie tendieren zu dem leichten, delikaten Weinstil, der die *appellation* kennzeichnet. Oft bilden sie, z. B. der Grand Enclos du Château de Cérons, erstklassige Alternativen zu den teureren Süßweinen der Region. Die Produzenten von Cérons können ihren Wein auch als Graves verkaufen, während ihre Kollegen in Sauternes und Barsac ihren Wein außer in der eigenen *appellation* nur noch als Bordeaux Blanc deklarieren dürfen.

STE-FOY-DE-BORDEAUX
Heute dominiert Rotwein diese Region, denn der Markt für süßen Weißwein ist unsicher. Zudem müssen die Winzer auch in den Jahren, in denen die Edelfäule ausbleibt, ihr Geld verdienen.

Die weißen Graves de Vayres, die nichts mit der *appellation* Graves zu tun haben, stammen aus einem kleinen Areal mit Kiesboden, am linken Ufer der Dordogne gelegen. Im 19. Jh. lobte man ihren individuellen Charakter. Heute sind merlotbetonte Rotweine die Spitzenreiter dieses Gebiets, z. B. jene von den Châteaux la Chapelle-Bellevue, Lesparre und Canteloup.

Auch die ehemalige Weißweinregion Ste-Foy-de-Bordeaux im Ostteil des Entre-Deux-Mers *(S. 79)* hat sich auf Rotwein umgestellt. Am erfolgreichsten sind die Châteaux aus dem 18. Jh., wie z. B. Chapelains, Petit Montibeau und l'Enclos.

Die Weine der *appellations* Bordeaux-Haut-Benauge und Entre-Deux-Mers-Haut-Benauge wachsen in den neun westlichen *communes* des Entre-Deux-Mers. Entre-Deux-Mers-Haut-Benauge ist ein trockener Weißer, oft von Ugni Blanc, Colombard und/oder Mauzac, im Stil des Entre-Deux-Mers.

Bordeaux-Haut-Benauge produziert halbsüße oder süße Weine; das Lesegut, Sémillon, Sauvignon Blanc und Muscadelle, ist gut ausgereift. Das Ergebnis ist interessanter als der liebliche Wein aus den Côtes de Bordeaux-St-Macaire, einer unbekannteren *appellation* im Süden.

CHÂTEAU DE CÉRONS
Das Lesegut stammt aus Sauternes, aber die Preise sind hier nicht so hoch.

Essen in Bordeaux

Diese Region ist weltweit berühmt für großartige Rotweine und edelsüße Weißweine, die man auch auf Speisekarten oft im Zusammenhang mit der Bordelaiser Weinsauce entdeckt. Sie wird traditionsgemäß zu Entrecôte serviert. Doch die regionale Küche hat noch viele andere Gerichte zu bieten. Ihre Zutaten liefern die Felder und Flüsse von Bordeaux sowie das Meer.

Bei einem internationalen Wettbewerb um den Titel des besten *sommelier* verlor ein Kandidat Punkte, weil er nicht daran gedacht hatte, zum Lamm einen Pauillac als Begleitung zu empfehlen. Obwohl ein Mouton-Rothschild trotz seines Namens absolut nichts mit Schafen oder Lämmern (in diesem Fall steht *mouton* für einen Hügel) zu tun hat, besteht doch kein Zweifel, dass die Milchlämmer in diesem Teil des Médoc ein besonders zartes, schmackhaftes Fleisch liefern.

Wie bereits erwähnt, gibt Rindfleisch nicht den besten Partner für einen Bordeaux ab, weil es den tanninreichen Wein noch härter erscheinen lässt. Trotzdem kann die mit Rotwein und Markknochen

Ente mit Steinpilzen
Diese Kasserolle wird mit confit de canard *und* cèpes *zubereitet. Die reichhaltige Sauce besteht aus gekochtem Schinken, Zwiebeln und Kräutern.*

Foie gras
In Bordeaux ist diese teure, üppige Pastete die Krönung der festlichen Tafel. Sie wird aus Entenstopfleber hergestellt und ist in Weinbrand mariniert. Dazu mundet ein Sauternes.

Pauillac-Lamm à la Persillade
Das zarteste Milchlamm stammt aus der Region Pauillac. Am besten sind die Stücke aus der Krone, die mit einer dicken Petersilienkruste serviert werden.

AUSTERN
In Bordeaux gibt es wild lebende und gezüchtete Austern. Meist werden sie roh verzehrt, mit Brot, etwas Zitrone und einem trockenen, weißen Bordeaux.

zubereitete Sauce Bordelaise dem Steak das gewisse Etwas verleihen. Wenn ich aber sagen sollte, welches Gericht am besten zu einem Médoc oder Graves passt, würde ich für gebratenes Wildtäubchen optieren, *à la Bordelaise*, mit Artischocken, Zwiebeln und Kartoffeln sautiert, und dazu den regionalen Cognac Fine Bordeaux. Alternativ dazu böte sich aber auch ein *confit d'oie* (eingelegtes Gänsefleisch) mit Sauerampferpüree an.

Ebenso wie die Burgunder ihre Forellen in Rotwein garen, tun dies auch die Küchenchefs in Bordeaux mit ihren Neunaugen, einem Süßwasserfisch, eine Delikatesse wie Baby-Aale, der in riesigen Netzen aus der Gironde geholt wird. Früher gab es hier auch Kaviar, aber nun lebt schon seit mindestens 10 Jahren kein Stör mehr in der Gironde. Eine weitere, nicht so bekannte Bordelaiser Spezialität sind Steinpilze (*cèpes*). Diese Waldpilze werden oft am Straßenrand feilgeboten und *à la viande* mit Knoblauch, Schinken, Petersilie und Semmelbröseln zubereitet. Einheimische Trüffeln munden im Eintopf mit Rotwein, Schinken, Lauch, Mohrrüben, Sellerie und Zwiebeln. Und nicht nur zu Trüffeln, sondern auch zu *foie gras* kann ein Sauternes perfekt harmonieren.

PILZE
Steinpilze werden mit Fleisch oder Geflügel geschmort oder als Ragout serviert; aber auch pur mit fein geschnittenem Knoblauch und Petersilie schmecken sie köstlich. Zum Sauternes sind große schwarze Trüffeln ein Genuss.

Auch Desserts werden in Bordeaux mit Wein zubereitet. Ein *granité* ist ein Sorbet von Rotwein oder Süßwein wie Sauternes oder Cérons. Oder probieren Sie *poires au St-Émilion*: in Rotwein, Zimt und Orangensaft gegarte Birnen.

REGIONALE KÄSESPEZIALITÄTEN

Käse gibt es überall in Frankreich, wo es Kühe, Schafe oder Ziegen gibt. In Bordeaux aber ist man so sehr mit dem Weinbau beschäftigt, dass hier die Käseproduktion vernachlässigt wird. So stammt der Käse, den Sie auf dem Markt sehen oder im Restaurant bestellen, meist aus den Nachbarregionen im Südwesten. Périgord, Limousin und Quercy machen hervorragende Käse: wunderbaren Cabécou, den Rocamadour aus Ziegenmilch oder köstlichen Fourmes, der im Limousin aus Schafsmilch hergestellt wird.

ABBAYE DE BELLOC
Dieser Käse baskischer Herkunft stammt von der Milch der rotnasigen Manech-Schafe. Er hat einen kräftigen, ausgereiften Geschmack.

TOMME DE CHEVRE FERMIER
Diesen salzigen Ziegenkäse gibt es in ganz Frankreich in mehreren Versionen. Oft kommt er aus dem Südwesten; in Bordeaux ist er sehr beliebt.

BURGUND

TYPISCH BURGUND: WINZIGE DOMÄNEN, DIE OFT ROTE ODER WEISSE SPITZENWEINE IN KLEINSTMENGEN PRODUZIEREN.

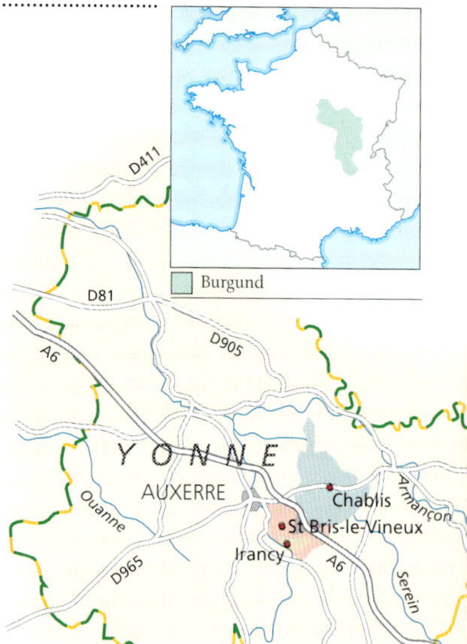

OFFEN GESAGT, sachlich über Burgund zu reden, überfordert mich. Fast sechs Jahre lebte ich mitten zwischen Weinreben, im Herzen Burgunds; ich habe für diese Weine mehr Geld ausgegeben – und verschwendet – als für alle anderen Weine zusammen. Die allerbesten Weine, zum Teil aus den einfachsten regionalen Appellationen, waren voller Wildfruchtaromen, voller Duft und von unbeschreiblich animalischem Charakter. Andere Weine, nur allzu oft Produkte namhafter Erzeuger und unverschämt teuer, stellten sich als flach oder wässerig, als sauer oder schmuddelig heraus. Kurz gesagt: Solange die Flasche nicht entkorkt ist, weiß niemand mit Sicherheit, was drin ist.

Dieses offenkundige Dilemma hat verschiedene Ursachen. Zunächst liegen sogar die südlichsten Regionen Burgunds immer noch zu weit im Norden, als dass die Trauben jedes Jahr gleichmäßig reifen könnten. Hinzu kommt, dass Burgunder meist sortenrein vinifiziert werden; in Bordeaux *(S. 70 ff.)* dagegen können nach dem Reglement sogar Spitzenweine aus mehreren Rebsorten verschnitten werden. Zudem kann ein durchschnittlich großer Erzeuger in Bordeaux mit einer Jahresproduktion von 200 000 oder 300 000 Flaschen seine Kosten durch die Masse hereinholen, was dem typischen Burgund-Winzer, der gerade mal 30 000 Flaschen jährlich produziert, nicht vergönnt ist. Und schließlich sind da noch die Weinkonsumenten, die naiverweise annehmen, dass allein die Namen Chablis *(S. 112 f.)* oder Beaujolais *(S. 106 f.)*, Chassagne-Montrachet *(S. 115)* oder Pouilly-Fuissé *(S. 132)* auf dem Etikett für Qualität bürgen.

Warum dann aber daran festhalten? Weil die winzigen Rebgärten in jeder dieser fünf Anbauregionen, von Chablis im Norden bis zum Beaujolais im Süden, in Bestform tatsächlich Weine ergeben, die weltweit nicht ihresgleichen finden. In aller Welt gibt es köstliche Chardonnay, aber nicht einer

45 000 ha; 390 Millionen Flaschen

Vorherrschend: Kontinentalklima mit kühlen Temperaturen im Chablis; die Region Mâconnais im Süden ist merklich milder. In den Einzellagen schwanken die Temperaturen je nach Höhenlage.

Unterschiedlich: Kalkstein im Chablis und in der Côte d'Or, an der Côte d'Or auch Mergel und Lehmböden mit Feuersteinablagerungen; Granit im Beaujolais

Rot: Pinot Noir, Gamay, César
Weiß: Chardonnay, Aligoté, Pinot Blanc, Pinot Gris

HANDELSHÄUSER
Noch heute wird der Burgunder vielfach an Handelshäuser verkauft, z. B. an Louis Jadot, Eigentümer dieser Kellerei. Weine verschiedener Produzenten zu verschneiden, ist gängige Praxis.

Zerstückelter Rebbesitz
Die extrem zerstückelten Anbauflächen von Burgund, zumeist nicht größer als 4 ha, gleichen einem riesigen Flickwerk. Oft ist eine Einzellage nochmals in kleinere Parzellen gegliedert. Doch auch der menschliche Faktor trägt zur Unbeständigkeit dieser Weine bei.

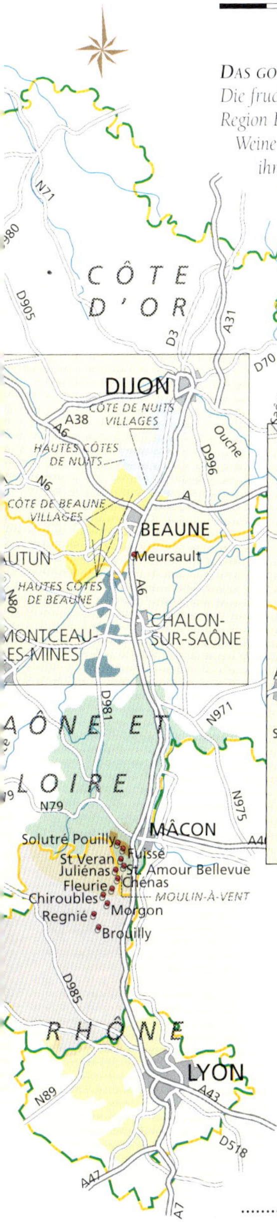

Das goldene Herz
Die fruchtbare Ebene der Region Burgund ist für ihre Weine ebenso berühmt wie für ihre köstlichen Gerichte. Das Herzstück der Region, die Côte d'Or, den »Goldenen Hang«, bilden die Côte de Nuits und die Côte de Beaune.

davon kann es mit einem traditionellen, ungeholzten oder leicht geholzten Chablis aufnehmen. Überall gibt es Winzer, die von Pinot Noir guten Rotwein machen, aber nur der Burgunder präsentiert eine so fein abgestimmte Geschmackspalette, wie man sie im Wein einer guten Kellerei an der Côte d'Or entdecken kann. Und auch wenn der Beaujolais den Vorwurf, er sei zu teuer und enttäuschend, leider nur allzu oft verdient, dann kann doch die Gamaytraube, die hier auf Granitgestein wächst und nach traditioneller Art vinifiziert wird, in Bestform ihre typischen, unnachahmlichen Kirschnoten und Anklänge an Bitterschokolade entfalten. Deshalb halte ich mich heute an ausgewählte Produzenten, deren Namen Sie auf den nächsten Seiten finden, oder wende mich an Händler meines Vertrauens.

BURGUND IN DER GESCHICHTE

DIE ZEITEN, DA DIE HERZÖGE VON BURGUND bis nach Holland hinein regierten, mit Ländern wie England Geschäfte machten (die Auslieferung von Johanna von Orleans brachte ihnen 10 000 Goldkronen) und Städten wie Beaune und Dijon eine Blütezeit bescherten, bleibt den Burgundern in unauslöschlicher Erinnerung.

CHRONIQUES DES ROIS DE FRANCE
Im 15. Jh. war Burgund innerhalb Frankreichs ein sehr mächtiges Herzogtum. Diese Handschrift zeigt einen Gesandten von Gontran, im 6. Jh. König von Burgund, mit seinem Gefolge bei der Ankunft in der Papststadt Avignon.

DIE EPOCHE, IN DER BURGUND als eigenständiges Herzogtum zu Macht und Ruhm gelangte, hat dieser Region ein starkes, bis heute andauerndes Identitätsgefühl verliehen. Damals wurden die Grundlagen für die burgundische Weinindustrie geschaffen. Doch der erste Burgunder entstand bereits unter römischer Herrschaft. In der Côte d'Or, die sich von Dijon aus nach Süden erstreckt, wurde die erste Rebpflanzung im 4. Jh. angelegt. Allerdings war der Weinbau in seinen Anfängen wohl nicht so einträglich wie heute, denn der römische Kaiser Konstantin musste, so die Überlieferung, anno 312 erfahren, dass die Bevölkerung keine Steuern zahlen konnte – die Weinberge waren völlig verwahrlost und wegen der unbefestigten Wege kam auch kein Pferdegespann bis zu ihnen durch. Heute liefern die hochwertigen Rebgärten der Côte d'Or Weine, die zu den schönsten Burgunds gehören.

ZUM WOHLE DER KRANKEN
Die Hospices de Beaune wurden im 14. Jh. als karitative Einrichtung gegründet. Heute wird mit den Erlösen aus der alljährlichen Weinversteigerung ein Krankenhaus finanziert.

QUALITÄT HAT TRADITION

Auch Burgund hat die Entwicklung seiner Weinbautradition den Klöstern zu verdanken. 587 wurde einem der burgundischen Klöster von König Gontran per Schenkungsurkunde Land übertragen und 200 Jahre später erfolgten unter Karl dem Großen weitere Schenkungen dieser Art. Sehr hochwertige Weinberge der Côte d'Or wurden damals schon abgesondert. So soll auf Wunsch Karls des Großen ein Hang mit Reben bepflanzt worden sein, bei dem der Kaiser beobachtet hatte, dass die Schneeschmelze dort früher begann und die Sonne dort folglich stärker sein musste. Dieser Hang ist identisch mit dem heutigen *grand cru* Corton, der Weinberg aber heißt Corton-Charlemagne. In Burgund bezeichnet man die Weinberge auch

Eine Familiensache
Wie es diese Ansicht von der Weinlese in Meursault Anfang des 20. Jh. dokumentiert, werden alle Familienmitglieder für die Lese eingespannt.

heute noch als *climat*, ein Begriff, der sich von ihrem jeweils charakteristischen Mikroklima ableitet. Anfang des 18. Jh. entstanden Karten von der Côte d'Or und ihren besten Lagen wie Volnet (heute Volnay), Puligny Morachet (heute Puligny-Montrachet), Nuys (heute Nuits-St-Georges) und Chambertin (heute Gevrey-Chambertin). Schon damals war bekannt, dass Pinot Noir für diese nördliche Anbauregion ideal ist; für Weißweine schnitt Chardonnay am besten ab. Der Anbau der leichter zu kultivierenden Gamay war schon seit 1395 gesetzlich untersagt.

Die Französische Revolution von 1789 führte zum Niedergang der Weingüter, die hier im Unterschied zu Bordeaux keine zusammenhängenden Einheiten bildeten. 1804 wurde die Aufteilung der Ländereien durch die Einführung des Code Napoléon noch beschleunigt, da nun alle Nachkommen egal welchen Alters und Geschlechts erbten.

Vernunftehen

Die Folgen dieser instabilen Besitzverhältnisse zeigen sich noch heute an den zerstückelten Anbauflächen. Und das Spektrum der Weine einer beliebigen burgundischen Kellerei sowie zusammengesetzte Namen wie Coche-Boulicault und Coche-Dury spiegeln die Auswirkungen jeder Heirat eines Winzersohnes mit der Tochter des Nachbarwinzers.

In einer Region, die aufgrund ungünstiger Klimaverhältnisse geringe Erträge zu erwarten hatte, musste die Herstellung und Vermarktung nur winziger Mengen Wein Probleme bereiten. Anfang des 18. Jh. tauchten die ersten Weinhändler auf, die Wein aufkauften, um ihn zu verschneiden und auszubauen. 200 Jahre wurde dann der Markt für burgundische Weine mehr oder weniger von den Händlern beherrscht. Erst in den 1970er und 1980er Jahren haben die Besitzer der hier höchstens 6 ha großen Domänen damit begonnen, den Wein unter eigenem Namen abzufüllen. Das Ende des Händlermonopols und die Einführung der kontrollierten Ursprungsbezeichnungen legte zudem den ärgsten Panschern das Handwerk. Andererseits konnte sich angesichts derart geringer Produktionsmengen und ungünstiger klimatischer Bedingungen das Risiko für den Winzer nur erhöhen. Die etablierte Hierarchie von *grand cru*, *premier cru* und Weinen kommunaler oder regionaler Appellationen kann Ihnen zwar als Orientierung dienen, doch ein gut gemachter Village in einem guten Weinjahr ist qualitativ oft besser als ein minderwertiger *grand cru*, der weit mehr kostet.

Chevaliers du Tastevin
In Burgund knüpft man gerne an mittelalterliche Traditionen an, so auch in der Confrérie des Chevaliers du Tastevin. Dieser 1934 gegründete Orden der »Ritter des Probierglases« veranstaltet Bankette für Mitglieder und Gäste in Clos de Vougeot und in seinen »Ordenskapiteln« im Ausland.

EINE TOUR DURCH BURGUND

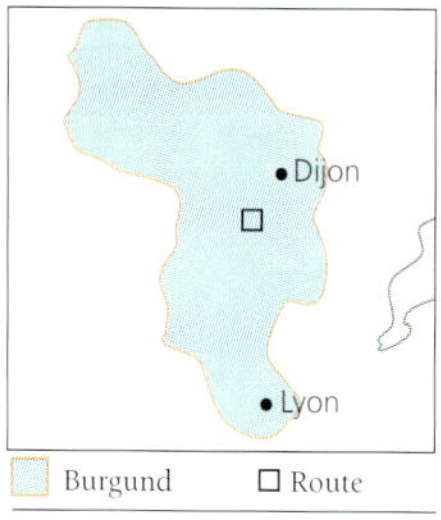

DIE HIER ZUSAMMENGESTELLTE ROUTE führt zu mehreren bekannten Weindörfern der Côte de Beaune und zu nicht so bekannten Orten der Hautes-Côtes de Beaune. Ein Höhepunkt für Liebhaber von »Märchenschlössern« ist das imposante Château de la Rochepot.

BEAUNE

Die mittelalterliche Stadt Beaune ①, Sitz der meisten großen Burgunder Handelshäuser, bietet ein sehenswertes Weinmuseun *(musée du vin)* und das weltberühmte Hôtel-Dieu aus dem 15. Jh., ehemals ein Krankenhaus mit Rebbesitz, das sich über den Weinverkauf finanzierte.

VON BEAUNE NACH MEURSAULT

In Richtung Chalon-sur-Saône biegen Sie an der Cave Coopérative des Hautes-Côtes nach Pommard ② ab. Château de Pommard lohnt den Besuch, sein Wein ist nur im Direktverkauf erhältlich. Das größere Volnay ③ liegt so hoch, dass es einen guten Überblick über die in viele kleine Rebgärten zerstückelte Landschaft bietet. Michel Lafarge ist hier einer der besten unter den vielen ausgezeichneten Produzenten. In Richtung Auxey-Duresses passiert man das Dorf Monthélie ④ mit seinem Schloss zur Rechten. Wie Monthelie ist auch Auxey-Duresses ⑤ eine gute Quelle für unterbewertete, also erschwingliche Rot- und Weißweine. Die sehenswerte Kirche beherbergt ein Triptychon mit Szenen aus dem Leben der Jungfrau Maria. Meursault ⑥ hat etwas Städtisches mit seinem Hauptplatz, der imposanten Kirche, den gepflegten Winzerhäusern und Kellereien, die den Erfolg der Weine von Meursault spiegeln. An Erntedank im November treffen sich die Winzer auf Château de Meursault zur Paulée, einem ausgiebigen Mittagessen.

CHÂTEAU DE POMMARD
Die feinen, stilvollen Weine von Château de Pommard sind nur hier erhältlich.

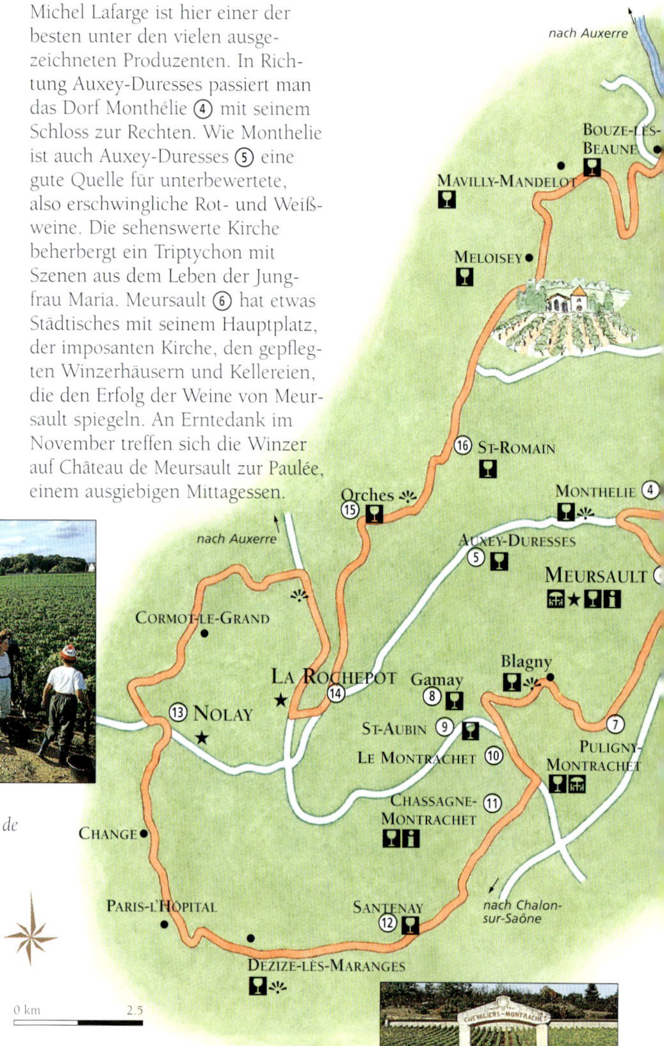

WEGWEISER

- Weinprobe
- Essen und Trinken
- Fremdenverkehrsamt
- ★ Sehenswürdigkeit
- Streckenverlauf
- Aussichtspunkt

LE MONTRACHET
Solche Pforten mit dem Namen des jeweiligen Besitzers markieren oft deren Rebparzellen.

LA ROCHEPOT
Das bunte Ziegeldach des mittelalterlichen Château erinnert an das Dach des Hôtel-Dieu in Beaune (S. 99). Es ist ein Relikt aus jenen glanzvollen Zeiten, als das Herzogtum Burgund bis nach Flandern reichte.

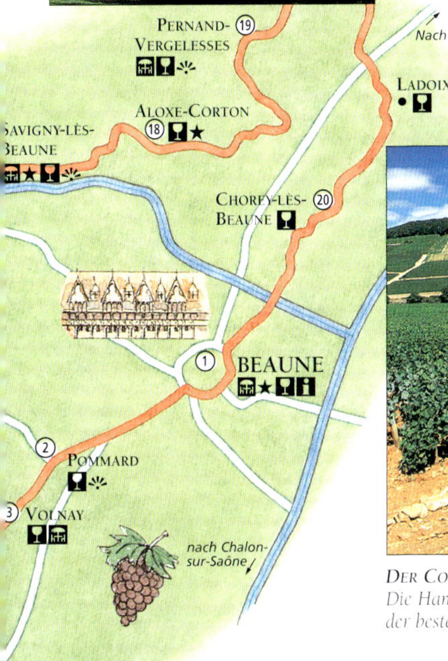

DER CORTON-HÜGEL
Die Hanglagen von Corton liefern einige der besten Weine von Burgund.

NÜTZLICHE HINWEISE

INFORMATION: Office de Tourisme, Place de la Halle (gegenüber dem Hôtel-Dieu), **Beaune** ☎ 03 80 26 21 30. Für Auskünfte jeder Art, von Winzeradressen bis hin zu Fahrten im Heißluftballon.

VERANSTALTUNGEN: Die Weinversteigerung in den Hospices de Beaune und das Bankett der Trois Glorieuses finden alljährlich in der dritten Novemberwoche statt. Dabei werden Hunderte von jungen Weinen verkostet. Beide Veranstaltungen sind öffentlich zugänglich. Eintrittskarten für die Bankette erhalten Sie über einen freundlichen *négociant* in Beaune oder einen seiner Stammkunden.

RESTAURANTS:
L'Écusson, Place Malmédy, **Beaune** ☎ 03 80 24 03 82. Dieses Restaurant zählt zu den günstigsten Feinschmecker-Adressen von Beaune. Auch einige preiswerte Weine stehen auf der Karte.
Le Montrachet, **Puligny-Montrachet** ☎ 03 80 21 30 06. In diesem Restaurant, in dem auch die Einheimischen essen, kann man seltene Weine degustieren.

ÜBERNACHTEN:
Le Home, 138 Route de Dijon, **Beaune** ☎ 03 80 22 16 43. Direkt vor der Stadt, ein billiges und komfortables Hotel mit Innenhof.
Le Château de Chorey, **Chorey-les-Beaune** ☎ 03 80 22 06 05. Die reizvollen Zimmer dieses schönen alten Château sind ideal für alle, die das Besondere lieben.

VON PULIGNY-MONTRACHET NACH CHASSAGNE-MONTRACHET

Im Vergleich zu Meursault wirkt Puligny-Montrachet ⑦ fast verschlafen. Der Weinhändler Olivier Leflaive hat eine Auswahl an guten Weißweinen, die er in seinem Restaurant zu Gerichten der heimischen Küche serviert. Über Gamay ⑧ gibt es nur zu sagen, dass hier wohl erstmals die Rebsorte, die den Beaujolais hervorbringt, gepflanzt wurde. In St-Aubin ⑨ erhalten Sie preisgünstige Weißweine, z. B. in der Domaine Roux. Die Weinstraße von St-Aubin nach Chassagne-Montrachet führt durch den weltberühmten Weinberg Le Montrachet ⑩ mit seiner steinernen und oft fotografierten Eingangspforte. Auch das verschlafene, aber reizvolle Chassagne-Montrachet ⑪ lohnt einen Halt.

VON SANTENAY NACH LA ROCHEPOT

Santenay ⑫ verfügt über ein Heilbad, einen schönen Hauptplatz, ein Casino sowie über einige preisgünstige Rot- und Weißweine. Nolay ⑬ hat keinen Wein, aber eine malerische Markthalle aus dem 14. Jh. Inmitten herrlicher Hügellandschaft liegt Château de la Rochepot ⑭, sein buntes Ziegeldach ähnelt dem des Hôtel-Dieu in Beaune.

VON LA ROCHEPOT NACH SAVIGNY-LÈS-BEAUNE

Halten Sie hier, in der schroffen Hügellandschaft der Hautes-Côtes de Beaune, an der Spitze des Steilhangs bei Orches ⑮, um Bussarde und andere wild lebende Vögel zu beobachten. Etwas weiter, in St-Romain ⑯, verkauft Alain Gras seine ausgezeichneten Weißweine.

VON SAVIGNY-LÈS-BEAUNE NACH BEAUNE

Von der Straße nach Savigny-lès-Beaune ⑰ bietet sich ein wunderschöner Blick auf Château de Savigny mit seinem Motorradmuseum. Weiter nach Aloxe-Corton ⑱, durch die Hügel von Corton, mit einigen der besten Grand-Cru-Lagen der Côte de Beaune. Pernand-Vergelesses ⑲ liefert einige der schönsten Weine, Chorey-lès-Beaune ⑳ vortreffliche Rote, so in der Domaine Tollot-Beaut und auf Château de Chorey.

ALOXE-CORTON

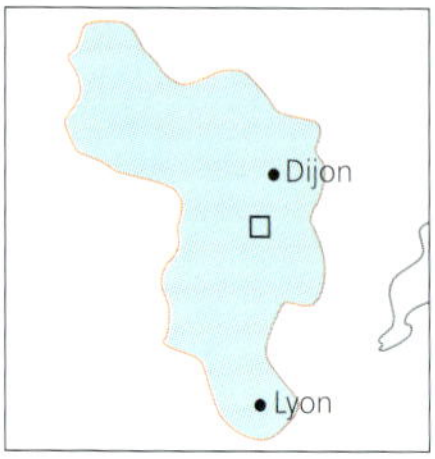

IM NORDEN DER CÔTE DE BEAUNE liegt die *appellation* Aloxe-Corton mit ihren berühmten weißen und roten *grand cru*-Weinen von Corton. Ansonsten werden hier fast nur Rotweine produziert, und somit hat die *appellation* mehr Gemeinsamkeiten mit der Rotweinregion Côte de Nuits im Norden als mit den Weißweinappellationen im Süden.

CHÂTEAU CORTON-ANDRÉ
Die appellation *Aloxe-Corton mit nur wenigen kleinen Weingütern bleibt ganz sicher eine Domäne der großen Handelshäuser wie La Reine Pédauque, Eigentümer dieses Schlösschens.*

CHARLIE CHAPLIN wollte angeblich in der *commune* Aloxe-Corton einen Weinberg kaufen, und schon vor über 1000 Jahren sollen ihre Weine die Favoriten am Hofe Karls des Großen gewesen sein, dem der berühmte weiße *grand cru* Corton-Charlemagne zudem seinen Namen verdankt.

99 % der Produktion von Aloxe-Corton ist rot, und wie fast jeder rote Burgunder wird auch dieser von der kraftvollen, tanninreichen Pinot Noir gewonnen. Diese Weine zählen zu den langlebigsten Burgundern überhaupt und zu den Spätentwicklern. Aufgrund ihrer jugendlichen Verschlossenheit sind die Weine von Aloxe-Corton, *village* oder *premier cru*, nicht so populär wie die weicheren, fruchtigeren und zugänglicheren Weine aus dem angrenzenden Beaune *(S. 108)* und Savigny-lès-Beaune *(S. 136)*. Nach 5 bis 15 Jahren Flaschenreife entfalten sie aber ihre üppige, fleischige Frucht und sind vorzüglich. In jugendlichem Stadium platzieren sich die ähnlich strengen roten und weißen Grand-Cru-Weine der *communes* eher hinter den erstklassigen Weinen der nach Süden anschließenden Bereiche Puligny-Montrachet *(S. 133)* und Chassagne-Montrachet *(S. 115)*. Aber nach 15 Jahren präsentieren sich die Rotweine voll und weich mit köstlich animalischen Noten, die Weißweine reich und konzentriert mit prachtvollen Zimt-, Honig- und buttrigen Aromen.

Lange Zeit konzentrierte sich die Aufmerksamkeit der Weinfreunde auf Louis Latour und La Reine Pédauque, zwei seit langem etablierte Erzeuger und Weinhändler mit Kellereien in der Ortschaft Aloxe-Corton. Leider macht keiner von beiden besonders aufregende Rotweine. In jüngerer Zeit kam es jedoch zu Neuinvestitionen von Produzenten und *négociants* aus allen Teilen Burgunds, unter ihnen so illustre Namen wie Tollot-Beaut in Chorey-lès-Beaune, Bonneau du Martrey in Pernand-Vergelesses und Antonin Guyon in Savigny-lès-Beaune. Das Ergebnis sind einige zeitgemäß vinifizierte, weniger schroffe Weine als bislang hier üblich.

LES COUTIÈRES
Ein premier cru wie Les Coutières muss 15 Jahre liegen, um seinen Höhepunkt zu erreichen.

DOMAINE LATOUR
Das Handelshaus Louis Latour hat Rebbesitz in Aloxe-Corton und macht dort einen ganz besonderen Wein.

- AC Aloxe-Corton, AC Aloxe-Corton Premier Cru, AC Charlemagne Grand Cru, AC Corton Grand Cru, AC Corton-Charlemagne Grand Cru
- Rot: Pinot Noir
  Weiß: Chardonnay, Pinot Beurot
- Vollmundige, tiefdunkel getönte Rotweine, volle langsam reifende Weißweine
- Arnoux, Bouchard Père et Fils, Denis Boussey, Champy, Marc Colin et Fils, Joseph Drouhin, François Gay, Génot-Boulanger, Camille Giroud, Antonin Guyon, Louis Latour, Prince de Mérode, Antonin Rodet, Comte Sénard, Tollot-Beaut, Michel Voarick
- Gebratener Fasan mit einer Farce aus Thymian und Zitrone in Rotweinsauce
- 1997, 1996, 1995, 1993, 1990, 1989, 1988, 1985, 1978
- Rot: 5–15 Jahre

Grands Crus in der Montagne de Corton

Corton Grand Cru und Corton-Charlemagne umfassen 180 ha in Hanglage in der Montagne de Corton. Dieser größte *grand cru* in Burgund ist Gemeinbesitz der drei *appellations* Aloxe-Corton (*S. 104*), Pernand-Vergelesses (*S. 130*) und Ladoix (*S. 122*). Chardonnay wächst im höchsten Abschnitt und ist der *appellation* Corton-Charlemagne, die 300 000 Flaschen pro Jahr produziert, zugeordnet. Die nach unten angrenzenden Pinot-Noir-Pflanzungen entfallen auf die Rotweinappellation Corton Grand Cru. Die Jahresproduktion beträgt eine halbe Million Flaschen; ein Teil wird als Corton Grand Cru etikettiert, der Rest unter dem *climat* (Teilstück der Weinberglage). Winzige Mengen Weißwein, wie z. B. die gelungenen Exemplare von Louis Jadot, werden als Corton Grand Cru *blanc* deklariert. Da die Weine der verschiedenen Teilbereiche dieser *appellation* stark variieren, empfiehlt sich vor dem Kauf das Studium des Etiketts. Empfehlenswerte *climats* sind Corton-Bressandes und Corton-Clos de Roi; vorzüglich auch die Weine aus Corton-Pougets, Corton-Perrières, Corton-Grèves und Corton-Renardes. Sowohl Rot- als auch Weißwein sollte noch 10 Jahre liegen, bevor er getrunken wird.

In Stein gemeisselt
Die Besitzverhältnisse im Corton-Charlemagne sind oft durch alte Steinplatten gekennzeichnet.

Eine Schatzkammer
Die Chardonnayreben im grand cru Corton-Charlemagne ergeben einen der großartigsten weißen Burgunder.

Auxey-Duresses

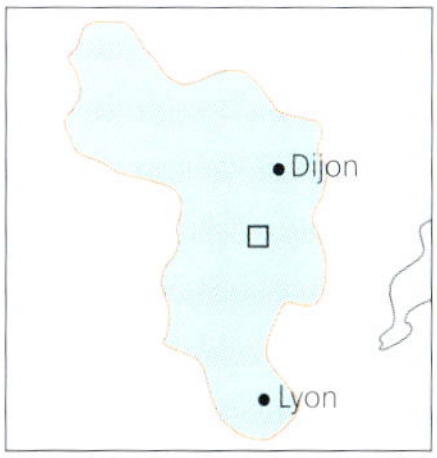

Zwischen Monthélie (*S. 126*) und Meursault (*S. 125*) im Tal der Dheune liegt das wunderschöne Dorf Auxey-Duresses. Zwei Drittel der Produktion entfällt auf Rotwein, der überwiegend in der Côte de Beaune-Villages verkauft wird. Es sind frühreife, ja fast rustikale Weine, die zur Herbe neigen, aber in wärmeren, guten Jahren stellen sie einen lohnenden Kauf dar. Im Allgemeinen fallen die weißen Weine dieser *appellation* besser aus als die roten und schneiden häufig auch besser ab als die Weine im angrenzenden Meursault. Gelungene Rot- und Weißweine aus den nach Süden weisenden *premiers crus* Les Duresses und Climat du Val rechtfertigen die höheren Preise, ebenso die Weine der Spitzenerzeuger dieses Gebiets wie z. B. Olivier Leflaive, Jean-Pierre Diconne und Jean-François Coche-Dury.

Christophe Buisson
Gekonnt gemachte Weine wie dieser von Christophe Buisson weisen ein volles, frisches Himbeeraroma auf.

Verborgene Schätze
Im Schatten seines berühmten Nachbarn liegt Auxey-Duresses, die verkannte Heimat mehrerer vortrefflicher Rot- und Weißweine.

AC Auxey-Duresses, AC Auxey-Duresses Premier Cru

Rot: Pinot Noir
Weiß: Chardonnay

Weiche, wuchtige Rotweine; frühreife, mittelgewichtige, holzgereifte Weißweine

Comte Armand, D'Auvernay, Bouzereau, Coche-Dury, Alain Creusefond, Jean-Pierre Diconne, Joseph Drouhin, Louis Jadot, Jaffelin, Olivier Leflaive, Jean-Pierre Prunier, Pascal Prunier, Vincent Prunier, Roy

Rotwein: *coq au vin*

Rot: 1997, 1996, 1995, 1990

Rot: 3–10 Jahre
Weiß: 2–6 Jahre

BEAUJOLAIS

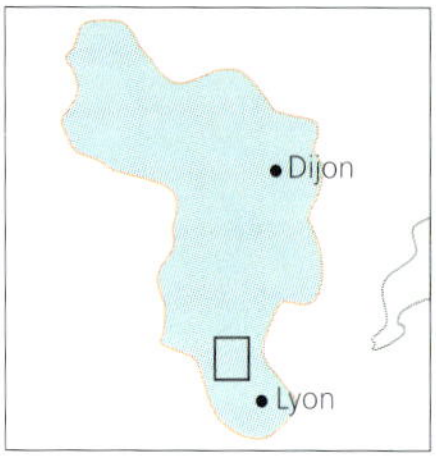

IN EINER WELT, DIE SELBST WEINE zunehmend modischer Gleichmacherei unterwirft, ist der Beaujolais ein Außenseiter. Und das ist gut so. In Bestform bildet er einen erfrischenden Gegenpol zu den überkonzentrierten und überholzten Rotweinen aus aller Welt und begleitet perfekt jedes Essen, ob traditionell französisch oder mit asiatischer Schärfe.

GAMAY IN BESTFORM
Die Gamay wächst auch anderswo, aber im milden Klima und auf den Granitböden des Beaujolais entwickelt sie ihre charakteristischen Anklänge an Bananen, Kirschen und Fruchtsirup.

SEINE REIZVOLLE ZWITTERPOSITION beschert dem Beaujolais die Farbe des Rotweins und die frühe Trinkreife des Weißweins. Die charakteristische *ménage à trois* aus Gamaytraube (die sonst nirgendwo diese Entwicklung zeigt), Granitgestein und *macération carbonique*, bei der die Trauben ungemahlen vergoren werden und die die meisten Winzer hier anwenden, ergibt lebhaft-fruchtige Weine mit kaum wahrnehmbarem Tannin. Früher war der Beaujolais ein schlichter Massenwein. Thomas Jeffersons Initialen zierten bereits seit 150 Jahren das Etikett von Château Lafite, als der Beaujolais immer noch wie Bier vom Fass gezapft und am Tresen aus dem Krug getrunken wurde. Erst in den 1950/60er Jahren fand der Beaujolais den Weg in die Flasche. Allerdings hatte der Wein, den man außerhalb Frankreichs unter diesem Namen erhielt, oft mehr Ähnlichkeit mit Weinen aus Nordafrika als mit jenen aus dem Süden Burgunds.

Retter in der Not war ein junger Winzer namens Georges Duboeuf aus der Region. In den 1960er Jahren gründete er eine Handelsfirma, die ausschließlich authentischen Beaujolais verkaufte. Die Art, wie er seine jungen, kirschfruchtigen Weine »verpackte« und vermarktete fand weltweit Beachtung. Duboeufs offenkundigster Beitrag war seine enthusiastische Verkaufsförderung, die den Absatz für Beaujolais Nouveau oder Beaujolais Primeur von knapp 2 Millionen Flaschen Ende der 1950er Jahre auf derzeit stolze 90 Millionen pro Jahr steigern half.

Weinsnobs rümpfen oft die Nase über den weltweit kopierten Beaujolais Nouveau. Sie finden den ganzen Wirbel, der Jahr für Jahr im November um den jungen Wein veranstaltet wird, völlig deplatziert. Aber sie irren. Diese Welle der Hysterie, die jedes Jahr

SANFT UND HÜGELIG
Der Charme des Beaujolais mit seiner sanften Hügellandschaft erhöht sich noch dadurch, dass hier hinter jeder Kurve ein hübsches Dorf mit einem Weingut auftauchen kann.

- AC Beaujolais, AC Beaujolais Primeur, AC Beaujolais Supérieur, AC Beaujolais (Ortsbezeichnung), AC Beaujolais-Villages
- Rot: Gamay
- Mundige, fruchtige Rotweine, die im Allgemeinen früh trinkreif sind
- Aucoeur, Paul Beaudet, Berrot, Pierre-Marie Chermette, André Colonge, Joseph Drouhin, Georges Duboeuf, Henry Fessy, Ch de Jacques, Jacky Janodet, Pardon et Fils, Frédéric Pérol, Dominique Piron, Jean-Charles Pivot, Ch de Pizay, Plateau de Bel-Air, des Terres Dorés, Michel Tête, Ch Thivin, Frédéric Trichard, Maison des Vignerons
- Hühnchen mit Bambussprossen
- 1998, 1997, 1996, 1995
- 1–3 Jahre, *Crus:* 2–8 Jahre

JEAN-PAUL BRUN
Heutzutage wird Beaujolais meistens leicht, fruchtig und süffig vinifiziert, aber Jean-Paul Brun macht noch eher traditionelle Weine.

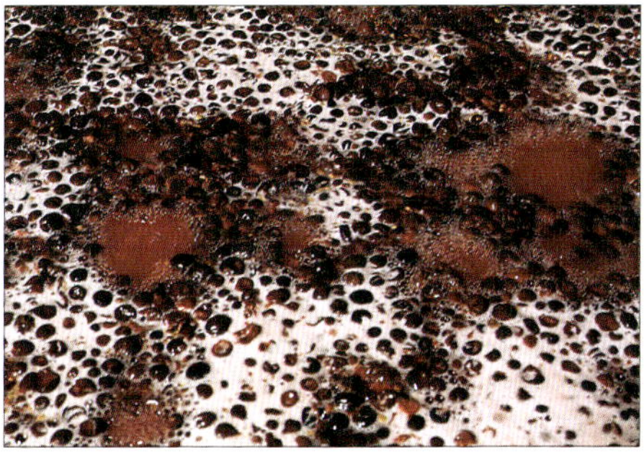

ES BRODELT UND SCHÄUMT
Im Beaujolais werden die Trauben ungemahlen vergoren, wobei sich köstliche, anderswo eher seltene Gamay-Aromen entwickeln.

auf der ganzen Welt die Weinlokale erfasst, hat mehr mit der Geschichte des Weins zu tun als ein Keller voller altehrwürdiger Bordeauxweine. Denn seit Jahrhunderten bereits, und ganz sicher auch schon vor der Erfindung des Korkens, begrüßte man allerorten die Ankunft der jungen roten Fassweine mit Begeisterung. Diese Popularität schlägt sich natürlich auch im Preis nieder. Doch nachdem der Beaujolais Nouveau heute in alle Welt exportiert und dort Mitte November ausgeschenkt wird, ist es kein Wunder, dass er meist in Eile gemacht wird. Sein Stil und sein meist unkritisch schneller Konsum ermöglichen es den Beaujolais-Winzern, sich mit seiner Hilfe ihrer weniger eindrucksvollen Produkte zu entledigen. Den einfachen Beaujolais aber, der das restliche Jahr über verkauft wird, gibt es in unterschiedlichster Qualität. Gute Einzelbetriebe und Händler wie Duboeuf und Loron machen ordentliche Weine; die im Supermarkt erhältlichen Weine unbekannter Erzeuger sind dagegen mit Vorsicht zu genießen. Ein Beaujolais Supérieur muss von vollreifem Lesegut gekeltert sein, doch gibt es nur zirka 13 Millionen – von insgesamt 175 Millionen – Flaschen, die auf diese *appellation* entfallen. Halten Sie sich also besser an die 38 Gemeinden, die ihren Wein als Beaujolais Villages oder auch als Beaujolais Villages mit Ortsangabe (z. B. Beaujolais Villages Lantignié oder Beaujolais Villages Blacé) verkaufen dürfen.

WAS GIBT'S NEUES?
Beaujolais Nouveau an sich ist nicht neu, leitet aber jedes Jahr die Verkostung des jüngsten Jahrgangs ein.

Wer feinere Gewächse bevorzugt, hat die Wahl zwischen 10 Beaujolais *crus:* Brouilly, Chénas, Chiroubles, Côte de Brouilly, Fleurie, Juliénas, Morgon, Moulin-à-Vent, Régnié und St-Amour. Beaujolais in Weiß oder Rosé ist rar geworden. Weißwein wird meist als St-Véran deklariert.

SO REIFT BEAUJOLAIS

Vielleicht werden Sie bei einem Besuch im Beaujolais das Glück haben, einen Erzeuger mit Ihren Weinkenntnissen so stark zu beeindrucken, dass er Ihnen auch einen älteren Beaujolais kredenzt und Sie dann fragt, auf welches Alter sie ihn schätzen. Nur keine Angst vor der Blamage! Selbst die erfahrensten Verkoster haben schon um Jahrzehnte daneben getippt. Im Grunde möchte der Winzer nur beweisen, dass ein guter Beaujolais, entgegen vorherrschender Meinung, auch reifen und erstaunlich lange in der Flasche überdauern kann. Ein guter Morgon oder ein Moulin-à-Vent *(S. 128)* kann mit der Zeit komplexe Aromen entfalten; andere Weine entwickeln sich meist zu ansprechenden, aber doch anonymen Rotweinen, die man leicht mit reifen, aber nicht besonders gelungenen roten Burgundern verwechseln kann. Zudem überlagert der volle Geschmack, der sich im Alter einstellt, den lebhaft-jugendlichen Charakter, der den Beaujolais so anziehend macht.

EIN LAGERFÄHIGER WEIN
Ein Morgon aus Villié Morgon ist einer der wenigen Beaujolais, der sich durch eine fünfjährige oder längere Lagerung verbessern kann.

BEAUNE

ALS HEIMLICHE HAUPTSTADT VON BURGUND und eine der bedeutendsten Weinmetropolen der Welt beherbergt Beaune viele namhafte Handelshäuser, darunter so berühmte wie Joseph Drouhin, Bouchard Père et Fils und Louis Jadot. Oftmals unterbewertet, kommen aus der *appellation* Beaune einige der feinsten Rotweine von ganz Burgund.

BOUCHARD PÈRE ET FILS
Der sehr poetische und dennoch zutreffende Name Vigne de l'Enfant Jésus bezeichnet ein kleines Areal im großen Rebberg Grèves am Westrand der Stadt, das einige der köstlichsten Weine der appellation *hervorbringt.*

AUS DEM HEISSLUFTBALLON, in dem man im Sommer über der Stadt schweben kann, hat man einen umwerfenden Blick auf das mittelalterliche Beaune. Von oben sieht man, dass sich das Bild der Stadt seit einigen hundert Jahren kaum verändert hat, auch wenn heute gleich hinter der alten Stadtmauer die Umgehungsstraße verläuft. Wer samstags durch die Straßen mit ihren Ständen voller Lebensmittel, Kleidung und allerlei anderer Produkte flaniert, erkennt, dass Beaune immer noch eine wichtige Marktstadt ist. Unter dem Straßenpflaster verzweigen sich die unterirdischen Stollen, die den Weinhändlern der Stadt traditionell als Lagerkeller dienen. Der Wein ist seit langem schon eine wichtige Einnahmequelle für die Händler von Beaune, die die Weine der Côte d'Or sowie anderer Anbaubereiche verkaufen. Heute ist lediglich das Angebot an lokalen Weinen größer, die von jenen Weinbergen stammen, die sich hufeisenförmig um die Stadt legen. Zwar gibt es hier keine *grands crus*, doch drei Viertel der Weinberge der *appellation* haben Premier-Cru-Status. Die besten Weine kommen von Les Avaux, Les Boucherottes, Les Bressandes, Les Cents Vignes, Clos du Roi, Le Clos des Mouches, les Epenottes, Les Grèves, Les Marconnets, Les Teurons und Les Vignes-Franches. Man findet hier nur noch wenige Einzelerzeuger, denn die meisten der besten Rebberge sind heute im Besitz großer Handelshäuser wie Drouhin, Jadot oder Bouchard Père et Fils. Da sie auch Weine anderer *appellations* verkaufen, tragen sie paradoxerweise selbst dazu bei, dass der Wein von Beaune allgemein unterschätzt wird. Eigentlich rund, weich und von Wildfrucht- und Blumenaromen geprägt, duften einige große alte Weine von Beaune heute nur noch nach verblühten Rosen. Ein Wein aus eigener Beaune-Lage ist meist das Feinste, was ein Weinhändler zu bieten hat. Einige, so die von Drouhins Clos des Mouches und die Vigne de l'Enfant Jésus von Bouchard Père et Fils, sind vortrefflich. Weißer Beaune ist rar, kann sich aber oft neben einem Chassagne-Montrachet (*S. 115*) sehen lassen.

VOLL IM GESCHÄFT
Wie Bouchard Père et Fils, Eigner dieses Château, beweisen viele Weinhändler ihr Talent als Erzeuger: Ihre besten Weine stammen oft vom eigenen Gut.

- AC Beaune, AC Beaune Premier Cru
- Rot/Rosé: Pinot Noir; Weiß: Chardonnay
- Süffige, zugängliche, delikate Rotweine; aromatische, duftige Weißweine.
- Robert Ampeau, Arnoux Père et Fils, Bitouzet-Prieur, Bouchard Père et Fils, Pascal Bouley, Champy, Ch de la Tour, Joseph Drouhin, Dubois, Génot-Boulanger, Germain (Ch de Chorey), Camille Giroud, Louis Jadot, Michel Lafarge, Daniel Largeot, Laurent, Maillard Père et Fils, Albert Morot, Mussy, Jacques Prieur, Rapet Père et Fils, Thomas-Moillard, Tollot-Beaut.
- *Millefeuille* mit Weinbergschnecken in Blätterteig und Steinpilzen
- 1996, 1995, 1993, 1990, 1988, 1985, 1978
- Rot: 3–12 Jahre

JOSEPH DROUHIN
Ein weiterer großartiger Wein, delikat und doch herrlich konzentriert-fruchtig. Dieser Clos des Mouches wird von dem Weinhändler Joseph Drouhin erzeugt.

HOSPICES DE BEAUNE

Alljährlicher Höhepunkt des internationalen Weinkalenders ist der dritte Sonntag im November, an dem in den Hospices de Beaune im Rahmen einer Benefizveranstaltung die weltweit größte Weinauktion stattfindet. 1443 ließ der Steuereinzieher Nicolas Rolin ein Hospital für die kostenlose ärztliche Behandlung der Armen von Beaune errichten, um sich so einen Platz im Himmel zu sichern. Damit sich das *Hôtel-Dieu* finanzieren konnte, schenkte er ihm Rebbesitz sowie Land in der Côte d'Or. Die Jahresproduktion beträgt 250 000 Flaschen; ihr Kauferlös dient nach wie vor karitativen Zwecken.

Seit 1859 wird dieser Wein bei einer jährlich stattfindenden Weinauktion verkauft. Von einem fest angestellten Kellermeister der Hospices hergestellt, wird er offen verkauft; der Käufer füllt ihn selbst ab. Es gibt 37 Cuvées, teils aus Einzellagen; für den Rest werden die Moste verschiedener Teilstücke einer *appellation* verschnitten. Ursprünglich erhielt jede Cuvée den Namen des Winzers, der die Trauben anlieferte, doch später dann den des Spenders. Die während der Auktion erzielten Preise dienen von jeher als Wertmaßstab für den ganzen Jahrgang, doch kommt es oft vor, dass das Publikum, allzu enthusiastisch, übertrieben hoch bietet. Die Weinbereitung in den Hospices erfordert viel Engagement und ist oft Gegenstand hitziger Kontroversen. Einmal passierte es beispielsweise, dass eine ganze *cuvée* aufgrund schlechter Fässer verdorben war. Seither werden nur noch neue Eichenfässer verwendet, was einem weniger extraktreichen Wein aber einen allzu intensiven Holzton verleihen kann.

FARBIGE ORNAMENTIK
Heute sind die Hospices de Beaune, bis 1971 ein Krankenhaus, eine Touristenattraktion.

Fast ebenso wichtig wie Lesegut und Weinbereitung ist aber das Ausbauverfahren. Bei einer Blindverkostung stellten die Prüfer fest, dass die Weine kaum Gemeinsamkeiten hatten. Zwar stammten sie alle aus ein und derselben *cuvée*, kamen aber von unterschiedlichen Abfüllern. Allen gemein ist jedoch der außerordentlich hohe Preis, der sich natürlich durch den guten Zweck rechtfertigt.

WIE HOCH BIETEN?
Die alljährliche Weinauktion in den Hospices de Beaune füllt ein ganzes Wochenende aus. Gäste aus aller Welt nehmen an den Verkostungen und Feierlichkeiten teil.

DIE CUVÉES

Rotwein

Auxey-Duresses Boillot
Beaune Brunet
Beaune Clos de la Roche Georges Kritter
Beaune Clos des Avaux
Beaune Cyrot-Chaudron
Beaune Dames Hospitalières
Beaune Guigone de Salins
Beaune Hugues et Louis Bétault
Beaune Maurice Drouhin
Beaune Nicolas Rolin
Beaune Rousseau-Deslandes
Clos de la Roche Cyrot-Chaudron
Corton Charlotte Dumay
Corton Docteur Peste
Mazis-Chambertin Madeleine Collignon
Monthélie Lebelin
Pernand-Vergelesses Rameau-Lamarosse
Pommard Billardet
Pommard Dames de la Charité
Pommard Raymond Cyrot
Pommard Suzanne Chaudron
Savigny-lès-Beaune Forneret
Savigny-lès-Beaune Fouquerand
Volnay Blondeau
Volnay Général Muteau
Volnay-Santenots Gauvain

Weißwein

Bâtard-Montrachet Dames de Flandres
Corton-Charlemagne François de Salins
Corton-Vergennes Paul Chanson
Meursault-Charmes Albert Grivault
Meursault-Charmes de Bahèzre de Lanley
Meursault-Genevrières Baudot
Meursault-Genevrières Philippe le Bon
Meursault Goureau
Meursault Humblot
Meursault Loppin
Pouilly-Fuissé Françoise Poisard

BOURGOGNE

IM UNTERSCHIED ZUM EINFACHEN BORDEAUX, den man praktisch in jedem Supermarkt findet, macht sich der einfache Bourgogne wesentlich rarer. Und da die Region nicht sehr groß und die Witterung unbeständig ist, kann es recht schwierig sein, gute und dennoch erschwingliche Burgunder ausfindig zu machen.

CÔTE CHALONNAISE
Die Reben dieses noch nicht so bekannten Anbaubereichs im Süden der bekannteren Côte d'Or liefern mit die besten roten und weißen Weine der einfachen appellation *Bourgogne.*

DAS PROBLEM MIT DEM BURGUNDER besteht darin, dass jemand, der weder in der Geographie bewandert ist noch die Adressen der besten Weingüter kennt, unmöglich wissen kann, was sich in einer verschlossenen Flasche an Stil und Qualität verbirgt. »Bourgogne« kann nämlich sowohl einen belanglosen Wein bezeichnen, den ein Händler aus Pinot Noir mehrerer durchschnittlicher Weinberge verschnitten hat, als auch einen vorzüglichen Tropfen, den ein regionaler Spitzenwinzer in winzigen Mengen erzeugt. Zusätzlich kompliziert wird dies noch dadurch, dass roter Burgunder in Weinführern oft als sortenreiner Pinot Noir ausgewiesen wird, doch findet man durchaus Flaschen, deren Etikett diese Rebsorte gar nicht nennt. Ja, man findet sogar Weine, die nicht aus Trauben gekeltert wurden, die auf »burgundischem« Boden gereift sind, sondern vielmehr aus Gamaytrauben aus einem Beaujolais *cru*-Anbaugebiet.

Die Trauben einfacher roter oder weißer Burgunder können aus jedem Rebgarten der *appellation* kommen. Am wenigsten verheißungsvoll, außer in den besten Jahren, sind die kühlen Hautes-Côtes de Nuits- und Hautes-Côtes de Beaune-Lagen, wo die Trauben oft nicht ausreifen können. In den flacheren Lagen der Côte d'Or reifen sie zwar besser, ergeben aber nur selten nennenswerte Weine. An der Côte d'Or und Côte Chalonnaise wachsen hingegen einige der besten so genannten einfachen Burgunder.

Roter Burgunder eines Spitzenerzeugers kann rund fünf Jahre im Keller reifen, die meisten anderen sind nach drei oder vier Jahren in Bestform. Bei längerer Lagerung intensiviert sich der animalische Charakter, und oft verschwinden die üppigen, lebhaften Himbeernoten, die den Reiz des jugendlichen Pinot Noir ausmachen. Bei den weißen Burgundern können sich nur die allerbesten noch drei oder vier Jahre weiterentwickeln.

- AC Bourgogne
- Rot: Pinot Noir; Weiß: Chardonnay, Pinot Beurot, Pinot Blanc, Sacy
- Leichte bis mittlere Rotweine; trockene Weißweine, eventuell holzgereift
- Bertrand Amboise, Bertagna, Boisset, Bouchard Père et Fils, Alain Burguet, Cave de Vignerons de Buxy, La Chablisienne, Henri Clerc, Joseph Drouhin, Camille Giroud, Les Vignerons d'Igé, Louis Jadot, Patrick Javiller, Pierre Labet, Olivier Leflaive, Cave de Lugny, Ch de Meursault, Pierre Morey, Antonin Rodet, Tollot-Beaut, Henry de Vézelay
- Rot: Weinbergschnecken mit Knoblauchbutter
- Rot: 1998, 1997, 1996, 1995
- Rot: 3–4 Jahre; Weiß: 2–3 Jahre

BUXY
Das Städtchen im Süden der Region produziert verlässliche rote und weiße Burgunder.

LES VIGNERONS D'IGE
Einfache Burgunder, die man im Supermarkt findet, stammen oft von einer coopérative.

Andere Stile in Burgund

So unverhüllt schlichte Weinbezeichnungen wie Bourgogne Ordinaire und Grand Ordinaire sind durchaus zutreffend: Diese Weine, außerhalb der Region sowieso kaum zu finden, sollten gemieden werden. Die Roten werden vorwiegend von Gamay oder Pinot geringerer Güte vinifiziert, die faden weißen Verschnittweine bestehen aus minderwertigem Chardonnay und Aligoté mit etwas Melon de Bourgogne. Unter den selteneren Bezeichnungen Bourgogne Clairet und Bourgogne Clairet Grand Ordinaire verbergen sich blasse Rotweine, die man außerhalb der Region ebenfalls kaum findet. Weitaus interessanter sind regionale Appellationen wie Bourgogne Moutrecul aus der Côte d'Or und dem Yonne.

Empfehlenswerte Burgunder aus der Nähe von Chablis sind der rote Bourgogne Irancy, die Rosés Bourgogne Epineuil, Bourgogne Côtes d'Auxerre und Bourgogne Coulanges-la-Vineuse. In der letztgenannten Region sowie in Bourgogne Chitry, Bourgogne Côtes d'Auxerre, Bourgogne-St-Bris und Bourgogne Vézelay wird Pinot Noir oft mit lokalen Trauben wie César, Romain oder Gros Monsieur verschnitten.

Irancy Village
Aus dieser kleinen, unbekannteren commune im Norden von Burgund kommen gute, fruchtige Rotweine mit Himbeeraroma.

Brouilly und Côte de Brouilly

Diese Beaujolais *crus* werden selten sofort als solche erkannt. Während die anderen *crus* ihren Wein nur von der Sorte Gamay vinifizieren dürfen, sind in Brouilly und in der Côte de Brouilly auch andere Sorten zulässig. In Brouilly dürfen Aligoté, Melon de Bourgogne und Chardonnay verarbeitet werden, in der Côte de Brouilly sind Pinot Noir und Pinot Gris erlaubt. In der Côte de Brouilly wachsen die Reben an Granit- und Schieferhängen auf dem Mont Brouilly; in Brouilly liegen die Pflanzungen in den vorgelagerten Hügeln. So sind die Weine aus der Côte de Brouilly, im Vergleich zum Brouilly, nicht nur konzentrierter und strukturierter im Geschmack, sondern auch langlebiger. Aber auch ein guter Brouilly kann sich noch einige Jahre weiterentwickeln.

Château Thivin
Château Thivin macht einige der komplexesten Weine in der Côte de Brouilly.

Mont de Brouilly
Auf diesem Hügel wachsen die besten Weine der Côte de Brouilly. Brouilly hingegen stammt von den Reben im flacheren Land.

- AC Brouilly, AC Côte de Brouilly
- Rot: Gamay
- Körperreiche, fruchtige, füllige Rote
- *Brouilly:* Henry Fessy, Lafond, Laurent Martray, Plateau de Bel-Air, Jean-Paul Ruet, Thorin, Ch de Tours. *Côte de Brouilly:* Jacques Depagneux, Georges Duboeuf, Ch du Grand Vernay, J C Pivot, Ch Thivin, la Voute des Crozes
- Blutwurst
- 1997, 1996, 1995, 1994
- 5–8 Jahre

CHABLIS

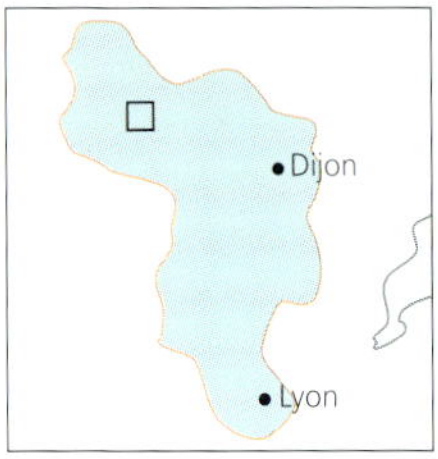

DIE *APPELLATION* CHABLIS ist Teil einer Wein-Enklave im Norden von Burgund. Ihre klassisch trockenen Chardonnay-Weißweine sind weltberühmt. In dieser kühlen Region, nur 100 km von Paris entfernt, kann der Frost einen ganzen Jahrgang zerstören. Doch bei günstiger Witterung wachsen hier Weine von einzigartiger Frische und Komplexität.

GEHT MAN DAVON AUS, dass Kopieren und Nachahmen ein Zeichen der Bewunderung ist, so gehört der Chablis zu den meistbewunderten Weinen der Welt. Schon im 19. Jh. machten sich ansässige Weinfälscher das Ansehen der Stadt zunutze, um unter ihrem Namen Weine aus dem angrenzenden Departement Yonne, das damals mehr als 50 000 ha Rebfläche besaß, zu verkaufen. In jüngerer Zeit entstehen auch in der Neuen Welt, im Staat New York, Kalifornien und Hunter Valley in Australien, Weine unter der Bezeichnung Chablis, wobei sich die Kopie allerdings auf den Namen beschränkt. Was diese Weine wiederum miteinander verbindet, ist der Umstand, dass nicht einer von ihnen auch nur im Entferntesten so schmeckt wie ein Burgunder aus der Umgebung des verschlafenen Städtchens Chablis.

Obwohl sie ihren Ruf als Heimat großartiger Weißweine vollauf rechtfertigt, sind die Bedingungen der 3000 ha großen *appellation* Chablis nicht die günstigsten. Offiziell gehört Chablis zur Provinz Burgund, aber die kühle, unbeständige Witterung in diesem nördlichen Teil Burgunds erinnert eher an die geographischen und klimatischen Verhältnisse der Champagne *(S. 142)*, die knapp 50 km weiter nordöstlich beginnt. Eine konstante Gefahr ist der Frost, dessen zerstörerische Gewalt einen Weinberg vernichten kann. Ein alter Winzer erzählte mir, dass die Hänge, die heute einige der besten *grands crus* der *appellation* hervorbringen, in seiner Kindheit als Rodelbahn benutzt wurden. Inzwischen werden die Reben mit Hilfe von Windmühlen, Sprinklern und Ölöfen, die an jedem Ende einer Pflanzreihe aufgestellt werden, vor Frost geschützt. Aber wenn es hart auf hart kommt, nützen diese Maßnahmen gar nichts. Trotz all dieser Probleme führte der Boom, den der weiße Burgunder in den 1970er und 1980er Jahren international verzeichnen konnte, zur Lockerung der Appellationsbestimmungen. Der Rebbesitz wurde um mehrere stillgelegte Bereiche

NATÜRLICHE AUSWAHL
Der kleine Anbaubereich Chablis weit oben im Norden des Kernbereichs von Burgund bildete einst das Zentrum einer weitläufigen Weinregion, die den größten Teil des Departements Yonne umfasste.

- AC Petit Chablis, AC Chablis, AC Chablis Premier Cru, AC Chablis Grand Cru
- Weiß: Chardonnay
- Trockene Weiße; *grands crus* z. T. im Holz ausgebaut
- Christian Adine, Barat, Billaud-Simon, Pascal Bouchard, Jean-Marc Brocard, La Chablisienne, Jean Collet, Jean Dauvissat, René et Vincent Dauvissat, Defaix, J-P Droin, Joseph Drouhin, Duplessis, Jean Durup, Corinne et Jean-Pierre Grossot, Laroche, Long-Depaquit, de la Maladière, des Maronniers, Louis Michel, Sylvain Mosnier, Gilbert Picq, Pinson, Raveneau, Simmonet-Fèbvre, Verget, Vocoret
- Lachs, gegrillt mit Zitrone, Petersile und Fenchel
- 1997, 1996, 1995, 1994, 1990
- Village-Weine: 2–5 Jahre
  Premier cru- Weine: 4–8 Jahre
  Grand cru-Weine: 6–12 Jahre

DOMAINE LONG-DEPAQUIT
Mit Hilfe moderner Technik entstehen hier exzellente Weine; dieser z. B. stammt von der Premier-Cru-Lage Les Vaucopins.

DOMAINE FRANÇOIS RAVENEAU
Die Weine dieses berühmtesten Weinguts von Chablis zählen zu den feinsten und langlebigsten Weinen der Appellation.

DOMAINE SIMONNET
Der alteingesessene Weinhändler Simonnet-Fèbvre kauft Moste anderer Winzer auf, hat aber auch eigenen Rebbesitz in Chablis.

erweitert. Weine, die bislang nur als Chablis eines bestimmten Ortes deklariert worden waren, erhielten Premier-Cru-Status, und andere Chablis durften den Zusatzvermerk »Petit«, der die unterste Stufe der *appellation* kennzeichnet, vom Etikett entfernen.

Diese Expansion sorgte für Aufruhr im sonst so friedlichen Chablis. Traditionalisten behaupten, der hinzugekommene Boden produziere nicht die mineralische Feuersteinnote, die einen guten Chablis auszeichnet. Diese Puristen argumentieren, der spezielle Chablis-Charakter sei auf Lehmschichten einer bestimmten Art von Kalkformation der Unterböden zurückzuführen, die die besten Weinberglagen der *appellation* kennzeichnet. Der größte Teil der Rebgärten liegt jedoch auf Sand, Lehm- und Geröllschichten, die diesen Lehmschichten zwar ähneln, aber nicht mit ihnen identisch sind. Das alte Reglement trug dieser Tatsache Rechnung, indem es diese Abschnitte, sofern sie in die *appellation* aufgenommen wurden, zu Petit Chablis herunterstufte. Derzeit kommt ein Chablis oft als geschmacksarmer weißer Burgunder daher; eine Tendenz, die durch das neue Reglement verstärkt wird. Hinzu kommt der kommerzielle Druck, der sich in mächtigen, buttrigen Weinen manifestiert, die mit dem traditionellen, stahligen Chablis wenig zu tun haben. Gehen Sie also sehr planmäßig vor, wenn Sie Chablis kaufen. Zu empfehlen sind die geschmacksintensiven Weine der sieben *grands crus* in Süd- und Westexposition und die stilvollen, aber etwas unbeständigeren Weine der zahlreicheren *premiers crus*. Der Name des Weinguts ist wichtig: Die besten Produzenten finden Sie auf der linken Seite *(S. 112 unten)*. Jede *grand cru*-Lage produziert einen Wein mit individuellem Charakter, doch sie alle müssen einige Jahre liegen. Nur so können sie ihren vollen, trockenen Geschmack entwickeln, jene buttrigen, nussigen und mineralischen Noten, die den Chablis vor allen Chardonnays der Welt auszeichnen.

LES PREUSES
An diesem steilen Hang, als premier cru *klassifiziert, wachsen einige der körperreichsten Chablis.*

DAS LEBEN, EIN RUHIGER FLUSS
Träge fließt der Serein, ein Zufluss der größeren Yonne, durch das verschlafene Städtchen Chablis.

Und noch ein Thema erhitzt die Gemüter in den Weinlokalen von Chablis: Soll der Wein in frischem Eichenholz vergoren und ausgebaut werden? Befürworter argumentieren, dass die Weinkonsumenten heute wenigstens einen Hauch der Vanille vom Holz im Burgunder erwarten. Aber nicht alle denken so. Die Gegner befürchten, dem Wein werde durch die lange Verweildauer im Eichenholzfass der einzigartig stahlige Charakter geraubt, was ihn auf die Rolle des armen Verwandten des Meursault *(S. 125)* reduzieren würde. Hätte ich die Wahl zwischen einem ungeholzten Wein von einem guten Winzer wie Laroche und einem übermäßig geholzten Wein von geringerer Güte, der kaum noch als Chablis zu erkennen ist, würde ich mich für den ungeholzten Wein entscheiden. Aber sobald man mir dann ein Glas mit dem butterzarten, holzgereiften Grand-Cru-Chablis eines Produzenten wie Jean-Paul Droin in die Hand drückt, sind meine Vorbehalte gegen das Holz im Nu vergessen!

DER VAUDEVEY
Zusammen mit sechs weiteren Abschnitten wurde der Vaudevey (Vau de Vey) 1986 zum premier cru *befördert, was er dem seit einiger Zeit gelockerten Reglement zu verdanken hat.*

Chambolle-Musigny

Chambolle-Musigny mit dem Nachbarbereich Vougeot war eine der ersten Gegenden der Côte de Nuits, in der Reben gepflanzt wurden. Die Finesse dieser oft als »feminin« beschriebenen Weine paart sich mit einer köstlich aromatischen Tiefe, wobei die Kombination dieser Eigenschaften einen der prächtigsten, samtigsten Weine von Burgund ergibt.

Château de Chambolle-Musigny
Jacques-Frédéric Mugnier macht wundervoll aromatische Weine in der AC Musigny Grand Cru.

Die Weine der *commune* Chambolle-Musigny mit ihren beiden *grands crus* Musigny und Bonnes Mares unterscheiden sich, ebenso wie die der Appellationen Chambolle-Musigny und Chambolle-Musigny Premier Cru, seit eh und je von den anderen Weinen der Côte de Nuits. Der Weinkenner Dr. Lavalle bezeichnete sie im 19. Jh. als die »delikatesten Weine der Côte de Nuits«. Eine der möglichen Erklärungen für die Finesse des Chambol ist der hohe Kalksteinanteil im Boden, andere Erklärungen beziehen sich darauf, dass die Rotweine hier traditionell aus zwei Sorten verschnitten werden, nämlich, ursprünglich, aus Pinot Blanc, die anderswo zu Weißwein verarbeitet wird, und aus der berühmteren dunklen Pinot Noir, die hier traditionell für Rotweine verwendet wird. Heute wird statt Pinot Blanc jedoch meist die Sorte Pinot Gris mit, wie eh und je, Pinot Noir verschnitten.

AC Chambolle-Musigny
Obwohl sie im Stil einfacher sind und nicht das Alterungspotenzial eines Musigny Grand Cru besitzen, sind viele Village-Weine beispielhaft für wunderbare, rote Burgunder, so z. B. auch dieser Château de Chambolle-Musigny.

Trotz der starken Präsenz der Rebsorte Pinot Gris, stammt der einzige weiße Chambolle-Musigny, der in dieser *appellation* vinifiziert wird, von den Chardonnayreben aus dem *grand cru* Musigny. Dieser teure Musigny Blanc wird Jahr für Jahr nur in kleinsten Mengen erzeugt und zwar ausschließlich von der Domaine Comte Georges de Vogué.

Früher hatten die Erzeuger in Chambolle-Musigny die ärgerliche Angewohnheit, »delikat« mit »wässrig« gleichzusetzen. Der Beweis dafür aber, dass eine ganze *appellation* die Qualität ihrer Weine zu verbessern vermag, wurde zu Beginn der 1990er Jahre erbracht, als die Winzer strengere Gütekriterien für Weine festlegten, die unter dem Etikett Chambolle-Musigny erscheinen. Diese Qualitätsverbesserungen zeigen sich in Weinen von konstanter Güte, die sowohl Finesse als auch Substanz und einen langen aromatischen Nachhall aufweisen. Neben Musigny und Bonnes Mares Grands Crus gibt es auch wunderschöne *premiers crus*, die oftmals sogar einem *grand cru* ebenbürtig sind, so beispielsweise der *premier cru* Les Amoureuses.

Ländliche Idylle
In gebührender Entfernung zur route nationale befindet sich das Dorf Chambolle-Musigny, eines der ruhigsten und reizvollsten Orte der Côte d'Or.

- AC Chambolle-Musigny, AC Chambolle-Musigny Premier Cru, AC Bonnes Mares Grand Cru, AC Musigny Grand Cru
- Rot: Pinot Noir
  Weiß: Chardonnay
- Elegante, langlebige, seidige, feine Rotweine
- Barthod-Noëllat, Bertagna, Ch de Chambolle-Musigny, Bruno Clair, Confuron-Cotetidot, Joseph Drouhin, Faiveley, Geantet-Pansiot, Robert Groffier, Anne und François Gros, Hudelot-Noëllat, Louis Jadot, Dominique Laurent, Philippe Lecheneault, Leroy, Hubert Lignier, Denis Mortet, Mugneret-Gibourg, Henri-Perrot-Minot, Georges Roumier, Bernard Serveau, de Vogue
- Spanferkel
- 1996, 1995, 1993, 1990, 1988, 1985
- Rot: 5–20 Jahre

CHASSAGNE-MONTRACHET

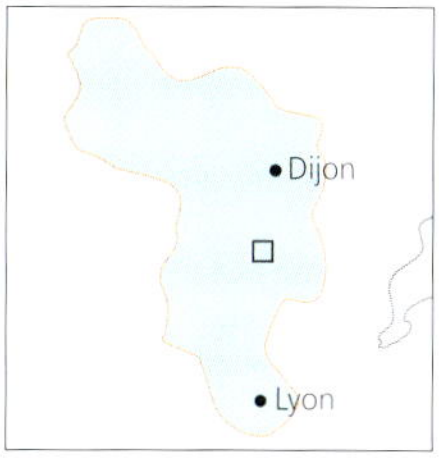

CHASSAGNE-MONTRACHET PRODUZIERT mit die feinsten Weißweine der Welt, doch hat diese *appellation* auch eine Rotweintradition. 1985 stellten rote Trauben noch mehr als die Hälfte des Leseguts, obwohl der weiße Chassagne bereits Weltruf genoss. Aufgrund der internationalen Popularität von Chardonnay stieg der Weißweinanteil bis 1997 auf 60 %.

ERTRAGREICHE WEINBERGE
Die Winzer von Chassagne-Montrachet leben oft mitten im Weinberg. Ihre Chardonnaytrauben, die z.T. in winzigen Parzellen heranreifen, lassen sich mühelos verkaufen.

ES IST NOCH NICHT LANGE HER, dass Chassagne-Montrachet vorwiegend Rotwein produzierte. Traditionsgemäß wurden die ärmeren Böden mit Gamay und die reicheren mit Pinot Noir bestockt. Einer der wenigen traditionellen Weißweinbereiche in Chassagne-Montrachet bildet hingegen der Abschnitt Montrachet Grand Cru, der in die benachbarte *commune* Puligny-Montrachet *(S. 133)* hineinreicht und zusammen mit den angrenzenden *grands crus* Bâtard-Montrachet (gemeinsam mit Puligny) und Criots-Bâtard-Montrachet weltweit als eines der schönsten Weißweingebiete gilt. Zu den besten *premiers crus* zählen Morgeot, Chenevottes, Ruchottes, En Maltroye und En Cailleret. Die Weine von Chassagne sind im Vergleich mit ihren Verwandten in Puligny im Allgemeinen voller und mineralischer im Charakter, und viele von ihnen entfalten, wenn man sie 10 Jahre ruhen lässt, faszinierende Geschmacksaromen.

Trotz seiner erfolgreichen Weißweine wird in Chassagne auch den Rotweinen die Treue gehalten. Allein schon deshalb, weil der Kalk-und Mergelboden, der an den Boden der Côte de Nuits erinnert, besser für Pinot Noir als für die zunehmend populäre Chardonnay geeignet ist. Leider ähneln die roten Chassigny aber eher einem einfachen, frischen Santenay aus dem Südwesten Frankreichs *(S. 136)* als einem feinen Volnay *(S. 137)* oder einem Beaune *(S. 108)*. Absatzprobleme haben die hiesigen Winzer trotzdem nicht mit diesem Wein, den sie ihren Kunden, die nach den weltberühmten Weißen Ausschau halten, einfach aufschwatzen.

GAGNARD-DELAGRANGE
Diese sublimen Weine werden aus dem Lesegut eines unbekannteren premier cru *in Chassagne vinifiziert.*

- AC Chassagne-Montrachet, AC Chassagne-Montrachet Premier Cru, AC Criots-Bâtard Grand Cru, AC Montrachet Grand Cru, AC Bâtard-Montrachet Grand Cru
- Rot: Pinot Noir
  Weiß: Chardonnay
- Körperreiche, fruchtige Rote; würzige, intensive Weiße
- Guy Amiot, Bernard, Chartron et Trebuchet, Marc Colin, Michel Colin-Deléger, Delagrange-Bachelet, Joseph Drouhin (de Laguiche), Henri Germain, Louis Jadot, Louis Latour, Olivier Leflaive Frères, Maltroye, Michel Niellon, Ch de Puligny Montrachet, Ramonet, rodet, Roux, Verget
- Gebratene Forelle
- 1997, 1996, 1995, 1992, 1990, 1989, 1988, 1986, 1985
- Rot: 3–10 Jahre
  Weiß: 3–20 Jahre

DOMAINE RAMONET
Mit seinen Weinen aus premiers crus- *und Montrachet Grand-Cru-Lagen ist André Ramonet einer der besten Winzer der Region.*

Chénas

Chénas, kleinster der Beaujolais *crus*, steht mit seinen flachen, silthaltigen Böden rangmäßig hinter den bekannteren *crus villages* wie St-Amour *(S. 134)*, Morgon *(S. 128)* und Fleurie *(S. 119)*. Es scheint, als sei Chénas bei der Aufteilung der Appellationen zu kurz gekommen. Der beste Chénas, von den Granithängen im Westen der *appellation*, hat einen mittleren Körper und eine Spur Eichenholz. 45 % der Gesamtproduktion entfällt auf die Genossenschaft Château Chénas, deren mittelalterliche Weinkeller den Besuch lohnen.

- AC Chénas
- Rot: Gamay
- Mittelgewichtige, seidige, fruchtige Rotweine
- Louis Champagnon, Château de Chénas, Georges Duboeuf, Hubert Lapierre, Bernard Santé
- Hühnchen, mit Trüffeln geschmort
- 1997, 1996, 1995, 1994
- Rot: 3–5 Jahre

Château de Chénas
Das Château gehört zu den besten coopératives Frankreichs und produziert fast die Hälfte aller Weine von Chénas.

Chiroubles

Diese commune steht im Rufe, den duftigsten aller Beaujolais *crus* hervorzubringen. Sie befindet sich in höchster Lage, in einer Art natürlichem Amphitheater, 400 m über der Ebene des Beaujolais. Die leichten, dünnen Böden aus Sand und Granit verleihen dem Wein einen feinen Veilchencharakter, für Kenner unabdingbares Merkmal eines Beaujolais. Diese erfrischenden, fruchtigen Weine werden jung getrunken und sind köstlich zur *charcuterie* unterschiedlichster Art, von *andouillettes* bis *saucisson*.

- AC Chiroubles
- Gamay
- Elegante, leichte, erfrischende Rotweine
- Émile Cheysson, Georges Duboeuf, Hubert Lapierre, Alain Passot, Ch de Raousset
- *Andouillettes* mit Senf
- 1997, 1996, 1995, 1994
- 2–4 Jahre

Château de Raousset
Der leichte, duftige Chiroubles ist jung ein Genuss; ein guter wie dieser wird im Alter oft noch besser.

Chorey-lès-Beaune

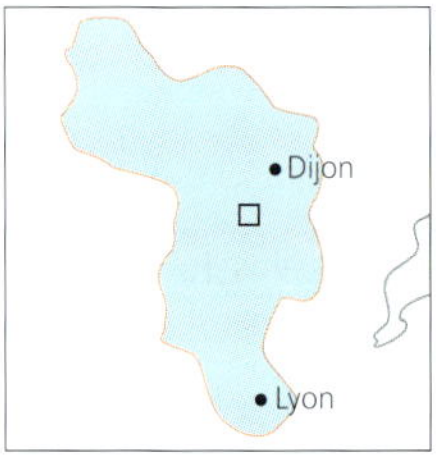

Das Dorf Chorey-lès-Beaune liegt in einer Ebene nördlich der Stadt Beaune. Die Weinberge säumen die Nationalstraße 74 und grenzen im Westen an Savigny-lès-Beaune *(S. 136)* und im Norden an Aloxe-Corton *(S. 104)*. Die besten Choreys mit fruchtigen, marmeladigen Erdbeernoten stehen den Rotweinen von Beaune *(S. 108)* und Savigny-lès-Beaune näher als den harten, tanninreichen Weinen von Aloxe-Corton. Am besten schmecken diese fruchtig-samtigen Weine im Alter von drei Jahren. Früher wurden die Weine von Chorey-lès-Beaune in der einfachen *appellation contrôlée* Côte de Beaune-Villages verkauft. Doch die Erfolge lokaler Produzenten wie z. B. Château de Chorey haben dazu geführt, dass Winzer und *négociants* heute den Namen des Dorfes auf ihre Etiketten schreiben.

Tollot-Beaut
Diese vollen Weine mit Holzton von Tollot-Beaut sind ebenso fein wie die teureren Weine im angrenzenden Beaune.

Château de Chorey
Das zu Château de Savigny gehörende Château de Chorey bietet seinen Gästen außer gutem Wein auch Übernachtungsmöglichkeiten.

- AC Chorey-lès-Beaune, AC Côte de Beaune-Villages
- Rot: Pinot Noir
- Fruchtige, seidige, wuchtige, früh trinkreife Rotweine
- Charles Allexant, Arnoux Père et Fils, Ch de Chorey (François Germain), Doudet Naudin, Joseph Drouhin, Drouhin-Laroze, François Gay, Guyon, Daniel Largeot, Maillard Père et Fils, Tollot-Beaut
- Schinken-Petersilien-Terrine
- 1996, 1995, 1993
- Rot: 2–5 Jahre

Clos de Vougeot und Vougeot

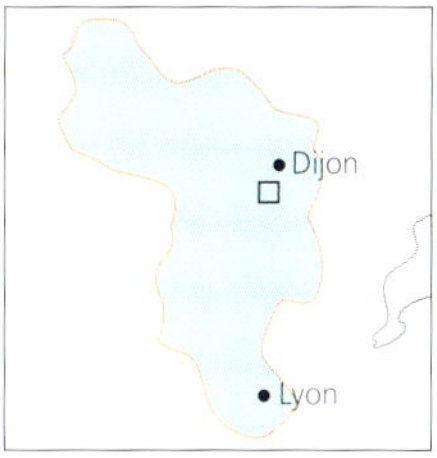

Seit dem 12. Jh., als Zisterzienser hier die ersten Reben pflanzten, hat sich Clos de Vougeot zum größten und wohl auch berühmtesten *grand cru* von Burgund entwickelt. Der umfriedete Weinberg ist ein einzigartiges Dokument regionaler Weinbaugeschichte mit all ihren Wechselfällen, vor allem seit den Tagen der Französischen Revolution (1789).

Château du Clos de Vougeot
Wie ein Schiff liegt das ehemalige Kloster, eine der Touristenattraktionen von Burgund, in einem Meer von Reben. Es birgt mittelalterliche Holzpressen und einen Saal für festliche Bankette.

Im 12. Jh. pflanzten die Zisterzienser die ersten Reben auf den Hängen nahe ihrem Kloster. Im 14. Jh. erreichte der Rebbesitz durch weitere Landschenkungen seine heutige Fläche von 50 ha und wurde mit einer Mauer umfriedet. Zweihundert Jahre später, nach Ausbruch der Revolution von 1789, wurden die Rebflächen unter sechs verschiedenen Handelshäusern aufgeteilt und in den folgenden Jahren weiter zerstückelt. Heute teilen sich über 80 Einzelbesitzer den Weinberg.Diese Aufsplitterung bringt mehrere Probleme mit sich, da auch die Zusammensetzung des Bodens hier sehr uneinheitlich ist. Die Parzellen im oberen Bereich des *clos* sind von feinerer Qualität als die mittleren Abschnitte, die wiederum besser sind als die oft durchnässten Lehmböden im unteren Bereich. Die Mönche lösten dieses Problem, indem sie die Trauben von jedem Abschnitt separat vinifizierten, abfüllten und auszeichneten. Heute aber hat jede Flasche Clos de Vougeot Anspruch auf den Grand-Cru-Status. Auch die minimale Größe der Parzellen ist problematisch. Hochgerechnet produziert jeder Eigentümer knapp 200 Kisten Wein pro Jahr, doch ein Drittel dieser Winzer tatsächlich weniger als 75 Kisten. Ohne technische Anlagen, die speziell für eine solche »Mikrovinifikation« konzipiert sind, ist das Mahlen, Pressen und Gären derart kleiner Mengen sehr mühsam. Beide Punkte sollte jeder bedenken, der von einem dieser Weine enttäuscht ist. Das Château ist zudem Sitz der 1934 gegründeten Bruderschaft *Confrérie des Chevaliers du Tastevin*, die hier ihre festlichen Bankette und alljährlichen Verkostungsveranstaltungen abhält.

Jenseits des *clos* liegen weitere 12 ha Rebland. Von dort kommen 70 000 Flaschen Rotwein pro Jahr und 10 000 Flaschen weißer Vougeot und Vougeot Premier Cru, wobei diese raren Weine oft besser abschneiden als die Weine von Clos de Vougeot.

Jaffelin
Wie viele andere namhafte Handelshäuser von Burgund hat die Firma Jaffelin auch Rebbesitz, u. a. im Clos de Vougeot.

- AC Clos de Vougeot Grand Cru, AC Vougeot Premier Cru, AC Vougeot
- Rot: Pinot Noir
- Wuchtig würzige Rotweine mit Anklängen an rote Sommerfrüchte, Schokolade, Lakritz
- Amiot-Servelle, Robert Arnoux, Bertagna, Bouchard Père et Fils, Champy, Chanson Père et Fils, Jean-Jacques Confuron, Joseph Drouhin-Laroze, René Engel, Faveley, Genot-Boulanger, Anne et François Gros, Jean Grivot, Louis Jadot, Jaffelin, Méo-Camuzet, Leroy, Denis Mortet, Mugneret-Gibourg, Jacques Prieur, Prieuré Roche, Raphet, Henri Rebourseau, Daniel Rion, Ch de la Tour
- Ochsenschwanzsuppe mit Rotwein
- 1996, 1995, 1993, 1990, 1985
- 10–15 Jahre

Georges Mugneret
Die talentierte Familie Mugneret ist für guten Clos de Vougeot berühmt. Und wie andere lokale Winzer auch, bevorzugt Georges Mugneret die appellation *Clos-Vougeot.*

CÔTE DE BEAUNE UND CÔTE DE BEAUNE-VILLAGES

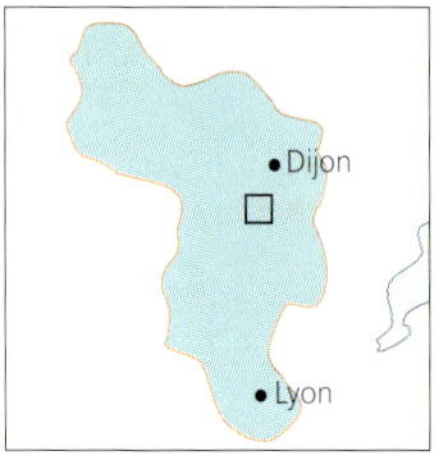

TROTZ ÄHNLICHER NAMEN handelt es sich hier um zwei eigenständige *appellations*, wenn sich die Côte de Beaune auch auf ein winziges Fleckchen vor der gleichnamigen Stadt beschränkt. Für Verwirrung sorgt nicht selten, dass die Côte de Beaune-Villages allgemein als südliches Pendant der Côte de Nuits-Villages *(s. u.)* gilt, obwohl beide *appellations* völlig unterschiedliche Weine produzieren. Die *appellation* Côte de Nuits-Villages beschränkt sich auf ein sehr kleines Areal; die meisten anderen Rotweine in diesem Abschnitt der Côte de Beaune dürfen außer in der eigenen *appellation* auch in Côte de Beaune-Villages verkauft werden. So etikettieren die *appellations* St-Romain *(S. 135)*, Chorey-lès-Beaune *(S. 116)*, Pernand-Vergelesses *(S. 130)* und Auxey-Duresses *(S. 105)* ihre nicht so guten Weine häufig als Côte de Beaune-Villages.

BOUCHARD PÈRE ET FILS
Dieses alte Handelshaus ist auf Côte de Beaune-Villages spezialisiert.

ST-ROMAIN
Der inmitten der Hügel liegende Ort St-Romain macht Wein in der eigenen appellation *und in der* appellation *Côte de Beaune-Villages.*

- AC Côte de Beaune, AC Côte de Beaune-Villages
- Rot: Pinot Noir
- Seidige, fruchtige Rotweine
- *Côte de Beaune:* Jean Allexant, Cauvard, Joseph Drouhin *Côte de Beaune-Villages:* Bernard Bachelet, Bouchard Père et Fils, Maurice Chenu, Coron Père et Fils, Edouard Delaunay, Jaffelin, Lequin-Roussot, Naigeon-Chauveau
- Weinbergschnecken nach Art von Beaune, mit Knoblauch-Petersilien-Butter
- 1996, 1995
- 2–5 Jahre

CÔTE DE NUITS-VILLAGES

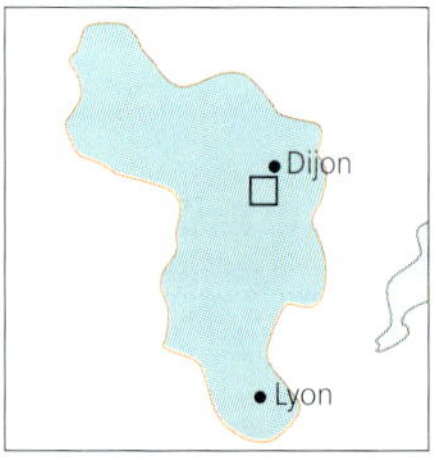

DIE STEILABBRÜCHE IN BURGUND werden seit jeher mit guten Weinen assoziiert. Ein Wein, dessen Ursprung in »Perrière« liegt, wächst mit Sicherheit über einem ehemaligen Steinbruch. Die Dörfer Prissey, Comblanchien und Corogoloin, deren Kalksteinbrüche den kaffeebraunen Marmor für den Flughafen Orly lieferten, sind als Anbaugebiete für feine Weine geradezu prädestiniert. Aber um eigenständige Appellationen zu bilden, sind sie zu klein. So verwenden sie den Namen Côte de Nuits-Villages, den auch einige Weine von Fixin *(S. 119)* und Brochon im Norden der Côte de Nuits-Villages tragen. Obwohl es zulässig ist, Weine der beiden Randzonen der Côte de Nuits-Villages zu verschneiden, wird dies kaum gemacht, ebenso wie Weißwein, obwohl es gesetzlich möglich wäre.

JAYER-GILES
Eine der wenigen Domänen, die den Namen Côte de Nuits-Villages ernst nimmt und langlebige Weine erzeugt.

HOLZFASSAUSBAU
Rot- und Weißweine werden hier im Fass ausgebaut. Doch nur wenige verfügen über genügend Fülle und Komplexität, um einen höheren Anteil an Geschmacksnoten von frischem Eichenholz zu vertragen.

- AC Côte de Nuits-Villages
- Rot: Pinot Noir Weiß: Chardonnay (sehr wenig)
- Fruchtige, mittelschwere bis körperreiche Rotweine
- De l'Arlot, Daniel Chopin-Groffier, Jean-Jacques Confuron, Maison Joseph Drouhin, Michel Esmonin, Fougeray de Beauclair, Louis Jadot, Jayer-Giles, Henri Naudin-Ferrand, de la Paulette, Quillardet
- Ente mit Lorbeerblättern und Kirschen
- Rot: 1996, 1995, 1993
- Rot: 3–6 Jahre

FIXIN

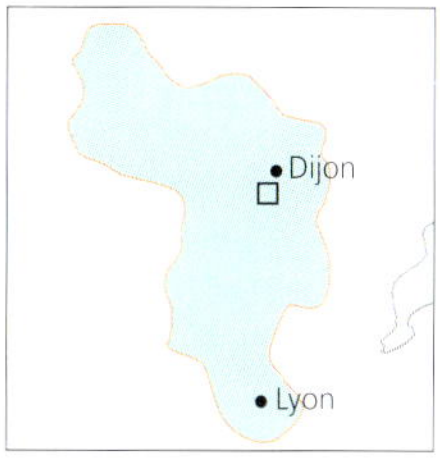

AUF DEN ERSTEN BLICK WIRKEN DIE WEINBERGE rund um das Dorf Fixin wie die nördliche Verlängerung von Gevrey-Chambertin (*S. 120*), in dessen nächster Nähe sich auch deren besten *premiers crus* befinden. Doch das Mikroklima ist hier anders, was den Reifeprozess der Trauben um mehr als eine Woche verzögert. Auch der Boden ist nicht identisch; in Fixin haben die Flachlagen, in denen die Village-Weine reifen, einen höheren Tonanteil. So entstehen hier eher rustikale, tanninreiche Weine, die Jahre brauchen, um milder zu werden und oft als Côte de Nuits-Villages (*S. 118*) verkauft werden. Verbesserte Weinbereitungsverfahren machen seit einiger Zeit die Weine zugänglicher, weswegen sie nun auch unter dem Dorfnamen etikettiert werden. Weißer Fixin ist selten, der von Bruno Clair empfehlenswert.

DOMAINE ANDRÉ GEOFFREY
Im Gegensatz zu den manchmal fruchtarmen Fixin-Weinen beweisen die Weine dieses Guts große Klasse.

DIE HÄRTE
Aufgrund des kühlen Mikroklimas von Fixin gelangen die Trauben hier nicht zu voller Reife, und die Weine sind oft stark tanninhaltig.

- AC Fixin, AC Fixin Premier Cru
- Rot: Pinot Noir
- Eher rustikale, mittelschwere Rotweine
- Vincent Berthaut, Bruno Clair, Michel Defrance, Derey Frères, Doudet-Naudin, Fougeray de Beauclair, Pierre Gelin, André Geoffrey, Jean-Pierre Guyard, Philippe Joilet, Armeil et Jean-Michel Molin, Denis Philibert, Charles Vienot
- Hase, im Tontopf geschmort
- 1996, 1995, 1993, 1990
- 5–12 Jahre

FLEURIE

DIESER BEAUJOLAIS-CRU-BEREICH, zwischen Moulin-à-Vent und Chiroubles gelegen, ist der drittgrößte und seine Weine duften in Bestform tatsächlich nach blühenden Frühlingswiesen. Als oft teuerster Beaujolais *cru* ist er das Beispiel schlechthin für einen klassischen Beaujolais. Denn hier reift die Gamaytraube auf grobem Granitgestein und ergibt erfrischende, leichte Rotweine mit dem intensiven Duft von Sommerblumen. Von der Anhöhe mit der Kapelle La Madonne bietet sich die schönste Aussicht über die herrliche Landschaft. Die Weinberglagen La Madonne und Point du Jour ergeben zwar wahrscheinlich die besten, langlebigsten Weine, doch gibt es weitere Abschnitte, die einen Anspruch auf den Status des *premier cru* erheben könnten, wenn man ihn jemals für Beaujolais einführen würde.

DOMAINE BERROD
Die Weine der Domaine Berrod haben den typisch blumigen Charakter, den man mit Fleurie assoziiert.

DIE REBEN DER MADONNA
An den Hängen von La Madonne wachsen die Trauben für einige der feinsten Weine von Fleurie.

- AC Fleurie
- Rot: Gamay
- Blumige, duftige, mittelschwere Rotweine
- Paul Beaudet, Berrod, Michel Chignard, Guy Depardon (du Point du Jour), Jean-Marc Deprés, Joseph Drouhin, Georges Duboeuf (des Quatre Vents, Ch des Deduits), Pierre Ferraud, Yves Métras, André Métrat (la Roilette), Albert Morel, Tête, Thorin, de la Treille
- *Andouillettes*
- 1998, 1997, 1996, 1995
- 2–8 Jahre

GEVREY-CHAMBERTIN

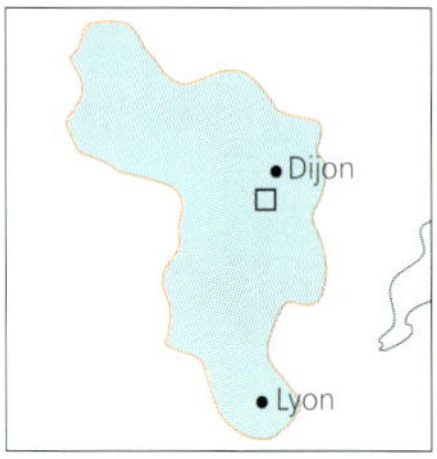

RUND UM GEVREY-CHAMBERTIN WERDEN ROTWEINE erzeugt, die man bereits im 19. Jh. am Hofe Napoleon Bonapartes schätzte. Sie sind auch heute noch sehr beliebt und haben dem Dorf zu großem Wohlstand verholfen. Diese *appellation* ist die größte der Côtes de Nuits. Das Spektrum ihrer Weine reicht von sublim bis zu einfachstem Mittelmaß.

EIN KALKSTEINBRUCH
An diesem Kalksteinfelsen in einem der malerischen Weinberge der appellation *Gevrey-Chambertin kann man sehen, wie hier der Unterboden für die Reben beschaffen ist.*

DEN ERSTEN REBSTOCK pflanzten hier im 7. Jh. Mönche der Abbaye de Bèze, und ein cleverer Bauer namens Bertin machte es ihnen nach. Heute wachsen im klösterlichen Clos de Bèze und auf dem Champ Bertin die Trauben für einige der feinsten roten Burgunder. Die *appellation* Gevrey-Chambertin an der Nordgrenze der Côte de Nuits umfasst 9 *grands crus* und 27 *premiers crus*. Die besten *grands crus* sind die beiden benachbarten Bereiche Clos de Bèze und Chambertin im Süden des Dorfes. Sie bilden das Herzstück einer Hanglage mit Grand-Cru-Status, die unter 25 Eigentümern aufgeteilt ist. Die Besten dieser Weine sind sublim und langlebig, mit Kirsch-, Pflaumen- und leichten Gewürznoten. Bei den anderen Grand-Cru-Lagen schneiden Griottes-Chambertin, Latricières-Chambertin, Ruchottes-Chambertin und Mazis-Chambertin am besten ab. Unbeständig sind die Weine von Chapelle-Chambertin und Charmes-Chambertin, die sich neben den besten Premier-Cru-Lagen wie Les Cazetiers und Clos St-Jacques oft nicht behaupten können. Unzuverlässig sind auch die Villages. Sie stammen von den Rebhängen, die sich auf der anderen Seite der Hauptstraße bis ins Flachland hinabziehen. Hier hängt viel vom Können der Winzer ab, dennoch schneiden gekonnt gemachte Weine von diesen Hängen oft besser ab als nicht so gut gemachte Tropfen aus weit angeseheneren Lagen.

CLOS ST-JACQUES
Der premier cru *Clos St-Jacques genießt nicht das Ansehen der umliegenden* grands crus. *Dennoch kommen von hier zum Teil ganz vorzügliche Weine.*

LATRICIÈRES-CHAMBERTIN
Die steinerne Eingangspforte zu diesem berühmten grand cru *demonstriert Besitzerstolz.*

DENIS MORTET
Dieser junge, viel versprechende Produzent macht extraktreiche, konzentrierte Weine.

- AC Gevrey-Chambertin, AC Gevrey-Chambertin Premier Cru, AC Chambertin Grand Cru, AC Clos de Bèze Grand Cru, AC Chapelle-Chambertin Grand Cru, AC Charmes-Chambertin Grand Cru, AC Griottes-Chambertin Grand Cru, AC Latricières-Chambertin Grand Cru, AC Mazis-Chambertin Grand Cru, AC Mazoyères-Chambertin Grand Cru, AC Ruchottes-Chambertin Grand Cru
- Rot: Pinot Noir
- Volle Rote mit Kirscharoma
- Denis Bachelet, Bourrée (Vallet), Alain Burguet, Champy, Charlopin, Bruno Clair, Pierre Damoy, Joseph Drouhin, Dugat-Py, Faiveley, Leroy, Denis Mortet, Armand Rousseau
- Poschierte Rotweineier
- 1997, 1996, 1995, 1993, 1990, 1988, 1985
- 5–25 Jahre

GIVRY

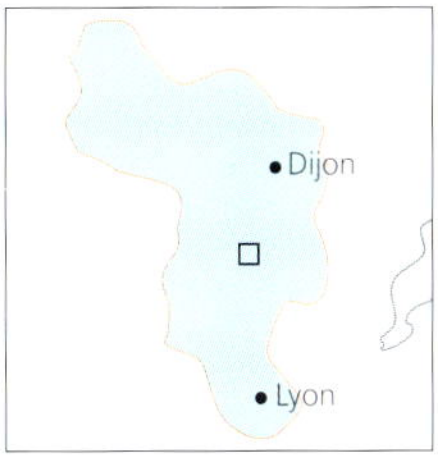

ALS KLEINSTE UND LANGE ZEIT auch unbedeutendste *appellation* in der Côte Chalonnaise erlebt Givry nun, da die Weinberge vor einigen Jahren neu bestockt wurden und das Management verbessert wurde, eine Renaissance. Mit einem Anteil von 90 % Pinot Noir produzieren beide *appellations*, Givry und Givry Premier Cru, vorwiegend Rotwein. Die besten Weinberge, wie der nach Süden weisende *premier cru* Clos Salomon, ergeben mittelschwere, seidige Weine voller Kirsch- und Cassisaromen. Von Chardonnay werden kleine Mengen sauberer, frischer Weißweine mit würzigem Abgang gewonnen. Aufstrebende, dynamische Winzer wie Jean-Marc Joblot und François Lumpp haben mit ihren Weinen, die den teureren aus anderen Teilen der Region oft ebenbürtig sind, viel Erfolg.

DOMAINE JOBLOT
Dieser gut gemachte Wein stammt aus dem Clos de la Servoisine und steht für das Potenzial dieser appellation.

CLOS SALOMON
Der premier cru Clos Salomon zählt zu den Spitzenlagen von Givry. Die Weine sind köstlich geschmeidig und fruchtig.

- AC Givry, AC Givry Premier Cru
- Rot: Pinot Noir
  Weiß: Chardonnay
- Weiche, erdige Rotweine; trockene, blumige Weißweine
- René Bourgeon, Cave des Vignerons de Buxy, Michel Derain, Jean-Marc Joblot, François Lumpp, Gérard et Laurent Parize, Ragot, Clos Salomon, Thénard, Emile Voarick
- Rot: Waldtäubchen, in Zwiebeln und Rotwein geschmort
- Rot: 1996, 1995, 1993
- Rot: 4–8 Jahre
  Weiß: 2–4 Jahre

HAUTES-CÔTES DE BEAUNE UND DE NUITS

DIE AM WESTRAND der Côte de Nuits *(S. 118)* und Côte de Beaune *(S. 118)* bis zu 400 m hoch gelegenen *appellations* Hautes-Côtes de Nuits und Hautes-Côtes de Beaune produzieren vorwiegend Rotwein. Mit ihren Wäldern, Weiden und Reben einer der schönsten Landstriche Burgunds, sind die Reben hier jedoch dem kühlen Wetter ungeschützt ausgesetzt, sodass die Weine, außer in den wärmsten Jahren, oft recht unreif sind. Noch in den 1960er Jahren standen hier nur 500 ha unter Ertrag, doch haben einige engagierte Winzer den stetig sich verbessernden Weinen zu großem Erfolg verholfen. In den neu bepflanzten Weinbergen kommen auch konventionelle Weinbau-Methoden wieder zu Ehren. In Bestform entstehen hier leichte, geschmeidige, fruchtige Weine von relativ hoher Qualität.

DOMAINE DU BOIS GUILLAUME
Die Trauben für diesen frischen, knochentrockenen Weißen wachsen in den kühlen Lagen der Hautes-Côtes de Beaune.

SONNENANBETERINNEN
Vielfach pflanzen die Winzer ihre Reben auf den ungeschützten Hochlagen der Hautes-Côtes, um jeden Sonnenstrahl für den Reifungsprozess ihrer Trauben zu nutzen.

- AC Bourgogne Hautes-Côtes de Nuits, AC Bourgogne Hautes-Côtes de Beaune
- Rot: Pinot Noir
  Weiß: Chardonnay
- Leichte Rote, trockene Weiße
- *Hautes-Côtes de Beaune:* Du Bois Guillaume, Henri Delagrange, Philippe Germain, Naudin-Ferrand, Claude Nouveau, Lucien Rateau. *Hautes-Côtes de Nuits:* Chopin- Groffier, Gerbet, Michel Gros, Cave des Hautes-Côtes, Lechenaut
- Rot: Pikante Gekrösewurst
- Rot: 1996, 1995
- Rot: 2–6 Jahre

JULIÉNAS

JULIÉNAS, EINES DER NÖRDLICHSTEN der 10 Beaujolais *cru*-Villages, zählt nachweislich zu den ältesten Anbaubereichen im Beaujolais. Heute umfasst die *appellation* vier Gemeinden mit gut entwässerten Granitböden im Westen und urzeitlichen Alluvialböden im Osten, die durch den Flusslauf der Saône aufgebaut wurden. Die jungen Weine von Juliénas stehen oft im Schatten der bekannteren *crus* Fleurie (*S. 119*) und Moulin-à-Vent (*S. 128*). In Bestform erweisen sie sich aber als lebhaft und von kräftigen Fruchtaromen geprägt, die nach einigen Jahren in der Flasche eine außerordentliche Komplexität entfalten. Nicht versäumen: Jedes Jahr im November findet ein Degustationswettbewerb mit Künstlern und Schriftstellern statt. Wer siegt, wird mit Weinflaschen aufgewogen!

FROSTIGE ANBAUBEDINGUNGEN
Obwohl im Süden, nur wenige Kilometer von der Stadt Macon entfernt gelegen, können in den Hügeln von Juliénas die Temperaturen im Winter stark abfallen.

PASCAL GRANGER
Dieser talentierte Winzer produziert köstliche, vollmundige Weine mit Schokoladen- und frischen Kirscharomen.

- AC Juliénas
- Rotwein: Gamay
- Würzig mittelschwere Rote
- Ernest Aujas, Jean Benon, du Bois de la Salle, Bernard Broyer, François Condemine, Gérard Descombes, Thierry Descombes, Georges Duboeuf, Pierre Ferraud, Pascal Granger, Ch de Juliénas, Henri Lespinasse, René Monnet, de la Petite Croix, Bernard Santé, Michel Tête, Raymond Trichard
- Klöße aus Hecht- und Kalbfleisch in Käsesauce
- 1997, 1996, 1995, 1994
- 2–5 Jahre

LADOIX

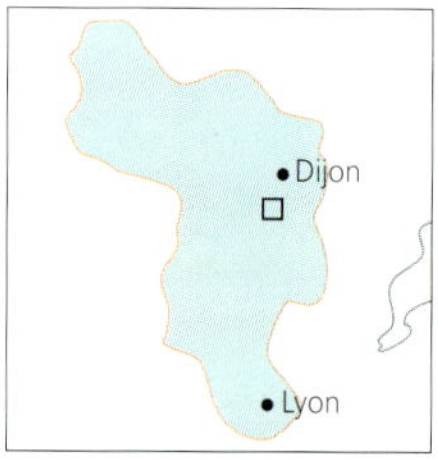

DIESE UNBEKANNTERE *APPELLATION* am Nordrand der Côte de Beaune endet abrupt mitten in der Stadt Ladoix-Serrigny, der sie ihren Namen verdankt. Trotz einiger viel versprechender Weißweine wird hier vorwiegend Rotwein produziert. Das Spektrum ist sehr vielfältig. Die rustikalen Village-Weine von den flacheren Lagen, deren Ausrichtung ungünstiger ist, werden meist als Côte de Beaune-Villages (*S. 118*) verkauft. Die fülligeren, geschmeidigeren Weine hingegen stammen aus den zwei *grands crus* und sieben *premiers crus*, die sich nach Norden erstrecken. Vier dieser *premiers crus* liegen an den Hängen der Montagne de Corton, so auch die berühmten *grands crus* Corton und Corton-Charlemagne, die in die angrenzenden Gebiete Aloxe-Corton (*S. 104*) und Pernand-Vergelesses (*S. 130*) hineinragen.

SCHÖNE AUSSICHTEN
Von den Hängen im Westen des Dorfes hat man einen besseren Blick auf Ladoix-Serrigny als von der viel befahrenen route nationale, die durchs Zentrum führt.

CLAUDE MARÉCHAL
Viele Ladoix-Weine sind recht robust und als appellation Côte de Beaune-Villages erhältlich. Dieser hier ist eine Ausnahme.

- AC Ladoix, AC Aloxe-Corton Premier Cru, AC Corton Grand Cru, AC Corton-Charlemagne Grand Cru
- Rot: Pinot Noir
Weiß: Chardonnay
- Weiche, rustikale Rotweine; leichte, trockene Weißweine
- Chevalier Père et Fils, Edmond Cornu, François Gay, Claude Maréchal, André et Jean-René Nudant, Michel Tête
- Einjähriges Lamm, mit Frühlingsgemüse in Rotwein, mit Knoblauch und Thymian gewürzt
- Rot: 1996, 1995, 1993
- Rot: 4–6 Jahre
Weiß: 2–3 Jahre

MÂCON UND MÂCON-VILLAGES

OBWOHL DER WEISSWEIN aus den Dörfern der Côte d'Or und aus Chablis angesehener ist, liegt das Zentrum der Weißweinproduktion von Burgund im Mâconnais. In den *appellations* Mâcon und Mâcon-Villages werden Jahr für Jahr große Mengen an Chardonnay-Weinen produziert, schlichte Alltagsweine ebenso wie edelste Tropfen.

IM LAND DER CHARDONNAY
Die Rebsorte Chardonnay kann auf Kalksteinböden im Mâconnais unter der südlich anmutenden Sonne prächtig gedeihen.

DAS ALTE ANBAUGEBIET MÂCONNAIS befindet sich im Übergangsbereich von Nord- nach Südfrankreich. Dennoch prägen mediterrane Einflüsse Klima und Lebensart. Die Lese beginnt 14 Tage früher als in der nördlicher gelegenen Côte d'Or; die Weine sind opulenter und reifer. Trotz einer weit zurückreichenden Rotweintradition werden hier heute drei Viertel aller weißen Burgunder produziert. Es sind leichte, trockene, relativ preisgünstige Weine unterschiedlichster Art, von gefälligen, anspruchslosen, jung zu trinkenden Weinen bis hin zu Weingutabfüllungen, die sich neben den Weinen der Côte de Beaune, z. B. Meursault *(S. 125)*, sehen lassen können. Theoretisch dürfen hier nur Weine aus den besten Lagen der *appellation* als Mâcon-Villages verkauft werden, tatsächlich werden jedoch 90 % der hiesigen Weißweine als solche etikettiert. Die besseren stammen aus den Weinbergen jener 42 Ortschaften, die ihren Namen zusammen mit dem Anhang Mâcon-Villages auf das Etikett schreiben dürfen. Zu den besten zählen Charmes, Prissé, Clessé und Pierreclos, die ranghöchsten aber stammen von Einzelerzeugern wie Jean Thevenet in Clessé, die bewiesen haben, dass im Mâconnais Weine von Topqualität entstehen können, auch wenn die Ambitionen der Winzergenossenschaften, die 75 % aller Weine der *appellation* produzieren, diesbezüglich eher begrenzt sind.

Die leichten, fruchtigen und eher belanglosen Roten aus Pinot Noir oder Gamay machen nur ein Viertel der Produktion aus. Sie kommen entweder in der allgemein verwendeten Bezeichnung *appellation* Bourgogne *(S. 110)* oder unter den Bezeichnungen Mâcon und Mâcon Supérieur in den Handel.

- AC Mâcon, AC Mâcon Supérieur, AC Mâcon-Villages oder AC Mâcon mit Namensanhang
- Rot: Gamay, Pinot Noir
  Weiß: Chardonnay
- Leichte, fruchtige Rotweine.
  Leichte, trockene Weißweine
- Daniel et Martine Barraud, Paul Beaudet, le Berceau du Chardonnay, de la Bongran, André Bonhomme, Cave des Vignerons de Buxy, Cordier, des Deux Roches, Georges Duboeuf, de la Feuillarde, Fichet, Guffens-Heynen, Cave de Lugny, Roger Luquet, Mommessin, de Ruère, Saumaize-Michelin, Roger Thevenet, Valette, Cave de Viré
- Weiß: Kleine frittierte Fische
- Weiß: 1998, 1997, 1996, 1995
- Weiß: 2–4 Jahre
  Rot: 2–5 Jahre

MÂCON-LUGNY
Das angesehene Handelshaus Louis Latour verkauft diesen Wein aus dem Dorf Lugny.

DOMAINE DE LA BONGRAN
Der talentierte, innovative Weinmacher Jean Thevenet produziert köstliche, aber umstrittene Spätlesen.

Maranges

Die nicht so bekannte und oft verkannte *appellation* im Südwesten von Santenay entstand 1989 durch Zusammenlegung der noch unbekannteren Bereiche Cheilly-lès-Maranges, Dezize-lès-Maranges und Sampigny-lès-Maranges. Die Weine dieser *appellations* wurden zuvor oft als Côte de Beaune-Villages verkauft. Winzer wie Vincent Girardin setzen alles daran, Maranges eine eigene Identität zu verschaffen; die Qualität ihrer Weine ist oft beachtlich. Doch nicht so gekonnt gemachter Maranges fällt immer noch ziemlich robust aus.

- AC Maranges, AC Maranges Premier Cru
- Rot: Pinot Noir
- Mittelschwere, erdige, robuste Rotweine
- Bernard Bachelet, Pierre Bresson, Fernand Chevrot, Vincent Girardin, Claude Nouveau.
- Poschierte Rotwein-Eier
- 1997, 1996, 1995, 1994
- Rot: 4–6 Jahre

Vincent Girardin
Ein Name, den man sich merken sollte. Girardin zählt zu den Winzern, die sich für das Ansehen von Maranges engagieren.

Marsannay

Hoch im Norden der Côte de Nuits liegt Marsannay, eine der wenigen Appellationen in Burgund, die vorzüglichen Rosé mit Himbeergeschmack produzieren, einen der besten Frankreichs, der aber kaum exportiert wird. Auch Marsannays fruchtige, aber sehr tanninreiche Rotweine werden immer besser und bieten, gut gemacht, viel Qualität für ihren Preis. Auch der in winzigen Mengen hergestellte weiße Marsannay erweist sich oft als guter Kauf. Die butterzarten, mineralischen Noten erinnern an weißen Meursault (*S. 125*).

- AC Marsannay, AC Marsannay Rosé
- Rot und Rosé: Pinot Noir; Weiß: Chardonnay
- Mittelschwere Rote; mittelschwere, trockene Rosés; trockene Weiße
- Bruno Clair, Charlopin, Fougeray de Beauclair
- Schinkenterrine
- Rot: 1998, 1997, 1996
- Rosé: 1–3 Jahre

Bruno Clair
Dass Marsannay kürzlich der Appellationsstatus zuerkannt wurde, hat es auch Bruno Clairs exzellenten Weißweinen zu verdanken.

Mercurey

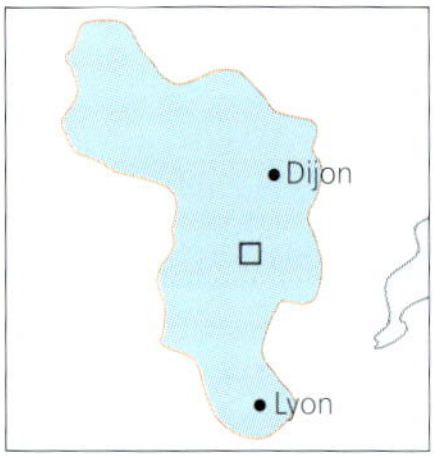

Die grösste *appellation* der Côte Chalonnaise mit dem Dorf Mercurey im Zentrum trägt den Namen Merkurs, des Götterbotens, dem hier ein gallorömischer Tempel geweiht ist. Obwohl die ansässigen Händler Mercureys erschwingliche Rote seit langem schätzen (und seit einiger Zeit auch die Weißen), sind bei dieser räumlichen Ausdehnung Qualitätsschwankungen unvermeidlich. Weine aus weniger begünstigten Lagen geraten eher zu dünn, aber die *premiers crus* können sich in guten Jahren neben den Besten aus Pommard (*S. 131*) durchaus sehen lassen. Die Zahl der *premiers crus* hat sich im letzten Jahrzehnt stark erhöht, nämlich von 5 auf 30 bei einer gleichzeitigen Erweiterung der Anbauflächen von 15 ha auf über 100 ha. Die Wahl des richtigen Erzeugers ist also entscheidend.

Michel Juillot
Michel Juillot ist talentiert und experimentierfreudig; er macht erstklassige Mercureys.

Sanft abfallende Rebhänge
Wie alle communes der Côte Chalonnaise erstreckt sich auch Mercurey über eine ganze Hügelkette. An deren sanfter abfallenden Hängen sind meist Weinberge angelegt.

- AC Mercurey Premier Cru, AC Mercurey
- Rot: Pinot Noir; Weiß: Chardonnay
- Mittlere bis leichte Rotweine; mittelschwere, auch holzgereifte Weißweine
- Brintet, de Chamirey, Dureil-Janthial, Faiveley, Genot-Boulanger, Emile Juillot, Michel Juillot, Lorenzon, Meix-Foulot, Jean Raquillet, Antonin Rodet, de Suremain, Emile Voarick
- St-Florentin-Käse
- Rot: 1997, 1996, 1995, 1993
- Rot: 5–10 Jahre; Weiß: 4–6 Jahre

MEURSAULT

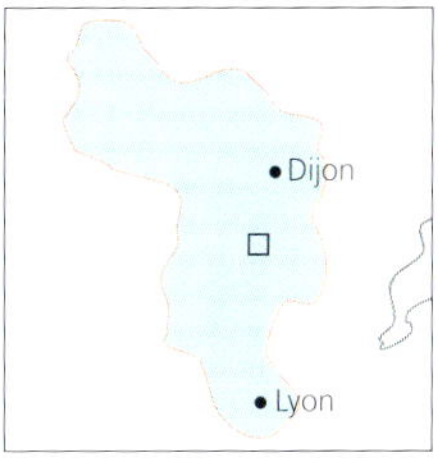

SEIT JAHRHUNDERTEN WIRD IN MEURSAULT Chardonnay angebaut, die hier auf steinigen Böden gedeiht. Zwar gebührt die höchste Auszeichnung für feinste weiße Burgunder dem Corton-Charlemagne und den *grands crus* aus Chassagne-Montrachet, doch auch der Meursault präsentiert sich köstlich trocken, voller Butter-, Nuss- und Gewürzaromen.

BLAGNY
In den Hügeln rund um das Dorf Meursault liegt der kleine Weiler Blagny. Von hier kommen köstliche, langlebige Weißweine, erhältlich als AC Meursault-Blagny oder AC Meursault Premier Cru.

EIN DRITTEL ALLER WEISSWEINE des *département* Côte d'Or (umfasst Côte de Nuits und Côte de Beaune) kommen aus der *commune* Meursault. Im Unterschied zu vielen anderen Gemeinden in Burgund, die noch nicht lange Weißwein erzeugen, wie etwa Chassagne-Montrachet *(S. 115)*, ist der Name Meursault seit langem mit der Weißweintraube Chardonnay verknüpft. Als US-Präsident Thomas Jefferson im 18. Jh. die Region besuchte, notierte er sich, dass in Meursault nur Weißwein produziert wird, da es für Rotwein zu steinig sei.

Im Vergleich zu den Weißen aus Corton-Charlemagne und Chassagne-Montrachet ist ein Meursault weit günstiger; sein buttriger, haselnussartiger Geschmack findet weltweit Anklang und wird von kalifornischen Kellermeistern eifrig kopiert. Es gibt ihn in mehreren Qualitätsstufen. Die unterste bildet der einfache AC Meursault, der wirklich sehr einfach sein kann. Die nächste Stufe bilden gute, angesehene Weinberglagen, z. B. Les Clos de la Barre, die aber nicht den Stand des *premier cru* erreichen. Und an der Spitze stehen die zahlreichen beachtlichen *premiers crus*, wie z. B. Les Perrières, der für besonders feine, langlebige Weine steht, die sich aber zuweilen sehr langsam entwickeln. Als rascher zugänglich erweisen sich die Produkte einer Lage mit dem zutreffenden Namen Les Charmes; der Beste kommt vom Les Charmes-Dessus. Auch Les Genevrières und Les Gouttes d'Or sind vorzüglich. La Pièce-sous-le-Bois im Nachbardorf Blagny produziert feine Weißweine, als AC Meursault-Blagny oder AC Meursault Premier Cru erhältlich.

Für Rotwein aus Blagny gibt es die eigenständige winzige *appellation* AC Blagny Premier Cru. Bei rotem Meursault ist die Jahresproduktion sehr gering. Die leichten, fruchtigen Weine schmecken jung am besten.

- AC Meursault, AC Meursault Premier Cru, AC Meursault-Blagny Premier Cru, AC Meursault Côte de Beaune, AC Meursault-Santenots
- Weiß: Chardonnay
  Rot: Pinot Noir
- Breite, buttrige Weine mit mineralischen Noten
- Robert Ampeau, d'Auvenay, Bitouzet-Prieur, Bouzereau, Coche-Debord, Coche-Dury, Jean-Pierre Diconne, Jean-Philippe Fichet, Genot-Boulanger, Henri Germain, Albert Grivault, Patrick Javillier, François Jobard, Rémi Jobard, des Comtes Lafon, Latour-Guiraud, Olivier Leflaive, Matrot, de Meu, de Meursault, Michelot, Pierre Morey, Jacques Prieur, Prieur-Brunet, de Puligny-Montrachet, Roult, Roux, Verget
- Flusskrebse
- Weiß: 1997, 1996, 1995
- Weiß: 3–20 Jahre

J.-F. COCHE-DURY
Die Weinberglage Perrière ist für ihr Alterungspotenzial bekannt. Diese Flasche stammt von einem der besten Winzer der Region, Jean-François Coche-Dury.

DOMAINE DES COMTES LAFON
Unter der Leitung des hervorragenden Winzers Dominique Lafon leistet die Domaine des Comtes Lafon Überragendes. Der Le Clos de la Barre erreicht annähernd die Qualität eines premier cru.

MONTAGNY

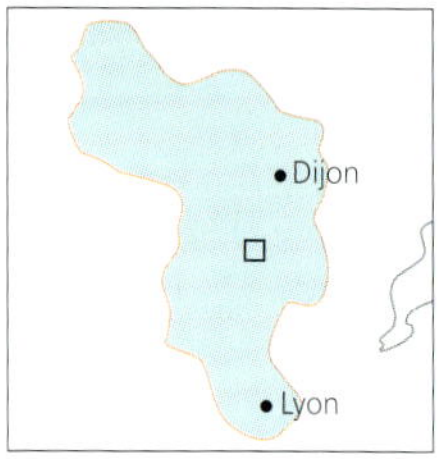

IM TIEFSTEN SÜDEN der Côte Chalonnaise liegt Montagny, eine der vielen Anomalien des französischen Appellationssystems. Aus unerfindlichen Gründen darf hier jeder Wein, der mindestens 11,5 % Alkohol hat, den Rang eines *premier cru* beanspruchen. Noch erstaunlicher ist, dass die Weine aus Montagny-lès Buxy, Buxy, St-Vallerin und Jully-lès-Buxy als *appellation contrôlée* Montagny etikettiert werden, während nur Montagny-lès-Buxy berechtigt ist, den Namen der Weinberglage hinzuzufügen. Ein gut gemachter, vollmundiger, weißer Montagny zeichnet sich durch ausgeprägten Feuerstein- und Haselnusscharakter aus. In warmen Jahren neigt der Wein jedoch zum Austrocknen. Ein paar vorzügliche Exemplare, teils mit, teils ohne Holzausbau, kommen von der Genossenschaft Cave de Buxy.

LES LOGES
Nach dem Reglement hat jeder weiße Montagny mit 11,5 % Mindestalkohol Anspruch auf den Titel »premier cru«.

DIE DÄCHER VON MONTAGNY
Nur die stille commune Montagny-lès-Buxy darf den Namen des Weinbergs mit auf das Etikett setzen.

- AC Montagny, AC Montagny Premier Cru
- Weiß: Chardonnay
- Mittelschwere bis körperreiche, trockene Weine, zunehmend mit Eichenholzausbau
- Maurice Bertrand et François Juillot, Coopérative des Caves de Buxy, Ch de Davenay, Joseph Faiveley, Louis Latour, Bernard Michel, Moillard, Antonin Rodet, Ch de la Saule, Jean Vachet
- Windbeutel mit Gruyère oder Fromage du Franche Comté
- 1998, 1997, 1996, 1995
- 4–7 Jahre

MONTHÉLIE

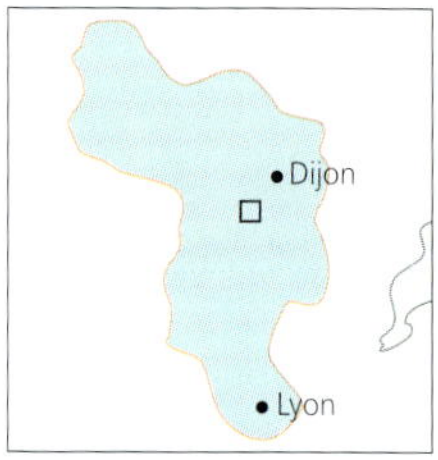

VON DER STRASSE, die durch das kleine Dorf Monthélie in Richtung St-Romain führt, hat man freie Sicht auf die Weinberge, die nach Süden und Nordosten ausgerichtet sind. Die 11 Premier-Cru-Lagen der *appellation* finden sich überwiegend auf dem Kalksteinhang, der sich bis in die Nachbarappellation Volnay *(S. 137)* erstreckt. Die Rotweine sind in Bestform vollmundig und reif, fest strukturiert, lang und seidig im Abgang. Die vorherrschende Meinung, ein Monthélie sei einem Volnay unterlegen, trifft nicht für die Weine von Top-Erzeugern wie Monthélie-Douhairet zu. Village-Weine, die aus den Trauben der unteren Flachlagen stammen, können jedoch wässrig ausfallen. Paul Garaudet und Denis Boussey produzieren im *premier cru* Les Champs-Fuillot feine Weißweine.

JEAN-PHILIPPE FICHET
Der Monthélie Village von J.-P. Fichet aus Meursault bietet bisweilen ein sehr gutes Preis-Leistungs-Verhältnis.

DIE REBEN VON MONTHÉLIE
Die Hänge an der Ostflanke des Dorfes sind die besten Lagen von Monthélie. Die Reben im Flachland (s. Abb.) bringen einfachere Weine hervor.

- AC Monthélie, AC Monthélie Premier Cru
- Rot/Rosé: Pinot Noir; Weiß: Chardonnay
- Mittelschwere, elegante, fruchtige Rotweine; mittelschwere Weißweine
- Denis Boussey, Coche-Dury, Comtes Lafon, Maurice Deschamps, Dupont-Fahn, J-P Fichet, Paul Garaudet, Jehan Changarnier, Ch de Monthélie, Monthélie-Douhairet, Pierre Morey
- Poschierte Rotweineier mit gebuttertem Toast
- 1996, 1995, 1993
- Rot: 3–7 Jahre

MOREY-ST-DENIS

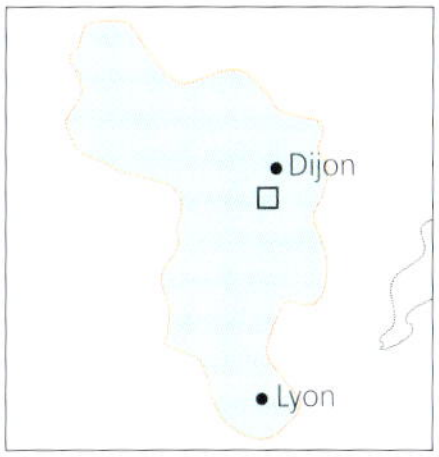

IM SCHATTEN des strahlenden Vosne-Romanée *(S. 138)* und der übermächtigen Nachbarn Gevrey-Chambertin *(S. 120)* und Chambolle-Musigny *(S. 114)* liegt das Dorf Morey-St-Denis. Es hat mehrere vortreffliche Lagen in der Côte de Nuits und ausgezeichnete Produzenten, deren Rotweine zu den verlässlichsten von ganz Burgund gehören.

DER GOLDENE HANG
Die fünf grands crus von Morey-St-Denis liegen zwischen Chambolle-Musigny und Gevrey-Chambertin.

DIE WEINBAUGESCHICHTE von Morey-St-Denis ist ebenso eindrucksvoll wie die seiner illustren Nachbarn Gevrey-Chambertin, Vosne-Romanée und Chambolle-Musigny. Schon im 12. Jh. genossen die von Geistlichen angelegten, ummauerten Rebgärten hohes Ansehen. Doch obwohl Morey-St-Denis mehrere exzellente *grands crus* besitzt, gelingt es den Weinen nicht oft, die vordersten Ränge von Burgund zu belegen. Bis 1927, als die *commune* Morey sich ihre Namenserweiterung geben durfte, wurde der Wein meist als Gevrey-Chambertin und Chambolle-de-Musigny verkauft. Als feinste Grand-Cru-Lage gilt der 17 ha große Clos de la Roche. Die anderen *grands crus* heißen Clos de Tart (in der Hand des Handelshauses Mommessin, das sich seit einiger Zeit verbessert), Clos des Lambrays (kürzlich zum Grand Cru befördert), Clos St-Denis; hinzu kommt ein winziger Abschnitt (1,84 ha) innerhalb des Weinbergs Bonnes-Mares, der vorwiegend zu Chambolle-Musigny gehört. Die besten *premiers crus* heißen z. B. Clos Sorbé, Les Sorbés, Aux Charmes, Clos des Ormes, La Bussière und Les Fremières. Herausragende Villageweine kommen von Erzeugern wie Ponsot, Dujac, Lignier und Groffier, die es durchwegs mit weniger gelungenen *grands crus* anderer Bereiche aufnehmen können. Die Autoren müssen seit eh und je um das richtige Wort ringen, wenn sie das, was Morey-St-Denis von seinen Nachbarn abhebt, beschreiben wollen, und meist kommt nichts Originelleres dabei heraus als »feminin« und »elegant«. Ich hingegen würde sie als feine Spätentwickler bezeichnen. Der individuelle Charakter dieser Weine ist vor allem dem flachgründigen Oberboden zu verdanken, der die Rebe zwingt, ihre Wurzeln tief in den Kalkstein zu senken.

Weißwein ist rar in Morey-St-Denis, aber auf den steinigen Böden der Grand-Cru-Lage Monts Luisants wachsen Weiße mit einzigartig schönen, mineralischen Aromen. Der Kauf lohnt sich.

CLOS DES LAMBRAYS
Dieser Wein wurde kürzlich in den Rang eines grand cru erhoben. Ob die Beförderung gerechtfertigt ist, muß sich noch zeigen.

- AC Morey-St-Denis, AC Morey-St-Denis Premier Cru, AC Clos St-Denis Grand Cru, AC Clos de la Roche Grand Cru, AC Bonnes Mares Grand Cru, AC Clos des Lambrays Grand Cru, AC Clos de Tart Grand Cru
- Rot: Pinot Noir
- Erdhafte, eher robuste Rotweine
- Pierre Amiot, Bertagna, Bryczek et Fils, Champy, Dujac, Alain Hudelot-Noëllat, des Lambrays, Philippe et Vincent Lecheneaut, Hubert Lignier, Henri Perrot-Minot, Jean-Marie Ponsot, Georges Roumier, Armand Rousseau, Clos de Tart, Ch de la Tour, Tortochot
- Entrecôte, sautiert mit Butter und Pilzen
- 1996, 1995, 1993, 1990, 1988, 1985
- Rot: 5–20 Jahre

CHAMPY PÈRE ET CIE
Dieser premier cru Clos des Ormes wurde von dem alteingesessenen Handelshaus Champy in Beaune abgefüllt.

Morgon

Das Anbaugebiet Morgon mit dem Dorf Villié-Morgon ist eines der größten und berühmtesten der 10 Beaujolais *crus* (*S. 106*). Auf dem Mont du Py, der das Dorf um 300 m überragt, wachsen die Trauben für die feinsten Weine der *appellation*. Seine einzigartigen Böden aus dünnen, bröckelnden Gesteinsschichten sind mit Mangan, Eisenoxid und Pyrit (Katzengold) angereichert. Aufgrund seiner rapide fortschreitenden Zersetzung bezeichnen die Einheimischen den Boden als *terre pourrie* (verrottete Erde). Die Weine sind fest strukturiert, Aprikosen- und Kirschnoten bestimmen ihr Bukett, das oft zwei Jahrzehnte benötigt, um sich zu entfalten. Aus den flachen Lagen kommt ein ziemlich typischer Beaujolais von guter Qualität, doch ohne die Struktur und Langlebigkeit des Mont du Py.

Château Lapierre
Aus dem Lesegut von den Hängen des Mont du Py vinifiziert Marcel Lapierre angenehm kräftige, langlebige Weine.

Château de Foncronne
Dieses moderne Buntglasfenster von Château de Foncronne zeigt eine Szene aus der lokalen Weinbaugeschichte.

- AC Morgon
- Rot: Gamay
- Mit die körperreichsten, langlebigsten Roten im Beaujolais
- Aucoeur, Gerard Brisson, François Calot, de la Chanaise, Louis-Claude Desvignes, Georges Duboeuf (Jean Descombes), Henri Fessy, Jean Foillard, Gauthier, Dominique Jambon, Marcel Lapierre, Piron, Ch de Raousset, Pierre Savoye, Jacques Trichard
- Kalbsrippchen mit scharfem Senf, Sahne und Schalotten
- 1997, 1996, 1995, 1994
- 4–20 Jahre

Moulin-à-Vent

Die *appellation* Moulin-à-Vent ist die Königin des Beaujolais – dank ihres Alters und ihrer Größe sowie dank der Konzentration und langen Lebensdauer ihrer Weine. Bereits 1936 wurde der Bereich als *premier cru* anerkannt. Heute erstreckt sich Moulin-à-Vent über 670 ha saure, mit Mangan angereicherte Böden im Norden des Beaujolais. Der Mangangehalt im Boden gilt vielen als Ursache für die Konzentration und Farbtiefe, für die ausgeprägt blumigen Aromen, die reife Frucht und das hohe Alterungspotenzial (20 Jahre) der besten Weine. Die lange Weinbautradition findet Ausdruck auch in Feierlichkeiten. So wird in der Kirche Romanèche-Thorins nach der Weinlese eine Messe zelebriert, der junge Wein wird gesegnet und in einer feierlichen Prozession durch das Dorf getragen.

Château du Moulin-à-Vent
Auf ihrem imposanten Château du Moulin-à-Vent produziert die Familie Bloud traditionsgemäß rote, lagerfähige Weine.

Moulin-à-Vent
Die ausgediente Windmühle ist ein Wahrzeichen der Region. Sie gab der appellation den Namen.

- AC Moulin-à-Vent
- Gamay
- Konzentrierte, tiefdunkle Rotweine
- Berrod, Jean Briday, Michel Brugne, Georges Duboeuf, Gay-Coperet, Guérin, Ch des Jacques, Paul Janin, Hubert Lapierre, du Matinal, Ch du Moulin-à-Vent, des Perelles, de la Pierre, Benoît Trichard
- Waldschnepfe vom Holzkohlengrill mit Himbeer-Brombeer-Sauce
- 1998, 1997, 1996, 1995, 1993
- 4–8 Jahre

NUITS-ST-GEORGES

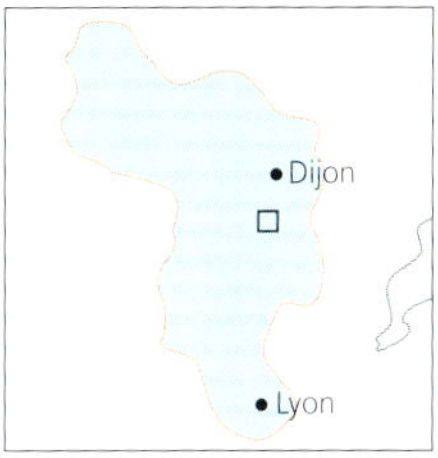

DIE ANFANGS SO HARTEN und tanninreichen, später so prächtigen Rotweine aus den Nuits-St-Georges zählen zu den verkanntesten Burgundern überhaupt. In der Jugend sind diese Weine strenger als die Nachbarn von Vosne-Romanée *(S. 138)*, und es kann 20 Jahre dauern, bis sie ihre prächtigen Brombeer- und Wildaromen voll entfaltet haben.

CHÂTEAU GRIS
Château Gris, Wahrzeichen der appellation, überragt den gleichnamigen Weinberg, einen der besten in Nuits-St-Georges. Man sieht es von der Schnellstraße aus, die hier entlangführt.

IM HERZEN DER gleichnamigen *appellation* liegt, an der südlichen Grenze der Côte de Nuits, das Städtchen Nuits-St-Georges, Ausgrabungsstätte einer gallorömischen Villa und im Mittelalter Sitz eines Klosters mit dazugehörigem Weingut. Zwischen den Städten Beaune und Dijon gelegen, vermittelt das verschlafene Nuits-St-Georges den Eindruck, als sei es von einer anderen Welt. Einige der erfolgreichsten Handelshäuser der Region, z. B. Faiveley, Labouré-Roi und Boisset, haben hier ihre Kellerei und ihren Verwaltungssitz.

Wie in Beaune *(S. 108 f.)* gibt es in Nuits-St-Georges seltsamerweise keine *grands crus*. Dafür bietet die *appellation* jedoch mehr als 30 vorzügliche Premier-Cru-Weinberglagen, vielfach mit faszinierenden Weinen, die regelmäßig besser ausfallen als manch ein *grand cru* der angrenzenden Appellationen. Die *premiers crus* aus Nuits-St-Georges unterscheiden sich in ihrem Charakter je nach Standort der Reben. Auf den steinigen Böden im Süden des Ortes befinden sich die Premier-Cru-Lagen Les Calles, Les St-Georges und Les Vaucrains, die klassische, körper- und tanninreiche Weine ergeben. Im Süden, in der Umgebung des Dorfs Prémeaux-Prissey in der Randzone der *appellation*, befinden sich die beiden Lagen Clos de la Maréchale und Clos Arlot. In ihrer Perfektion ergeben sie die vollmundigsten Weine der Nuits-St-Georges. Zartere Weine, die spontaner verführen, kommen aus den *premiers crus* im Norden der *appellation*, z. B. aus Aux Boudots und Aux Murgers an der Grenze zu Vosne-Romanée *(S. 138)*. Doch ist, so die Meinung vieler Burgunderfans, allen diesen Weinen eine feste Struktur und eine von wilden Brombeeren geprägte Geschmackstiefe gemeinsam. Nach einigen Jahren im Keller sind diese Weine wundervoll weich, doch in ihrer Jugend können sie sehr herb sein, und so mischt man sie oft mit fruchtigen Essenzen, so mit Brombeerlikör aus lokaler Produktion.

HOSPICES DE NUITS
Die Hospices de Nuits versteigern ihre Weine im Rahmen einer großen Benefizveranstaltung. Nach dem Kauf müssen die jungen Weine noch liegen.

DOMAINE DE L'ARLOT
Dieses neu gegründete Weingut im Süden der appellation macht untadelige Weine in sehr zeitgemäßem Stil.

- AC Nuits-St-Georges, AC Nuits-St-Georges Premier Cru
- Rot: Pinot Noir
  Weiß: Chardonnay
- Körperreiche Rotweine
- De l'Arlot, Robert Arnoux, Bertagna, Lucien Boillot, Robert Chevillon, Georges Chicotot, A Chopin, Jean-Jacques Confuron, R Dubois, Faiveley, Forey, Henri Gouges, Jean Grivot, Jayer-Gilles, Laurent, Philippe et Vincent Lecheneaut, Machard de Gramont, Alain Michelot, Mugneret-Gibourg, Leroy, des Perdrix, Pernin Rossin, Prieuré Roch, Henri et Gilles Remoriquet, Daniel Rion, Thomas-Moillard, Fabrice Vigot
- Hasenrücken in Rotwein gegart mit Waldpilzen
- 1996, 1995, 1993, 1990, 1988, 1985
- Rot: 5–20 Jahre

PERNAND-VERGELESSES

WAS BEDINGT EIN NAME? Hieße die Grand-Cru-Lage Corton-Charlemagne, die sich durch die *appellations* Aloxe-Corton *(S. 104)*, Ladoix-Serrigny *(S. 122)* und Pernand-Vergelesses zieht, Pernand-Charlemagne, dann wäre wohl auch diese Weinbaugemeinde bekannter und somit auch ihre Weine teurer – ob zu Recht oder zu Unrecht, sei dahingestellt. Den leicht marmeladigen Rotweinen mangelt es häufig an Finesse und Komplexität. Besser als die Roten sind die Weißen, die in kühlen Jahren zwar dünn ausfallen können, sich aber ansonsten durch frische, ausgeprägte Fruchtaromen und einen sehr delikaten Geschmack auszeichnen. Empfehlenswert sind die *premiers crus* Les Vergelesses, Île des Vergelesses und Les Fichots. Bis zur Trinkreife sollten sie aber etwa fünf Jahre liegen.

ROLLIN PÈRE ET FILS
Der weiße Village von Rollin Père et Fils bietet ein ausgezeichnetes Preis-Leis-tungs-Verhältnis.

ÎLE DES VERGELESSES
Dieser relativ unbekannte premier cru *gab dem Dorf und der* appellation *ihren Namen.*

- AC Pernand-Vergelesses, AC Pernand-Vergelesses Premier Cru
- Rot: Pinot Noir
  Weiß: Chardonnay
- Mittelschwere Rote; frische Weiße mit Apfel-Kräuternote
- Arnoux, Bonneau de Martray, Camille-Giroud, Champy, Chandon de Briailles, Delarche, Joseph Drouhin, Dubreuil-Fontaine, Germain, Antonin Guyon, Laleure-Piot, Louis Latour, Pavelot, Rapet, Rollin
- Geräuchertes Gänsebrustfilet
- 1996, 1995, 1993
- Rot: 4–8 Jahre
  Weiß: 2–5 Jahre

DIE DOPPELNAMEN DER CÔTE D'OR

Viele Weinorte in der Côte de Beaune und Côte de Nuits haben Doppelnamen, ein Trend, der in den 1860er Jahren aufkam. Damals erkannten clevere Erzeuger, dass ein Wein, dessen Weinberglage, z. B. Le Corton, Le Chambertin, Le Musigny und Le Montrachet, mit aufgeführt wurde, im Vergleich zu anderen Weinen schneller berühmt und leichter verkäuflich war. Dörfer wie Gevrey, Aloxe, Chambolle, Puligny, Pernand und Chassagne fügten also ihrem Namen den ihres jeweils berühmtesten Weinbergs an, was nun Herkunftsbezeichnungen wie Gevrey-Chambertin, Aloxe-Corton, Chambolle-Musigny ergab. Einige *communes* wie Beaune, Volnay, Pommard und Meursault verzichteten jedoch darauf, da sie sowieso bekannt waren; andere wiederum, wie z. B. Fixin und Monthélie, hatten keine berühmten Weinberge vorzuweisen, während Chorey und Savigny ihre Namen um »lès Beaune« (bei Beaune) erweiterten. Oft zeitigte dieses Spiel mit den Namen durchaus Erfolg, doch Ladoix *(S. 122)* etwa hatte kaum einen Vorteil davon, seinen Namen um »Serrigny« zu erweitern.

Auch Weingüter der Côte d'Or tragen Doppelnamen, so z. B. Coche-Dury, Coche-Débord, Millaut-Battault, und zwar als Resultat der gleichberechtigten Erbfolge, die der Code Napoléon zu Beginn des 19. Jh. verfügte: Angenommen, die Geschwister Jean und Marie Dupont hätten die Nachbarskinder Hélène und Jacques Durand geheiratet, dann hießen ihre Weingüter nun entsprechend Domaine Dupont-Durand und Domaine Durand-Dupont.

GROSS GESCHRIEBEN
Kaum zu übersehen und kaum jemals wieder zu vergessen: Musigny, die beste Weinlage in der commune *Chambolle.*

PERNAND-VERGELESSES
Den Namen eines berühmten Weinbergs dem des Dorfes anzufügen, ist an der Côte d'Or sehr beliebt und zudem verkaufsfördernd.

POMMARD

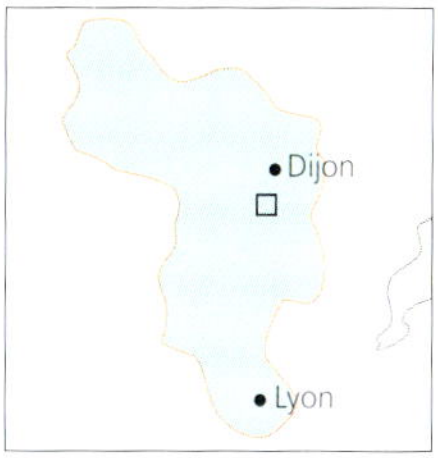

OBWOHL POMMARD ZWISCHEN BEAUNE (*S. 108*) und Volnay (*S. 137*) liegt, verbindet seine Weine kaum etwas mit den leichten, zarten Weinen dieser beiden angrenzenden *appellations*. Die wuchtigen roten Pommard zählen zu den kräftigsten und tanninreichsten Burgundern überhaupt. In der Jugend sind sie unzugänglich, aber es lohnt sich zu warten.

DOMAINE MUSSY
Wie es für die appellation typisch ist, müssen die wuchtigen premiers crus von der Domaine Mussy mindestens fünf Jahre liegen, bevor sie getrunken werden.

EINIGE KILOMETER SÜDLICH von Beaune liegt das kleine Dorf Pommard, das bereits im 18. Jh. durch den Verkauf seiner Weine, diesseits und jenseits des Atlantiks, zu Wohlstand und Ruhm gelangte. Aufgrund dieses Ansehens und ihres leicht auszusprechenden Namens zählen die Weine aus Pommard heute zu den absatzträchtigsten der Côte d'Or. Hauptabnehmer sind die USA. Doch Nachlässigkeit und Profitgier haben auch hier ihren unvermeidlichen Tribut gefordert: Winzer und Händler sind oft geneigt, Mängel bei der Weinbereitung und Täuschungsmanöver aller Art stillschweigend hinzunehmen. Bestes Beispiel hierfür ist die häufige Verwendung von Trauben aus der einfachen *appellation* Bourgogne für Weine, die in der *appellation* Pommard verkauft werden. Dieser Regelverstoß liegt teilweise im Charakter der Weine selbst begründet, denn, so formulierte es einmal Lalou Bize-Leroy, eine der sachverständigsten Vertreterinnen ihrer Zunft in Burgund: Der Wein aus dem Dorf Pommard ist wie dessen Kirche: eckig, robust, zunächst abweisend. Wie seine Verwandten aus Aloxe-Corton (*S. 104*) hat er viel Tannin und muss entsprechend lange lagern. Als junger Wein lässt er sich somit oft leichter verkaufen, wenn man ihm so genannte mindere Trauben beimischt.

In den letzten Jahren hat sich hier vieles verbessert. Ein guter Pommard muss zwar immer noch länger reifen als ein Volnay oder Beaune, doch hat er seine Trinkreife erreicht, ist er den Besten dieser Bereiche ebenbürtig. Herausragend ist Les Rugiens, doch halten Sie auch nach Weinen aus Les Fremiers, Les Arvelets, En Largillière, Les Épenots und Les Chanlins Ausschau!

DIE PFLEGE VON REBEN UND WEINGARTEN
In den Rebgärten von Château Pommard werden die Reben vor Frühlingsbeginn beschnitten. Das 20 ha große, von einer Mauer umschlossene Weingut liegt in den Ebenen südöstlich des Dorfes.

JEAN-LOUIS LAPLANCHE
Die samtweichen, üppigen Weine von Château de Pommard werden auf dem Weingut verkauft.

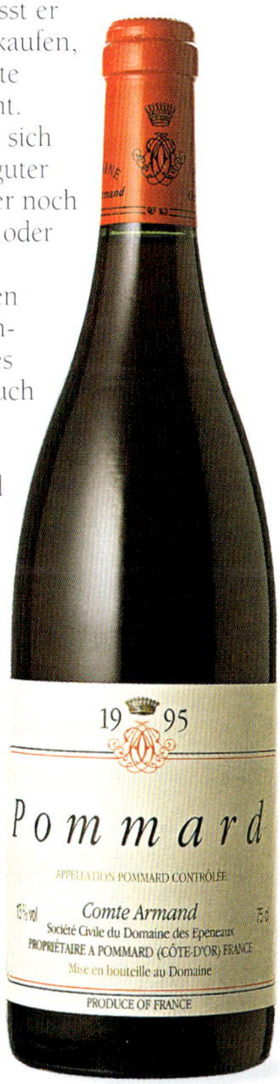

COMTE ARMAND
Dieser namhafte Produzent macht feine Weine in den Gütekategorien Village und premiers crus.

- AC Pommard, AC Pommard Premier Cru
- Rot: Pinot Noir
- Körperreiche Weine mit schwarzen Kirscharomen
- Albert-Grivault, Ampeau, Comte Armand, J-M Boillot, Pascal Bouley, Champy, Coste-Caumartin, de Courcel, Paul Garaudet, Michel Gaunoux, Germain Père et Fils, Vincent Girardin, Bernard & Louis Glantenay, Raymond Launay, Olivier Leflaive, Lejeune, Leroy, Aleth Leroyer-Girardin, de Montille, Pierre Morey, Mussy, Parent, Ch de Pommard, Pothier-Rieusset, Pousse d'Or, Rebourgeon Mure, Virely-Rougeot
- Wildschweinbraten in Rotwein-Sherry-Sauce
- 1996, 1995, 1993, 1990, 1988, 1985
- 5–15 Jahre

POUILLY-FUISSÉ UND SEINE »SATELLITEN«

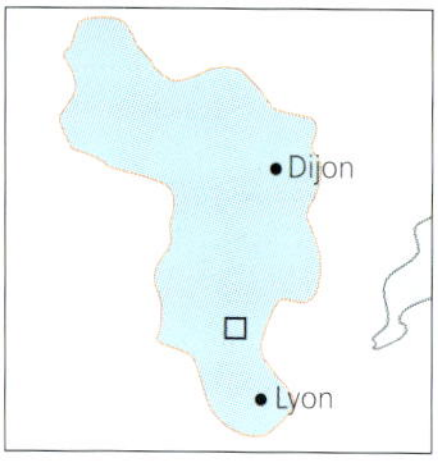

IM RIESIGEN WEINANBAUGEBIET Mâconnais gelegen, produziert die *appellation* Pouilly-Fuissé jedes Jahr 6 Millionen Flaschen Weißwein. Die Weine von Pouilly-Fuissé werden ausschließlich von Chardonnay gekeltert. Ihr Qualitätsspektrum reicht von einfach bis sublim, doch sie zählen zweifelsfrei zu den berühmtesten weißen Burgundern der Welt.

PRÄHISTORISCHE JAGDGRÜNDE
In der Umgebung des Felsens von Solutré, der sich über dem winzigen Weiler Pouilly erhebt, wurden Überreste urzeitlicher Lebewesen entdeckt.

UMGEBEN VON CHARDONNAYREBEN und zu Füßen der urzeitlichen Felsklippen von Solutré, liegt der Weiler Pouilly, der gemeinsam mit dem Dorf Fuissé im Osten die *appellation* Pouilly-Fuissé bildet. Das riesige Anbaugebiet Pouilly-Fuissé erstreckt sich über vier Gemeinden, die unter der identischen Bezeichnung Pouilly-Fuissé Weine in zwei unterschiedlichen Stilrichrichtungen produzieren. So gibt es den frischen, leichten, aber, offen gesagt, geschmacksarmen Pouilly-Fuissé. Er ist weltweit in Supermärkten und Weinhandlungen zu finden und von dem weit preisgünstigeren Mâcon-Villages *(S. 123)* aus den nördlichen Anbauflächen von Pouilly-Fuissé kaum zu unterscheiden. Doch dann gibt es auch den weitaus eindrucksvolleren, wunderbar komplexen, langlebigen Pouilly-Fuissé so talentierter Erzeuger wie Vincent et Fils auf Château Fuissé, J.A. Ferret oder Jean-Marie Guffens, der manch einen Burgunder der *appellations* Meursault *(S. 125)* und Puligny-Montrachet *(S. 133)* in den Hintergrund spielt.

CHÂTEAU-FUISSÉ
Die beiden eigenständigen Dörfer Pouilly und Fuissé bilden die appellation *Pouilly-Fuissé. Die meisten Kellereien befinden sich im größeren Fuissé.*

Dieser Qualitätsunterschied in Pouilly-Fuissé liegt offensichtlich zum Teil an der jeweiligen Bodenbeschaffenheit. Die aromatischsten Gewächse gedeihen in der Umgebung der Dörfer Vergisson im Nordwesten und Fuissé im Südosten, während die Gegend von Pouilly im Zentrum der *appellation* für komplexere Weine bekannt ist. Weitaus wichtiger als der Boden ist jedoch das Können der Winzer und Kellermeister der großen Genossenschaften, auf die ein beachtlicher Teil der Produktion entfällt. Kaufen Sie Ihren Pouilly-Fuissé also unbedingt bei einem namhaften Winzer oder Fachhändler *(négociant)*.

Zwei Dörfer im Osten von Pouilly-Fuissé gelten als die »Satelliten« der *commune:* Pouilly-Vinzelles und Pouilly-Loché. Angeblich sollen ihre Weine leichter und einfacher sein als Pouilly-Fuissé, doch angesichts so vieler Leichtgewichte in seinen Reihen ist davon auszugehen, dass es sich bei dieser Einschätzung wohl um eine Übertreibung handelt. Die Cave des Grands Crus Blancs in Vinzelles beweist zudem, wie gut diese Weine sein können.

DORFKIRCHE VON FUISSÉ
Als Eigner eines der Spitzengüter von Pouilly-Fuissé macht J.-J. Vincent einige der besten Weine dieses Anbaugebiets. Seine Cuvée Vieilles Vignes kann es mit manch einem großen weißen Burgunder aufnehmen.

- AC Pouilly-Fuissé, AC Mâcon-Chaintre, AC Mâcon-Fuissé, AC Mâcon-Solutré, AC Mâcon-Vergisson
- Weiß: Chardonnay
- Mittelschwere bis körperreiche trockene Weißweine, z. T. mit Holzausbau
- Auvigue, Daniel et Martine Barraud, Cordier, Corsin, Michel Delorme, Joseph Drouhin, Georges Duboeuf, Dupond d'Halluin, Ferret, Ch de Fuissé, des Gerbeaux, René Guérin, Guffens-Heynen, Louis Jadot, Roger Lassarat, Noblet, Robert-Denogent, Jacques et Nathalie Saumaize, Saumaize-Michelin, Simonin, La Soufrandise, Valette, Verget
- Rochen mit Käse, Zitronensaft und Semmelbröseln überbacken
- 1997, 1996, 1995
- Weiß: 3–6 Jahre

PULIGNY-MONTRACHET

KEIN ANDERER BURGUNDER ist so begehrt wie der Puligny-Montrachet von der Côte de Beaune. Chardonnay regiert auf den mit groben Kieseln bedeckten Kalksteinböden. Die kleine *appellation* Puligny Montrachet, deren Rebgärten sich über eine sanfte Hügellandschaft erstrecken, produziert vier der weltweit berühmtesten, trockenen weißen *grands crus*.

WERTVOLLE REBEN
Die Chardonnaypflanzungen von Puligny-Montrachet zählen zu den wertvollsten Lagen der Welt. Ein guter Jahrgang ist oft schon ausverkauft, bevor die Lese überhaupt begonnen hat.

OBWOHL DER BEREICH zu den ältesten Anbaugebieten von Burgund gehört, wurde das Potenzial des feinsten *terroir* von Puligny-Montrachet relativ spät entdeckt. Anfang des 17. Jh. wurde ein Abschnitt des Weinbergs Le Montrachet, der heute als die beste Grand-Cru-Lage von Puligny anerkannt ist, nachweislich für einen extrem niedrigen Preis verkauft, da die Weine von Le Montrachet damals kein sehr hohes Ansehen genossen.

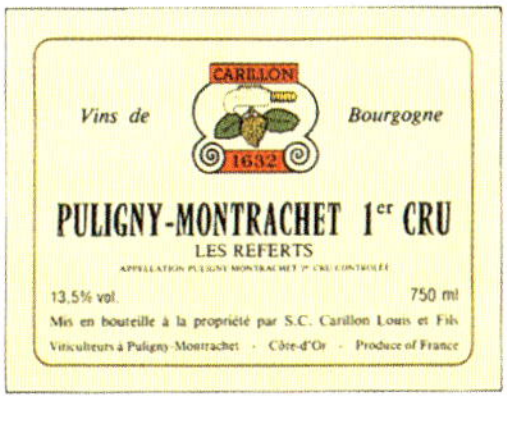

LOUIS CARILLON
Louis Carillon, der neue Eichenholzfässer im richtigen Maße verwendet, zählt zu den Nachwuchstalenten von Puligny-Montrachet.

- AC Puligny-Montrachet, AC Puligny-Montrachet Côte de Beaune, AC Puligny-Montrachet Premier Cru, AC Bâtard-Montrachet Grand Cru, Bienvenues-Bâtard-Montrachet Grand Cru, AC Chevalier-Montrachet Grand Cru, AC Montrachet Grand Cru
- Weiß: Chardonnay
- Elegante, stahlige Weine
- Guy Amiot, D'Auvenay, J-M Boillot, Louis Carillon, Chartron et Trébuchet, Henri Clerc, Coche-Dury, Joseph Drouhin, Louis Jadot, Louis Latour, Leflaive, Olivier Leflaive, Duc de Magenta, Maraslovac-Leger, Matrot, Marc Morey, Pascal, Jacques Prieur, Ch de Puligny-Montrachet, Sauzet
- Lachssteaks aus der Pfanne
- 1996, 1995, 1992, 1990, 1989, 1988, 1986, 1985
- Weiß: 4–14 Jahre

Häufig herrscht Verwirrung darüber, inwieweit sich ein Puligny-Montrachet von einem Wein aus dem angrenzenden Chassagne-Montrachet (S. 115) im Süden unterscheidet. Obwohl sich die beiden Appellationen die besten Grand-Cru-Lagen teilen, sind ihre Produkte oft völlig unterschiedlich. Puligny-Montrachet produziert beispielsweise nur sehr wenig Rotwein, während in Chassagne-Montrachet annähernd die Hälfte der Produktion auf Rotwein entfällt. Sowohl die weißen Village-Weine als auch die weißen *premiers crus* von Puligny-Montrachet sind nach allgemeiner Auffassung in Bestform feiner als die Weißen von Chassagne-Montrachet, da sich die besseren Abschnitte der gemeinsamen Grand-Cru-Lagen Bâtard-Montrachet und Le Montrachet in Puligny befinden.

Namhafte französische Winzer, Handelshäuser und Produzenten haben Rebbesitz und Kellereien in Puligny-Montrachet, wie z. B. Olivier Leflaive mit der Domaine Leflaive und Louis Jadot mit der Domaine du Duc de Magenta. Doch die enorme internationale Nachfrage hat dazu geführt, dass auch minderwertige und überteuerte Weine angeboten werden. Die vier Grand-Cru-Weine von Puligny erweisen sich jedoch generell als guter Kauf, zumal wenn sie von namhaften Produzenten stammen. Dasselbe gilt für viele Premiers-Cru-Weine, z. B. Le Cailleret, Champ Canet, Les Pucelles und Les Chalumeaux.

DOMAINE LEFLAIVE
Vincent Leflaives Tochter Anne, die Pionierin des biologisch-organischen Weinbaus, macht noch bessere Weine als ihr berühmter Vater.

Régnié

Die Gemeinde Régnié oder Régnié-Durette, wie der volle Name lautet, ist seit Dezember 1988 als zehnter Beaujolais *cru* anerkannt. Es gibt zwei Weinstile: zarte, duftige Tropfen und körperreiche, gut strukturierte Weine. Am meisten verbreitet sind die früh trinkreifen Weine mit lebhaften, ausgeprägten Fruchtaromen. Nachdem zunächst Zweifel an der Rechtmäßigkeit des Cru-Status bestanden, konnte sich die *appellation* nach ihrem etwas verunglückten Start dank einiger engagierter Produzenten einen guten Stand verschaffen.

- AC Régnié
- Rot: Gamay
- Leicht- bis mittelgewichtige fruchtige Rotweine
- Noël Aucoeur, René Desplace, Dominique Piron, de Ponchon, Joël Rochette, Georges et Gilles Roux
- Schinken mit Honigkruste
- 1998, 1997, 1996, 1995
- 2–4 Jahre

Domaine Aucoeur
Noël Aucoeur aus dem benachbarten Villié-Morgon macht in Régnié geschmeidige, füllige Weine.

Rully

Die Rotweine von Rully, der nördlichsten *appellation* der Côte Chalonnais, erinnern mich oft an jene der Appellationen von Côte de Beaune, z. B. Volnay *(S. 137)*. In der *appellation* Crémant de Bourgogne entstehen schäumende weiße Burgunder, die zuweilen Spitzenqualität erreichen. Die stillen Weißweine sind frisch und apfelartig, die Rotweine mittelschwer, mit Anklängen an Waldhimbeeren und Veilchen. 25 Premier-Cru-Lagen liefern Rot- und Weißwein mit höherer Komplexität und mehr Alterungsvermögen als die Village-Weine.

- AC Rully, AC Rully Premier Cru
- Rot: Pinot Noir; Weiß: Chardonnay
- Gut strukturierte Rote; trockene Weiße
- Delorme, Joseph Drouhin, Dureuil-Janthial, Dury
- Poschierte Wein-Eier
- Rot: 1997, 1996, 1995
- Rot: 3–5 Jahre; Weiß: 2–5 Jahre

Jacques Dury
Die apfelartigen weißen Burgunder dieses Produzenten konkurrieren mit denen der Côte d'Or.

St-Amour

Dieser Wein wird gerne am Valentinstag getrunken, doch tatsächlich bezieht sich »amour« auf den hl. Amator, einen römischen Soldaten, der, zum Christentum bekehrt, das Martyrium erlitt, und dessen Statue im Dorf St-Amour-Bellevue zu sehen ist. Als nördlichster Beaujolais *cru* befindet sich St-Amour in einer geologischen Übergangszone zwischen den Granithängen des südlichen Beaujolais und dem Kalksteinplateau des Mâconnais im Norden. Die somit auf Kalkstein und Granit abgelagerten Kiesböden lassen aus den Trauben von St-Amour Rotweine entstehen, die zu den zartesten und geschmeidigsten der Region zählen und oft mehr Ähnlichkeit mit einem Mâconnais *(S. 123)* als einem Beaujolais haben. Machen Sie eine Weinprobe im Caveau du Cru St-Amour in Plâtre-Durand.

André Poitevin
Ein feines, saftiges Beispiel mit dem duftigen, aber keineswegs schwachen Charakter der besten Weine von St-Amour.

Landschaftsidylle
Der ungewöhnlichen Zusammensetzung des Unterbodens verdanken die besten Weine dieser commune ihre Finesse.

- AC St-Amour
- Rot: Gamay
- Weiche, schwere, fruchtige, gewöhnlich früh trinkreife Rotweine
- Des Billards, Georges Duboeuf, Jean-Paul Ducoté, des Ducs, Henry Fessy, Janin, Patissier, du Plateau de Bel-Air, André Poitevin, Revillon, Michel Tête, Georges Trichard
- Traditioneller Eintopf mit groben Schweinswürsten in Beaujolais, mit Knoblauch, Zwiebeln, Schalotten und Waldpilzen
- 1998, 1996, 1995, 1993
- Rot: 2–4 Jahre

ST-AUBIN

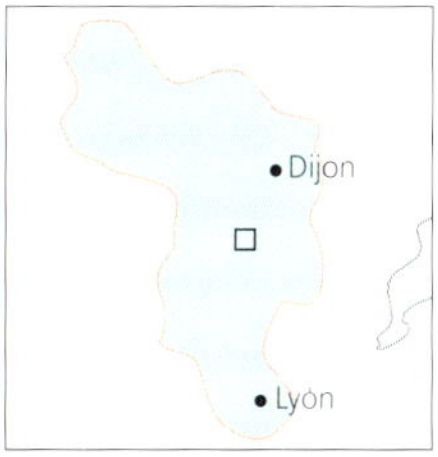

IN DER CÔTE DE BEAUNE, nördlich der Rot- und Weißwein produzierenden *appellation* Chassagne-Montrachet *(S. 115)* und östlich des weltberühmten Weißweinbereichs Puligny-Montrachet *(S. 133)* gelegen, verfügt die *commune* St-Aubin über 230 ha Anbaufläche, etwa die Hälfte davon mit Chardonnay und Pinot Blanc bepflanzt. Die meisten der 29 *premiers crus* der *appellation* produzieren auch Weißwein; Les Murgers des Dents de Chien und En Remilly sind am besten. Diese haselnussgeprägten Weine sind oft vielen Puligny-Montrachet überlegen. Die Rotweine aus den Premier-Cru-Lagen mit ihren reifen Walderdbeeraromen sind etwas komplexer als die *villages*. Durchaus von guter Qualität, können sie aber, anders als die Weißen, ihren rustikalen Charakter nur selten verbergen.

ROUX PÈRE ET FILS
Ein buttriger, nussiger Wein, der sich neben manch teurerer Flasche Puligny-Montrachet sehen lassen kann.

EINE SCHATZKAMMER
Hinter den Hügeln liegt St-Aubin, das von Touristen, die zu den berühmten Nachbardörfern Puligny-Montrachet und Meursault unterwegs sind, oft übersehen wird.

- AC St-Aubin, AC St-Aubin Premier Cru
- Rot: Pinot Noir; Weiß: Chardonnay, Pinot Blanc
- Mittelgewichtige, geschmeidige Rotweine; frische, mittelgewichtige Weißweine, z. T. in Eichenholz gereift
- Jean-Claude Bachelet, Champy, Marc Colin, Hubert Lamy-Monnot, Olivier Leflaive, Henri Prudhon, Ch de Puligny-Montrachet, Roux Père et Fils, Thomas
- Weiß: Schnecken, Knoblauch und Steinpilze in Blätterteig
- Weiß: 1996, 1995, 1993
- Weiß: 3–8 Jahre

ST-ROMAIN

DAS 350 M HOCH GELEGENE St-Romain mit seiner kühlen Witterung, die den Reifeprozess der Trauben oft verzögert, befindet sich schon fast auf dem Gebiet der Hautes-Côtes de Beaune *(S. 121)*. Die Rotweine sind robust, aber angenehm. Die frischen, mineralischen, ungeholzten Weißweine sind perfekt für alle, die den holzigen Stil der *appellation* Puligny-Montrachet *(S. 133)* meiden möchten. Paradoxerweise ist St-Romain aber gerade als Exporteur der Eichenholzfässer des legendären Küfers Jean François weltberühmt!

- AC St-Romain
- Rot: Pinot Noir; Weiß: Chardonnay
- Leichte, weiche, fruchtige Rote; frische Weißweine
- Christophe Buisson, Chassorney, Germain et Fils, Alain Gras, Thevenin-Monthélie
- Weiß: Froschschenkel
- Weiß: 1998, 1997, 1995
- Weiß: 3–5 Jahre

CHRISTOPHE BUISSON
Ein frischer, mineralischer Wein mit reichem Haselnussaroma.

ST-VÉRAN

IN DIESER 1971 GEGRÜNDETEN, teils zum Beaujolais, teils zum Mâconnais gehörenden *appellation* wird Weißwein produziert, und zwar in insgesamt sieben Dörfern, so in Davayé und Prissé im Norden von Pouilly-Fuissé *(S. 132)* und in Chanès, Chasselas, Leynes, St-Amour und St-Véran im Süden. Ihre Kalksteinböden geben den vollaromatischen Chardonnay-Weinen einen feinen mineralischen Ton. Einige talentierte, ehrgeizige Winzer in St-Véran bieten Weine, die mit das beste Preis-Leistungs-Verhältnis der Region bieten.

- AC St-Véran
- Weiß: Chardonnay
- Leichte, trockene Weiße
- D et M Barraud, Corsin des Deux Roches, Georges Duboeuf, Ch Fuissé, Producteurs de Fuissé, Roger Luquet, J. Saumaize
- Brathühnchen mit Dijon-Senf und Crème fraîche
- 1998, 1997, 1996, 1995
- 2–4 Jahre

JACQUES SAUMAIZE
Ein reicher, buttriger Wein mit erfrischender Apfelnote und mineralischem Rückgrat.

SANTENAY

SEIT RÖMISCHER ZEIT ist Santenay, eines der am südlichsten gelegenen Weindörfer in der Côte de Beaune, für seine lithiumhaltigen Thermalquellen bekannt. Weißer Santenay ist empfehlenswert, aber rar; sein Anteil an der Gesamtproduktion beträgt 2 %. Der AC-Bereich Santenay, der sich um das Dorf und weiter nach Süden hin erstreckt, liefert volle, erdige Rote, und die 14 *premier crus* an der nördlichen Appellationsgrenze bieten leichte, elegante Gewächse, die im Stil an den Wein aus Beaune *(S. 108 f.)* erinnern.

- AC Santenay, AC Santenay Premier Cru
- Rot: Pinot Noir
- Erdhafte, robuste Rotweine
- Adrien Belland, Fernand Chevrot, Marc Colin, Vincent Girardin, Olivier Leflaive, Nouveau, Pousse d'Or, Prieur-Brunet
- Lammschulter
- Rot: 1996, 1995, 1993
- Rot: 3–12 Jahre

ADRIEN BELLAND
Dieser Produzent macht seine eleganten Weine von Trauben aus den besten Rebbergen von Santenay.

SAUVIGNON DE ST-BRIS

DASS DIESE CHARAKTERVOLLEN Weißen aus dem Norden Burgunds nur *VDQS*-Rang haben, zählt zu den Mysterien der französischen Weinwelt. Die 60 ha Rebland dieses Anbaugebiets liegen im Departement Yonne, südwestlich der Stadt Chablis *(S. 112 f.)*. Die hiesigen Winzer bauen mehr Sauvignon an als Chardonnay, die vor allem in Chablis verbreitet ist. Ihre frischen, trockenen Weine mit kräuterwürzigen, rauchigen Aromen erinnern an die Weine aus Sancerre, die 100 km weiter südwestlich zu Hause sind.

- VDQS Sauvignon de St-Bris
- Sauvignon Blanc
- Leichte, frische, fruchtige, trockene Weißweine
- Jean-Marc Brocard, la Chablisienne, Joël et David Griffe, St-Prix, Sorin-Defrance
- Flusskrebse
- 1998, 1997, 1996
- 1–3 Jahre

JEAN-MARIE BROCARD
Obwohl sie nur den Rang des VDQS haben, können sich die Weine von J.-M. Brocard oft mit jenen von Sancerre messen.

SAVIGNY-LÈS-BEAUNE

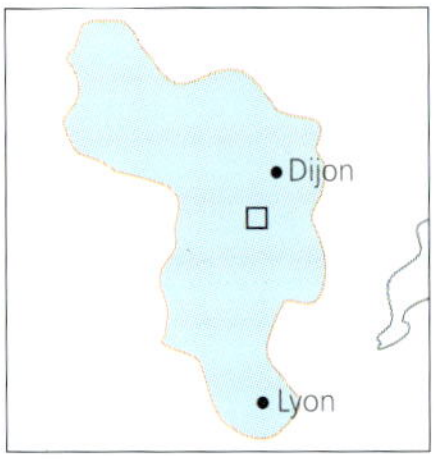

GUT VERSTECKT IM TAL des Flüsschens Rhoin liegt die *appellation* Savigny-lès-Beaune mit dem gleichnamigen Dorf und 385 ha Rebbesitz. Im Osten des Anbaubereichs wachsen die Trauben für gut strukturierte, etwas rustikale Weine, die Trauben aus dem Norden, nahe Pernand-Vergelesses *(S. 130)*, ergeben hingegen weichere Weine mit cremigen Fruchtaromen. Die 22 *premiers crus*-Lagen der Appellation befinden sich an den Hängen der kleinen Region, und dazwischen, in den flachen Arealen, liegen die Weingärten der AC Savigny-lès-Beaune. Der Rotweinanteil beträgt 90 %. Für Weißwein wird oft Pinot Blanc mit ihrem hier unverwechselbaren, sahnigen, paranussigen Aroma verwendet, was in der Côte de Beaune, wo Chardonnay Vorrang hat, nicht selbstverständlich ist.

VIELFALT IM WEINBERG
Die Weinberge von Savigny-lès-Beaune sind mit die abwechslungsreichsten der Region. Hochwertige Weine aus Aux Vergelesses und Les Lavières sind einem premier cru aus Beaune oft ebenbürtig.

SIMON BIZE
Seine Weine zeichnen sich durch hohe Lebenserwartung aus. Sie reifen in Kellern, gegenüber Château de Savigny gelegen.

- AC Savigny-lès-Beaune, AC Savigny-lès-Beaune Premier Cru
- Rot: Pinot Noir
Weiß: Pinot Blanc, Chardonnay
- Elegante, mittelgewichtige Rote; leichte, würzige Weiße
- Arnoux, Bitouzet, Bize, Champy, Chandon de Briailles, Bruno Clair, Girard-Voillot, Joseph Drouhin, Dubreuil-Fontaine, Maurice Ecard, Pavelot, Tollot-Beaut
- Entenbrustfilets
- Rot: 1998, 1996, 1995, 1993
- Rot: 6 Jahre
Weiß: 2–3 Jahre

VOLNAY

LIEBHABER DES BURGUNDERS bevorzugen oft einen besonderen Rotwein der Region, der höchstwahrscheinlich zu den Spitzenreitern der Côte de Nuits gehört. Ich selbst optiere für die *appellation* Volnay, deren Weine sich durch ihre ebenso ätherische wie unwiderstehliche Duftkombination aus Veilchen, Himbeeren und reifen Pflaumen auszeichnen.

MARQUIS D'ANGERVILLE
Dieser füllige, kirschbetonte Wein stammt aus der Hand des Marquis d'Angerville. Sein Vater war Mitbegründer des Systems der appellations contrôlées.

AN DEN HÄNGEN ZWISCHEN Pommard und Meursault gelegen, wurde Volnay bereits im 17. Jh. für seinen hellen, zarten Rotwein gerühmt, *vin paillé* oder »Strohwein« genannt. Die Trauben für diesen Wein wurden zwischen Strohmatten gepresst und anschließend einer sehr kurzen Maischegärung unterzogen, bei der der Most auf den Schalen liegen bleibt. In einem Schriftstück aus dem Jahr 1728 mit dem Titel: *La Situation de la Bourgogne* schreibt der geistliche Verfasser: »Das Lesegut dieses *terroir* darf nur kurze Zeit im Gärfass bleiben. Einen Moment zu lange, und der Wein hat seine Zartheit verloren.« Die Lebenserwartung des heutigen Volnay ist sicherlich höher als jene wohl recht kurze seiner Vorgänger, die nur einer kurzen Maischung unterzogen wurden. Doch trotz längerer Lebensdauer bewahren sich viele ihre jugendliche Delikatesse und Zugänglichkeit.

Anfang des 20. Jh. missbrauchten skrupellose Händler regelmäßig den Namen Volnay, um derart ausgewiesen ihre Weine aus Südfrankreich und Algerien zu verkaufen. Dies veranlasste den Marquis d'Angerville, Weingutsbesitzer in Volnay, für geschützte Appellationen einzutreten. So kam es 1935 zur Gründung des *Institut National des Appellations d'Origine (INAO)*.

Bemerkenswerte Produzenten, darunter auch der Sohn des Marquis d'Angerville, haben aktiv dazu beigetragen, dass Volnay sich zu einem der zuverlässigsten Anbaubereiche der Region entwickelte. Volnay verdankt die Verlässlichkeit, Geschmeidigkeit und Duftigkeit seiner Weine dem flachgründigen Kreidekalk und der Südostexposition seiner Rebberge. Es gibt hier keine *grands crus*, doch mehr als die Hälfte der Rebflächen haben Premier-Cru-Status. Die eindrucksvollsten Weine stammen aus Taille Pieds, Les Caillerets, Clos des Ducs, Clos des Chênes und Bousse d'Or. Volnay ist vorwiegend Rotweinbereich; der nur geringe Weißweinanteil wird als AC Meursault *(S. 125)* verkauft.

RUHIGE GASSEN
In den Hügeln oberhalb der route nationale *liegt, mit Blick über die* premier cru-*Lagen, das malerische Dorf Volnay. Beschaulichkeit und Wohlstand prägen seine Atmosphäre.*

- AC Volnay, AC Volnay Premier Cru
- Rot: Pinot Noir
- Elegante, samtige Weine mit Rotfruchtaroma
- Marquis d'Angerville, Roger Bellend, Boigelot, J-M Boillot, Lucien Boillot, Bouchard Père et Fils, Pascal Bouley, Caillot, Camille Giroud, Champy, Coche-Dury, Joseph Drouhin, Génot-Boulanger, Vincent Girardin, Jaffelin, Michel Lafarge, Comtes Lafon, Olivier Leflaive, Leroy, de Montille, Fernand et Laurent Pillot, Prieur-Brunet, Pousse d'Or, Rebourgeon Mure, Régis Rossignol-Changarnier, Vaudoisey, Voillot
- Geschmorter Hasenrücken
- 1998, 1997, 1996, 1995, 1993, 1990, 1988, 1985
- Rot: 3–18 Jahre

MICHEL LAFARGE
Der Volnay von Michel Lafarge ist absolut superb: wunderbar reintönig, doch gleichzeitig voll und herrlich duftig.

VOSNE-ROMANÉE

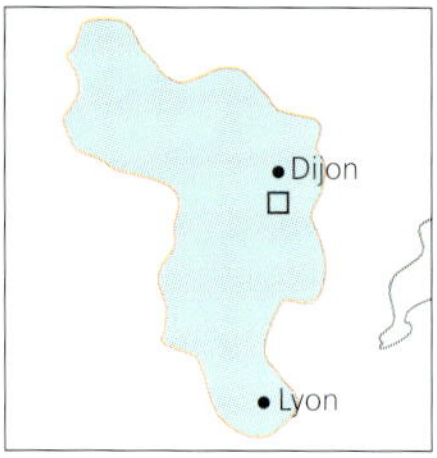

DIE REGION DER CÔTE D'OR ist wie eine goldene Krone mit Edelsteinbesatz und ihr wertvollster, schönster, funkelndster Diamant ist Vosne-Romanée. Am südlichsten Ende der Côte de Nuits gelegen, umfasst Vosne-Romanée mit die angesehensten Weinberglagen von Burgund und produziert wunderbar stilvolle Rotweine.

CLOS DES RÉAS
Der premier cru Clos des Réas ist im Besitz der bekannten Winzerfamilie Gros, die üppige, duftige Weine in einem vortrefflichen Preis-Leistungs-Verhältnis bietet.

WIE EINEM DOKUMENT AUS DEM 18. JH. zu entnehmen ist, produzierte das kleine Weindorf Vosne-Romanée schon zur damaligen Zeit *»pas de vin commun«*, also »keinen gewöhnlichen Wein«. Auch heute noch sind die Rotweine dieser *appellation* von außergewöhnlich einheitlicher, hoher Qualität. Der schlichteste Vosne-Romanée dürfte sich als weniger enttäuschend erweisen als das Pendant einer unbeständigeren *appellation* in der Côte de Nuits, also etwa von Gevrey-Chambertin *(S. 120)* oder von Nuits-St-Georges *(S. 129)*.

Der Anbaubereich Vosne-Romanée umfasst eine Reihe vortrefflicher *premiers crus* und *grands crus*. Der feinste und teuerste *grand cru* stammt von dem 1,8 ha großen Weinberg La Romanée-Conti. Sein Doppelname nimmt Bezug auf eine hiesige römische Ausgrabungsstätte sowie auf den Fürsten Conti, in dessen Besitz er sich im 18. Jh. befand. Heute zählt die Lage Romanée-Conti, ebenso wie der angrenzende Weinberg La Tâche, zur weltberühmten Domaine de la Romanée-Conti (DRC). Ihre Weine sind ungeheuer opulent, voller Pflaumen- und Gewürzaromen. Weitere große Grand-Cru-Lagen sind La Romanée, im Besitz des *négociant-producteur* Bouchard Père et Fils, Romanée-St-Vivant, Richeborg und die erst kürzlich mit dem *grand cru*-Status ausgezeichnete, aber bisher enttäuschende Weinberglage La Grande Rue.

An der Spitze der 17 *premier cru*-Weine der *appellation* stehen Les Beaux Monts, Les Brûlées, Les Chaumes, Aux Malconsorts, Les Suchots, Clos des Réas und Cros-Parantoux. Darüber hinaus gibt es weitere vorzügliche Produzenten, die für die Domaine La Romanée-Conti ebenfalls eine Konkurrenz darstellen, so etwa Lalou Bize-Leroy von der Domaine Leroy, René Engel, Anne Gros und Jean-Nicolas Méo von der Domaine Méo-Camuzet.

Direkt hinter der Appellationsgrenze im Norden beginnen die *grand cru*-Lagen Échézeaux und Les Grands Échézeaux. Sie gehören zum Nachbardorf Flagey-Échézeaux. Ihre Weine ähneln den besten Weinen von Vosne-Rosmanée, auch wenn sie sich nur selten als ebenso füllig und komplex wie diese erweisen.

- AC Vosne-Romanée, AC Vosne-Romanée Premier Cru, AC Richebourg Grand Cru, AC La Romanée Grand Cru, AC La Tâche Grand Cru, AC Romanée-St-Vivant Grand Cru, AC Romanée-Conti Grand Cru, AC La Grande Rue Grand Cru
- Rot: Pinot Noir
- Elegante, samtige Rotweine
- Arnoux, Bouchard Père et Fils, Cacheux, Confuron-Cotédiot, Joseph Drouhin, Engel, Faiveley, Forey, François Gerbet, Jean Grivot, Anne Gros, Jayer-Gilles, Leroy, Méo-Camuzet, Mongeard-Mugneret, Mugneret-Gibourg, des Perdrix, Pernin-Rossin, Jaques Prieur, Prieuré-Roch, Rion, Romanée-Conti, Romaneé-St-Vivant, Rouget, Jean Tardy, Thomas-Moillard
- *Coq au vin*
- 1996, 1995, 1993, 1990, 1988, 1985
- Rot: 5–20 Jahre

CHRISTLICHE TRADITION
Dieses Kreuz erhebt sich über dem winzigen grand cru Romanée-Conti, von dem einige der schönsten und teuersten Burgunder stammen.

LALOU BIZE-LEROY
Die ehemalige Anteilseignerin der Domaine de la Romanée-Conti, Lalou Bize-Leroy, macht heute ausgezeichnete Weine in biologisch-organischem Anbau.

SONSTIGE

NEBEN DEN KLASSISCHEN Pinot-Noir- und Chardonnay-Weinen produziert Burgund erstaunlich viele unbekanntere Weine. Man findet sie nur selten jenseits der regionalen Grenzen, obwohl viele von ihnen Beachtung verdienen würden, so etwa der vortreffliche Bourgogne Aligoté Bouzeron aus dem Dorf Bouzeron in der Côte Chalonnaise.

UNGEWÖHNLICHES IRANCY
Die leichten, erdbeerfruchtigen, unbekannteren Roten von Irancy werden aus Pinot Noir und César gekeltert. Sie können köstlich erfrischend sein.

DEN NAMEN ALIGOTÉ wird der Weinliebhaber oder die Weinliebhaberin vermutlich mit Kir assoziieren, einem Weißwein mit einem Schuss Cassislikör, den Canon Kir, ehemaliger Bürgermeister von Dijon, einst kreierte. Wer den Aligoté pur verkostet, wird sofort begreifen, weshalb der Mann sich den Genuss mit Likör versüßte. In Bestform angenehm frisch und von feinen Apfelaromen geprägt, können diese Weine jedoch auch absolut essigsauer sein. Rühmliche Ausnahmen kommen aus den Rebgärten bei Bouzeron in der Côte Chalonnaise. Dort zeitigt die Sorte so schöne Resultate, dass man ihr eine eigene *appellation* zuerkannte, Bourgogne Aligoté Bouzeron (künftig: *appellation contrôlée* Bouzeron).

Ein Passetoutgrains verstand sich früher als einfacher roter Durststiller, der, wie sein Name schon sagt, aus allerlei verschiedenen Sorten verschnitten wurde. Sein Nachfolger in der *appellation* Bourgogne Passetoutgrains hat sich nun zu einem traditionellen Verschnitt aus Gamay und Pinot Noir gemausert. Offiziell soll er aus zwei Teilen Gamay und einem Teil Pinot Noir verschnitten werden, aber viele Winzer geben offen zu, dass sie den Anteil an Pinot Noir heraufsetzen. Viele Passetoutgrains kommen von Spitzenwinzern. Aufgrund ihrer interessanten Kirsch- und Erdbeeraromen bilden sie eine gute Alternative zum Beaujolais *cru* (*S. 106 f.*).

LEBENDIGE GESCHICHTE
In der Umgebung von St-Bris-le-Vineux im Yonne finden Sauvignon Blanc und die lokale Sorte César, die im Süden Burgunds ihre Popularität verloren haben, geeignete Bedingungen.

Crémant de Bourgogne bezeichnet allgemein einen schäumenden Burgunder in Weiß oder Rosé. Nachdem die Zahl der zulässigen Rebsorten um Pinot Noir, Chardonnay, Pinot Blanc sowie die herkömmlicheren Trauben Aligoté und Gamay erweitert wurde, haben sich die Weine in jüngerer Zeit deutlich verbessert. Heute gelten diese von der Sorte Chardonnay gekelterten Weine als Alternative zum Champagne Blanc de Blancs; der Crémant de Bourgogne Blanc de Noirs präsentiert sich mit attraktiv reinen Pinot-Noir-Aromen.

Beachtenswert ist auch der inzwischen fast nicht mehr hergestellte Rotwein der traditionellen Sorte César aus dem Bereich Irancy bei Chablis. Inwieweit diese verschiedenen *appellations* den Namen der Rebsorte César aufs Etikett setzen dürfen, ist nicht klar; die Weine haben ein faszinierendes Aroma, das sich zwischen einem roten Burgunder (*S. 110*) von Pinot Noir und einem roten Anjou (*S. 178*) von Cabernet Franc ansiedeln lässt.

JEAN-FRANÇOIS COCHE-DURY
Aligoté tendiert zu säuerlichen Noten, kann aber auch einen so üppigen, bemerkenswerten Weißwein wie diesen ergeben.

ESSEN IN BURGUND

Tafelfreuden haben in Burgund eine fast ebenso weit zurückreichende Tradition wie die Weinkultur dieser Region. Klassisch burgundische Gerichte gelten als französische Küche schlechthin. Herzhaft deftig, und somit genau das Richtige nach einem langen Arbeitstag im Weinberg, sind sie weit entfernt von der feineren *haute cuisine*, begleiten jedoch perfekt einen guten Burgunder.

POULET DE BRESSE
Dieses appellation controlée-*Hühnchen ist in einer köstlichen Sauce aus weißem Burgunder, Sahne und wilden Morcheln gegart.*

BURGUND IST ein wahres Schlaraffenland, was die Zutaten seiner Gerichte betrifft. Die Stadt Bresse ist weltberühmt für die hohe Güte ihres Geflügels, internationale Küchenchefs preisen das Fleisch der berühmten Charolais-Rinder. Die Flüsse von Morvan gelten als die reichsten Fischgründe Frankreichs und in Burgunds Wäldern lebt Wild unterschiedlichster Art. Delikate Speisepilze, fette Weinbergschnecken und saftige, reife Gemüse und Früchte gibt es im Überfluss. Gekrönt wird das Ganze von den burgundischen Weinen, die nicht nur als Begleitung und Ergänzung eines Essens dienen, sondern auch bei der Zubereitung vieler burgundischer Gerichte eine wichtige Rolle spielen. Rotwein verfeinert klassische Schmorbraten wie *boeuf bourguignon* und Saucen, die zu Eierspeisen und Fisch gereicht werden; weißer Burgunder harmoniert mit Huhn und Kaninchen. Mit dem scharfen *marc de Bourgogne* wiederum, einem Destillat aus feinstem Trester, wird die Rinde der hier hergestellten Käse eingerieben. Früher galt, dass der Wein zum Essen und jener zum Kochen derselbe zu sein habe, doch eine Flasche Grand Cru Chambertin ist heute so kostspielig, dass allenfalls millionenschwere Puristen

ESCARGOTS À LA BOURGUIGNONNE
Die Römer importierten große Weinbergschnecken, die rasch zum Klassiker der französischen Küche aufstiegen.

KÄSE DER REGION

Burgund ist zwar nicht so berühmt für seine Milchprodukte wie für seine Weine, doch liefern die Charolais-Rinder, die auf Burgunds idyllisch malerischen Weiden grasen, den Rohstoff für jenen vollmundigen, sahnigen Käse, der hervorragend mit den Weinen der Region harmoniert. Selbst das bescheidenste Gasthaus bietet eine Auswahl perfekt gereifter lokaler Käse. Charakteristisch ist ihr sehr kräftiger Geschmack, der mit der delikaten heimischen Traube Pinot Noir überraschend gut harmoniert.

ÉPOISSES DE BOURGOGNE
Die hellrote Rinde dieses intensiv riechenden Käses wurde während der Reifung nach traditioneller Art mit marc de Bourgogne *eingerieben.*

BLEU DE BRESSE
Der üppige, cremig-sahnige Käse, innen weich und blau geädert, ist ein Klassiker Südfrankreichs. Die weiße Rinde bildet sich während des Reifevorgangs.

OEUFS EN MEURETTE
Ein herzhafter Genuss: Poschierte Eier mit einer Sauce aus Schinkenspeck, Gemüse, frischen Kräutern, rotem Burgunder und einem Schuss Cognac.

es sich erlauben können, die Hälfte eines so edlen Rotweins zu verkochen. Die moderne Küche begnügt sich meist mit einem körperreichen roten Burgunder.

Sahne wird, oft zusammen mit Pilzen oder Schinken, gerne zum Verfeinern verwendet. Gekochter Schinken, einst das traditionelle Osteressen, wird auch in Wein geschmort oder mit Petersilie zu *jambon persillé* zubereitet. Verschiedene *charcuterie* (Fleisch- und Wurstwaren) wie *sansiot* (Sülze), *saucissons* (geräucherte Würste), *andouillette* und *pâté* sind überall in Burgund zu haben. Mit Eiern und dem berühmten Senf aus Dijon werden *oeufs à la dijonnaise* bereitet, und ebenfalls aus Dijon kommt ein köstlicher Likör, der aus schwarzen Johannisbeeren gewonnene *crème de cassis*. Mit Weißwein gemischt, ergibt er *kir*, einen Apéritif.

Für Süßmäuler hat Burgund z. B. das lebkuchenartige *pain d'épices* zu bieten. Zur Weinprobe allerdings werden traditionell köstliche *gougères*, luftig-duftige Käse-Windbeutel, kalt so gut wie lauwarm, pur und mit Pilzen serviert.

CHARCUTERIE
Schweinefleisch ist ein wichtiger Bestandteil der burgundischen Küche – als Schinken, Pasteten, Wurst und Sülze. Zu festlichen Anlässen wird der Schinken im Ganzen serviert.

BOEUF BOURGUIGNON
Für den klassischen Schmortopf werden Fleischwürfel mariniert und stundenlang mit Speckwürfeln, Zwiebeln und Pilzen in Beaujolais oder Burgunder geschmort.

Champagne

CHAMPAGNER IST WEIT MEHR ALS EIN SCHAUMWEIN – HEUTE STEHT ER WELTWEIT ALS EIN SYNONYM FÜR LUXUS UND FESTLICHEN GLANZ.

Wer eine Flasche eines großen Champagners öffnet, hat das Gefühl, in andere Dimensionen des Weins vorzustoßen. Ein vollendeter Champagner kann wahrhaft göttlich sein: trocken, doch mit honigsüßen Anklängen, opulent aber erfrischend, zart aber vollmundig, süffig aber vielschichtig-aromatisch, mit fruchtigen, nussigen Anklängen und sogar einer Spur Bitterschokolade. Doch erfahrungsgemäß bedeutet das Wort »Champagne« auf dem Etikett nicht unbedingt, dass sich dahinter etwas Besonderes verbirgt, auch wenn die Region schon Unsummen zum Schutz ihrer Ursprungsbezeichnung ausgegeben hat. Wie kommt es also, dass ein Champagner sublim oder entsetzlich sauer, süß oder einfach nur flach sein kann? Der

Frostschutz *Zum Schutz gegen den Frost, der in dieser nördlichen Region keine Seltenheit darstellt, werden die Reben mit Wasser besprüht.*

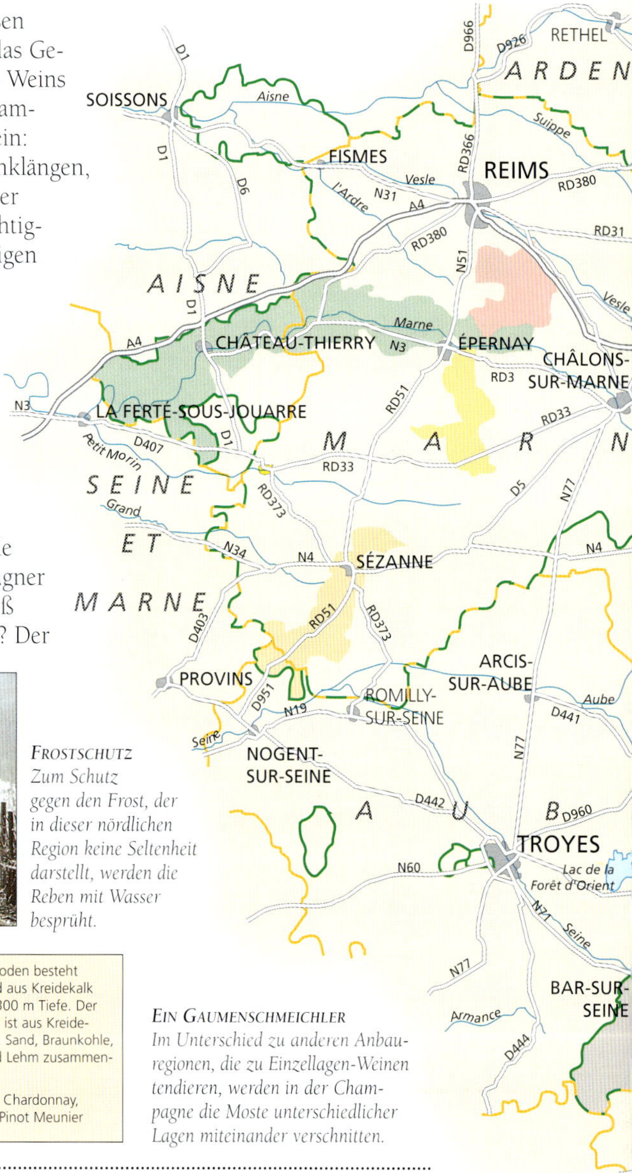

- 30 000 ha, 270 Millionen Flaschen
- Mäßige, sehr variable Temperaturen, unter dem Einfluss von nördlichem und atlantischem Klima. Die Sommer können sehr kühl sein; im Frühjahr besteht Frostgefahr.
- Der Unterboden besteht vorwiegend aus Kreidekalk mit bis zu 300 m Tiefe. Der Oberboden ist aus Kreideschutt, Ton, Sand, Braunkohle, Mergel und Lehm zusammengesetzt.
- Weiß/Rosé: Chardonnay, Pinot Noir, Pinot Meunier

Ein Gaumenschmeichler *Im Unterschied zu anderen Anbauregionen, die zu Einzellagen-Weinen tendieren, werden in der Champagne die Moste unterschiedlicher Lagen miteinander verschnitten.*

Grund hierfür liegt vor allem in der Geographie: Diese kühle, nördliche Region, die sich durch ihre Nähe zu Paris und den östlichen Nachbarstaaten historisch zwar einen Vorteil beim Verkauf ihrer Produkte verschaffen konnte, weist jedoch klimatische Bedingungen auf, die die Trauben nicht so reifen lassen wie im Süden. Doch dadurch ließen sich die Erzeuger der Champagne nie entmutigen; im 16. Jh. versetzten sie ihren Wein sogar mit Holundersaft, um ihm das satte Rot eines Burgunders zu verleihen. Die Erfolgsgeschichte des Champagners aber begann mit einer Reihe von Erfindungen. Dom Pérignon, einem Mönch des Klosters Hautvillers, wird fälschlicherweise zugeschrieben, im 17. Jh. erstmals einen stillen Wein zum Schäumen gebracht zu haben – versehentlich, denn eigentlich wollte er die Kohlensäurebildung verhindern, da der Druck die Flaschen bersten ließ. Dom Pérignons eigentlicher und bedeutendster Beitrag zur Weinbereitung bestand aber darin, dass er die Technik des Verschneidens entwickelte, indem er die Moste der Region mischte, anstatt die Weine, wie in Burgund, separat auszubauen.

IM WEINBERG
Dieser überwiegend mit Chardonnay bestockte Weinberg bei Cramant liefert den feinen blanc de blancs.

Die hierdurch verbesserte Qualität der Weine, die nach wie vor zum »Sprudeln« neigten, und die Erfindung neuartiger Flaschen aus explosionsbeständigem Glas führten den Champagner schließlich zum Erfolg, zunächst in London, später in Paris. Champagner wird meist aus mehreren Rebsorten, Lagen und Jahrgängen verschnitten. Die Qualität all dieser Moste aber ist, so einst Dom Pérignon, weitaus wichtiger als die Bläschen, die den weltweiten Ruhm des Champagners begründeten.

DOM PÉRIGNON
Das wichtigste Vermächtnis des berühmten Benediktinermönchs ist die Technik des Verschneidens.

ANBAUBEREICHE

Aube-Weinberge	Vallée de la Marne
Côte des Blancs	Département-Grenze
Côte de Sézanne	Grenze AOC-Bereich CHAMPAGNE
Montagne de Reims	

DIE CHAMPAGNE IN DER GESCHICHTE

Ein Spitzenchampagner wie Bollinger ist für Champagnerliebhaber das, was ein Modell von Chanel oder ein Parfum von Guerlain für all jene darstellt, die sich für Mode oder feine Düfte begeistern. Somit ist es kein Zufall, dass sich heute so viele Champagner- und Modehäuser sowie Firmen, die Parfums kreieren, in einer Hand befinden.

DER CHAMPAGNER ist wie ein Rebell, der sich gegen die vorherrschende französische Weinphilosophie erhebt. Wie im System der *appellations contrôlées* verankert, soll ein Wein den Charakter seiner spezifischen Weinberglage spiegeln. Doch ein feiner Champagner ist in den meisten Fällen ein Gebietsverschnitt. Es gibt auch Einzellagen-Champagner, aber der Erfolg der berühmtesten Champagner wie Dom Pérignon und Roederer Cristal (*S. 151*) beruht gerade darauf, verschiedene Moste so zu komponieren, dass sie einen Wein ergeben, der den individuellen Stil des Champagnerhauses reflektiert. In diesem Sinne versteht sich das Motto des Winzers Richard Geoffrey, der für die Bereitung des berühmten Dom Pérignon zuständig ist: »Stil, Stil und noch mal Stil.«

Abgesehen vom individuellen Stil des Hauses, ist Champagner von Weiß bis zu Rosé erhältlich, je nach dem Mischungsverhältnis von roten und weißen Mosten oder je nachdem, wie lange der Most auf den Schalen der roten Trauben lag. Auch die Süßegrade sind unterschiedlich und reichen vom knochentrockenen Brut Sauvage über Ultra Brut oder Brut Zéro bis hin zum köstlich süßen Doux. Allerdings ist die Skala heute nicht mehr ganz so extrem. Der trockenste Champagner, den man kaufen kann, ist der Brut, dessen Zuckergehalt 15g/l beträgt. Wer es weniger trocken mag, hält sich an die etwas missverständliche Bezeichnung Extra Sec (12–20g/l), an den Sec (17–35g/l) oder sogar den Demi Sec (35–50g/l). Ein etwas süßerer Champagner kann übrigens weitaus besser sein als einer der billigen Schaumweine im trockenen Stil aus dem Supermarkt.

DER FÄCHER DER VEUVE CLIQUOT
Dieser Fächer dokumentiert die eigenwillige Produktwerbung der Witwe Cliquot, die das Degorgierverfahren entwickelte.

CHÂTEAU CHANDON
Die Champagnerindustrie lieferte im 19. Jh. den Stoff für eine echte Erfolgsstory, die sich auch im luxuriösen Lebensstil der Produzenten spiegelte. Moët & Chandon gehört heute zu einem Konzern, der auch Mode und Parfums kreiert.

Weinpressen
Einige der größten Weinpressen, die es gibt, stehen in Champagnerkellereien. Sie können bis zu vier Tonnen Lesegut auf einmal verarbeiten.

Eine Sache des Stils

Der Stil eines jeden Weines wird von der für ihn verwendeten Rebsorte geprägt. Champagner, auch Champagne Rosé, wird meist aus Pinot Noir, Pinot Meunier und Chardonnay verschnitten, doch gibt es auch sortenreine Chardonnay (Blancs de Blancs), Champagner von ausschließlich dunklen Trauben (Blancs de Noirs), solche aus Trauben nur eines Jahrgangs, also so genannte Jahrgangschampagner, die sich durch Zusetzen älterer Weine nicht mehr verbessern können, sowie die weitaus zahlreicheren Jahrgangsverschnitte. Zusätzlich gibt es Jahrgangschampagner mit der Bezeichnung RD – *récemment dégorgé*, »kürzlich degorgiert« –, deren frischer, üppiger Charakter daher rührt, dass bei ihnen das Hefedepot einige Jahre länger als normal in der Flasche verbleibt, und schließlich so genannte *prestiges cuvées*, die Rekordpreise erzielen, aber überhaupt keinem Reglement unterliegen: Jeder Champagnerhersteller kann hier Namen, Aufmachung und Preis seines Champagners, auch Jahrgangschampagners, völlig frei gestalten, und nichts garantiert, dass der Flascheninhalt auch dem attraktiven Äußeren entspricht.

Champagner, egal welcher Art, werden von Einzelweingütern, von Winzergenossenschaften oder Handelshäusern produziert. Letztere, etwa Moët & Chandon *(S. 150)*, Krug *(S. 149)*, Roederer und Bollinger, galten im Hinblick auf Qualität aber immer schon als Spitzenreiter. Sie konnten es sich leisten, nur beste Trauben aus eigenen bzw. aus sorgfältig ausgewählten, anderen Grand-Cru-Lagen zu verwenden, sie hatten die Mittel, »Reserveweine« zu lagern, um sie jahrgangslosen Champagnern beizumischen, sie verfügten über die beste technische Ausrüstung sowie über hervorragende Kellermeister.

Als benachteiligt galten indes Genossenschaften, da sie auf die Qualität der Trauben, die ihre Mitglieder anlieferten, keinen Einfluss hatten und ihre Verschnittweine längst nicht so vielfältig waren. Zudem wurden ihre Weine größtenteils billig verkauft und von den Kunden selbst abgefüllt, also fehlte auch der Ansporn für Qualitätsverbesserungen. Als noch eingeschränkter in ihren Möglichkeiten aber galten die kleineren Güter, deren Mittel beschränkt waren und die nur über die eigenen Trauben verfügten. Doch dieses Bild verschob sich deutlich, als Weinkritiker die Qualität einiger namhafter Champagner bemängelten. So schnitten in einem Qualitätsvergleich die Champagner von Mumm schlechter ab als ebenfalls von Mumm produzierte kalifornische Schaumweine. Winzergenossenschaften kreieren heute eigene Marken, die zuweilen neben namhaften Champagnern durchaus bestehen, und herausragende Einzelwinzer bewiesen, dass sie einige der besten Champagner produzieren können. Somit wächst die Konkurrenz, nicht allein in der Champagne, sondern auch im Ausland. Champagnerfreunde können sich freuen: Mit etwas Glück können sie so bessere Produkte preiswerter erwerben.

Ein Getränk für Prinzen ... und Prinzessinnen
Champagnerhäuser bevorzugen für ihre Flaschenetiketten Motive, die auf europäische Herrscherhäuser verweisen.

EINE TOUR DURCH DIE CHAMPAGNE

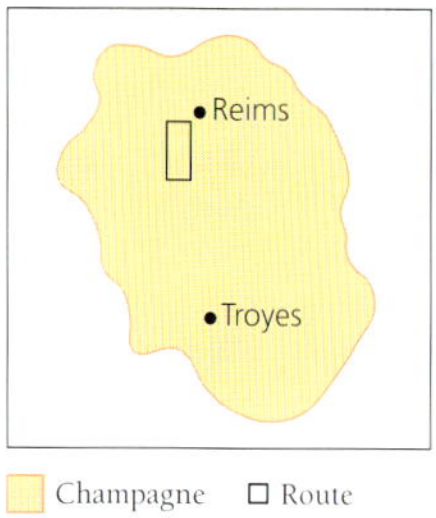

Der Weltruhm der großen Champagnerhäuser beruht auf ihrem Können, ihre Weine harmonisch zu komponieren. Es gibt aber auch kleinere Champagner-Produzenten, z.B. in einigen der Weinorte, die die hier vorgeschlagene Route berühren. Ausgangs- und Endpunkt ist Reims.

MONTAGNE DE REIMS
Die unteren Lagen der »Berge von Reims« sind berühmt für Pinot Noir.

VON REIMS NACH BOUZY

In Reims ①, der heimlichen Hauptstadt der Region, bieten Champagnerhäuser wie Louis Roederer, Lanson, Ruinart, Taittinger, Pommery und Charles Heidsieck Besichtigungstouren durch ihre Kellerräume, die einst in den Kreidekalk unter der Stadt getrieben wurden. Versäumen Sie trotzdem nicht die prachtvolle Kathedrale, in der Johanna von Orleans 1429 der Krönung Karls des VII. beiwohnte. Die Straße nach Sillery ② führt an dem niedrigen Hügel der Montagne de Reims mit seinen erstklassigen Pinot-Noir-Reben vorbei. Vor etwa hundert Jahren war der Wein von Sillery unter dem Namen der Montagne de Reims erhältlich. Halten Sie in Mailly-Champagne ③, um einige Flaschen Champagner von der dortigen Winzergenossenschaft zu kaufen, sie zählt zu den besten der Region. Die Dörfer Verzenay ④, Verzy ⑤, Ambonnay ⑥ und Bouzy ⑦ liefern allesamt guten Pinot Noir, und zwar unter der Bezeichnung Champagne oder Bouzy Rouge Couteaux Champenois. Empfehlenswerte Produzenten sind Paul Bara in Bouzy und Egly-Ouriet in Ambonnay.

VON LOUVOIS NACH AY

In Louvois ⑧ befindet sich ein Château mit Park, ähnlich dem von Versailles, und in Mareuil-sur-Ay ⑨ mit das beste Champagnerhaus der Region: Billecart-Salmon. In Ay ⑩ finden Sie dann Ayala, Bollinger, Deutz und Gosset sowie das Musée Champenois, mit alten Gerätschaften zur Weinbereitung.

VON ÉPERNAY NACH VERTUS

In Épernay ⑪ haben sich auf der berühmten Avenue de Champagne Erzeuger wie Mercier und Moët & Chandon, Pol Roger, de Castellane und Perrier Jouët niedergelassen. Der nächste Halt ist Chavot ⑫, wo man von der Kirche auf dem Mont Félix

EIN LANGWIERIGER PROZESS
Bei der so genannten remuage werden die Flaschen gerüttelt, d.h. zentimeterweise gedreht und geneigt, damit sich das Hefedepot löst und im Flaschenhals sammelt.

EIN HAUCH VON LUXUS *Die Champagnerhäuser waren die ersten, die ihre Kellereien öffentlich zugänglich machten. Dieser reich verzierte Gärbottich der Firma Pommery zeugt von der Bedeutung und dem hohen Ansehen dieses Hauses.*

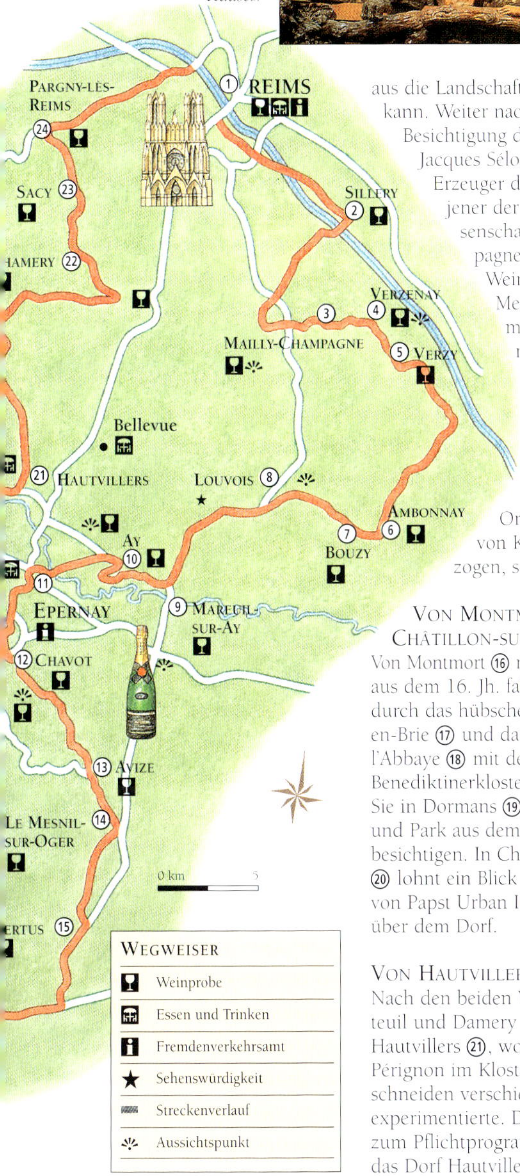

aus die Landschaft fotografieren kann. Weiter nach Avize ⑬ zur Besichtigung der Keller von Jacques Sélosse, mit der beste Erzeuger der Region, und jener der Winzergenossenschaft Union-Champagne. Mitten in den Weinbergen liegt Le Mesnil-sur-Oger ⑭ mit den Chardonnaylagen des Champagnerherstellers Krug. Unweit von Le Mesnil-sur-Oger befindet sich der mittelalterliche Ort Vertus ⑮, der, von Kanälen durchzogen, sehr malerisch ist.

VON MONTMORT NACH CHÂTILLON-SUR-MARNE

Von Montmort ⑯ mit seinem Schloss aus dem 16. Jh. fahren Sie weiter durch das hübsche Dorf Mareuil-en-Brie ⑰ und dann nach Orbais l'Abbaye ⑱ mit dem gleichnamigen Benediktinerkloster Orbais. Halten Sie in Dormans ⑲, um hier Schloss und Park aus dem 13. Jh. zu besichtigen. In Châtillon-sur-Marne ⑳ lohnt ein Blick auf die Statue von Papst Urban II. hoch oben über dem Dorf.

VON HAUTVILLERS NACH REIMS

Nach den beiden Weinorten Venteuil und Damery erreichen Sie Hautvillers ㉑, wo einst Dom Pérignon im Kloster mit dem Verschneiden verschiedener Moste experimentierte. Das Kloster zählt zum Pflichtprogramm, aber auch das Dorf Hautvillers ist sehenswert.

NÜTZLICHE HINWEISE

INFORMATION: Das Office de Tourisme, 7 Avenue de Champagne, **Épernay** ☎ 03 26 53 33 00, erteilt Auskünfte jedweder Art (Adressen von Champagnerhäusern, Kartenmaterial, Veranstaltungstermine).

VERANSTALTUNGEN: Im Frühjahr und im Sommer finden zahlreiche Feste statt. Empfehlenswert ist die Fête de Mailly-Champagne im Mai. Telefon des Veranstalters: 03 26 49 81 66.

RESTAURANTS:
Boyer »les Crayères«, 64 Boulevard Vasnier, **Reims** ☎ 03 26 82 80 80. Gut geeignet für ein Geschäftsessen mit dem Direktor eines Champagnerhauses. Man speist göttlich; für besondere Anlässe.
L'Auberge Champenoise, Moussy, **Épernay** ☎ 03 26 54 03 48. Preisgünstige, traditionelle, einfache Küche in herzlicher Atmosphäre.

ÜBERNACHTEN:
Micheline und Jean-Marie Tarlant, Oeuilly, **Épernay** ☎ 03 26 58 30 60. Kleines Familienunternehmen mit komfortablen Zimmern in einem umgebauten Landhäuschen mitten in den Weinbergen.
Château d'Étoges, 4 Rue Richebourg, **Étoges** ☎ 03 26 59 30 08. Ein Schloss aus dem 17. Jh., mit Ringgraben und romantischen Türmen; ideal, um mit einem guten Champagner einen gemütlichen Abend im Hotelzimmer zu verbringen.

Auf der Weiterfahrt nach Osten gelangen Sie zum Royal Champagne in Bellevue, einem der feinsten Landhotels Frankreichs. Der letzte Streckenabschnitt führt durch die Weinberge. In den Dörfern Chamery ㉒, Sacy ㉓ und Pargny-les-Reims ㉔ erhalten Sie nun Gelegenheit, Ihre Degustationserfahrungen in den größeren Champagnerhäusern durch eine Champagnerverkostung bei Einzelwinzern zu ergänzen.

BILLECART-SALMON

KEIN CHAMPAGNER bereitet mir stets so viel Freude wie dieser, der aus einem kleinen Familienbetrieb stammt. Der ungewöhnlich zarte, leichte Stil kommt sowohl in den jahrgangslosen als auch in den Einzel-*cuvées* zur Geltung, so da sind Elisabeth Salmon, Nicolas François Billecart, Blanc de Blancs und die Grande Cuvée. Der Rosé von Billecart-Salmon ist für viele Kritiker der feinste und verlässlichste Rosé der Champagne. Er wird seit 1830 hergestellt und umfasst heute nahezu 20 % des jährlichen Absatzvolumens von Billecart-Salmon.

- Pinot Noir, Chardonnay, Pinot Meunier
- Stilvoller, absolut verlässlicher Champagner; alle Stile, besonders guter Rosé
- Cuvée Nicolas-François, Cuvée Elisabeth Salmon Rosé, Blanc de Blancs, Grande Cuvée
- Ohne Angabe
- 1990, 1989, 1988, 1985, 1982

CUVÉE ELISABETH SALMON *Diese feine cuvée mit Himbeeraromen ist der Inbegriff eines Champagne Rosé.*

BOLLINGER

DER CHAMPAGNER, den James Bond trinkt, (nur im Film, im Buch ist es eine andere Marke) ist auch der Favorit der Winzer. Das Erfolgsrezept dieser Firma ist ein mehr als 140 ha umfassender Rebbesitz von höchster Güte, gepaart mit dem charakteristischen Stil eines lagerfähigen Weins, der mit vielen Gerichten harmoniert. Obwohl auch andere Hersteller RD-Champagner (»récemment dégorgé«; *S. 145*) herausbringen, bleibt Bollingers RD ein Klassiker. Sein Vieilles Vignes Françaises wird aus unveredelten Reben erzeugt – in ganz Frankreich ein Unikat!

- Pinot Noir, Chardonnay, Pinot Meunier
- Durchweg üppige, komplexe, duftige, höchst aromatische, vollmundige, hefige Weine
- Grande Année, RD (Récemment Dégorgé), Vieilles Vignes Françaises
- Ohne Angabe
- 1990, 1989, 1988, 1985, 1982

BOLLINGER 1990 *Vollmundige Jahrgangschampagner von Bollinger sind typisch für den Champagnerstil des Hauses.*

GOSSET

DIESES 1584 GEGRÜNDETE Weingut zählt zu den ältesten der Welt. Über vier Jahrhunderte war es in Besitz ein und derselben Familie; nun hat Béatrice Cointreau seit einiger Zeit das Sagen. Gosset ist dem traditionellen Stil verpflichtet; das Lesegut wird fassvergoren, und die dunklen Trauben überwiegen. Die Domäne macht durchweg hochwertige Produkte, vom jahrgangslosen Excellence bis hin zum edlen Jahrgangschampagner Célébris. Gosset-Liebhaber bevorzugen die jahrgangslose Grande Réserve, die zum Essen getrunken wird.

- Pinot Noir, Chardonnay, Pinot Meunier
- Langsam reifender Champager mit dem begehrten Biskuitgeschmack
- Grande Excellence, Grand Rosé, Grande Millésime, Célébris
- Ohne Angabe
- 1990, 1989, 1988, 1985

CÉLÉBRIS *Diese Spitzencuvée mit ausgeprägtem Chardonnay-Charakter sollte man einkellern.*

ALFRED GRATIEN

ES IST EINES DER ÄLTESTEN Champagnerhäuser und befindet sich in derselben Hand wie das Haus Gratien & Meyer im Tal der Loire. Die Weine werden in (gebrauchten) Fässern vergoren und ungewöhnlich lange auf dem für die Flaschengärung notwendigen Hefelager belassen. Eine Säureumwandlung (*S. 24*) findet nicht statt. Das Ergebnis ist eine Mischung aus Opulenz und Frische, die an so genannte RD-Champagner (*S. 145*) erinnert. Die Weine werden trinkreif verkauft, entwickeln sich aber weiter, wenn sie gelagert werden. Sie lassen sich sehr gut zum Essen reichen.

- Pinot Noir, Chardonnay, Pinot Meunier
- Einer der vornehmsten, altmodisch-üppigen, vollen Champagner mit reifem Biskuitgeschmack
- Cuvée Paradis, Vintage Brut
- Gratien & Meyer (Saumur)
- 1990, 1989, 1988, 1987, 1985, 1983

CUVÉE PARADIS *Diese Cuvée zeigt den vollen, hefegeprägten Stil von Gratien.*

CHARLES HEIDSIECK

BEI DIESEM PRODUZENTEN zeigt sich, wie wichtig ein talentierter Kellermeister, Investitionsbereitschaft und Qualität für den Erfolg eines Champagnerhauses sind. In den 1970er Jahren wurden die Weine von Heidsieck im Supermarkt verkauft, die Qualität war entsprechend. Unter der Leitung von Daniel Thibault kam es jedoch zu einem gewaltigen Qualitätssprung. 1998 kreierte er einige jahrgangslose Weine mit Angabe des Verschnittdatums auf dem Etikett, von denen einer bereits bei internationalen Wettbewerben namhafte Jahrgangschampagner überflügelte.

- Pinot Noir, Chardonnay, Pinot Meunier
- Seit kurzem stark verbesserte, tadellose Weine mit vollem Geschmack, so dass sie zum Essen getrunken werden können
- Mis en Cave Non-vintage, Cuvée des Millénaires
- Piper Heidsieck
- 1990, 1989, 1985

BRUT RESERVE MISE EN CAVE 1992 Diese *cuvée* ähnelt in Charakter und Qualität einem Jahrgangschampagner.

HENRIOT

NUR SELTEN GELANGT ein Champagnerhaus wieder in ursprünglichen Besitz zurück, so wie es bei Henriot geschah. Die Weine entstehen nach wie vor unter Aufsicht der Kellermeister von Veuve Clicquot (vormals Teilhaberin), haben aber den typischen Henriot-Stil. Chardonnay ist Favorit – sowohl für den Brut Souverain als auch für den üppigen, doch eleganten Blanc de Blancs, beides Jahrgangschampagner. Henriot ist auch Eigentümer der Burgunder Firma Bouchard Père et Fils, deren Produkte ebenfalls eine enorme Qualitätssteigerung erfahren haben.

- Pinot Noir, Chardonnay, Pinot Meunier
- Erheblich bessere Qualität; üppiger, toastartiger Champagner und ein vortrefflicher Blanc de Blancs
- Souverain Brut, Blanc de Blancs, Enchantelleurs
- Bouchard Père et Fils (Burgund)
- 1990, 1989, 1988, 1985

BLANC DE BLANCS Dies ist einer der besten reintönigen Chardonnay-Champagner überhaupt.

JACQUESSON

DAS FAMILIENUNTERNEHMEN ist stolz darauf, unter Napoleon Hoflieferant gewesen zu sein, und versieht seinen Champagner mit unverkennbaren, prachtvollen Etiketten. Noch mehr als das Äußere beeindruckt der Flascheninhalt: cremige, üppige Weine, vom jahrgangslosen Wein (»Perfection«) bis hin zu den Jahrgangschampagnern Blanc de Blancs (zweifellos der beste) und Brut. Jacquessons »spät degorgierte« (dégorgement tardif) Weine sind eine überzeugende Antwort auf Bollingers RD (*S. 145*): ein wunderschön gereifter, aber erfrischender Wein.

- Pinot Noir, Chardonnay, Pinot Meunier
- Üppige, komplexe und stilvolle Weine, die eine bessere Würdigung verdient hätten, vor allem der Blanc de Blancs
- Signature Brut, Blanc de Blancs, Dégorgement Tardif
- Ohne Angabe
- 1990, 1989, 1988, 1985, 1983

PERFEKTION Produkte dieses kleinen Hauses zählen zu den kraft- und reizvollsten Champagnern.

KRUG

ALS SOZUSAGEN DER ROLLS-ROYCE unter den Champagnern hebt sich Krug durch den typischen Weinstil seiner Schaumweine von allen anderen Produzenten ab. Das heißt: Ich würde ihn zum Essen, nicht aber als Erfrischung zwischendurch trinken. Krug bietet einen langlebigen Jahrgangschampagner und eine Einzellage *blanc de blancs* Clos de Mesnil. Für viele Liebhaber feiner Champagner sind jedoch die jahrgangslosen Krug-Champagner in Weiß und Rosé die absoluten Spitzenreiter. Beide haben einen ungewöhnlich hohen Verschnittanteil an älteren, reifen Weinen.

- Pinot Noir, Chardonnay, Pinot Meunier
- Vollmundige Weine, darunter aufregende Tropfen ohne Jahrgang
- Grande Cuvée, Rosé, Vintage, Clos du Mesnil
- Pommery, Moët & Chandon, Krug, Dom Ruinart, Veuve Clicquot, Mercier
- 1990, 1989, 1988, 1985

GRANDE CUVÉE Dies ist vielleicht die großartigste aller Champagner-Cuvées.

LANSON

DER NAME LANSON, nicht jedoch dessen Rebbesitz, wurde 1991 an Marne et Champagne verkauft. Ob es Konsequenzen für den Namen Lanson hat, dass heute unter dieser Bezeichnung Champagner verkauft werden, die nicht mehr aus den ursprünglichen Lanson-Reben gekeltert sind, ist noch nicht absehbar. Doch alle lagerfähigen, bisher freigegebenen Lanson-Jahrgangschampagner stammen noch aus Lanson-Trauben, die jetzigen Lanson-Cuvées konnten ihr Niveau halten, und auch der Kellermeister ist geblieben. Zu empfehlen sind: Noble Cuvée und Demi-Sec.

- Pinot Noir, Chardonnay, Pinot Meunier
- Ein kräftiger Champagner, der das Warten lohnt
- Noble Cuvée, Blanc de Blancs
- Handelsmarken in Massé, Marne und Champagne, wie Besserat de Bellefon und Alfred Rothschild
- 1993, 1990, 1988

LANSON *Sein goldenes Etikett steht für Jahrgangschampagner mit ungewöhnlich hoher Lebenserwartung.*

LAURENT-PERRIER

DER GROSSE, EHRGEIZIGE FAMILIENBETRIEB Laurent-Perrier produziert mehr als doppelt so viele Flaschen als Roederer und besitzt weitere Champagnerhäuser, z. B. Salon und de Castellane, sowie eine fünfzigprozentige Beteiligung bei Joseph Perrier. Trotz des hohen Produktionsvolumens sind die kraftvoll-fruchtigen Pinot-Noir-betonten Jahrgangschampagner bemerkenswert beständig. Hinzu kommt eine Reihe anspruchsvollerer jahrgangsloser Champagner unter dem Etikett Grand Siècle: ein *blanc de blancs*, ein Rosé sowie der wunderschöne La Cuvée.

- Pinot Noir, Chardonnay, Pinot Meunier
- Sehr eleganter trockener und ultra-trockener weißer Champagner, anspruchsvollere Rosés und die kraftvolle La Cuvée
- Grand Siècle (Cuvée Alexandre)
- de Castellane, Delamotte, Joseph Perrier, Salon
- 1990, 1988, 1985

GRAND SIÈCLE *Für diese wundervolle Cuvée wurden die Weine dreier verschiedener Jahrgänge verschnitten.*

MOËT & CHANDON

DIESEN CHAMPAGNER dürfte jeder kennen: Jahr für Jahr werden mehr als 20 Millionen Flaschen davon verkauft und so mancher Sieg – und Sieger – im Sport wird damit begossen. Trotz einiger Probleme in der Vergangenheit ist er nun in Stil und Qualität sehr zuverlässig; der Jahrgangs-Brut und der Jahrgangs-Rosé zählen zu den besten Champagnern überhaupt. Die meist vortreffliche *prestige cuvée* Dom Pérignon, von der ebenfalls riesige Mengen produziert werden, kann nach der Freigabe noch zehn Jahre im Keller lagern.

- Pinot Noir, Chardonnay, Pinot Meunier
- Toastwürzige Weine, die mit der Zeit noch besser werden, auch die Cuvées
- Vintage Brut Impérial, Dom Pérignon (weiß und rosé)
- Mercier, Pommery, Veuve Clicquot, Krug, Ruinart, Canard Duchênea
- 1992, 1990, 1989, 1988, 1985

1993 BRUT IMPÉRIAL *Ein großartiger, nussig-toastwürziger Wein, der oft im Schatten von cuvées steht.*

POL ROGER

DIESES FAMILIENUNTERNEHMEN wird allgemein wegen der Zartheit und feinen Struktur seiner Champagner, mit oder ohne Jahrgang, hoch geschätzt. Im Gegensatz zu vielen anderen Häusern, die eine Rebsorte bevorzugen, werden bei Pol Roger die drei Trauben der Region gleichberechtigt verwendet. Ursprünglich erster und immer noch bedeutendster Außenhandelspartner von Roger ist England. Winston Churchill liebte den Champagner dieses Hauses, dessen Cuvée Sir Winston Churchill heute mit einem schwarzen Trauerrand versehen ist.

- Pinot Noir, Chardonnay, Pinot Meunier
- Stilvolle, Pinot-Noir-geprägte Weine, die wunderschön altern
- Brut Chardonnay, Cuvée PR Réserve Spéciale, Cuvée Sir Winston Churchill
- Ohne Angabe
- 1990, 1989, 1988, 1985, 1983

EXTRA DRY *Als einer der feinsten, zartesten Champagner überhaupt, ist er der Gegenpol des üppigen Bollinger-Stils.*

POMMERY

POMMERY, DESSEN KELLER nach den großen Handelsmetropolen des 19. Jh. benannt sind, verfügt über 300 ha Rebland vortrefflicher Qualität. Obwohl Pommery mit Moët & Chandon, Ruinart und Veuve Clicquot zur großen LVMH-Gruppe gehört, bewahrte sich der Champagner dank der Bemühungen von Alain de Polignac, der dem einstigen Familienbetrieb weiterhin vorsteht, seinen zarten Stil. Die Cuvée Spéciale Louise, eine der schönsten *prestige cuvée*, ist nach Louise Pommery, Tochter des Firmengründers und Vorfahrin von Alain de Polignac, benannt.

- Pinot Noir, Chardonnay, Pinot Meunier
- Rasch zulegende, feine jahrgangslose Weine, Chardonnay-betonter Royal Apanage, kraftvolle Cuvée Louise
- Louise, Royal Apanage
- Krug, Mercier, Moët & Chandon, Ruinart, Veuve Clicquot
- 1991, 1990, 1989, 1988

LOUISE *Dieser kräftige, komplexe Champagner wird sich noch weiterentwickeln.*

ROEDERER

ROEDERER, eines der dynamischsten großen Champagnerhäuser in Familienbesitz, hat Deutz Champagne aufgekauft, in Jahrgangs-Portweine, Rhône- und Bordeaux-Weine investiert und obendrein noch in Kalifornien eine Kellerei für erstklassigen Schaumwein gegründet. Roederers Flaggschiff ist der Cristal in seiner transparenten Flasche, der bereits am russischen Zarenhof hohes Ansehen genoss. Die beiden ebenfalls empfehlenswerten Brut Premier und Jahrgangschampagner können, auf Flasche gezogen, gut fünf bis zehn Jahre im Keller weiterreifen.

- Pinot Noir, Chardonnay, Pinot Meunier
- In der Jugend sehr zugänglich, entfalten die Cuvées allmählich herrliche Komplexität. Auch weniger große Jahrgänge sind oft ausgezeichnet.
- Blanc de Blancs, Cristal
- Deutz, Roederer Estate/ Quartet (Kalifornien)
- 1991, 1990, 1989, 1988

CRISTAL BRUT *Ein sehr kräftiger, von der Pinot Noir geprägter Wein. Auch der rare Cristal Rosé ist grandios.*

RUINART

RUINART, ältestes Champagnerhaus überhaupt, wurde 1729 von einem Geistlichen namens Dom Ruinart gegründet und nach der Übernahme durch Moët & Chandon in den 1960er Jahren stark erweitert. Im Gegensatz zu anderen Unternehmen des Konzerns Louis-Vuitton-Moët-Hennessy (LVMH), bewahrte sich die Firma offenbar ihre Eigenständigkeit. Chardonnay, größtenteils aus eigenem Anbau, dominiert diesen Champagner von kraftvoll-altmodischem Stil. Besonders empfehlenswert ist der Blanc de Blancs (Montagne de Reims und Côte des Blancs).

- Pinot Noir, Chardonnay, Pinot Meunier
- Körperreicher, aber stilvoller Champagner
- Blancs de Blancs, R de Ruinart, Dom Ruinart Rosé
- Moët & Chandon, Mercier, Pommery, Veuve Clicquot, Canard Duchêne, Krug
- 1993, 1992, 1990, 1988

BRUT *Dieser erstklassige Champagner hat den nusswürzigen Apfelgeschmack der Rebsorte Chardonnay.*

SALON

DAS PRÄDIKAT »EINZIGARTIG«, mit der Zeit vielleicht ein wenig abgenutzt, ist jedoch als Charakterisierung des einzigen Produkts dieses Tochterunternehmens von Laurent-Perrier absolut zutreffend. Die Jahrgangscuvée wird nur in wettermäßig günstigen Jahren gemacht und meist keiner malolaktischen Gärung unterzogen (*S. 24*). So entsteht ein schlanker Champagner, der erst einige Jahre später verkauft wird als mit gleicher Jahrgangsbezeichnung ausgewiesene Champagner anderer Häuser. Ein Salon zählt zum Feinsten, was die Champagne zu bieten hat.

- Chardonnay
- Ungewöhnlich strenger, langsam reifender Wein, der nur trinkreif freigegeben wird
- Die Jahrgangscuvée ist das einzige Produkt des Hauses.
- De Castellane, Delamotte, Lemoine, Laurent-Perrier, Joseph Perrier
- 1990, 1988, 1985, 1983, 1982

BLANC DE BLANCS *Dieser sehr schlanke Champagner mit seinem langen Nachhall ist faszinierend.*

TAITTINGER

MIT MEHR ALS 250 ha Rebfläche höchster Güte zählt Taittinger zu den größten Champagnerhäusern. Der leichte, cremige Taittinger-Stil erklärt sich durch die Vorliebe des Hauses für Chardonnay, die aus den hochwertigen Lagen der Côte des Blancs stammen. Die jahrgangslosen Versionen sind meist nicht aufregend, doch der Jahrgangschampagner fällt im allgemeinen wundervoll biskuitzart aus. Taittingers Star ist jedoch zweifelsfrei die *prestige cuvée* Comtes de Champagne. Einige Kritiker halten sie für den besten *blanc de blancs* (»Weißer aus Weißen«), den es gibt.

- Chardonnay, Pinot Noir, Pinot Meunier
- Chardonnay-betonte Weine, deren Jahrgangs- und Deluxe-Cuvées einen besseren Kauf darstellen als die jahrgangslosen Versionen
- Comtes de Champagne, weiß und rosé
- Ohne Angabe
- 1991, 1990, 1988, 1986

COMTES DE CHAMPAGNE *Die schöne prestige cuvée wird ausschließlich aus Chardonnay gekeltert.*

VEUVE CLICQUOT

DAS LEUCHTEND GELBE, unverwechselbare Etikett der Witwe Nicole-Barbe Clicquot-Ponsardin, die sich um die Entwicklung des Degorgierverfahrens verdient gemacht hatte, zählt zu den Faktoren, die den Welterfolg dieses Champagners ohne Jahrgangsausbau begründet haben. Obwohl dieser Wein alles andere als subtil ist und Liebhaber edlerer Tropfen einen Pol Roger bevorzugen, wird der kräftige Stil und die gleichbleibend gute Qualität des Veuve Clicquot sowie des glanzvollen Spitzenchampagners des Hauses, La Grande Dame, von Champagnerfreunden allgemein geschätzt.

- Chardonnay, Pinot Noir, Pinot Meunier
- Spontane, unverkennbare, volle, zuverlässige Weine
- La Grande Dame, in Weiß und in Rosé; Rich Reserve Demi-Sec
- Krug, Mercier, Moët & Chandon, Ruinart
- 1990, 1989, 1988

LA GRANDE DAME *Dieser vollmundige Champagner gilt allgemein als mit die beste prestige cuvée.*

DIE STILLEN WEINE DER CHAMPAGNE

Weinfreunde werden mit der Champagne stets Schaumweine in Weiß oder auch Rosé assoziieren, es sei denn, sie gehören zu denen, die den Bläschen im Champagnerglas mit dem Quirl zu Leibe rücken. Doch früher wurden in dieser Region auch Stillweine in Rot, Rosé und Weiß hergestellt, und es gibt noch Unternehmen, die diesen Stil beharrlich pflegen. Sie produzieren und verkaufen Stillweine unter der Bezeichnung Bouzy Rouge, Rosé des Riceys und Coteaux Champenois. Alle diese Weine zeichnen sich durch einen hohen Preis und die Tatsache aus, dass sie nur in wärmeren Jahren wirklich gut sind. Ein Bouzy Rouge aus einem kühlen Jahr schmeckt wie ein extrem aggressiver, unreifer roter Burgunder, und ein Coteaux Champenois ähnelt in kühlen Jahren einem extra-grünen Chablis. Leider kommt es nur alle zehn Jahre vor, dass ein Weindorf ein gutes Jahr erlebt. Zum Probieren halte man sich an die Weißweine von Lilbert-Fils und Egly-Ouriet, die auch vorzüglichen Rotwein machen, und an Alexandre Bonnets Rosé des Riceys. Interessant ist auch der *blanc de noirs*, etwa von Maurice Vesselle und Herbert Beaufort, ein stiller Weißwein, der wie Champagner, aber aus dunklen Trauben hergestellt wird.

ROT, SO WEIT DAS AUGE REICHT *Das Dorf Bouzy liefert Pinot Noir für erstklassigen Champagner und stille Rotweine.*

LES RICEYS *Einige Kellereien in Les Riceys verwenden solche Fässer noch für ihre im Stil traditionellen Rosés.*

SONSTIGE

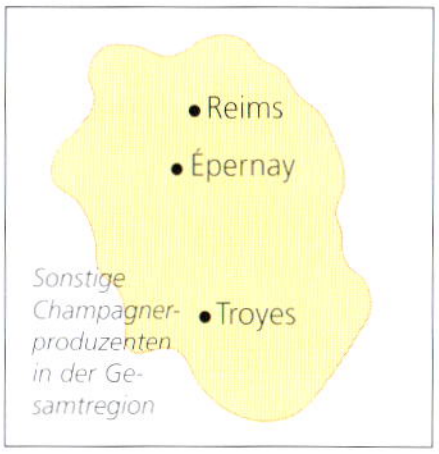

AUCH WENN EINE GERINGE ANZAHL namhafter Champagnerhäuser oder »Grandes Marques« im Rampenlicht steht, so gibt es doch auch viele andere Erzeuger, große Genossenschaftskellereien ebenso wie kleine Familienunternehmen. Die sehr uneinheitliche Qualität ihrer Weine reicht von sauer und schwach bis hin zu subtil und sublim.

DE VENOGE
Der Champagner, auch der Rosé, dieser traditionsbewussten Firma hat sich in den letzten Jahren deutlich verbessert.

SICHER WIRD ES Ihrer Aufmerksamkeit nicht entgangen sein, dass einige bekannte Champagnerhäuser nicht auf der von mir aufgestellten Liste der Erzeuger erscheinen. Wo also bleiben Mumm, Mercier, Perrier-Jouët und andere Marken, die uns jedes Jahr als glanzvoller Höhepunkt der Silvesterparty angepriesen werden? Ich habe ihre Namen und einige andere ohne große Skrupel in diese Rubrik der »Sonstigen« verbannt, weil ich wie viele andere Kritiker meine, dass deren Erzeugnisse den Weinen der vorstehend genannten Produzenten weit unterlegen sind. Bei einigen dieser Weine sind in letzter Zeit zwar deutliche Qualitätssteigerungen zu verzeichnen, sie sind aber dennoch nicht besser als die einiger Genossenschaften und Kleinunternehmen, die ich hier nenne.

Ein nennenswerter Champagnerhersteller ist Marne & Champagne, in Weinführern oft nicht genannt, weil sein Champagner unter anderen Namen verkauft wird. Marne & Champagne, Besitzer von Lanson und des recht ordentlichen Besserat de Bellefon, etikettiert auch unter dem Namen Alfred Rothschild, wobei diese Flaschen aber kaum exportiert werden. Auch Vranken ist ein Produzent, der von mehreren Herstellern geschluckt wurde. Er vertreibt seine Produkte ebenfalls unter eigenem wie auch unter fremdem Etikett, etwa Heidsieck oder Demoiselle. Auch Bruno Paillard verdient Aufmerksamkeit. Er etikettiert seinen Champagner unter eigenem Namen und unter Delbeck und Boizel, seinen Tochtergesellschaften. Die etablierten Häuser Ayala und de Cazanove verbessern sich seit einiger Zeit, ebenso De Venoge und Canard Duchêne, Tochter von Veuve Clicquot. De Castellane und Deutz, die zu Laurent Perrier bzw. Roederer gehören, sind für verlässliche, gute Champagner bekannt; nennenswerte kleinere Betriebe sind Charles Ellner, Delamotte, Duval-Leroy, Drappier, Forget-Brimont, Hamm, Harlin, Joseph Perrier und Alexandre Bonnet. Bei den Genossenschaften empfehle ich die Union de Champagne mit der *cuvée* Opale, Beaumont de Crayères, Jacquart, Mailly Grand Cru, Pannier, Palmer und Nicolas Feuillatte. Bei den kleinen Kellereien sind Paul Bara, Jacques Beaufort, Chartogne-Taillet, Egly-Ouriet, Gimonnet, Margaine, Pierre Moncut, Jacques Selosse, Jean Vesselle und Vilmart zu nennen.

IM WERDEN BEGRIFFEN
Champagne Demoiselle, deren Weine in diesem Stollen lagern, ist eine relativ junge Firma, kann aber dennoch bereits mit traditionellen, großen Marken konkurrieren.

DUVAL-LEROY
Dieser Champagner ist oft als »Hausmarke« erhältlich, in Supermärkten ebenso wie in Luxushotels.

ESSEN IN DER CHAMPAGNE

Die Region, die der Welt den berühmtesten Schaumwein gab, kann sich erstaunlich weniger traditioneller Speisen rühmen. Die kühle, fruchtbare Agrarregion ist zwar gesegnet mit feinen Zutaten für die Küche, so dass die Bevölkerung stets gut leben konnte. Diese hat aber offensichtlich lieber den Nachbarn in den Kochtopf geschaut, anstatt sich eigene Rezepte auszudenken.

Typisch für die Küche der Champagne ist der sparsame Umgang mit Rindfleisch. Rind wird, wenn überhaupt, nur mit anderen Fleischsorten verwendet, wie z. B. in der *potée champenoise*, auch *potée des vendangeurs* (Eintopf der Traubenpflücker) genannt, eine lokale Variante des burgundischen *pot au feu*. Dieses deftige Gericht wird aus fünf Sorten Fleisch und Gemüse zubereitet: Gepökeltes vom Schwein, Beinfleisch vom Rind, Tafelspitz, Hühnchen und pikante Wurst, zusammen mit Mohrrüben, Lauch, Weißen Rüben, Wirsing und Zwiebeln. Verschiedene Sorten Fleisch sind auch bei der *épaule d'agneau farcie à la champenoise* angesagt: Schweinehack wird mit gehackten Tomaten ge-

POTAGE ST-GERMAIN
Frische grüne Erbsen aus den üppigen Gärtnereien der Champagne bilden die Grundlage einer deftigen, sämigen Suppe, die mit Schinkenwürfeln garniert wird.

JAMBON DES ARDENNES
Die Ardennen, hügelig und dicht bewaldet, sind berühmt für den dort kalt geräucherten Schinken, der als Vorspeise mit eingelegten Gurken serviert wird und zudem Bestandteil vieler traditioneller heimischer Gerichte ist.

TRUITE ARDENNAISE
Die feine braune Forelle tummelt sich in den Flüssen der Champagne. Einfach und köstlich: Die Forelle wird in Butter sautiert und mit einer Sauce aus crème fraîche und Ardenner Schinken serviert.

PÂTE EN CROÛTE
Eine Spezialität der Champagne sind Pasteten, u.a. aus Schweinefleisch, Gans, Wildschwein oder Gänseleber, oft in Teig gehüllt und dann gebacken.

mischt, mit Wacholderbeeren und Champagner abgeschmeckt und in eine Lammschulter gefüllt. Schweinefleisch hat Vorrang. Von dem nach alter Tradition mit Eicheln gemästeten Schwein stammen z. B. der Räucherschinken aus den Ardennen, mit Lorbeer gegrillte Koteletts, pikante Gekrösewürste und *pieds de porc à la Ste-Menehould:* Schweinsfüße, in kräftiger Brühe gegart.

Allerlei Sorten Fleisch und Fisch werden mit regionalen Schaum- oder Stillweinen zubereitet, z. B. Hecht, Aal, Schinken, Hühnchen, Perlhuhn, Wildschwein und Fasan. Auch der lokale Rotwein wird zum Kochen verwendet: Häufig findet man *poulet sauté au Bouzy* auf der Speisekarte, eine Variante des burgundischen *coq au vin*. Weitere Spezialitäten sind *ouyettes* (Gänsepastete) und mit Wacholderbeeren *à l'ardennaise* zubereitete Singdrosseln. Der Fischreichtum in den Flüssen der Region zeigt sich in beliebten Fischgerichten: Die in Butter gebratene Forelle wird mit einer Sauce aus Schinken und *crème fraîche* serviert, Hecht mit Speck und Gürkchen. Bratkartoffeln mit Knoblauch und Zwiebeln oder Löwenzahnsalat mit geröstetem Speck sind beliebte Beilagen.

Und zum guten Schluss: Biskuittorte mit Mandelcrème oder ein mit Crème gefülltes Mandelbaiser, Champagnersorbet, rote Früchte mit Champagner oder *fraises Eugénie:* frische Erdbeeren mit Sabayoncrème.

WIE IM SCHLARAFFENLAND
In den Geschäften und auf den Märkten der Region wird eine große Auswahl an Früchten und Gemüse angeboten, z. B. Erbsen, Zwiebeln, Tomaten, Spargel, Pflaumen und Kohl. All dies wächst und gedeiht auf den fruchtbaren Feldern der Champagne.

REGIONALE KÄSESPEZIALITÄTEN

Im Jahr 1217 ließ die Comtesse de Champagne dem König von Frankreich ein fürstliches Geschenk überbringen: 200 Stück Brie de Meaux. Der Brie aus dem Dorf Meaux, einer der ältesten und feinsten französischen Käse, war schon im 9. Jh. ein Favorit Kaiser Karls des Großen. Heute wird Brie überall in der Champagne industriell gefertigt. Ebenfalls aus der Champagne stammen der Langres à la Coupe und der Chaource. Da die Produktionsmengen begrenzt sind, ist die Qualität beständig.

LANGRES À LA COUPE
Er bildet eine Mulde, in die Champagner oder marc gefüllt wird. Die Rinde wird mit Salzlauge und Orlean (pflanzl. Farbstoff) eingerieben.

CHAOURCE
Der milde Kuhmilchkäse braucht nicht lange, um zu reifen. Er hat eine schmackhafte weiße Rinde und ist von köstlich cremiger Konsistenz.

JURA UND SAVOYEN

Jura und Savoyen

JURA- UND SAVOYEN-WEINE, VON EINZIGARTIGEN AROMEN UND UNNACHAHMLICHEM STIL, SIND MIT DIE VERKANNTESTEN WEINE FRANKREICHS.

DER NÖRDLICH der Stadt Arbois gelegene Weinbaubreich Les Rosières hat sich nicht nur um den französischen Wein, sondern den Wein schlechthin verdient gemacht. Denn genau hier erforschte Louis Pasteur im 19. Jh. auf Wunsch Napoleons III., aufgrund welcher chemischen Reaktionen Traubensaft zu Wein bzw. – damals nur allzu oft – zu Essig wird. Pasteur wählte diese Region aus dem einfachen Grund, weil er hier aufgewachsen war. Sein bereits bestehendes Interesse an Hefestämmen und Bakterien resultierte also wohl auch daher, dass der *vin jaune* aus Jura und Savoyen einen Hefeflor bildet, der den gleichen Effekt wie bei einem *fino* Sherry hat. Die Bezeichnung »gelber Wein« rührt daher, dass sich der Wein unter dem Hefeflor nach einer bewusst herbeigeführten Oxidation gelb verfärbt.

CHÂTEAU D'ARLAY
Dieses Gut in Arbois ist eine der besten Adressen für vin de paille *in ganz Jura und Savoyen. Für die sehr süßen »Strohweine« werden die Trauben nach einem traditionellen Verfahren auf Strohmatten getrocknet.*

- 3500 ha; 35 Millionen Flaschen
- Jura und Savoyen haben ein Kontinentalklima mit warmen Sommern und kalten Wintern. Wegen der Gebirgsnähe ist mit abrupten Wetterumschwüngen zu rechnen.
- Ton und Kalkstein
- Roter Jura: Pinot Noir, Poulsard, Trousseau
  Weißer Jura: Chardonnay, Savagnin
  Roter Savoyen: Gamay, Pinot Noir, Mondeuse
  Weißer Savoyen: Jacquère, Chasselas, Chardonnay

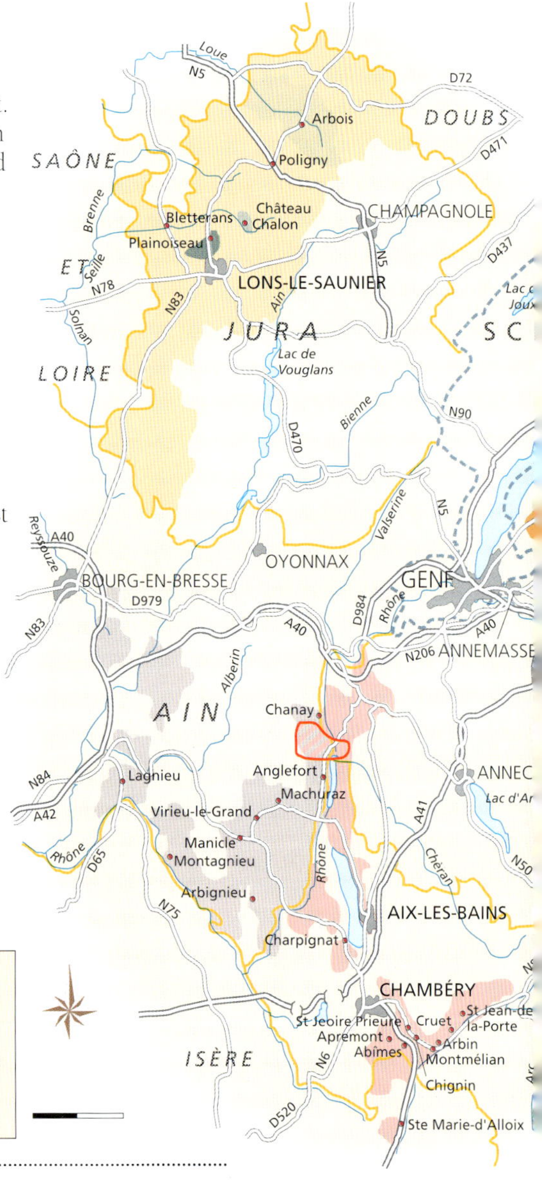

CHÂTEAU CHALON
Die commune Château Chalon erzeugt, ausschließlich von Savagnin, die berühmtesten vins jaunes. *Die Lese wird so weit wie möglich, oft bis der erste Schnee fällt, hinausgezögert.*

Die Bewohner des Jura halten ihren *vin jaune* zwar immer noch für den feinsten ihrer Weine, aber derzeit bevorzuge ich den ebenso ungewöhnlichen *vin de paille*. Das Lesegut für diesen süßen Weißwein wird traditionsgemäß auf Strohmatten getrocknet, ehe es in den Gärbehälter gelangt. Heute wird dieser Wein wie der Amarone im italienischen Veneto gemacht, indem nämlich die Trauben zum Trocknen büschelweise entweder an Dachbalken aufgehängt oder flach über Stützrahmen gebreitet werden.

Inzwischen konzentriert man sich im Jura auch auf die Produktion von Rot- und Weißwein, Rot aus Pinot Noir und den lokalen Sorten Trousseau und Poulsard, Weiß vorwiegend aus Savagnin und Chardonnay. Die 20 000 ha Rebfläche bilden nur einen Bruchteil der Fläche, die in der Ära vor der Reblausinvasion unter Ertrag stand. Noch in den 1960er Jahren schien es, als würde der Weinbau in dieser Region, deren Weine bereits vor 2000 Jahren von Plinius gerühmt wurden, gänzlich zum Erliegen kommen. Die unverhoffte Rettung brachte der Marketingfachmann Henri Maire, dessen Firma heute jenen Weinberg, der Pasteur als Forschungsfeld diente, sein Eigen nennt und den äußerst erfolgreichen Vin Fou (toller Wein) herausbringt. Ich bin Monsieur Maire dafür dankbar, dass er sich um das Überleben dieser Weine derart verdient gemacht hat, auch wenn ich die anderen, traditionelleren Weinstile des Jura bevorzuge.

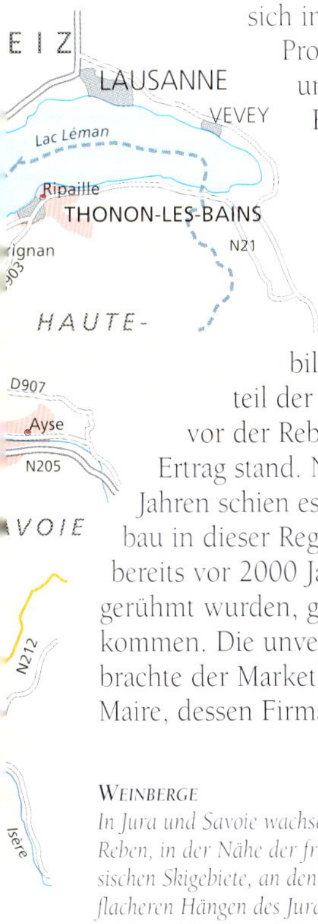

Ohne die bereitwillig zahlenden Touristen in den angrenzenden Skigebieten, z. B. in Val d'Isère, wären womöglich auch die Weine aus Savoyen von der Bildfläche verschwunden. Die leichten, traubigen Roten und Rosés von der Rebsorte Mondeuse und die frischen Weißen von der Altesse (auch Roussette genannt) sind nach dem Skifahren ideal und passen perfekt zum hiesigen Käse. Im Allgemeinen sind sie jedoch kurzlebig und können sich außerhalb von Savoyen neben den vollmundigen Weinen anderer französischer Anbaugebiete schwer behaupten.

Im Gegensatz zu den meisten Weinen Frankreichs sind die Jahrgangsunterschiede im Jura und in Savoyen sehr gering. Als Faustregel gilt, dass immer die jüngere Flasche der älteren vorzuziehen ist.

WEINBERGE
In Jura und Savoie wachsen die Reben, in der Nähe der französischen Skigebiete, an den flacheren Hängen des Juragebirges. Hier herrscht kontinentales Klima mit warmen Sommern und kalten Wintern.

ANBAUBEREICHE

Arbois	Seyssel
Château Chalon	Vin du Bugey und Roussette du Bugey
Côtes de Jura	Vin du Savoie und Roussette du Savoie
Crépy	Landesgrenze
L'Etoile	Département-Grenze

ARBOIS

Das malerische, mittelalterliche Arbois, eines der bestgehüteten Geheimnisse der Weinwelt, hat sich, seit Louis Pasteur hier lebte, kaum verändert. Selbst gemessen an anderen französischen Regionen, die ebenfalls noch traditionelle Weine erzeugen, scheint sich Arbois mit seinen Weißweinen in einer anderen zeitlichen Dimension zu bewegen.

VERBORGENE SCHÄTZE
Hinter den Hügeln, von Rebhängen umgeben, liegt das Städtchen Arbois. Hier wachsen Rebsorten, die es sonst in ganz Frankreich fast nirgendwo gibt.

DIE EINST SO WICHTIGE ANBAUREGION weist rauere klimatische Bedingungen auf als das Elsass und ist stärker als das angrenzende Burgund kontinentalen Einflüssen ausgesetzt. Sommer und Herbst können sehr warm sein; Spätherbst und Winter aber sind oft bitterkalt, so dass die Trauben schlecht ausreifen. Auch die Techniken der Weinbereitung lassen oft zu wünschen übrig, und so entstehen nicht selten schwerfällige und schale Weine. Als die besten Tropfen gelten jene aus den Appellationen von Château Chalon *(S. 159)* und L'Étoile *(S. 160)*, doch auch andere Produzenten in Arbois erzeugen ebenso gute Produkte. Die Rebsorte Pinot Noir ergibt Rote und Rosés, die mit roten Burgundern *(S. 111)* konkurrieren können, und wenn ihnen die Frische erhalten bleibt, liefern die lokalen Trauben Poulsard und Trousseau fruchtige, würzige Weine. Die heimische Sorte Savagnin, die trotz des Namens nicht mit Sauvignon Blanc verwandt ist, wird in drei Stilrichtungen vinifiziert: Der *vin jaune* mit ausgeprägtem Sherrycharakter, der einer kontrollierten Oxidation unterzogen wird; der weiße Arbois, der vage an Sherry erinnert und unbeabsichtigt oxidiert, und ein traubiger *vin de paille*, ähnlich dem Ricioto, der von rosinierten Beeren gekeltert wird und bis zu vier Jahre im Holzfass reifen muss. Das Dorf Pupillin erzeugt Weine in der *appellation* Villages, die an sich für die besseren Arbois-Weine gedacht ist, aber nicht unbedingt überzeugt. Gute Produzenten von Arbois hingegen, z. B. die Fruitière Vinicole d'Arbois und die Domänen Rolet und Puffeney, setzen mit ihren frischeren Rot- und Weißweinen neue Trends. Doch leider ging diese Entwicklung bislang an noch allzu vielen Winzern der Region gänzlich vorüber, selbst an Henri Maire, jenem dynamischen Weinhändler, der sich um die Rettung der Region so verdient gemacht hat.

AC Arbois, AC Arbois Mousseux, AC Arbois Pupillin

Rot/Rosé: Poulsard, Pinot Noir, Trousseau
Weiß: Chardonnay, Savagnin
Vin jaune: Savagnin

Leichte, recht blumige Rote; leichte, trockene Weiße; trockene Rosés; charaktervolle, nusswürzige *vins jaunes*

Lucien Aviet, Ch Béthanie, Maurice Chassot, Désiré Petit et Fils, Jacques Foret, Fruitière Vinicole d'Arbois, Pierre Overnoy, Jacques Puffeney, Rolet, du Sorbiet, André und Mireille Tissot, Jacques Tissot

Vin jaune: Gänseragout mit Äpfeln

1996, 1995, 1990

Rot: 3–5 Jahre
Weiß/Rosé: 2–4 Jahre
Vin jaune: 10–20 Jahre

CHÂTEAU D'ARLAY
Dieses Gut erzeugt traubige, konzentrierte vins de paille, *die zu den besten der Region gehören.*

FRUITIÈRE VINICOLE D'ARBOIS
Ein zuverlässiger Erzeuger für Rot- und Weißwein.

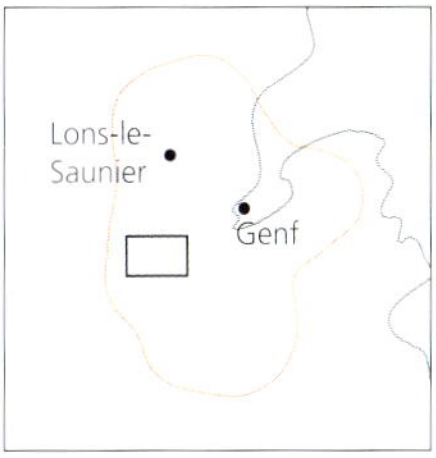

BUGEY

DIE UNZUSAMMENHÄNGENDEN Anbauflächen von Bugey erstrecken sich von Bourg-en-Bresse bis Ambérieu und am Ostufer der Rhône von Seyssel bis Lagnieu. Ihr Unterboden besteht aus Kalkstein. Rot-, Weiß- und Roséweine entstehen im *VDQS*-Bereich Vin du Bugey und sind zum Teil unter Zusatz des Dorfnamens etikettiert, so jene von Virieu-le-Grand, Manicle, Cerdon, Montagnieu und Machuraz. Lebhafte, süffige Rotweine werden aus der weit verbreiteten Gamay, so genannte »Junior-Burgunder« aus Pinot Noir erzeugt. Am interessantesten sind die tiefdunklen, etwas bittertönigen Rotweine von der Mondeusetraube. Gamay und Pinot Noir ergeben leichte, frische Rosés; die Weißweine sind halbtrocken und ebenfalls leicht und frisch. Das Prädikat *VDQS* wird auch für Schaumwein verwendet.

CHRISTIAN BEAULIEU
Dieses vollmundige, fruchtige Exemplar beweist, dass der Rotwein von Bugey nicht leicht und schwächlich sein muss.

EINE UNTERSCHÄTZTE ANBAUREGION
Die Region von Bugey erzeugt attraktiv leichte VDQS-Weine, die z. T. besser ausfallen als die Appellationsweine anderer Anbauzonen.

- VDQS Vins du Bugey (eventuell mit Dorfnamen)
- Rot/Rosé: Poulsard, Gamay, Mondeuse, Pinot Noir
  Weiß: Roussette, Jacquère, Chardonnay, Pinot Gris, Aligoté
- Leichte Rote; leichte, trockene Weiße; trockene Rosés
- Christian Beaulieu, Caveau Bugiste, Caveau du Mont July, Cellier de Bel-Air, Eugène Monin
- Rebhuhn, mit Speck und Käse gegart; dazu werden Nudeln gereicht
- Rot/Rosé: 1997, 1996
- Rot/Rosé: 1–3 Jahre

CHÂTEAU CHALON

DIESER NAME STEHT nicht für einen Erzeuger, sondern für ein ganzes Dorf hoch oben auf einem Hügel. Château Chalon produziert *vins jaunes*, und zwar nur von Savagnintrauben, die auf Kalk und Mergel heranreifen. Ein Château Chalon muss mindestens sechs Jahre und drei Monate in versiegelten, nicht ganz gefüllten Holzfässern reifen, um seinen ausgeprägten Hefe- und Sherrycharakter auszubilden. Der Château Chalon ist in seiner typischen 62-cl-Flasche erhältlich, dem so genannten Clavelin. Sie entspricht der Menge *vin jaune*, die aus 1 Liter Wein gewonnen wird.

- AC Château Chalon
- *Vin jaune:* Savagnin
- Nusswürzige, goldgelb getönte *vins jaunes*
- Berthet-Bondet, Jean Bourdy, Courbet, Durand-Perron, Jean Macle
- Hühnerbrust, in *vin jaune* gegart
- 1990, 1989, 1985
- 20 Jahre

JEAN BOURDY
Dieser Produzent zählt zu den verlässlichsten Lieferanten von trockenem, salzigem Château Chalon.

CÔTES DU JURA

DIESE WEINBAUENKLAVE hat sich ihre traditionellen Weinbereitungsmethoden und Rebsorten bewahrt. Poulsard, Trousseau und Pinot Noir für Rotwein, Savagnin und Chardonnay für Weißwein. Es gibt leichte, fruchtige, stille Rotweine und Rosés, trockene, nussige Weißweine, Schaumweine sowie die langsam reifenden Sherry-ähnlichen *vins jaunes*. Am interessantesten dürften die köstlich süßen *vins de paille* sein, die von rosinierten, konzentriert süßen Beeren gepresst und anschließend vier Jahre lang im Holzfass reifen.

- AC Côtes du Jura
- Rot/Rosé: Poulsard
  Weiß: Chardonnay, Savagnin
  Vin jaune: Savagnin
- Leichte Rote; trockene Weiße und Rosés; nusswürzige *vins jaunes*
- Ch d'Arly, Jean Bourdy
- *Vin jaune:* Rahmkäse
- Rot: 1996, 1995, 1990
- *Vin jaune:* 10–15 Jahre

JEAN BOURDY
Dieser helle Rotwein wird von der pflaumigen Poulsard gewonnen.

Crépy

Die Weine von Crépy haben sehr viele Gemeinsamkeiten mit ihrem Schweizer Nachbarn: Beide stammen von den beiden Chasselas-Sorten Chasselas Roux und Chasselas Vert ab; sie sind leicht, blumig und etwas spritzig und wetteifern um die höchsten Preise. Über die Frage, ob dieser Wein eine Säureumwandlung benötigt oder nicht *(S. 24)*, wird heftig debattiert. Ohne Säureumwandlung ergeben sie trockene, frisch-fruchtige, etwas spritzige Weine, mit Säureumwandlung vollere Weine mit Mandelton, die zwei Jahre liegen können.

- AC Crépy
- Weiß: Chasselas
- Frische, leichte, trockene Weißweine
- Fichard, Grande Cave de Crépy, Mercier, Georges Roussiaude
- Gemüsesuppe mit Emmentaler oder Beaufort
- 1998, 1997, 1996
- 1–3 Jahre

Grande Cave de Crépy
Ein trockener, frischer Wein, leicht spritzig und mit Mandelton.

L'Étoile

Diese winzige *appellation* liegt im Zentrum des Jura, im Norden von Lons-le-Saunier und in der Nähe des kleinen Dorfes Le Pin. Der Name erinnert an das berühmte Château im Bordelais. Die meisten Weine der 70 ha umfassenden *appellation* stammen von der lokalen Winzergenossenschaft. Es gibt potenziell guten *vin jaune* und leichte, kräuterwürzige Weine, die von Chardonnay, Savagnin oder Poulsard gewonnen werden. Aus diesen drei Rebsorten wird auch der L'Étoile Mousseux *méthode champenoise* verschnitten.

- AC L'Étoile, AC L'Étoile Vin Jaune, AC L'Étoile Mousseux
- Weiß: Savagnin
- Trockene Weiße; nusswürzige *vins jaunes*
- Ch l'Étoile, Michel Geneletti, Montbo
- *Vin jaune*: Emmentaler
- 1996, 1995, 1990
- *Vin jaune*: 10–40 Jahre
  Weiß: 2–4 Jahre

Château l'Étoile
Ein leichter, trockener Weißwein mit Kräuter- und Farnaromen.

Vin de Savoie

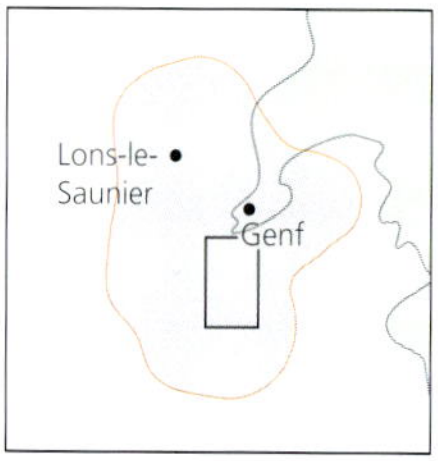

Die *appellation* Vin de Savoie umfasst mehrere unzusammenhängende Weinberge, vorwiegend auf Geröllhalden und eiszeitlichen Moränen gelegen. Einige Dörfer dürfen ihren Namen der *appellation* anfügen. Ihre Weine werden aus unterschiedlichen Rebsorten erzeugt. Weißwein, dessen Etikett nicht die Rebsorten Roussette, Altesse oder Bergeron aufweist, stammt – fast immer – von der Jacquère, einer spät reifenden Traube, die den leichtesten Vin de Savoie ergibt. Eine Ausnahme bilden hier die Dörfer Marignan, Marin und Ripaille, die Chasselas verwenden. Altesse, hier auch Roussette genannt, ergibt die Weine der eigenständigen *appellation* Roussette de Savoie. Chautagne, Cruet, Jongieux und St-Jean-de-la-Porte keltern ihren Rotwein von der Mondeuse. Die *appellation* Vin de Savoie gilt auch für Schaumwein.

Louis Magnin
Dieser Chignin Bergeron von der Jacquière-Traube ist einer der erfrischendsten leichten Weine Frankreichs.

Bergluft
Die leichten Weißweine von diesem Weinberg am See St-André munden nach einer Skiabfahrt.

- AC Vin de Savoie, AC Vin de Savoie Mousseux, AC Vin de Savoie Pétillant, AC Roussette de Savoie
- Rot: Gamay, Pinot Noir, Mondeuse
  Weiß: Jacquère, Chasselas, Roussette, Chardonnay
- Leichte Rote; trockene Weiße
- Dominique Allion, Louis Magnin, Claude Marendon, Michel Menetrey, Raymond Quénard, Trosset, Varicon et Clerc
- Hühnchen mit Gepökeltem vom Schwein in *vin jaune*
- Weiß: 1998, 1997, 1996
- Weiß: 1–3 Jahre

SEYSSEL

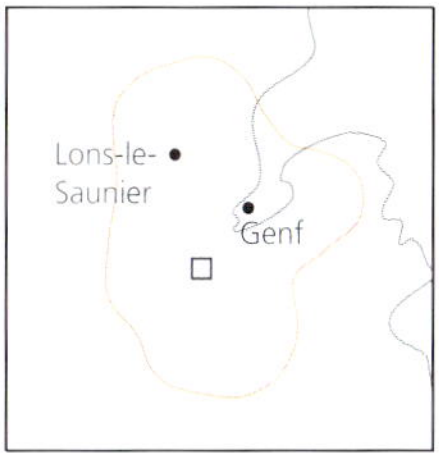

IN DIESER APPELLATION dürften die interessantesten Savoie-Weine entstehen. Die Trauben für diese sehr vielfältigen stillen und schäumenden Weine wachsen zwischen den beiden Dörfern Anglefort und Chanay. Die Stillweine enthalten vorwiegend Chasselastrauben, doch auch mindestens 10 % Roussette, die für einen ausgeprägt blumigen Charakter steht. Weit bekannter als die stille Version ist der schäumende Seyssel. Auch dafür werden Chasselas und Roussette verwendet, aber nur zusammen mit der heimischen Molette. Diese Traube geht auch in den Jahrgangswein Royal Seyssel Cuvée Privée ein, der sich elegant und biskuitzart präsentiert, wie feiner, eher blumiger denn fruchtiger Champagner. Sowohl der schäumende als auch der stille Seyssel munden ausgezeichnet zu *raclette*, einer hiesigen Spezialität.

SCHAUMWEINE
Die besten Trauben von diesen Reben werden wahrscheinlich für Schaumwein verwendet.

MAISON MOLLEX
Dieser erfrischende Roussette stammt von einem der verlässlichsten Erzeuger der Region.

- AC Seyssel, AC Seyssel Mousseux
- Stille Weiße: Chasselas, Roussette
  Schäumende Weiße: Molette, Chasselas, Roussette
- Leichte, trockene Weiße; gute schäumende Weiße
- Maison Mollex, Clos de la Péclette, Royal Seyssel, Varichon et Clerc
- Still: Salat mit frischen Flusskrebsen; dazu Krustenbrot und zerlassene Butter mit Schalotten, Weißweinessig und Petersilie
- Still: 1998, 1997, 1996
- 1–3 Jahre

SONSTIGE

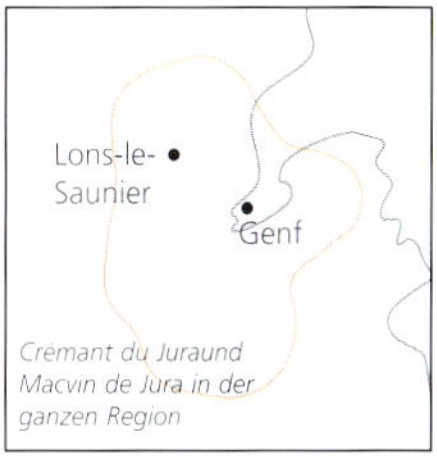

DER SCHÄUMENDE CRÉMANT DU JURA, ein Verschnitt aus Savagnin, Pinot Blanc und Chardonnay, kann köstlich sein, und bei einem Produzenten wie Grand Frères stimmt auch der Preis. Als bemerkenswertester »Sonstiger« dieser Region dürfte der Macvin de Jura gelten. Eine historische Randerscheinung, die sich keiner französischen Rot- oder Weißweinkategorie zuordnen lässt. Er gilt als *vin doux naturel,* hat aber nicht den vollfruchtigen Charakter eines Muscat de Beaumes-de-Venise, Banyuls und Rasteau. Sein – nicht aus eigener Kraft erworbener – Geschmack erinnert an eine ferne Vergangenheit. Bei diesem Wein muss der Traubensaft (Savagnin) mindestens auf die Hälfte eingekocht werden. Dann wird er unvergoren mit einem lokalen Weinbrand aufgespritet und mit Kräutern und Gewürzen aromatisiert. Anschließend reift dieser Wein, der aufgrund der fehlenden Gärphase eigentlich gar keiner ist, sechs Jahre im Fass. Dieses originelle, authentische Herstellungsverfahren soll im 9. Jh. von den Nonnen des Klosters in Château Chalon entwickelt worden sein. Für die besten Macvins steht heute der Name der Domaine Bourdy, deren Rezeptur aus dem Jahr 1579 stammt. Die meisten französischen und internationalen Kritiker sind nicht so angetan von diesem Produkt, dessen Charakter eher an aufgekochte Medizin oder an Wermut denn an zeitgemäßen Wein erinnert.

CHÂTEAU CHALON
In diesem Kloster stand die Wiege des kuriosen Macvin, der vor über 1000 Jahren erstmals hergestellt wurde.

DOMAINE GRAND FRÈRES
Dieser volle Crémant du Jura ist eine Rarität außerhalb der Region, aber sehr empfehlenswert.

LANGUEDOC-ROUSSILLON

BIS VOR KURZEM NOCH ALS SCHLAFENDER GIGANT DER WEINWELT BEZEICHNET, WERDEN HIER HEUTE WEINE VON WELTRUF PRODUZIERT.

Languedoc-Roussillon

WAS SOFORT INS AUGE sticht: die Größe dieser Region. Mehr als 300 000 ha stehen hier unter Reben. Dies entspricht dem Dreifachen der Gesamtanbaufläche von Bordeaux. Hier entsteht ein Zehntel aller Weine der Welt und von hier kommt jede dritte Flasche, die in Frankreich erzeugt wird.

Bis vor einiger Zeit wurde die Region in Weinführern kaum erwähnt, da nur ein geringer Teil der hiesigen Produktion als *appellation contrôlée* etikettiert wurde. Der Wein wurde größtenteils in Mehrwegflaschen verkauft, und der Rest strömte direkt in den subventionierten Weinsee Europas.

Hätte sich die französische und europäische Bürokratie durchgesetzt, so wären hier die Anbauflächen ohne *appellation*-Status längst zu Ackerland geworden. Doch einige dynamische Jungunterneh-

MIT KURS AUF PORTWEIN
Der kräftige, dunkle, köstliche Maury von Amiel ist einer der herausragendsten gespriteten Weine Frankreichs. Er kann es locker mit vielen Jahrgangs-Portweinen aufnehmen.

- 230 000 ha; 290 Millionen Flaschen
- Insgesamt herrscht mediterraner Einfluss vor. In einigen Regionen ist es jedoch kühler, so beispielsweise in den höheren Lagen der Anbaugebiete von Minervois oder Limoux.
- Sehr unterschiedlich: Kalkhügel und fruchtbare Alluvialböden in der Ebene
- Rot: Grenache, Cabernet Sauvignon, Merlot, Cinsault, Carignan, Syrah, Mourvèdre
  Weiß: Clairette, Chardonnay, Ugni Blanc, Grenache Blanc, Muscat, Sauvignon, Viognier

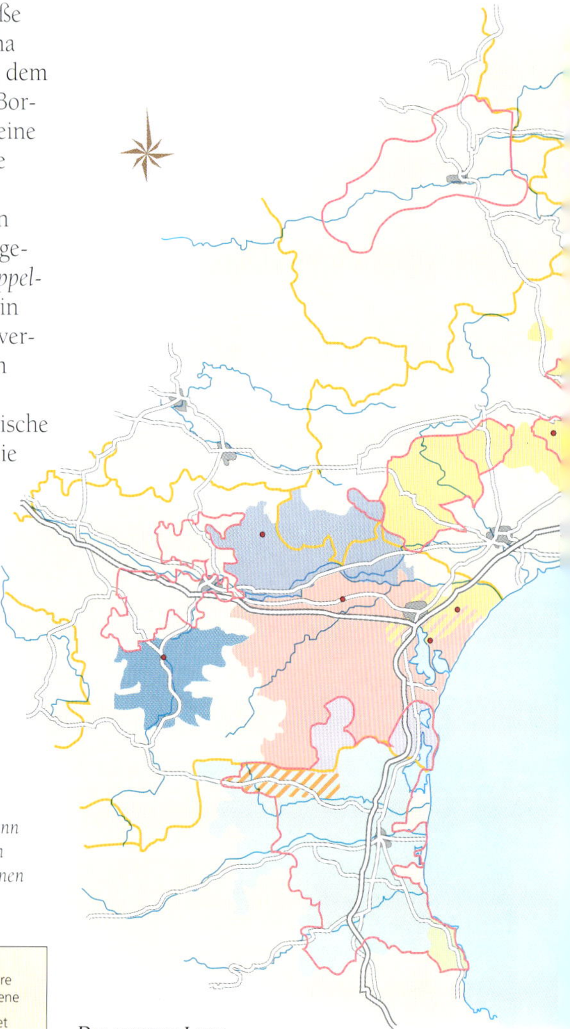

DAS GELOBTE LAND
Jahrhundertelang lieferte Languedoc-Roussillon billige Massenweine, die offen verkauft oder mit anderen französischen Weinen verschnitten wurden. Heute kann die größte zusammenhängende Weinregion der Welt zeigen, was in ihr steckt.

mer hatten anderes im Sinn. Männer wie Robert Skalli von Fortant de France und James Herrick, ein Engländer, der sein Vermögen australischen Weinen verdankt, erkannten, dass der Weinbau im Languedoc-Roussillon günstige klimatische Bedingungen und reichlich Platz hat. Was fehlte, das waren international angesehene Rebsorten und das für die Weinbereitung notwendige Know-how.

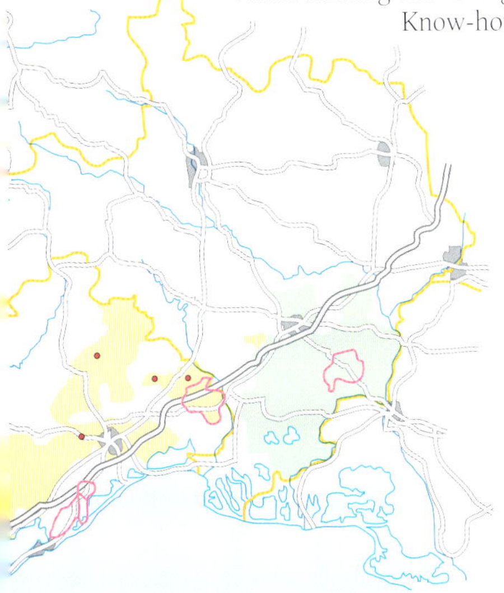

So wurden Tausende von Hektar mit Merlot, Chardonnay, Sauvignon Blanc, Viognier, Syrah und Cabernet Sauvignon bepflanzt und ausländische Kellermeister engagiert, die in den Genossenschaften alle Stadien der Weinbereitung, von der Lese bis zur Vinifikation, beaufsichtigten. Rein äußerlich ein radikaler Wandel: Binnen weniger Jahre füllten sich die Regale mit reinsortigem *vin de pays*, der mit jenem der Neuen Welt konkurrierte.

Von Ausnahmen abgesehen gab es darunter aber viele ausdruckslose Weine, die weder die intensive Fruchtigkeit ihrer Rivalen aus der Neuen Welt noch die traditionelle Komplexität französischer Weine aufwiesen. Das größte Handicap

TRAUBEN UND MANDELN
In den Côtes du Roussillon wird traditionell Mischkultur betrieben: hier wachsen die Reben zwischen Mandelbäumen.

dieser Gegend liegt wohl darin, dass selbst namhafte Winzer der Region zuweilen den notwendigen Ehrgeiz vermissen lassen. Einem Außenseiter wie Aimé Guibert ist auf Mas de Daumas Gassac mit viel Ausdauer ein *vin de pays de l'Hérault* gelungen, der den Preis eines guten Bordeaux erzielt, doch vielen anderen ist es noch nicht beschieden, aus ihrem Rebbesitz das Beste herauszuholen.

Entsprechend uneinheitlich sind die Appellationen: Banyuls, Collioure (S. 164), Maury (S. 168), Faugères (S. 167), St-Chinian (S. 170) und Pic-St-Loup in den Coteaux du Languedoc (S. 166) erzeugen vorzügliche Weine, große Appellationen wie Corbières (S. 165) und Minervois (S. 169) feine bis ausgesprochen einfache Weine. Hätte Languedoc-Roussillon dasselbe Interesse wie z. B. Bordeaux und Burgund erfahren, hätten die besten Unterregionen längst eindeutig definiert werden können. So aber ist es weit besser, den *vin de pays* eines guten Erzeugers zu kaufen, statt einer *appellation* zu vertrauen.

ANBAUBEREICHE

- Collioure und Banyuls
- Corbières
- Costières de Nîmes
- Coteaux du Languedoc
- Roussillon (mit Côtes du Roussillon und Côtes du Roussillon-Villages)
- Fitou
- Limoux
- Maury
- Minervois
- Andere AOC-Bereiche (mit Cabardès, Faugères, Muscat, St-Chinian)
- *Département-Grenze*

BANYULS

DIE FRANZOSEN BETRACHTEN ihren *vin jaune* und ihren gespriteten Banyuls als Alternativen zum Sherry und Portwein. Die vier *communes* Banyuls-sur-Mer, Cerbère, Collioure und Port Vendres bilden die *appellation* Banyuls, die südlichste Frankreichs. Die Rebsorte Grenache, die auf den sauren Böden am besten gedeiht, liefert mindestens 75 % aller Banyuls Grand Cru. Banyuls produziert nur *vins doux naturels*, in Rot, Weiß, Rosé und Braun. Die Roten sind am meisten verbreitet und können bis zu 40 Jahre altern. Ein roter Banyuls muss 30 Monate im Holzfass reifen, um sein Aroma mit Anklängen an Trauben, Kaffee, Fruchtkompott und Mandeln zu entfalten. Ein oxidierter Banyuls hat *rancio*-Charakter; ein Banyuls ohne Sauerstoffkontakt, *rimage* genannt, bewahrt hingegen seine Fruchtigkeit.

DOMAINE DU MAS BLANC
Die Cuvée St-Martin dieser domaine zählt mit zum Feinsten in Banyuls.

UNTER DER SONNE VON BANYULS
Wie andere weltberühmte gespritete Weine profitiert der Wein von Banyuls während seiner Entwicklung von der wärmenden Sonne.

- AC Banyuls, AC Banyuls Grand Cru
- Rot/Weiß/Rosé: Grenache Noir, Grenache Gris, Grenache Blanc, Macabéo, Malvoisie
- Kräftige, rote *vins doux naturels;* halbsüße *vins doux naturels* in Weiß und Rosé
- De la Casa Blanca, Cave de l'Abbée Rous, du Mas Amiel, du Mas Blanc, L'Étoile, Clos des Paulilles, Cellier des Templiers, La Tour Vieille, Vial Magnères
- Rot: Roquefort
- Rot: 1994, 1991, 1988, 1985, 1983
- Rot: 2–25 Jahre

CABARDÈS

JAHR FÜR JAHR wälzen sich die Blechschlangen über die A61 im Norden von Carcassonne, an den Reben von Cabardès vorbei. Seit man die Reben der ziemlich geschmacksarmen Sorten Carignan und Aubun ausgerissen und durch populärere Sorten wie Cabernet Sauvignon, Merlot, Grenache, Syrah, Fer und Cinsault ersetzt hat, ist Cabardès erfolgreicher. Die Weine von Cabardès werden auch als Côtes du Cabardès et l'Orbiel verkauft. Es gibt Rotwein und Rosé, wobei der schlanke Rote der interessantere der beiden ist.

- VDQS Cabardès
- Rot/Rosé: Grenache, Syrah, Cinsault, Cabernet Sauvignon, Cabernet Franc, Merlot, Malbec, Fer
- Leichte, fruchtige Rote; pfeffrige Rosés
- De Cabrol, Ch Constance, de Pennautier, Ventenac
- Rot: Schweinefleisch
- Rot: 1998, 1996
- Rot: 2–5 Jahre

CHÂTEAU CONSTANCE
Dieser Wein ist qualitativ besser, als man es von einem Cabardès mit VDQS-Status erwartet hätte.

COLLIOURE

COLLIOURE STEHT für trockenen Banyuls oder umgekehrt. Beide Appellationen haben aber so manches gemeinsam: die steilen, schmalen Terrassen, die den hübschen Küstenort Colliure mit seiner Künstlerkolonie sowie die Dörfer Port-Vendres, Banyuls-sur-Mer und Cerbère umgeben. Ein typischer Collioure ist ein körperreicher Rotwein, der von Grenache Noir und Mourvèdre unter Beimischung von Carignan, Cinsault und Syrah gewonnen wird. Die Qualität des Collioure verbessert sich, je niedriger der Anteil der Carignan ist.

- AC Collioure
- Rot/Rosé: Grenache Noir, Mourvèdre
- Körperreiche Rote; würzige, trockene Rosés
- Du Mas Blanc, de Jau, Clos de Paulilles, de la Rectorie, des Templiers, la Tour Vieille, Vial Magnères.
- Bohnen-Fleisch-Eintopf
- Rot: 1996, 1994
- Rot: 4–6 Jahre

DOMAINE LA TOUR VIEILLE
Die Cuvée Puig Oriel dieser Domäne ist ein wuchtiger, langlebiger Rotwein.

CORBIÈRES

DER INTERNATIONALE WEINBOOM der 1970er und 1980er Jahre kam vor allem diesem Anbaugebiet zugute, da es schon verhältnismäßig gute Qualität zu günstigen Preisen bot, bevor die Weine aus Osteuropa, Südfrankreich und der Neuen Welt auftauchten. Heute konkurriert Corbières mit Minervois *(S. 169)* und den Coteaux du Languedoc *(S. 166)*.

DER GESCHMACK DES MEERES
Die appellation Corbières erstreckt sich zum Teil bis an die Küste, wie etwa hier in Periac de Mer. Und das Meer prägt auch den Geschmack der Weine, die hier erzeugt werden.

CORBIÈRES IM SÜDOSTEN von Carcassonne ist eine so große wie vielfältige Anbauregion. Wegen ihrer Ausdehnung, die zwangsläufig die mannigfaltigsten Böden, Höhen, Mikroklimate und Rebsorten mit sich bringt, lassen sich kaum verbindliche, allgemein gültige Aussagen über Qualität und Stil ihrer Weine treffen. Jedweder Versuch, das Potenzial dieser *appellation* zu beurteilen, scheitert an der geringen Qualität der hier vorherrschenden *coopératives*. Und die geschmacksfade Traube Carignan, die noch die Hälfte der Gesamtanbaufläche bedeckt und an jeder Flasche mit 60 % beteiligt ist, vereinfacht die Sache nicht. Um der Region mehr Anerkennung zu verschaffen, wurden 11 inoffizielle Einzelbereiche festgelegt, und einige davon werden sicher irgendwann den Status der *appellation* erhalten. Allerdings sind diese Zonen durch gewaltige Höhen- und Klimaunterschiede gekennzeichnet. Derzeit kommen die besten regionalen Weine aus Lézignan und Alaric im Norden der Region, aus Boutenac im Zentrum und aus Termenes im hügeligen Südwesten. Auch Sigean an der Mittelmeerküste produziert gute Weine, obwohl dieser hügelige Bereich mit am uneinheitlichsten ist.

Talentierten Produzenten, die lediglich die Trauben der alten Syrah- und Carignanreben aus den kalkigen Abschnitten (vor allem Boutenac) verwenden, gelingen Weine mit kräftigen, reifen, fruchtigen Aromen und einer Struktur, die eine mehrjährige Lagerung erlaubt. Allerdings lassen sich die faden Weine von Corbières leicht verkaufen, solange die Kunden nicht die besseren Vins de Pays d'Oc *(S. 233)* aus derselben Region probiert haben. Mehr als 90 % der Weine aus Corbières sind rot, aber auch der Weißwein ist einen Versuch wert. Weißweintrauben sind Muscat, Vermentino, Marsanne und Roussanne.

- AC Corbières
- Rot/Rosé: Carignan, Syrah, Mourvèdre, Grenache, Picpoul, Terret
  Weiß: Bourboulenc, Maccabéo, Grenache Blanc
- Würzige, körperreiche, trockene Rote; mittelschwere, trockene Rosés; frische, leichte, trockene Weiße
- Ch d'Aguilhar, Aiguilloux, Caraguilhes, des Chandelles, Etang des Colombes, Grand Caumont, Grand Moulin, Hélène, de Lastours, Vignerons de la Méditerranée, Meunier St-Louis, d'Ornaisons, les Palais, Pech-Latt, Producteurs de Mont Tauch, du Révérend, St-Auriol, St-Estève, Celliers St-Martin, Salvagnac, du Vieux Parc, Villemajou, la Voulte Gasparets
- Rot: Wildragout
- Rot: 1998, 1996, 1994
- Rot: 3–8 Jahre

CHÂTEAU D'AGUILHAR
Die zerklüftete Landschaft um Château d'Aguilhar bietet praktisch immer dasselbe Bild.

CHÂTEAU DE LASTOURS
Dieses Weingut beherbergt ein Heim für geistig Behinderte, die bei der Produktion helfen.

COSTIÈRES DE NÎMES

DIE MIT GROBEM KIES bedeckten Anbauflächen in den Costières de Nîmes, zwischen Rhône und Languedoc gelegen, waren schon unter den Römern angesehen. Die hier angebauten Trauben, vornehmlich Carignan, wurden jahrzehntelang für einfachen Rotwein verwendet. Doch in den 1980er Jahren erkämpften engagierte Winzer die Beförderung vom *VDQS*- zum Appellationsstatus: Costières du Gard gab sich den Namen Costières de Nîmes. Costières de Nîmes umfasst nun 24 Gemeinden, zwischen Beaucaire und Vauvert am Ufer der Rhône gelegen. Rotwein und Rosé dominieren, doch es wird auch etwas Weißwein erzeugt. Rotweine bestehen zu 40 % aus Carignan, aber Grenache und Syrah, deren Anteil derzeit mindestens 25 % des Verschnitts ausmacht, nehmen weiter zu.

MAS DES BRESSADES
Dieser Costières de Nîmes ist eine echte Alternative zu den teureren Rhône-Weinen Crozes-Hermitage und St-Joseph.

ALLES BEREIT ZUR LESE
Der Regen ist kein so großes Problem in dieser südfranzösischen Region; trotzdem muss man mit allem rechnen.

- AC Costières de Nîmes
- Rot: Grenache, Carignan, Syrah; Weiß: Clairette, Grenache Blanc, Bourboulenc Rosé: Carignan, Cinsault, Mourvèdre, Syrah
- Körperreiche Rote; liebliche Weißweine, trockene Rosés
- Ch de l'Amarine, Ch de Campuget, Mas de Bressades, Ch Mourgues du Grès, de Nages, Tuilerie de Pazac, Valcombe
- Bohneneintopf mit Fleisch und Wursteinlage
- 1998, 1996
- Rot: 2–6 Jahre Weiß/Rosé: 1–3 Jahre

COTEAUX DU LANGUEDOC

DIESE WEINBERGE an den Hängen und in der großen Ebene des Languedoc wurden nach der Eroberung Galliens durch Julius Cäsar von Griechen angelegt. Der Wein hatte in Rom so großen Erfolg, dass die römischen Winzer Schutzmaßnahmen gegen die Konkurrenz forderten – vergebens. Im 18. Jh. erlebten die Weine des Languedoc eine Blütezeit, bis die Reblaus in den 1880er Jahren die Reben zerstörte.

Heute gilt das Languedoc als eines der aufregendsten Anbaugebiete Frankreichs: Die zuverlässig gemachten Weißweine und Rosés sind qualitativ oft besser und preisgünstiger als die Weine der Provence. Eine Gemeinde mit viel versprechendem Entwicklungspotenzial ist Pic de St-Loup mit Erzeugern wie l'Hortus, dessen Weine oftmals einem Châteauneuf-du-Pape (S. 207) den Rang ablaufen.

PRIEURÉ DE ST-JEAN-DE-BEBIAN
Im Besitz zweier ehemaliger Herausgeber von Weinmagazinen, erzeugt dieses Gut untadelige, volle Rotweine.

ABBAYE DE VALMAGNE
Wie so oft in Frankreich, hat der Wein auch in diesem Gotteshaus seinen idealen Lagerplatz.

- AC Coteaux du Languedoc
- Rot/Rosé: Carignan, Cinsault, Grenache, Syrah, Mourvèdre Weiß: Grenache, Bourboulenc, Clairette
- Körperreiche Rotweine; leichte, trockene Rosés; leichte, trockene Weißweine
- D'Aupilhac, de l'Hortus, Mas Bruguière, Mas Julien, Peyre-Rose, Prieuré de St-Jean-de-Bébian
- Rot: *Entrecôte* vom Grill, mit Knoblauch und Thymian gewürzt
- 1997, 1996
- Rot: 3–8 Jahre Weiß/Rosé: 1–3 Jahre

FAUGÈRES

OBWOHL DIESE SÜDFRANZÖSISCHE *appellation* mit das beste Rotweinpotenzial besitzt, blieb die Produktion von Faugères bis vor 20 Jahren auf Muscat und *eau-de-vie* beschränkt. Heute sind die steilen Ausläufer der Cevennen, einer gebirgigen Zone des Hérault zwischen St-Chinian und Cabrières, mit Carignan, Cinsault, Grenache, Lladoner Pelut, Mourvèdre und Syrah bestockt. Abgesehen von trockenem Rosé in kleinen Mengen, wird fast nur Rotwein produziert. Zu den besten Produzenten zählen hier die eta-

GUTE WEINBERGLAGEN *An den Rebhängen von Faugères können die* … *rfekten* … *gungen* … *vromen* … *ickeln.*

…Syrah, …rvèdre

…ürzige, oft

…s, Gilbert …enaie, Ch …h Grézan, …ve de Laurens, la Liquière, de Météore, Moulin Couderc, des Peyregran, du Rouge Gorge, St-Antonin

Wildpastete

1997, 1996

2–4 Jahre

…reckt sich …s (S. 165). …ßere liegt …uchan. …*aturels* …in, vor

WEINE *ein Teil* … *resnähe;* … *tammen* … *agen im* … *inneren.*

…, Grenache, …rah

…elschwere bis …Rote

…epaumier, Lerys, …es, Maîtres Vignerons de Cascastel, Cave Pilote de Villeneuve-les-Corbières, Producteurs de Mont Tauch, de la Rochelierre, de Rolland, Val d'Orbieu (Vignerons de la Méditerranée)

Geschmorte Taube mit Zwiebeln und Bayonneschinken

1997, 1996

3–4 Jahre

Dieser Fitou zeichnet sich durch ungewöhnlich vollen Geschmack und durch Komplexität aus.

LIMOUX

GLAUBT MAN DEN EINWOHNERN von Limoux, dann wurde hier schon 1531 der erste Schaumwein erzeugt, längst bevor Dom Pérignon in der Champagne zu experimentieren begann. In jüngerer Zeit tut sich einiges in der mittelalterlichen Stadt unweit von Carcassonne. Bis Anfang 1990 produzierte die örtliche Genossenschaft ihren Schaumwein Blanquette de Limoux hauptsächlich aus Mauzac, einer oft ausdrucksschwachen Sorte, die heute mit Chenin Blanc, Pinot Noir und Chardonnay verschnitten wird. Ein Crémant de Limoux, beliebt bei den Einheimischen, muss mindestens zu 90 % von Mauzac gekeltert sein, ein Blanquette de Limoux aber enthält heute nur noch knapp 15 % Mauzac. Den stillen Chardonnay-Weinen wurde eine eigene *appellation* zuerkannt; sie werden immer besser.

ST-LAURENT
Für diesen nach der méthode champenoise hergestellten Schaumwein wird eine breite Sortenvielfalt verwendet.

LAGERKELLER IN LIMOUX
Aus dem Zusammenspiel von Kreideböden, kühler Bedingungen und Eichenfassgärung entsteht ein Chardonnay mit Burgundercharakter.

- AC Limoux, AC Blanquette Méthode Ancestrale, AC Blanquette de Limoux, AC Crémant de Limoux
- Weiß: Mauzac, Chardonnay, Chenin Blanc
- Trockene weiße Schaumweine; Weiße mit Fassausbau
- De l'Aigle, Aimery, Georges und Roger Antech, Collin, de Flassian, de Fourn, Guinot, les Caves du Sieur d'Arques, Vignobles Vergnes
- Muscheln in Zitronen-Knoblauch-Marinade
- 1996, 1994
- Schaumwein: 5–6 Jahre
  Stillwein: 3–4 Jahre

MAURY

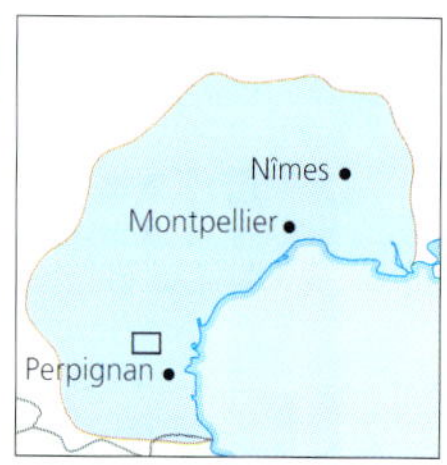

IM UNTERSCHIED ZU Banyuls *(S. 164)*, das auf französischen Weinkarten seinen angestammten Platz hat, ist Maury im Süden von Corbières *(S. 165)* eher unbekannt, obwohl sein Wein bereits im 2. Jh. v. Chr. hohes Ansehen genoss und trotz günstigen Klimas und guter Böden. Vielleicht liegt es daran, dass die *appellation* traditionsgemäß auf die eher ausdrucksschwachen Rebsorten Maccabéo und Carignan setzt. Das dürfte sich nun ändern, da der vorgeschriebene Anteil der aromatischeren Traube Grenache ab 2000 auf 75 % heraufgesetzt ist. Wie ein Banyuls kann auch ein Maury frisch und leicht ausfallen, wenn er nicht in Gestalt eines kräftigen *rancio* erscheint, der vor und nach dem Essen mundet. Wer feinen Maury kosten möchte, halte sich an eine ausgereifte Flasche von Mas Amiel.

MAS AMIEL
Bei Maury ist Mas Amiel tonangebend. Er produziert vollmundige, konzentrierte, pflaumweiche Weine.

UNTER PERFEKTEN BEDINGUNGEN
Im heißen Maury findet Grenache auf dem Schieferboden ideale Bedingungen. Das Lesegut geht in die Produktion vortrefflicher gespriteter Weine ein.

- AC Maury
- Rot: Grenache Noir, Grenache Gris, Grenache Blanc
- Vollmundige, gespritete Rotweine, die mit Jahrgangs- und hellem Portwein konkurrieren
- Mas Amiel, Jean-Louis Lafage, les Vignerons de Maury, Maurydoré, la Pléiade, Robert Ponderoux
- Cheddar und/oder Parmesan, mit frischen Trauben serviert
- Meist ohne Jahrgangsnennung
- 5–25 Jahre

MINERVOIS

DIE REGION ERSTRECKT SICH über die nach Süden hin gelegenen Kalkhügel zwischen St-Chinian (S. *171*) und Carcassonne. Wie Corbières (S. *165*) ist auch Minervois landschaftlich sehr vielfältig, und so wurden inoffizielle Anbauzonen festgesetzt. Der niederschlagsreichere und kühle westliche Abschnitt ist gut für Syrah und Grenache geeignet, während Mourvèdre die trockenen Bereiche im Landesinneren dominiert. Der beste Minervois kommt aus dem nördlich gelegenen Minervois-la-Livinière, dessen Qualität dem Corbières meist überlegen ist, vielleicht wegen seines reduzierten Carignan-Anteils und des herausragenden Könnens seiner Produzenten, z. B. Châteaux de Lastours und Gourgazaud. 95 % des Minervois wird rot gekeltert. Es gibt aber auch Weißwein von den Rhône-Rebsorten sowie von anderen mediterranen Trauben.

DOMAINE PICCININI
Dieses Gut gehörte zu den Pionieren der Region »La Livinière«.

GORGE DE LA CESSE
Zwischen den heißen Kalkhügeln im Landesinneren und dem zerklüfteten Bergland im Westen erstreckt sich eine der vielfältigsten Landschaften Südfrankreichs.

- AC Minervois
- Rot: Carignan, Grenache, Syrah
  Weiß/Rosé: Grenache Blanc, Bourboulenc, Maccabéo
- Körperreiche, trockene Rote; trockene Weißweine; trockene, fruchtige Rosés
- Ch Domergue, Fabas, Ch de Gourgazaud, Ch de Lastours, Ch Maris, Ch les Ollieux, d'Oupia, Ch les Palais, Paraza, Piccinini, Ste-Eulalie, la Tour-Boisée, Ch Villerambert-Julien
- Kalbsragout
- 1996, 1995, 1994
- Rot: 3–5 Jahre
  Weiß/Rosé: 1 Jahr

MUSCAT-APPELLATIONEN

DER MUSCAT DE BEAUMES-DE-VENISE von der Rhône gilt zwar als der bekannteste französische Likörwein, doch 90 % der *vin doux naturel*-Flaschen stammen aus den fünf Muscat-Appellationen in Languedoc-Roussillon. Bei Sète liegen Mireval und Frontignan, das berühmter ist, da sich angeblich schon Herkules und später Thomas Jefferson an diesen *vins doux naturels* und *vins de liqueurs* gelabt haben. Doch die Weine von Mireval, die von Muscat Blanc à Petits Grains stammen, sind oft eleganter als der rare Muscat de Lunel. Der eher mittelmäßige Muscat de Rivesaltes, von Muscat Blanc à Petits Grains oder Muscat d'Alexandrie gewonnen, ist völlig anders als die Verschnittweine von Rivesaltes, während der ansprechende Aprikosencharakter des Muscat de St-Jean-de-Minervois, einer Unterappellation von Mireval, nur noch auf seine »Entdeckung« wartet.

MUSCAT
Gespriteter Muscat, wie Muscat de Rivesaltes, muss nach frischen Trauben und Marmelade schmecken.

CHÂTEAU DE LA PEYRADE
In Frankreich werden die meisten gespriteten Muscats in coopératives produziert. Es gibt aber auch Einzelgüter, z. B. Château de la Peyrade, die erstklassigen Muscat machen.

- AC Muscat de Frontignan, AC Muscat de St-Jean-de-Minervois, AC Muscat de Lunel, AC Muscat de Mireval, AC Muscat de Rivesaltes
- Weiß: Muscat Doré de Frontignan, Muscat Blanc à Petits Grains, Muscat Rosé à Petits Grains, Muscat d'Alexandrie
- Weiße *vins doux naturels*
- Cazes, de Corneilla, Deltour-Grousset, Força Real, de Jau, Lacoste, Mas Liaro, Nouvelles, Ch de la Peyrade, Sarda-Malet
- Käsekuchen mit Rosinen
- Meist ohne Jahrgangsangabe
- 1–3 Jahre

ROUSSILLON

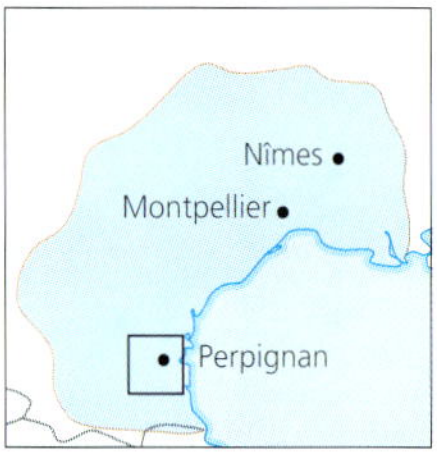

Diese große Anbauregion, die als Namensanhang in Verbindung mit dem Languedoc assoziiert wird, ist trotz ihres nachweislichen Potenzials immer noch auf Identitätssuche. Neue Rebsorten werden gepflanzt, die Weinbereitungsverfahren haben sich grundlegend verbessert, und einige individuelle *communes* machen Wein von unbestrittener Qualität.

CÔTES DU ROUSSILLON
In den Côtes du Roussillon, der sonnigsten Region Frankreichs, sind die Weinberge an drei Seiten von Gebirgszügen umgeben. An ihren Hängen gedeihen viele unterschiedliche Rebsorten.

WAHRSCHEINLICH GEHT der Weinbau in Roussillon bis in das 7. Jh. v. Chr. zurück, als die Griechen sich hier, angelockt von den reichen Bodenschätzen an Katalaniens Küsten, niederließen und den Weinstock mitbrachten. Im Mittelalter war die Gegend für ihren süßen »Vin d'Espagne« bekannt. Wie in einem natürlichen Amphitheater liegen die Rebgärten hier im Schutz der sie hufeisenförmig umgebenden, hohen Gebirgszüge Les Corbières im Norden, Le Canigou im Westen und Les Albères, die sich bis zur spanischen Grenze hin erstrecken. Nirgendwo in Frankreich scheint die Sonne öfter als hier, 2550 Stunden im Jahr: Die Trauben reifen problemlos, das Klima ist beständig, Jahrgangsunterschiede sind kaum bemerkbar. Trotz ihrer langen Weinbaugeschichte, die weiter zurückreicht als jene des angrenzenden Languedoc, scheinen die Winzer hier aber immer noch um ihre eigene, regionale Identität zu kämpfen.

- AC Côtes du Roussillon, AC Côtes du Roussillon-Villages, AC Grand Roussillon
- Rot/Rosé: Carignan, Syrah, Grenache, Mourvèdre, Maccabéo
  Weiß: Maccabéo, Malvoisie
- Würzige Rotweine; blumige Weißweine; trockene Rosés
- Caves de Baixas, Brial, de la Casenove, de Castelnou, Cazes, des Chênes, Mas Crémat, Fontanel, Força Réal, Gardiés, Gauby, Ch de Jau, Laporte, Lequerde, Maîtres Vignerons de Tauteval, de Rombeau, Mas Rous, St-François, Sarda-Malet, des Schistes, Cellier de Trouillas, les Vignerons Catalans, Vignerons de Pézilla
- Geschmortes Kalbsfilet mit Madeirasauce
- Rot: 1998, 1996
- Rot: 2–6 Jahre
  Weiß: 1–4 Jahre

Die beiden wichtigsten *appellations* für trockene Stillweine sind Côtes du Roussillon und Côtes du Roussillon-Villages. Erstere besitzen 5000 ha Rebfläche für Rosé, Rot- und Weißwein, während die Côtes du Roussillon-Villages nur Rotweine produzieren, deren Trauben am Ufer des Agly wachsen, rund um insgesamt 25 Dörfer, von denen Caramany und Latour-de-France unter eigenem Namen etikettieren. Noch herrscht Carignan vor, doch Syrah und Mourvèdre ziehen nach, da beide Sorten heute 20 % des Verschnitts ausmachen müssen, was die Qualität der Weine deutlich erhöht, ebenso wie die *macération carbonique*, die dem Lesegut ein Höchstmaß an Extrakt entzieht, was vor allem die von Natur aus geschmacksarme Sorte Carignan verbessert. Bei Weißwein sind, gemäß dem Reglement, die Sorten Maccabéo und Malvoisie nach wie vor dominant, da die ausdrucksvolleren Sorten Grenache Blanc, Roussanne, Marsanne oder Vermentino nicht mehr als 50 % des Verschnitts ausmachen dürfen. Doch es gibt – zum Glück – Winzer, die es beim Verschnitt mit dem Reglement nicht so genau nehmen.

LES VIGNERONS CATALANS
Die Genossenschaftskellerei produziert mehrere vortreffliche Weine, z. B. die Cuvée du Presbytère aus Caramany.

DOMAINE GAUBY
Diese ausgezeichnete Domäne mit ihren subtilen, eleganten Weinen demonstriert das ganze Potenzial der Region.

ST-CHINIAN

ST-CHINIAN HAT SEIT 1982 Appellationsstatus, genoss aber schon 1300 Ansehen als Anbaubereich für feine Rotweine. St-Chinian umfasst 20 Dörfer in Hérault, nördlich von Narbonne und nordwestlich von Béziers. Die Höhe und der Boden aus Schiefer, Kieselsteinen und Kalk tragen dazu bei, dass ein St-Chinian leichter und eleganter ist als der Wein im angrenzenden Faugères (*S. 167*), der dafür oft interessanter ist. Produzenten wie die Domaine Canet-Valette, Châteaux Cazal-Viel und Coujan sowie die *coopérative* in Roquebrun beginnen allmählich damit, interessante Weine mit kirschähnlichen Aromen zu erzeugen, die sich ihre natürliche Finesse bewahren. Sowohl Rotwein als auch Rosé wird überwiegend von Syrah, Carignan, Grenache, Cinsault und Mourvèdre gewonnen.

CLOS BAGATELLE
Dieses Gut produziert würzige Weine, die sich noch vier bis fünf Jahre weiterentwickeln.

GOLDENER HERBST
Am schönsten ist es in St Chinian nach erfolgter Lese, wenn die Weinberge in flammendes Gold- und Kupferrot getaucht sind.

- AC St-Chinian
- Rot/Rosé: Carignan, Syrah, Grenache, Mourvèdre, Cinsault
- Körperreiche, trockene Rotweine; trockene Rosés
- Ch des Albières, de Astide Rousse, Clos Bagatelle, Canet-Valette, Ch Cazal-Viel, Coujan, Coopérative de Roquebrun, Deslines, Ch Milhau-Lacugue, des Pradels, Soulie des Joncs, Ch des Villespassans, Viranel
- Kartoffeln mit Zwiebeln, Bayonne-Schinken, Knoblauch und Petersilie geschmort
- Rot: 1998, 1996, 1994
- Rot: 2–5 Jahre

SONSTIGE

ZWEI APPELLATIONEN, von denen abzuraten ist, sind Clairette de Bellegarde und Clairette du Languedoc. Wie der Name schon sagt, regiert die Rebsorte Clairette, von der sich nur sagen lässt, dass sie sich den Geschmack der Vergangenheit bewahrt hat, was nichts anderes zu bedeuten hat, als dass die Leute früher gerne junge, ausdrucksarme und extrem rasch oxidierende Weißweine tranken. Die Existenz dieser *appellations* verhindert zwar das Aussterben der Clairette als Art, aber ich sehe trotzdem nicht ein, dass man sie deshalb zu klassischem trockenen Weißwein wie Clairette de Bellegarde verarbeiten muss. Viel interessanter sind die süßen oder trockenen, gespriteten oder ungespriteten Clairette du Languedoc *rancios*, da die Clairette, ähnlich wie die spanische Palominotraube nur im Sherry, lediglich in einem *rancio* wirklich erfolgreich ist.

Bezeichnenderweise haben die geschmacksfaden weißen Clairettes den Status der *appellation*, während den leichten, aber aparten Roten aus den Côtes de la Malepère und den Côtes de Millau bislang nur der *VDQS*-Rang zuerkannt wurde. Ein Wein der Côtes de la Malepère bewegt sich im Geschmack zwischen einem Côtes du Rhône (*S. 210 f.*) und einem einfachen Bordeaux (*S. 77*), die leichteren Weine der Côtes de Millau hingegen liegen zwischen einem Beaujolais (*S. 106 f.*) und einem Côtes du Rhône.

CLAIRETTE BELLEGARDE
Die Genossenschaftskellereien in Languedoc-Roussillon verkaufen an Einheimische, Touristen und Durchreisende.

CHÂTEAU MALVIÈS
Dieses Château in den Côtes de la Malepère gilt als Wegbereiter fruchtiger Weine.

DAS TAL DER LOIRE

IN KEINER ANDEREN FRANZÖSISCHEN WEINREGION FINDET MAN SO VIELE VERSCHIEDENE LEICHTE SOMMERWEINE WIE AN DER LOIRE.

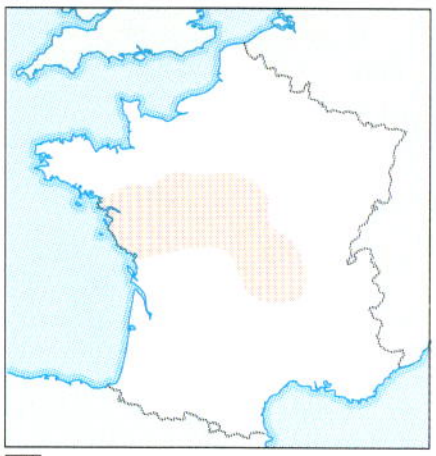

FÜR DIE VERMARKTUNG von Weinen kann sich die Nähe eines Flusses als sehr nützlich erweisen. Jahr für Jahr wälzt sich der Strom der Touristen quer durch Frankreich am Ufer der Loire entlang. Und wer anhält, um eine Rast einzulegen, wird sich ohne die Beratung eines *sommelier* bei der Auswahl eines Weins aus der Umgebung schwer tun.

Nach Westen hin, am Mündungstrichter der Loire, wachsen die trockenen, relativ neutralen weißen Muscadets *(S. 183)*. Wenn sie gut gemacht sind, schmecken diese erfrischenden, spritzigen Weine zu diversen Fischen und Meeresfrüchten. Und das ist mehr, als man von den Trauben, die heute den Muscadet liefern, erwarten kann.

Wendet man sich flussaufwärts nach Osten, kommt man nach Anjou *(S. 178)* und Saumur *(S. 187)*, die beide mit süßen Rosés und billigen Schaumweinen assoziiert werden. Ein Blick auf die Weinkarte zeigt jedoch, dass es von beiden Weinen auch mehrere stille und viel interessantere Versionen gibt. In Haut-Poitou *(S. 181)* und Touraine *(S. 189)* lassen sich diverse Sauvignon Blancs probieren. Mit dieser Traube wird das Loiretal am häufigsten assoziiert. In Bestform präsentiert sich der Wein mit den erfrischenden, zarten Anklängen an Stachelbeeren, schwarze Johannisbeeren und knackfrisches Gemüse. Viele Exemplare kommen allerdings grün und unreif

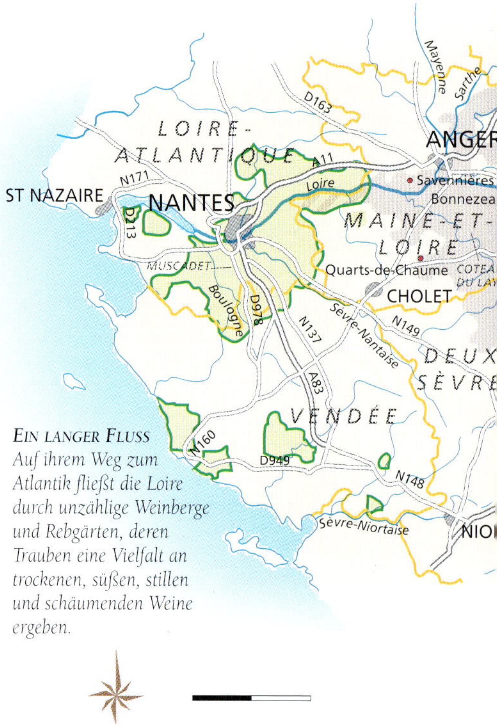

EIN LANGER FLUSS
Auf ihrem Weg zum Atlantik fließt die Loire durch unzählige Weinberge und Rebgärten, deren Trauben eine Vielfalt an trockenen, süßen, stillen und schäumenden Weine ergeben.

EIN KÖSTLICHES GEHEIMNIS
Jasnières zählt zwar nicht zu den berühmtesten Weingebieten, doch hier wird eine Reihe der weltweit feinsten trockenen und süßen Weine aus Chenin Blanc erzeugt.

- 35 000 ha; 390 Mio Flaschen
- Atlantische bis kontinentale Einflüsse. An der Küste, im Bereich Muscadet, ist es feucht und wie überall in der Region treten Fröste auf. Nach Osten hin sind die Sommer wärmer und die Winter kälter.
- Unterschiedlich; mit Granit in Muscadet, Schiefer in Layon, Sandkiese in Chinon, Tuffkalk in Vouvray und Kies mit Kalkstein in Sancerre
- Rot: Cabernet Franc, Malbec, Gamay
  Weiß: Chenin Blanc, Sauvignon Blanc, Melon Blanc

daher. Unreife kennzeichnet auch einige Rotweine aus Chinon (*S. 180*), Bourgueil und St-Nicolas de Bourgueil (*S. 179*). Unter der Voraussetzung, dass die Trauben vollreif sind und gekonnt vinifiziert werden, können diese Weine einem roten Bordeaux Paroli bieten.

Eine geschichtsträchtige Region *Château de Chinon überragt die Loire zur einen Seite hin, zur anderen aber die Weinberge mit Cabernet Franc, die dem Wein der appellation seinen Fruchtcharakter verleihen.*

Vouvray (*S. 190*), ein Inbegriff für die vielseitige, langlebige Chenin Blanc, ist derzeit nicht so gefragt. Man darf aber hoffen, dass durch das zunehmende Interesse an süßem Chenin auch Vouvray wieder in den Vordergrund rückt.

Den Abschluss unserer Route bildet das Land des Sauvignon, mit Sancerre (*S. 186*), Pouilly Fumé (*S. 184*), Quincy (*S. 185*) und Menetou-Salon (*S. 182*). Doch selbst hier hat das Tal der Loire noch Überraschungen parat, z. B. in Sancerre Rotweine und Rosés von der Pinot Noir.

DAS TAL DER LOIRE IN DER GESCHICHTE

Zwischen dem 13. und 16. Jh. entstanden an der Loire prachtvolle Schlösser, die, als Festungen errichtet, später den französischen Königen als Residenzen dienten. Dank dieser königlichen Patronage und der Nähe zu den Märkten der Niederlande und Englands gelangte die Region, vor allem aber Angers, durch den Weinhandel zu großem Wohlstand.

CHÂTEAU DE CHINON
Heinrich II., der erste einer langen Linie englisch-normannischer Könige, starb Anfang des 13. Jh. auf diesem zu einer imposanten Ruine verfallenen Château.

WANN AN DER LOIRE erstmals Wein gekeltert wurde, kann niemand genau sagen. Doch vermutlich gelangten die ersten Weinstöcke aus dem Süden, aus der Region des heutigen Bordeaux, und aus dem Osten, dem heutigen Burgund, hierher. In den ersten vier Jahrhunderten unserer Zeitrechnung befand sich das Gebiet unter römischer Herrschaft, was noch an einigen Städtenamen erkennbar ist, etwa bei Pouilly-sur-Loire *(S. 184)*, das aus dem römischen *Paulica villa* entstanden ist. Desgleichen dürfte der Name der Rotweinappellation Saumur-Champigny *(S. 187)* vom lateinischen *campus ignis* abgeleitet sein und die Porte César in Sancerre *(S. 186)* schließlich erinnert an den römischen Imperator Julius Caesar. Dass die Römer hier Wein kultivierten, belegen Brennöfen aus dem 1. Jh., die hier bei archäologischen Ausgrabungen gefunden wurden und die den Römern dazu dienten, ihre Weinamphoren aus Ton zu brennen. Ende des 6. Jh. war der Weinbau hier so weit etabliert, dass Bischof Gregor von Tours 591 in seiner »Historia Francorium« eine erfolgreiche Weinlese beschrieb und beklagte, dass plündernde Bretonen die Weinberge des heutigen Muscadet *(S. 183)* belagerten. Im 12. Jh. verschifften die Weinhändler von Angers den roten Anjou nach England und aus der ganzen Region wurden rote und weiße Weine an die reiche Grafschaft Flandern geliefert. Bis etwa 1150 florierte der Handel, die Weine der Loire wurden nach Paris verkauft und an die Atlantikküste gebracht und von hier weiter ins Ausland verschifft.

DIE REBSORTEN DER LOIRE

Im Zeitraum von 1000 bis 1500 gelangten aus Bordeaux die Rebsorten Cabernet Franc und Sauvignon Blanc an die Loire.

Sauvignon Blanc wurde zunächst nicht sehr intensiv angebaut und verbreitet sich erst im 16. Jh. in jenen Gebieten, die wir heute als Pouilly-sur-Loire, Sancerre, Quincy *(S. 185)* und Reuilly *(S. 185)* kennen. Heute hat die Sauvignon Blanc in diesen Bereichen wieder einen festen Stand, doch im 18. Jh. wurde sie durch die heute fast schon vergessene, ertragreiche Chasselas verdrängt. Erst als im 19. Jh.

WEINLESE IN DER BUCHMALEREI
Diese Buchmalerei aus der Handschrift Les Très Riches Heures du Duc de Berry *aus dem 15. Jh. zeigt die Weinlese auf Château de Saumur.*

Tuffhöhlen als Lagerkeller
Der Boden im Loiretal besteht oft aus Tuffkalk, einem vulkanischen Auswurfmaterial, in das man früher Schächte trieb, die als Wohnungen und Weinkeller dienten.

nach der Reblausinvasion Neupflanzungen angelegt wurden, erlangte die Sorte Sauvignon Blanc wieder ihre Vorrangstellung zurück. Eine ebenfalls in dieser Region verbreitete weiße Sorte ist Melon de Bourgogne, auch Muscadet genannt, die im Mittelalter nach Anjou gelangte. Aus Burgund verbannt, verdrängte diese robuste Rebe ihrerseits im 17. Jh. in der heutigen *appellation* Muscadet die roten Rebsorten. Außer an der Loire wird Melon heute nur noch in Kalifornien angebaut. In enger Beziehung zur Loire steht auch die Sorte Chenin Blanc. Über ihre Herkunft weiß man sehr wenig, da sie in Europa ziemlich unbekannt ist. Es besteht allerdings die Auffassung, und diese wird auch von der Weinautorin Jancis Robinson in ihrem Buch *Rebsorten und ihre Weine* vertreten, dass die Chenin Blanc im Loiretal heimisch ist. Fest steht jedenfalls, dass sie hier schon seit dem 15. Jh., oder vielleicht noch länger, angebaut wird.

Der seltene Muscadet
Diese Muscadets stammen von der Sorte Melon de Bourgogne, die hier erstmals im 17. Jh. gepflanzt wurde.

An der Schwelle zum 21. Jahrhundert

Bis in die Mitte des 20. Jh. galt das Tal der Loire weltweit als eines der wenigen zuverlässigen Weinbaugebiete für frische Weißweine. Seit aber der technische Fortschritt Temperaturkontrollen während des Weintransports ermöglicht und an Standorten mit günstigeren klimatischen Bedingungen hochwertigere Rebsorten gepflanzt werden, muss das Tal der Loire erhebliche Einbußen hinnehmen. Obwohl die besten Weine der Loire sich weiter verbessern und international Ansehen genießen, gibt es viel schlechten Wein, der von unreifen Trauben und Übererträgen zeugt. Warum also einen wässrigen, sauren Sauvignon Blanc von der Loire kaufen, wenn man für denselben Preis einen geschmacksintensiven Tropfen derselben Sorte aus Südfrankreich, anderen europäischen Ländern oder aus der Neuen Welt bekommt? Wer die jüngsten Entwicklungen im Loiretal mitverfolgt hat, weiß, dass die Anbaubereiche hier eher kleiner als größer werden. So umfassen die einst berühmten Côtes d'Auvergne heute nur noch 3000 ha Rebfläche gegenüber 60 000 ha vor der Reblausinvasion. Man muss schon sehr optimistisch sein, will man glauben, dass eine *appellation* wie Muscadet sich ihre jetzige Größe auch im kommenden Jahrhundert bewahren kann.

Die Herrlichkeit der Renaissance
Château de Chenonceaux östlich von Tours überspannt den Cher. Die ursprüngliche mittelalterliche Festung wurde 1512 im Stil der Renaissance umgestaltet.

Eine Tour durch das Loiretal

Von Tours aus führt diese Route, an mehreren Nebenflüssen im mittleren Abschnitt der Loire entlang, über Vouvray, berühmte Stadt der Chenin Blancs, bis nach Azay-le-Rideau mit seinem eleganten Schloss und weiter durch die Rotweingebiete von Chinon und Bourgueil.

Tours

Ein Muss für alle Weintouristen ist das Musée des Vins de Touraine unterhalb der Église de St-Julien in Tours ①. Nehmen Sie sich Zeit für die Besichtigung der Kathedrale, und flanieren Sie dann durch die engen Altstadtgassen, die von gut erhaltenen Renaissancebauten gesäumt sind.

Von Vouvray nach Chinon

Vouvray ② mit seinen komfortablen Wohnhäusern und gut ausgestatteten Weinkellern, einst von den Höhlenbewohnern in den Kalkstein getrieben, ist die Wiege des Chenin Blanc und die Stadt der Touraine schlechthin. Zu den zahlreichen vorzüglichen Erzeugern zählen hier Philippe Foreau, die Domaine Huët und die Domaine des Aubuisières. Doch vergessen Sie für kurze Zeit den Wein: Besuchen Sie das wunderschöne Renaissanceschloss Chenonceaux. Verweilen Sie dort ein wenig auf der dreigeschossigen Brücke, die den Loirezufluss Cher überspannt, um in Gedanken in die Zeit der Ritter zurückzugehen, und betrachten Sie dann im Schloss die üppig ausladenden Gemälde von Rubens. Bei der Stadt Amboise ③ mit der Pagode de Chanteloup aus dem 18. Jh. und einer Kapelle, in der Leonardo da Vinci bestattet sein soll, stoßen Sie wieder auf die Loire. Weiter über Husseau, wo Sie die trockenen, süßen, stillen oder schäumenden Weine der Domaine de la Taille aux Loups von Jacky Blot probieren können, nach Montlouis-sur-Loire ④.

Zurück zur Natur
Wie so oft in Vouvray, wurde auch dieser Weinkeller in den Kalkstein getrieben.

Zum Essen und Übernachten sollten Sie in das verschlafene Städtchen Chinon fahren: Folgen Sie der Straße nach Esvres, Saché ⑤ und Azay-le-Rideau ⑥ mit seinem von zwei Flussarmen umschlungenen Schloss. Von hier führt die D757 nach Chinon ⑦. Auf der Domaine Couly-Dutheil, einem der größten Güter der Region, können Sie Weine unterschiedlicher Lagen probieren.

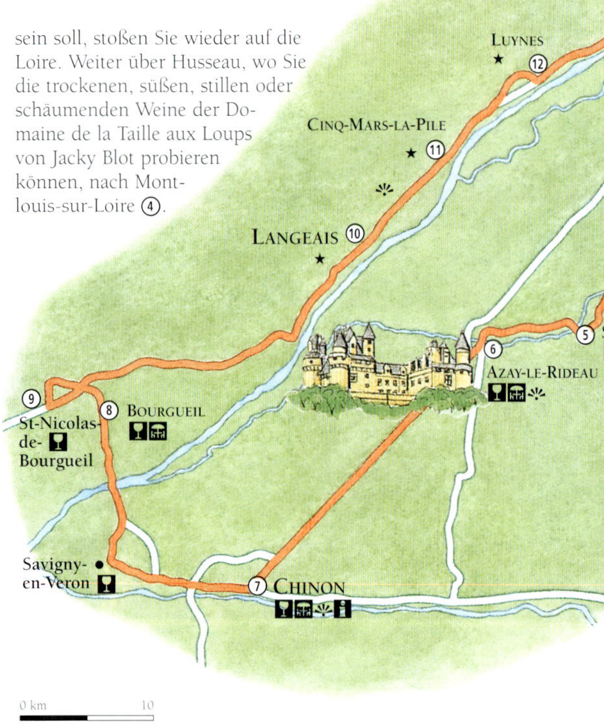

Wegweiser	
🍷	Weinprobe
🍴	Essen und Trinken
i	Fremdenverkehrsamt
★	Sehenswürdigkeit
▬	Streckenverlauf
✲	Aussichtspunkt

HISTORISCHES AMBOISE
Die Pagode de Chanteloup in Amboise ist alles, was von einem Schloss aus dem 18. Jh. übrig ist. An einem noch älteren Schloss dieser Stadt aber kann man noch die Haken sehen, an denen einst die politischen Gefangenen erhängt wurden.

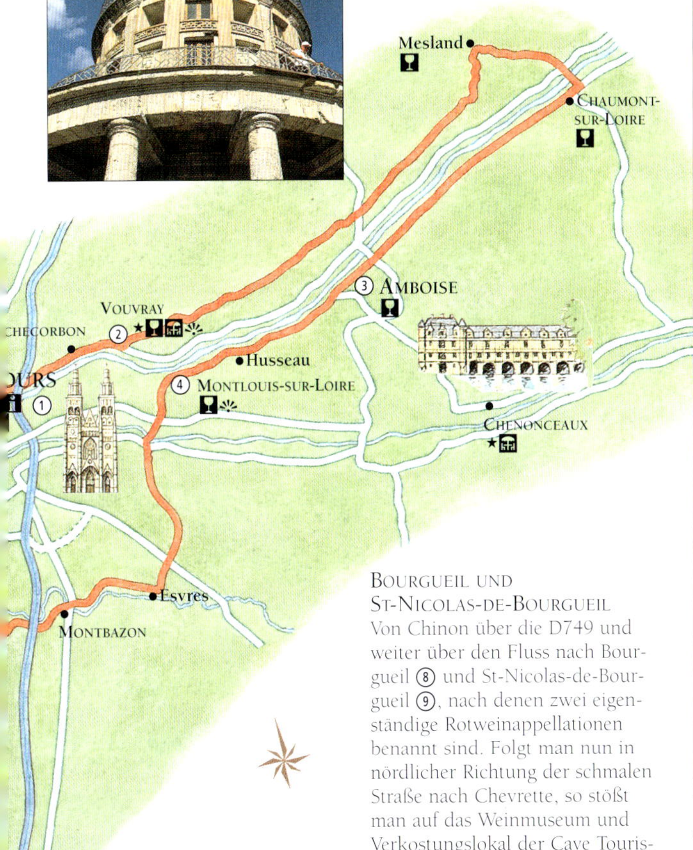

BOURGUEIL UND ST-NICOLAS-DE-BOURGUEIL

Von Chinon über die D749 und weiter über den Fluss nach Bourgueil ⑧ und St-Nicolas-de-Bourgueil ⑨, nach denen zwei eigenständige Rotweinappellationen benannt sind. Folgt man nun in nördlicher Richtung der schmalen Straße nach Chevrette, so stößt man auf das Weinmuseum und Verkostungslokal der Cave Touristique de la Dive Bouteille von Max Cognard, der auch einen Keller in Chevrette besitzt. Er produziert Weine in den *appellations contrôlées* St-Nicolas-de-Bourgueil und Bourgueil und erläutert seinen Gästen gerne deren Unterschiede.

IDYLLE AM FLUSS
Die ruhige Stadt Chinon am Ufer der Vienne ist der ideale Ort zum Übernachten.

NÜTZLICHE HINWEISE

INFORMATION: Office de Tourisme, 78 Rue Bernard-Palissy, **Tours** ☎ 02 47 70 37 37. Die regionalen Maisons du Vin erteilen Auskunft über Weine. Für allgemeine Informationen über das Anbaugebiet wenden Sie sich an das Comité Interprofessionel de Touraine, 19 Square Prosper-Mérimée, **Tours** ☎ 02 47 05 40 01.

VERANSTALTUNGEN: Jede *appellation* des Loiretals veranstaltet alljährlich ein Weinfest. Auf der Foire de la Loire in Angers in der 1. Februarwoche werden alle Weine der Region probiert.

RESTAURANTS:
Domaine des Hautes Roches, 86 Quai de la Loire, **Rochecorbon** ☎ 02 47 52 88 88. Tolles Essen, toller Wein und eine unvergessliche Kulisse; die Zimmer sind aus dem Kalkstein herausgehauen.
Au Plaisir Gourmand, 2 Rue Parmentier, **Chinon** ☎ 02 47 93 20 48. Hübsche, ländliche Gaststätte im Herzen von Chinon mit großer Auswahl an Weinen der *appellation*.

ÜBERNACHTEN:
Hostellerie Gargantua, 73 Rue Voltaire, **Chinon** ☎ 02 47 93 04 71. Malerisches, turmbewehrtes Hotel im Herzen von Chinon; schöner Blick auf den Fluss; idealer Ausgangspunkt für Ausflüge.
Hôtel de l'Univers, 5 Boulevard Heurteloup, **Tours** ☎ 02 47 05 37 12. Hochherrschaftliches Hotel aus der Belle Époque, in dem schon Winston Churchill zu übernachten pflegte.

VON LANGEAIS NACH LUYNES

Von Bourgueil in östlicher Richtung geht es nach Langeais ⑩ mit einem gut erhaltenen Château aus dem 15. Jh. Etwa ein Kilometer hinter dem Dorf bietet sich eine herrliche Aussicht über den Fluss und die Rebgärten von Bourgueil. Cinq-Mars-la-Pile ⑪ hat nur eine Schlossruine, Luynes ⑫ hingegen ein Schloss, das Kardinal Richelieu im 17. Jh. als Residenz diente.

ANJOU

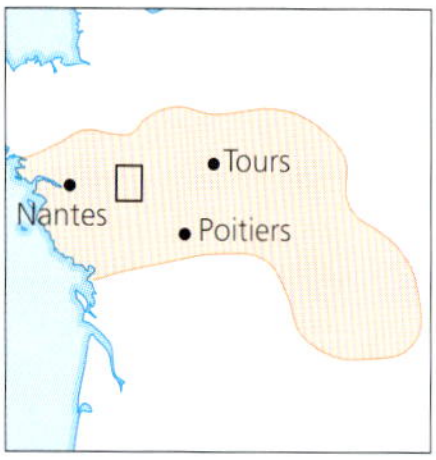

ROSÉ D'ANJOU, ein billiger Kommerzwein, der in allen Supermärkten der Welt erhältlich ist, stellt zwar fast 50 % der Gesamtproduktion von Anjou, doch daran darf man die *appellation* nicht messen. Feinere Exemplare sind z. B. der Cabernet d'Anjou, sicherlich der langlebigste Rosé der Welt, oder ein Rosé de Loire. Weißer Anjou wird aus Chenin Blanc, verschnitten mit Chardonnay oder Sauvignon Blanc erzeugt, was, gepaart mit einem kurzzeitigem Ausbau in neuem Holz, den in kühleren Jahren potenziell grünen Weinen einen harmonischen Charakter verleiht. Anjou Coteaux de la Loire bietet günstige Weine, die von spät gelesener Chenin-Blanc gewonnen werden, und Anjou-Gamay stellt eine leichtere Alternative zum Beaujolais *(S. 106 f.)* dar. Unter den besseren Rotweinen zeigt der Anjou Villages üppige Cassisaromen.

CHÂTEAU DE LA GENAISERIE
Dieser Wein stammt von Yves Soulez, einem der besten Winzer der Loire.

EHERNE TRADITIONEN
In Anjou pflegen die Winzer ihre Traditionen bei jeder Festlichkeit, die sich ihnen bietet.

AC Anjou, AC Anjou Coteaux de la Loire, AC Anjou Gamay, AC Anjou Mousseux, AC Anjou Pétillant, AC Cabernet D'Anjou

Rot/Rosé: Cabernet Franc, Sauvignon, Grolleau
Weiß: Chenin Blanc, Chardonnay, Sauvignon Blanc

Leichte bis mittelschwere Rote; frische, trockene Weiße; halbsüße Rosés

Arnault et Fils, Ch. de Fesles, Gaudard, Genaiserie, Jean-Yves Lebreton

Hecht mit Schalotten-Sauce

Rot: 1997, 1995

Rot: 3–8 Jahre

BONNEZEAUX

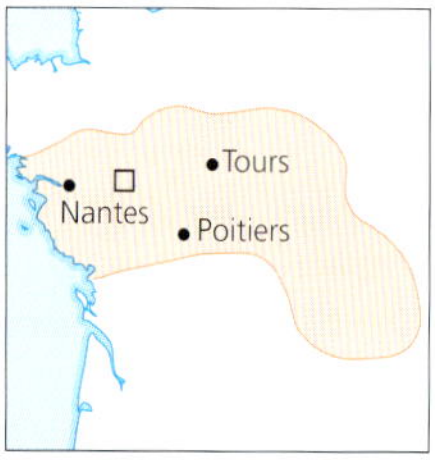

IN DIESEM *grand cru* in den Coteaux du Layon wachsen die Reben über dem Ufer des Layon an drei steilen, nach Süden weisenden Schieferhängen: La Montagne, Beauregard und Fesles. Chenin Blanc ist die einzige Sorte, und das edelfaule Lesegut wird oft in mehreren Durchgängen gepflückt. Die Erträge sind niedrig, doch der erforderliche Mindestreifegrad liegt höher als in Sauternes *(S. 94)*. So wurden hier bisweilen Trauben mit einem schon fast irrsinnig hohen Alkoholgehalt von 40 % geerntet. Jung und in Bestform präsentiert sich ein Bonnezeaux intensiv süß, mit Ananas- und Lakritzaromen; mit dem Alter aber entfaltet er komplexe Honig-Vanille-Noten. In den letzten Jahren wurden brachliegende Anbauflächen neu bestockt, so dass die *appellation* von 38 ha im Jahr 1979 auf inzwischen 80 ha gewachsen ist.

MARK AGNELI
Dieser Wein ist nicht nur der aromatischste, süßeste, köstlichste Tropfen der Loire, sondern auch weltweit einer der besten.

THOUARCÉ
Die schöne Windmühle über den Reben von Thouarcé ist das bekannteste Wahrzeichen dieser französischen Region.

AC Bonnezeaux Grand Cru

Weiß: Chenin Blanc

Köstlich süße, langlebige und untadelig botrytisierte Weiße

Mark Angeli, Ch de Fesles, Gilardeau, Godineau, des Grandes Vignes, la Petite Croix, des Petits Parts, du Petit Val, René Renou, Louis et Claude Robin, de Trompe-Tonneau, la Varière.

Gegrillte *foie gras* mit Trüffeln

1997, 1995, 1990, 1989, 1986, 1985, 1979

5–15 Jahre

BOURGUEIL UND ST-NICOLAS-DE-BOURGUEIL

ZWISCHEN TOURS UND SAUMUR gelegen, heben die beiden *appellations* Bourgueil und St-Nicolas-de-Bourgueil stets den je individuellen Charakter ihrer Weine hervor. Unterschiede sind zwar kaum wahrnehmbar, doch sind dies im Loiretal mit die schönsten Roten auf Cabernet-Franc-Basis. Der fruchtige Bourgueil wächst auf den Sand- und Kiesböden des Plateaus oder auf Ton und Tuff in Hanglage. Oben am Hang sind die Trauben bis zu 10 Tage früher reif als auf dem Plateau, was komplexere Weine ergibt. Die Böden in St-Nicolas-de-Bourgueil sind sandiger, die Weine leichter, aber ebenso gut. Ein Drittel der Weine beider Gemeinden wird von einer Genossenschaftskellerei erzeugt, dennoch gibt es, dank anderer Winzer, ganz unterschiedliche Ausbaumethoden, etwa was den Holzausbau betrifft.

PIERRE-JACQUES DRUËT
Pierre-Jacques Druët macht mit die besten traditionellen Bourgueils.

INGRANDES DE TOURAINE
Wie überall im Tal der Loire, gibt es auch in Bourgueil viele florierende Weingüter und Bauernhöfe.

- AC Bourgueil, AC St-Nicolas-de-Bourgueil
- Rot/Rosé: Cabernet Franc, Cabernet Sauvignon
- Duftige, mittelschwere Rote; trockene Weiße
- *Bourgueil:* Yanick Amirault, Max Cognard, Delauney Druet
- *St-Nicolas-de-Bourgueil:* Yanick Amirault, Max Cognard, Delauney Druet, Frédéric Mabileau
- Gefüllter Kohl
- Rot: 1997, 1995, 1990, 1989
- *Bourgueil: 3–10 Jahre*
- *St-Nicolas-de-Bourgueil: 2–5 Jahre*

CHÂTEAUMEILLANT

DIESER ETWA 100 ha umfassende Bereich liegt in Zentralfrankreich bei der Stadt Châteaumeillant, zwischen St-Pourçain und Touraine. Wie im Beaujolais (*S. 106 f.*) gedeiht auf den hiesigen Vulkanböden vor allem die Rebsorte Gamay. Weißwein wird nicht mehr erzeugt. Weitere Rotweintrauben sind Pinot Noir und Pinot Gris, und aus allen drei Sorten wird auch Rosé gemacht. Obwohl tanninreich, sind die Weine trotzdem frisch und schmecken am besten, wenn sie jung sind; wirklich vorzüglich ist der leichte, frische Rosé.

- VDQS Châteaumeillant
- Rot/Rosé: Gamay, Pinot Noir, Pinot Gris
- Trockene, leichte, aber feste Rotweine; trockene, leichte Rosés
- Du Chaillot, Cave des Vins de Châteaumeillant, Cellier du Chêne-Combeau
- Rosé: Käseomelette
- Rot: 1997, 1995
- Rot: 2–5 Jahre

CAVE DES VINS DE CHÂTEAU-MEILLANT
Ein leichter, frischer, fruchtiger Rosé mit festem Tanninrückgrat.

CHEVERNY UND COUR-CHEVERNY

VON ORLÉANS NACH Westen Richtung Blois unterwegs, kommt man zuerst an diesen beiden von insgesamt drei *appellations* vorbei. Ehemals *VDQS*-Lagen, wurden sie 1993 in die ranghöhere Stufe aufgenommen. Cour-Cheverny erhielt eine eigene *appellation* für Weine aus der Romorantin-Traube. Diese sind leicht, trocken und vom zarten, blumigen Charakter der Romorantin geprägt. Die weißen Sauvignon von Cheverny sind frisch, fruchtig sowie harmonisch, und die roten oder weißen Gamay schmecken jung am besten.

- AC Cheverny, AC Cour-Cheverny
- Rot/Rosé: Gamay; Weiß: Sauvignon Blanc, Romorantin
- Leichte Rote; frische Weiße; trockene Rosés
- Les Caves Bellier, François Cazin, de la Gaudronnière
- Cour-Cheverny: Hecht
- Weiß: 1997
- Weiß: 1–3 Jahre

FRANÇOIS CAZIN
Dieser Wein ist beispielhaft für den blumigen Charakter der Romorantin.

CHINON

DIE STADT CHINON MIT IHRER FESTUNG und ihren Weinbergen, die bis zu deren Mauern vorstoßen, liegt in jenem geografischen Dreieck, das Loire und Vienne kurz vor ihrer Vereinigung bilden. Obwohl die *appellation* früher oft grüne, eckige, robuste Weine hervorbrachte, produziert sie nun mit die besten Cabernet Franc der Welt. Generell ist die Qualität des Chinon in letzter Zeit durch verbesserte Weinbereitungsverfahren merklich gestiegen und auch die nur kümmerlich reifende Cabernet Sauvignon muss nach und nach anderen Sorten weichen. Die meisten Produzenten optieren für den Ausbau in kleinen Fässern, selbst wenn dadurch das typische Cassisaroma der Weine verloren geht. Probieren Sie den Rosé, der fast nur in Chinon zu finden ist, ebenso die raren trockenen Weißen aus der Chenin Blanc.

OLGA RAFFAULT
In Chinon leben mehrere Angehörige der Familie Raffault. Halten Sie Ausschau nach Olga und Jean Maurice Rauffault!

CLOS DE L'ÉCHO COULY-DUTHEIL
Dieser Weinberg direkt an der Schlossruine von Chinon zählt zu den besten Lagen der appellation.

- AC Chinon
- Rot/Rosé: Cabernet Franc
  Weiß: Chenin Blanc
- Duftige, mittelschwere Rote; trockene, aromatische Weiße; trockene, leichte fruchtige Rosés
- Philippe Alliet, Bernard Baudry, Couly-Dutheil, Delaunay, Ch de la Grille, Charles Joguet, Logis de la Bouchardière, du Raffault, Olga Raffault
- Rot: Kalbsbraten
- Rot: 1997, 1995, 1990, 1989
- Rot: 5–10 Jahre
  Weiß: 3–7 Jahre

COTEAUX DU LAYON

DIE COTEAUX DU LAYON, zwischen Neuil und Chalonnes am Ufer des Layon gelegen, sind seit dem 4. Jh. für ihre süßen Weißweine bekannt. Die *appellation* Coteaux du Layon umfasst 25 Weißweingemeinden, die bis in die Bereiche Anjou Coteaux de la Loire *(S. 178)* und Saumur *(S. 187)* hineinreichen. Die besten Weine werden gemäß strengsten Gütekriterien in den sieben Dörfern Beaulieu, Faye, Lambert, Rablay, Rochefort, St-Aubin und St-Lambert erzeugt, die gemeinsam die Coteaux du Layon-Villages bilden. Jedes Dorf hat seinen individuellen Weinstil, Beaulieu etwa macht zartere, Rablay vollere Weine. Für die Weine der Coteaux du Layon wird nur vollreifes, in vielen Durchgängen gepflücktes Lesegut verwendet. Die besten Tropfen kommen aus den Coteaux du Layon-Chaume, einer »Ein-Dorf-*appellation*«.

DOMAINE DES FORGES
Claude Branchereau, Eigentümer dieser domaine, *zählt zu den qualitätsbewusstesten Winzern der Coteaux du Layon.*

CHÂTEAU LA GENAISERIE
Mit ihren vielen Châteaux- und Grand Hotels sind die Coteaux du Layon ein herrliches Reiseziel.

- AC Coteaux du Layon, AC Coteaux du Layon-Chaume, AC Coteaux du Layon-Villages
- Weiß: Chenin Blanc
- Halbsüße und süße Weine
- Pierre Aguilas, Patrick Baudoin, des Baumard, du Breuil, Cady, Delesvaux, des Forges, Godineau, Ogereau, Ch Pierre Bise, Pithon, Ch la Plaisance, Ch des Rochettes, de la Roulerie, des Sablonnettes, Ch Soucherie, la Varière
- Süß: Apfelkuchen mit Crème fraîche
- 1997, 1995, 1990, 1989, 1985, 1976
- Süß: 10–20 Jahre

HAUT-POITOU

OHNE DIE Winzergenossenschaft in Neuville mit ihrem Diane de Poitiers, der nach der *méthode champenoise* hergestellt wird, wäre dieser *VDQS*-Bereich kaum bekannt. Die 700 Hektar Rebfläche von Haut-Poitou liegen, über eine weitläufige, flache Ebene verstreut, zwischen Saumur *(S. 187)* und Poitiers. In der Hitze und Trockenheit dieser *appellation* gedeihen die Reben auf Kalk- und Mergelböden, so dass der Wein in den wärmsten Jahren ein typisches, fruchtiges Aroma aufweist. Der erste Weißwein, der hier von sich reden machte, ist Sauvignon Blanc, der sich auch heute noch in seinem ursprünglichen, blumigen Stil mit leichter, frischer Säure präsentiert. Einige Winzer erzeugen auch Rotwein und Rosé, den sie aus Pinot Noir, Gamay, Merlot, Malbec oder Cabernet Sauvignon keltern.

MODERNE ZEITEN
Auch altehrwürdige Weingärten sind heute so angelegt, dass man hier mit modernen Erntemaschinen arbeiten kann.

CAVE DE HAUT-POITOU
Allein dieser coopérative, einer der dynamischsten Frankreichs, ist der Aufstieg des Haut-Poitou zu verdanken.

- VDQS Haut-Poitou
- Rot/Rosé: Pinot Noir, Gamay, Merlot, Malbec, Cabernet Franc, Cabernet Sauvignon Weiß: Sauvignon Blanc, Chenin Blanc, Chardonnay
- Leichte Rotweine; leichte, frische stille Weißweine; trockene weiße Schaumweine
- Robert Champalou (Ch de Brizlay), Gérard Descoux, Cave du Haut-Poitou, Jacques Morgreau, de la Rôtisserie
- Weiß: *Port Salut* (Käse)
- Weiß: 1998, 1997, 1995
- Rot: 1–4 Jahre Weiß: 1–3 Jahre

JASNIÈRES

DIESE NUR 48 ha umfassende *appellation* in den Coteaux du Loire steht, wie auch Savennières *(S. 188)* und Vouvray *(S. 190)*, beispielhaft dafür, was die Rebsorte Chenin Blanc selbst unter so ungünstigen klimatischen Bedingungen wie an der Loire zu erbringen vermag. In kühleren Jahren können die Weine zwar essigsauer sein, doch wenn das Wetter mitspielt, präsentiert sich ein trockener weißer Jasnières mit einer Fülle an Blumen-, Nuss-, Honig- und Äpfelaromen sowie stahliger Säure als Stütze. Seit den 1990er Jahren gibt es in guten Jahren auch süße und sogar trockene botrytisierte Weine. Diese Tropfen aus edelfaulen Trauben sind zugänglicher als der traditionelle Jasnières. Sie haben dazu beigetragen, dass die *appellation* weiter existiert und zunehmend in ihrem Ansehen steigt.

IN BESTER LAGE
Wie überall in Frankreich sind auch in Jasnières die Hanglagen für die Reben reserviert, während in den Ebenen andere Früchte wachsen.

DOMAINE DE LA CHARRIERE
»Raisins nobles« stehen für edelfaules Lesegut, das den Charakter der weißen Jasnières prägt.

- AC Jasnières
- Weiß: Chenin Blanc
- Stahlige, trockene Weiße; trockene oder edelsüße Weiße in großen Jahren
- Claude Cartereau, de Cezin, de la Charrière, Joël Gigou, Jean-Jacques Maillet, Renard-Potaire, Bénédicte de Rycke, des Vaux du Loire
- Schweinebraten (Lendenstück) mit Pflaumen
- Süß: 1997, 1996, 1995, 1994, 1993, 1990, 1989, 1985
- Trocken: 5–10 Jahre Süß: 7–20 Jahre

MENETOU-SALON

DIE REBGÄRTEN VON Menetou-Salon liegen zwischen der Stadt Bourges und dem im Osten angrenzenden Anbaubereich Sancerre *(S. 186)*. Binnen 40 Jahren hat Menetou-Salon seinen Rebbesitz von 20 ha (1959) auf 200 ha erhöht. Seine Weine, allen voran jene aus der Gegend von Morogues, sind oft eine gute Alternative zu durchschnittlichen, qualitativ weniger hochstehenden Weinen aus Sancerre. Die meisten roten Menetou-Salon sind leicht, fruchtig und sollten jung getrunken werden. Einige der besten werden im Eichenholzfässern ausgebaut und zeichnen sich durch gutes Alterungsvermögen aus. Die weißen Menetou-Salon zeigen den typischen Charakter der Sauvignon Blanc, doch verlieren sie oft sehr schnell ihr attraktiv blumiges Aroma und werden dann erdig. Feine zarte Weißweine sind somit eine Rarität.

DOMAINE JEAN TEILLER
Ein guter Menetou-Salon wie dieser kann es mit berühmteren Weinen aus Sancerre und Pouilly-Fumé aufnehmen.

KALKSTEINBODEN
Der Kalksteinboden der Morogues-Lagen von Menetou-Salon prägt den Charakter der Sauvignon-Blanc- und Pinot-Noir-Weine dieser Region.

- AC Menetou-Salon
- Rot/Rosé: Pinot Noir
  Weiß: Sauvignon Blanc
- Leichte Rote; spritzige, trockene Weiße; trockene Rosés
- De Beaurepaire, Roger Champault, Charet et Fils, de Chatenoy, Pierre Clement, de Coquin, Fournier, Jean-Paul Gilbert, de Loye, Henry Pelle, Prieuré de St-Céols, la Tour St-Martin, Jean Teiller, Christopher und Guy Turpin
- Weiß: Gefüllte Seezunge
- Weiß: 1997, 1995
- Rot: 2–5 Jahre
  Weiß: 1–2 Jahre
  Rosé: 1 Jahr

MONTLOUIS

MONTLOUIS LIEGT AM Westufer der Loire, gegenüber der *appellation* Vouvray *(S. 190)* und nur wenige Kilometer von der Stadt Tours entfernt. Die Rebhänge von Montlouis erstrecken sich über die Dörfer Montlouis, Lussault und St-Martin-le-Beau nach Süden bis zum Fluss Cher. Die hiesigen Weißweine, die früher als Vouvray verkauft wurden, sind trocken, halbtrocken oder süß und werden ausschließlich aus Chenin Blanc gekeltert, hier auch Pineau de la Loire genannt. Der Boden ist reich an Tonen mit Feuersteincharakter und sehr sandig, was leichte, mineralbetonte Weine ergibt. Am besten sind, wie auch in Vouvray, die Süßweine, die als AC Montlouis Moelleux verkauft werden, sowie die leicht perlenden Schaumweine, die wiederum als AC Montlouis Pétillant erhältlich sind.

OLIVIER DELETANG
Dieser Produzent macht mit die schönsten, verführerisch zarten Weine in Montlouis.

KLEINE GÜTER
Im Unterschied zu anderen appellations kommen in Montlouis die besten Weine meist aus solchen Kleinbetrieben.

- AC Montlouis
- Weiß: Chenin Blanc
- Trockene, halbtrockene und süße Weißweine
- Claude Boureau, Patrice Benoit, des Chardonnerets, Francois Chidaine, de Cray, Laurent Chatenay, Olivier Delétang, Daniel Fisselle, Christian Galliot, Levasseur, des Liards, Patrick Marne, de la Milletière, Dominique Moyer, Ch de Pintray, la Taille aux Loups, des Tourterelles
- Hecht mit Buttersauce
- 1997, 1995, 1990, 1989
- 5–10 Jahre

MUSCADET

Für den weltberühmten Muscadet beginnt das 21. Jh. mit der traurigen Erkenntnis, dass er nicht mehr zeitgemäß und somit auch nicht mehr gefragt ist. Im Unterschied zu Chardonnay oder Sauvignon, die nun die Weinszene beherrschen, ist der Muscadet eher geschmacksneutral und kann weder mit Frucht- noch mit Holzaromen aufwarten.

KLEIN ABER FEIN
Der Wein der appellation Muscadet wird vorwiegend in Großkellereien verschnitten und abgefüllt, doch die Zahl der kleinen Betriebe, die ihre Weine selbst abfüllen, nimmt zu.

HOCHWERTIGER MUSCADET ist so selten wie gute Austern, zu denen ich ihn so gerne trinke. In dieser kalten Region gedeiht die Melon de Bourgogne, die jedoch relativ geschmacksarm ist und dem Wein nichts von jener Moschusnote verleiht, den sein Name Muscadet eigentlich impliziert. Diese Traube, auf die die Muscadet-Winzer so stolz sind, wird hier erst seit Beginn des 18. Jh. angebaut. Zuvor gab es vor allem Rotweine, die ziemlich dünn, krautig und herb waren. Doch nachdem im strengen Frostwinter von 1709 fast alle Reben erfroren waren, regten holländische Händler, die den größten Abnehmerkreis der Weine dieser Region bildeten, an, hier nun die frostbeständigere, aber zweitklassige burgundische Sorte Melon de Bourgogne zu pflanzen. Dass diese Traube eher fade Weine ergibt, war ihnen nicht so wichtig, da sie diese ohnehin meist nur als Basis für billigen Weinbrand verwendeten.

EIN HISTORISCHES EREIGNIS
Diese Darstellung in einem Buntglasfenster zeigt die Neubestockung der Rebflächen nach dem strengen Frost von 1709.

Muscadet-Wein aber zeichnete sich durch ein ganz besonderes Merkmal aus, nämlich dadurch, dass er nicht von der Hefe abgestochen wurde, sondern im Fass oder auf der Hefe, also *sur lie*, liegen blieb, bis er auf Flasche gezogen wurde, was ihm Frische, Spritzigkeit und einen vollen Hefeton verlieh. Diesem spezifischen Charakter verdankte der Muscadet Mitte des 20. Jh., bevor Chardonnay und Sauvignon aus aller Welt die Märkte eroberten, seinen internationalen Ruf.

Heute findet man Muscadet *sur lie* sowie von der Hefe abgestochenen Muscadet (nicht empfehlenswert) in vier *appellations*. Knapp ein Fünftel der Produktion umfasst einfache (ebenfalls nicht empfehlenswert) Muscadet, die früher vor allem in der 1994 ausgewiesenen *appellation* Côte de Grandlieu verkauft wurden. Jene der Coteaux de la Loire sind meist grün und unreif. Wirklich gut ist nur der Sèvre-et-Maine. Wer einen frischen, trockenen Muscadet mit Zitronenaromen sucht, sollte einen Wein der nebenstehend aufgeführten Erzeuger probieren.

CHÂTEAU L'OISELINIERE DE LA RAMÉE
Dieser großartige Wein, einer von vielen exzellenten Tropfen der Domaines Chéreau-Carré, vermittelt, wie ein Muscadet schmecken sollte.

- AC Muscadet, AC Muscadet des Coteaux de la Loire, AC Muscadet Côtes de Grandlieu, AC Muscadet de Sèvre-et-Maine, AC Muscadet *sur lie*
- Weiß: Muscadet
- Stahlige, trockene Weißweine
- Audouin, Donatieu Bahuand, de Beau-Lieu, de Beauregard, Gilbert Bossard, de la Botinerie, Chéreau-Carré, Ch du Cléray, de Contreaux, Gadais, Ch de la Galissonnière, de la Garnière, de Goulaine, de l'Hyvernière, des Jardins de la Menardière, Christian und Pascale Luncan, Michel Luncan, Métaireau, Clos du Moulin, Ch l'Oiselinière de la Rameé, de la Preuille, de la Ragotière, Dominique und Vincent Richard, Clos Saint Vincent des Rongères, Sauvion
- Frische Austern
- 1998, 1997
- 0–2 Jahre

Pouilly-Fumé und Pouilly-sur-Loire

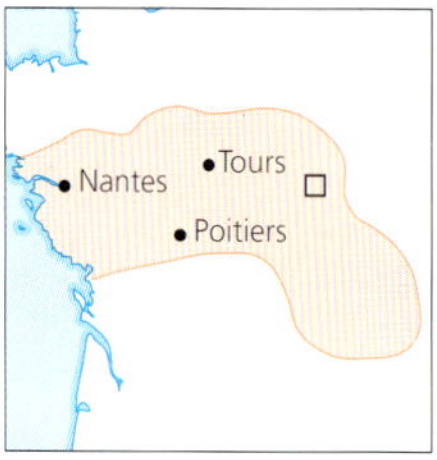

Der Begriff »fumé« beschreibt den nur schwer in Worte zu fassenden rauchwürzigen, feuersteinartigen Duft der Sauvignon Blanc, die hier, in den besten Abschnitten der *appellation*, auf Kalksteinböden mit Feuersteinablagerungen gedeiht. Die Weine der nicht so berühmten Region Pouilly-sur-Loire stammen von der Chasselas.

Didier Dagueneau
Mithilfe neuer Methoden, z. B. einem zeitlich begrenzten Eichenfassausbau, hat der talentierte Didier Dagueneau zur Revolutionierung des Pouilly-Fumé beigetragen.

Die *Appellation* Pouilly-Fumé mit ihren sanften Hügeln am Ostufer der Loire wird heute nahezu unwillkürlich mit Sauvignon Blanc assoziiert. Dabei wurde diese Traube hier erst Ende des 19. Jh. angebaut, als nämlich die Weinberge nach der Reblausinvasion neu bestockt werden mussten. Bis dahin wuchs hier fast nur die beliebte, süße Traube Chasselas. Sie galt allgemein für die hiesigen Böden als hervorragend geeignet.

Château du Nozet de Ladoucette
Das romantische, turmbewehrte Château du Nozet de Ladoucette bildet einen starken Kontrast zu den schlichten Weingütern, die ansonsten in der appellation *in Pouilly-Fumé überwiegen.*

- AC Pouilly-Fumé, AC Pouilly-sur-Loire
- Weiß: Sauvignon Blanc (nur AC Pouilly-Fumé), Chasselas (nur AC Pouilly-sur-Loire)
- Frische, trockene Weißweine mit rauchigen Noten
- Des Berthiers, Bouchié-Chatellier, Henri Bourgeois, Cailbourdin, Chatelain, Patrick Coulbois, Didier Dagueneau, Jean-Claude Dagueneau, Marc Deschamps, Ch Favray, des Fines Caillottes, Pascal Jolivet, Masson-Blondelet, Joseph Mellot, Ch du Nozet, Roger Pabiot, Caves de Pouilly-sur-Loire, Raimbault-Pineau, Guy Saget, Yvon et Pascal Tabordet, Thibault, Ch de Tracy
- Gebratene Forelle mit Zitrone und gerösteten Mandeln
- 1998, 1997, 1995
- 1–4 Jahre

Doch die blumigen, säurearmen Chasselas-Weine sind sowohl in ihrer stillen als auch schäumenden Version oft »müde« und ausdrucksschwach und somit ist die Chasselas hier inzwischen fast schon vom Aussterben bedroht. 1997 betrug der Anteil der Chasselas-Weine an der hiesigen Gesamtproduktion nur 300 000 Flaschen, gegenüber 7,75 Millionen Flaschen Sauvignon Blanc. Sie kommen aus der *appellation contrôlée* Pouilly-sur-Loire, deren Gebiet rein geographisch mit jenem der Sauvignon-Blanc-*appellation* Pouilly-Fumé identisch ist.

Das viel gepriesene rauchige Aroma des Pouilly-Fumé ist in Wirklichkeit ein ganz spezifisches Merkmal nur jener Weine, deren Trauben auf den mit Feuersteinablagerungen durchsetzten Böden der besten Lagen der *appellation* wachsen. Und auch die weit verbreitete Meinung, dass die besten Pouilly-Fumé jenen aus Sancerre *(S. 186)* auf dem gegenüberliegenden Flussufer an Tiefe und Struktur überlegen seien, kann so nicht aufrecht erhalten bleiben. Bisweilen trifft dies zwar zu, doch grundsätzlich unterscheiden sich die Weine beider Appellationen in diesem Punkt kaum.

Mit die besten Weine von Pouilly macht der innovative Winzer Didier Dagueneau. Seine Weine werden in neuen Eichenholzfässern vergoren, was ihnen Frische und einen Hauch von Vanille verleiht und sie oft sehr gut altern lässt. Auch seine süßen Spätlesen sind empfehlenswert.

Château de Ladoucette
Dies ist einer der zuverlässigsten und weit verbreitetsten Pouilly-Fumé.

QUARTS-DE-CHAUME

AM UFER DES LAYON LIEGT auf einem winzigen Plateau innerhalb der übergeordneten *appellation* Coteaux-du-Layon (*S. 180*) die *appellation* Quarts-de-Chaume, bekannt für vorzügliche süße Weißweine. Die Kies- und Tonböden der 40 ha umfassenden Rebfläche in meist südlicher Hanglage ergeben pro Jahr nur 100 000 Flaschen Quarts-de-Chaume, erzeugt von der gut ausgereiften, meist edelfaulen Chenin Blanc. Deren überdurchschnittlich alte, ertragsarme Reben sowie sorgfältige Leseverfahren bedingen die geringe Quantität, jedoch auch hohe Qualität des Ertrags. Quarts-de-Chaume-Weine sind leichter und trockener als jene von Bonnezeaux (*S. 178*) und schmecken schon in der Jugend; um ihre einzigartig komplexen Aromen von Bienenwachs, Honig und Kräutern zu entfalten, müssen sie aber 10 Jahre ruhen.

CHÂTEAU BELLERIVE
Dieser seriöse Wein bereitet schon in seiner Jugend Freude, ist aber nach 10 Jahren Lagerung im Keller noch besser.

DAS LANGE WARTEN
Bis die Lese der vollreifen, meist edelfaulen Chenin Blanc, die köstlich süße Weine hervorbringt, beginnen kann, müssen die Winzer in Quart-de-Chaume geduldig warten.

- AC Quarts-de-Chaume
- Weiß: Chenin Blanc
- Komplexe, langlebige süße Weißweine, meist von edelfaulem Lesegut
- Des Baumard, Ch de Bellerive, de la Bergerie, Ch Pierre Bise, Ch de l'Echarderie, de Laffourcade, des Maurières, Ch Papin, du Petit Metris, Ch de Plaisance, Joseph Renou de la Roche Moreau, Ch de Suronde
- *Foie gras* mit einer Sauce von Quarts-de-Chaume
- 1997, 1995, 1990, 1989, 1985, 1976
- 10–20 Jahre

QUINCY

ANDERS ALS DAS angrenzende Reuilly (*S. 185*) oder Menetou-Salon (*S. 182*), wächst um Quincy, am Westufer des Auron, nur Sauvignon Blanc. Die Weine dieser *appellation* sind eine gute Alternative zu den teureren Weinen aus Sancerre (*S. 186*) oder Pouilly-Fumé (*S. 184*). Aber trotz sandiger Flintböden (Feuersteinablagerungen) fallen die Weine hier aufgrund der begrenzten Möglichkeiten der Weinbereitung oft unangenehm grün und säuerlich aus. Empfehlenswert sind leicht holzbetonte Weine, von alten, ertragsarmen Reben.

- AC Quincy
- Weiß: Sauvignon Blanc
- Frische, trockene Weiße
- Des Ballandors, Godinat, Mardon, Grand Rosières, Jacques Rouzé, Jean-Michel Sorbe
- Omelett mit Ziegenkäse, frischem Schnittlauch und Estragon
- 1998
- 1–3 Jahre

JEAN-MICHEL SORBE
Dieser Produzent macht frische, kräftige Weine, die dem Sancerre ähneln und ihm oft ebenbürtig sind.

REUILLY

DIE 30 HA REBFLÄCHE der *appellation* Reuilly verfügt über einen sehr kalkhaltigen Boden. Es gibt sortenreine, trockene Weißweine von der Sauvignon Blanc, die ein grasiges, nesselartiges Aroma haben. Hinzu kommen ein vorzüglicher, trockener Rosé von der dunklen Pinot Gris, und ein leichter, fruchtiger Rotwein, der aus Pinot Noir und Pinot Gris verschnitten wird. Vor allem die Roten und Rosés erweisen sich oft als guter Kauf; viele dieser Weine tendieren allerdings zu übertriebener Säure.

- AC Reuilly
- Rot/Rosé: Pinot Noir
  Weiß: Sauvignon Blanc
- Leichte, fruchtige Rote; frische, trockene Weiße; trockene, leichte Rosés
- Bigonneau, Lafond, Grandes Rosières, Jean-Michel Sorbe
- Austern mit Zitrone
- Weiß: 1998
- Weiß: 1–3 Jahre

REUILLY
Der weiße Reuilly, ein einfacher, erfrischender Wein, schmeckt am besten im ersten Jahr nach der Ernte.

SANCERRE

VON DER ALTEN STADT SANCERRE blickt man über die Rebhänge dieser *appellation*, die sich am westlichen Ufer der Loire erstreckt, Richtung Norden, bis hin zur Mündung des Alliers in die Loire. Heute sind die trockenen, aromatischen Weißweine aus Sancerre weltberühmt, doch im 12. Jh. waren es die Rotweine, die sein Ansehen begründeten.

IN PERFEKTER LAGE
Auf den Kalk- und Kiesböden von Sancerre reift Sauvignon Blanc und ergibt, außer in sehr kalten Jahren, klassische Weine mit kräftigen Anklängen an Stachelbeeren und Feuerstein.

SEIT VIELEN HUNDERT Jahren wird in der Gegend um Sancerre Wein angebaut. So soll im Jahre 1040 während einer langen Trockenperiode der Mörtel für den Wiederaufbau der Kirche St-Martin nicht mit Wasser, sondern mit Wein angerührt worden sein. Schriften aus dem 13. Jh. preisen den Sancerre als einen Wein, der der königlichen Tafel würdig sei, und 300 Jahre später erklärte König Heinrich IV. den Wein aus dem Dorf Chavignol, ein paar Kilometer nördlich von Sancerre, zum besten, den er je getrunken habe und fügte hinzu, dass ein regelmäßiger Genuss dieses Weines das Ende der damals in Frankreich wütenden Religionskriege herbeiführen könne. Inwieweit diese Methode, Frieden zu stiften, erfolgreich war, lässt sich heute leider nicht mehr überprüfen, da der Wein, den Heinrich IV. so hoch schätzte, mit ziemlicher Sicherheit ein tiefdunkler Rotwein aus Pinot Noir und Gamay war und damit völlig anders als der heutige leichte, rote Sancerre. Weißer Sancerre wurde erstmals 1816 urkundlich erwähnt, als man hier noch die süße, aber fade Chasselas bevorzugte. Den Sancerre, wie wir ihn heute kennen, von Sauvignon Blanc also, verdanken wir dem 1935 geschaffenen Appellationssystem. Die roten Sancerre aus Pinot Noir aber wurden erst 1959 in die *appellation* aufgenommen.

Auf den Kalk- und Kiesböden dieser *appellation* wachsen heute die Trauben für einige der schönsten Sauvignon Blanc der Welt. Leider führenÜbererträge und nicht ausgereiftes Lesegut auch hier dazu, dass dünne, schlechte Weine entstehen, die sich dennoch nur allzu leicht rund um den Globus verkaufen lassen. Die *appellation* Sancerre umfasst 16 Dörfer und 440 Weingüter, und es wäre sehr viel einfacher, gute und schlechte Weine zu unterscheiden, würde die *appellation* über ein *crus classés*-System verfügen wie beispielsweise das Beaujolais *(S. 106 f.)*. Wie in Pouilly-Fumé *(S. 184)*, gibt es interessante süße Weißwein-Spätlesen; Rot und Rosé verkaufen sich gut, reichen aber selten an gute Pinot Noir aus anderen Anbaugebieten heran.

- AC Sancerre
- Rot/Rosé: Pinot Noir
  Weiß: Sauvignon Blanc
- Leichte Rote mit Beerengeschmack; rassige, trockene Weiße; trockene Rosés
- Sylvain Bailly, Jean-Paul Balland, Henri Bourgeois, Cotat, Lucien Crochet, Vincent Delaporte, André Dezat, de la Garenne, Gitton, les Grands Groux, Pascal Jolivet, Serge Laporte, Alphonse Mellot, Thierry Merlin-Cherrier, Paul Millerioux, de Montigny, Roger Neveu, du Nozay, Vincent Pinard, Hippolyte Reverdy, Jean-Max Roger, de Saint-Romble, des Trois Noyers, Vacheron, André Vatan
- Weiß: Gegrilltes Lachssteak mit einer Sauce aus Fischfond, Sahne und Flusskrebsen
- Weiß: 1998, 1997
- Weiß: 1–4 Jahre

ANDRÉ DÉZAT
Seine eleganten, aromatischen Weine stehen für beste Sancerre-Tradition.

VINCENT PINARD
Der zuverlässige, innovative Produzent Vincent Pinard bietet Sancerre in unterschiedlichen cuvées.

SAUMUR

SAUMUR, die »Perle von Anjou« in der übergeordneten *appellation* Anjou, produziert Rosé, Rot- und Weißwein sowie Schaumwein in Weiß und Rosé. Weit weniger bekannt als die Schaumweine, präsentieren sich die Rotweine in vielen Stilrichtungen, leicht und fruchtig oder als körperreicher, duftiger Saumur-Champigny, Kleinod der *appellation*.

GRATIEN & MEYER
Die cremige Cuvée Flamme zählt zu den besten Schaumweinen der Loire.

DER KALKTUFF IM SÜDEN der Stadt Saumur ist Standort für Cabernet Franc und Cabernet Sauvignon. Beide Sorten ergeben frische, leichte Rotweine im Stil des Beaujolais, die kaum exportiert und in der *appellation contrôlée* Saumur verkauft werden. Im Osten der Stadt, auf den Kiesen und Kalken an der Mündung der Vienne in die Loire, liegen die Cabernet-Franc-Pflanzungen der *appellation* Saumur-Champigny. Sie liefert mit die besten Rotweine der Loire, die den klassischen Weinen im angrenzenden Chinon (S. 180), Bourgueil (S. 179) und St-Nicolas de Bourgueil (S. 179) überlegen sind. Diese Popularität führt seit kurzem zu erheblichen Produktions- und Preissteigerungen. Die Jahresproduktion von Saumur-Champigny beträgt heute mehr als 10 Millionen Flaschen pro Jahr und somit schwanken Geschmackskonzentration und Qualität generell inzwischen erheblich. Kaufen Sie Ihren Wein also von den unten aufgeführten Produzenten, die vorzügliche Weine produzieren, inklusive roten Saumur oder Saumur-Champigny.

FROSTSCHUTZ
Zum Schutz gegen Frost werden in den Weinbergen von Saumur Ölbrenner aufgestellt.

Das kühle Klima und der charakteristische Kalkboden bieten ideale Bedingungen für die Produktion von Schaumweinen. Saumur-Schaumweine in Weiß und Rosé sind eine gute Alternative zum teureren Champagner und weit bekannter als die Rotweine der *appellation*. In den *appellations* Saumur Mousseux und Saumur Pétillant dominiert die Sorte Chenin Blanc, deren Apfel- und Nussaromen mit dem vollen Hefegeschmack des Chardonnay-betonten Champagners kontrastieren. Neuerdings wird dem schäumenden Saumur etwas Chardonnay beigemischt, was ihn geschmacklich dem Champagner annähert. Der Bekanntheitsgrad beider *appellations* ist allerdings im Sinken begriffen, da immer mehr Produzenten ihre Weine in der einfacheren, aber angeseheneren *appellation* Crémant de Loire verkaufen.

Auch die stillen Weißweine von Saumur werden vorwiegend von Chenin Blanc gekeltert. Leider sind sie oft belanglos, dünn und säuerlich. Die halbsüße Spätlese aus der *appellation* Coteaux de Saumur, körperreich und köstlich konzentriert, bildet eine Ausnahme. Diese Weine sind rar, doch lohnt es sich, nach ihnen Ausschau zu halten.

DOMAINE FILLIATREAU
Die Trauben der Vieilles Vignes (alte Reben) ergeben herrlich vollmundige Weine mit Cassisaroma.

- AC Saumur, AC Saumur-Champigny, AC Cabernet de Saumur, AC Coteaux de Saumur, AC Saumur Mousseux, AC Saumur Pétillant
- Rot: Cabernet Franc, Cabernet Sauvignon
  Weiß: Chenin Blanc, Chardonnay
- Fruchtig-leichte Rote; trockene weiße Still- und Schaumweine
- Ackerman, du Bois Mozé, de Bonneveaux, du Caillou, Cave des Vignerons de Saumur, Clos des Cordeliers, Yves Drouineau, Filliatreau, de la Guilloterie, Hospices de Saumur, du Hureau, Joseph, Langlois-Château, René-Noël Legrand, Roches Neuves, Clos Rougeard, Ch de Targé, Ch de Villeneuve
- Rot: Gebratene Gans, mit Edelkastanien gefüllt
- Rot: 1998, 1997, 1996
- Rot: 2–10 Jahre
  Weiß: 1–3 Jahre

SAVENNIÈRES

DAS IM 18. UND 19. JH. für süßen Weißwein bekannte Savennières ist heute eine der besten Anbauregionen für trockenen Weißwein. Dieser reife und gleichzeitig stark säurebetonte Wein ist mit eines der schönsten Beispiele für das Potenzial der Rebsorte Chenin Blanc. In Savennières weisen die Rebflächen in südöstlicher Richtung über die Loire nach Rochefort, unmittelbar südlich von Angers gelegen. Der mineralische Ton des Savennières wird dem vulkanischen Boden zugeschrieben und die extrem niedrigen Erträge erklären dessen Konzentration. Seine Aromen von Honig und sauer-herbem Apfelkompott in der Jugend schrecken Liebhaber des zeitgemäßen Weinstils eventuell ab, doch im Alter von 5 Jahren wird er, z. B. zu üppig-sahnigen Gerichten, seinem Ruf als der Welt bester Chenin Blanc vollauf gerecht.

DOMAINE DE CLOSEL
Ein trockener Savennières mit Apfel-, Honig- und Nussaromen gilt als der Inbegriff eines Weins aus Chenin Blanc.

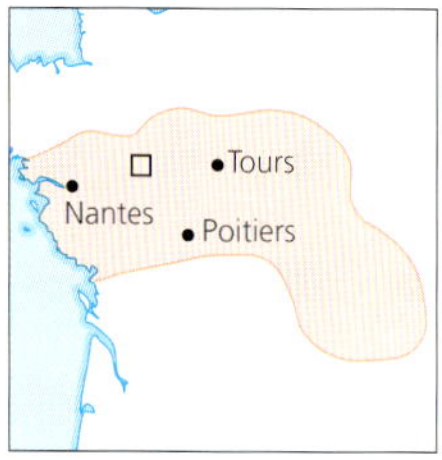

COULÉE-DE-SERRANT
In dieser herrlichen Flusslandschaft betreibt Nicolas Joly biologisch-dynamischen Weinbau (siehe unten) und produziert einige der besten Weine der Region.

- AC Savennières
- Weiß: Chenin Blanc
- Langlebige, säuerliche, trockene Weißweine
- Des Barres, des Baumard, Benon, la Bizolière, de Chamboureau, Clos Rougeard, de Closel, Coulée-de-Serrant, Emile, d'Epire, la Franchaie, Laffourcade, aux Moines, Ch Pierre-Bise, de Plaisance, de la Roche-aux-Moines, Pierre Soulez, Ch de Varennes
- Lachs im Teigmantel mit *beurre blanc*
- 1997, 1995, 1990, 1989, 1985
- 10–20 Jahre

SAVENNIÈRES GRANDS CRUS

DIESE BEIDEN KLEINEN *grands crus* innerhalb der Appellation von Savennières haben bei Liebhabern des Chenin Blanc regelrecht Kultstatus. Die hiesigen drei Erzeuger kämpfen gegen die naturgemäß niedrigen Erträge, die bei Frost noch geringer ausfallen. Nicolas Joly, der Coulée-de-Serrant (siehe oben) und Rebbesitz in Roche-aux-Moines sein Eigen nennt, erhöht seine Marktchancen, indem er in Weinberg und Keller nach streng biodynamischen Grundsätzen arbeitet. So stellt er den Arbeitsplan für den Weinberg auf den Mondzyklus ab und düngt mit kleinen Mengen Kompost, den er in einem Rinderhorn lagert. Dies fordert reichlich Spott heraus – aber Joly lässt sich nicht entmutigen, ebenso wenig wie seine Mitstreiterin Lalou Bize-Leroy auf der Domaine Leroy, deren vorzügliche Weine die Spötter zum Schweigen bringen.

CHÂTEAU DE CHAMBOUREAU
In Bestform zählt ein grand cru Savennières wie dieser zu den komplexesten, langlebigsten Weißweinen der Welt.

ROCHE-AUX-MOINES
Die Chenin-Blancs von Roche-aux-Moines und Coulée-de-Serrant sind komplex, honigartig, blumig und mineralisch; sie schmecken hervorragend zu fettreichen Fischsorten wie Lachs.

- AC Savennières Roche-aux-Moines; AC Savennières Coulée-de-Serrant
- Weiß: Chenin Blanc
- Langlebige, knochentrockene Weißweine von vortrefflicher Komplexität
- Coulée-de-Serrant, aux Moines, Ch de la Roche-aux-Moines, Ch de Chamboureau
- Forelle, in der Folie gegart, neue Kartoffeln und Gartenerbsen
- 1997, 1995, 1990, 1989, 1985
- 10–20 Jahre

TOURAINE

DAS TAL DER LOIRE ERSTRECKT sich, landschaftlich sehr abwechslungsreich, bis zur Atlantikküste. Im Herzen der Region liegt die *appellation* Touraine, die rote, weiße, trockene und süße Weine erzeugt und damit nahezu alle Weinstile des Loiretals präsentiert. Zwischen den Weinproben aber sollte man die prächtigen Schlösser der *appellation* besichtigen.

CHÂTEAU D'AZAY-LE-RIDEAU
Die grandiose Pracht dieses Château veranschaulicht die große historische Bedeutung dieser Region. Azay-le-Rideau zählt zu den schönsten Schlössern Frankreichs.

OBWOHL HIER DIE unterschiedlichsten Feldfrüchte um Lebensraum konkurrieren, erstreckt sich die *appellation* Touraine über eine riesige Anbauzone, deren Erträge gut 40 Millionen Flaschen Rot-, Weiß- und Roséwein pro Jahr ergeben, erzeugt hauptsächlich von Gamay, Sauvignon Blanc und Chenin Blanc, aber auch von Cabernet Franc, Cabernet Sauvignon, Malbec, Pinot Noir, Meunier, Gris, Grolleau und Pineau d'Aunis. Chardonnay wird seit 1994 nur noch eingeschränkt verwendet.

LANDSCHAFTLICHES FLICKWERK
Die Rebe teilt sich den Boden mit vielen anderen Früchten. Je größer die Entfernung von Tours, desto hügeliger die Landschaft.

- AC Touraine, AC Touraine-Amboise, AC Touraine-Azay-le-Rideau, AC Touraine-Mesland, AC Touraine Mousseux, AC Touraine Pétillant
- Rot/Rosé: Gamay, Cabernet Franc, Malbec, Pinot Noir, Pineau d'Aunis
  Weiß: Chenin Blanc, Sauvignon Blanc
- Fruchtige Rote; leichte, trockene Weiße; trockene oder halbtrockene Rosés. Schaumwein in Rot, Weiß und Rosé
- Bellevue, de la Besnerie, Paul Buisse, la Chapelle de Cray, de la Bridérie, les Corbillières, de la Gabillière, Henry Marionnet, Moncontour, Octavie, Oisly et Thésée, Oudin Frères
- Weiß: St-Marcellin (Käse)
- Weiß: 1997, 1995
- Rot: 3–8 Jahre
  Weiß: 1–4 Jahre
  Rosé: 1–2 Jahre

Das Spektrum der Weine reicht von vorzüglichen Sauvignon und Cabernet Franc bis hin zu eher schwächlichen Chenin Blanc und Gamay. So ist es gerade hier wichtig, auf den Erzeuger zu achten. Genossenschaftskellereien wie Oisly et Thésée und Cellier Léonard de Vinci in Limeray sowie einige Händler, etwa Aimé Boucher und Bougrier, sind empfehlenswert.

Feinere Weine werden in den drei eigenständigen Appellationen Touraine-Mesland, Touraine-Amboise und Touraine-Azay-le-Rideau produziert. Auch hier entscheidet das Können der Winzer alles. Doch berauscht von der Schönheit der Landschaft und der vielen Schlösser vergibt manch einer möglicherweise selbst den offensichtlichsten Fehler.

Touraine-Azay-le-Rideau produziert leichte, trockene und halbsüße Chenin Blanc, gute Malbec und Rosés auf Gamay-Basis. In Touraine-Mesland gibt es guten Rotwein, vorwiegend von Cabernet Franc, mit mehr Charakter und Körper als in Touraine-Amboise. Die Weißweine beider Appellationen meidet man besser, außer gut ausgereifte Jahrgänge.

Empfehlenswert sind die Stile Touraine Pétillant und Touraine Mousseux. Einen lohnenden Kauf stellen auch gut gemachte schäumende und halbschäumende Weiße und Rosés dar. Wahre Raritäten sind die cassisgeprägten Cabernet Franc aus Chinon (S. 180), Bourgueil und St-Nicolas-de-Bourgueil (S. 179).

DOMAINE BELLEVUE
Dieser frische, kräftige Sauvignon hat das köstliche Prickeln eines Weines, dessen Trauben unter kühlen Bedingungen reifen.

VOUVRAY

DIE *APPELLATION* VOUVRAY ist mit Sicherheit diejenige der Loire-Region, die das ungemein reiche Potenzial der Chenin Blanc am besten zur Geltung bringt. Süße, trockene oder schäumende Weine sind an der Loire allgegenwärtig, doch nur in Vouvray sind sie alle von gleich guter Qualität und demonstrieren das Alterungspotenzial von Chenin Blanc.

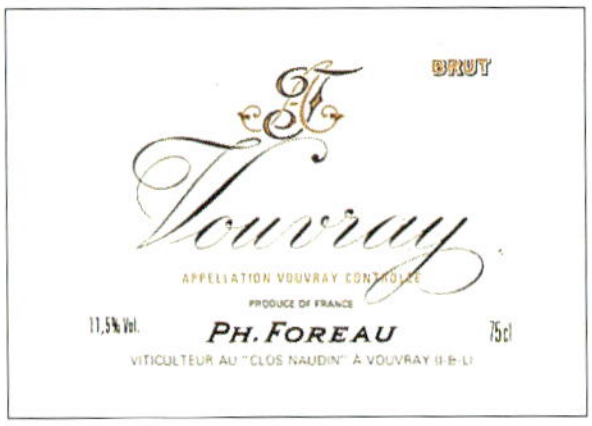

PHILIPPE FOREAU
Philippe Foreau zählt zu den drei besten Winzern von Vouvray. Sein Gut Domaine du Clos verdient auf jeden Fall Beachtung.

NUR WENIGE WEINREGIONEN haben mir je so viel, doch auch je so wenig Freude bereitet wie diese am Nordufer der Loire. In Vouvray gibt es sehr alte, süße Weine mit prächtigen Anklängen an Äpfel, Honig und Nougat und solche, die sich in ihrer jugendlichen Aggressivität wie wahre Bomben aus Schwefel und brennender Säure ausnehmen. Vouvrays Minenfeldcharakter ist nichts Neues. So schreibt der britische Autor Roger Voss, dass holländische Händler zwischen dem 15. und 19. Jh. den Vouvray regelmäßig mit anderen Weinen verschnitten und dass Vouvray auch noch Anfang des 20. Jh. mit seinem Namen für alle möglichen Weine der Touraine herhalten musste.

In den 1960er und 1970er Jahren wurde dem Vouvray die Rolle des halbsüßen französischen Alternativprodukts zum deutschen Massenwein zuteil. Glücklicherweise aber brachten die 1990er Jahre einige gute Jahrgänge. Erfolgreiche, qualitätsorientierte Produzenten wie die Domaines Huët und des Aubusières sowie Clos Naudin haben zu einer deutlichen Verbesserung des Vouvray beigetragen. Die meisten Beobachter der dortigen Weinszene konzentrieren sich allerdings auf die süßen Spätlesen, die ihrem Charakter entsprechend zu den langlebigsten und verführerischsten Tropfen Vouvrays zählen. Mich faszinieren die halbsüßen und trockenen Exemplare mit ihrer fein ausbalancierten Opulenz und Säure weitaus mehr. In beiden Stilrichtungen gibt es feine, komplexe Weine mit blumigen und nussigen Aromen. Aber Vorsicht beim Einkauf, denn in Vouvray ist der Süßegrad oft nicht auf dem Etikett vermerkt, denn, so ein Winzer: »Die Kunden trinken lieber halbtrockene Weine, möchten sich aber in der Illusion wiegen, dass sie trocken sind.« Der Vouvray Mousseux ist von uneinheitlicher Qualität, in Bestform jedoch cremig und geschmeidig.

WINTER IM CLOS BAUDOIN
In der Zeit zwischen der letzten Lese für die süßen Weine und dem Frühjahrsaustrieb können die Wetterverhältnisse sowohl für die Reben als auch ihre Besitzer recht unangenehm sein.

- AC Vouvray, AC Vouvray Mousseux, AC Vouvray Pétillant
- Weiß: Chenin Blanc, Arbois
- Halbsüße Stillweine; trockene weiße Schaumweine; halbsüße, halbschäumende Weißweine
- Des Aubuisières, Bourillon D'Orléans, Marc Brédif, Didier Champalou, Gagneux, Ch Gaudrelle, Huët, Daniel Jarry, Bernard Mabille, Francis Mabille, Vincent Peltier, Prince Poniatowski (Clos Baudoin), Pichot, Vaugondy
- Hühnchen in Milch und Brühe geschmort
- 1997, 1995, 1990, 1989, 1985
- Trockene Weiße: 5–20 Jahre
Süße Weiße: 7–30 Jahre
Schaumweine: 1–3 Jahre
Halbschaumweine: 0–1 Jahre

DOMAINE HUËT
Die ökologischen Schaum- und Stillweine dieses Weinguts sind von geschickter Hand gemacht.

SONSTIGE

AUSSER DEN VORSTEHEND GENANNTEN »großen« Weinbauzonen, gibt es im Tal der Loire noch kleinere *appellations* und *VDQS*-Bereiche, die eine breite Palette an Weinstilen präsentieren. Jenseits der Region finden diese Weine kaum Beachtung, trinkt man sie aber vor Ort, lernt man sehr schnell ihre frischen, charakteristischen Aromen zu schätzen.

KLEIN ABER FEIN
Zwar gibt es in Frankreich viele große Weingüter, doch in dieser Region herrschen kleinere Güter vor, deren Besitzer oft zusätzlich Landwirtschaft betreiben.

ALS EINER DER »Sonstigen« der Loire verdient der Gros Plant Aufmerksamkeit. Dieser Wein von der naturgemäß eher säuerlichen Rebsorte Folle Blanche ist zu Fisch durchaus akzeptabel, vorausgesetzt, er ist jung, gut gemacht und *sur lie* abgefüllt, also nicht von der Hefe abgestochen.

Weine mit dem Etikett Rosé de Loire sind trocken und werden aus den Sorten Cabernet Franc oder Cabernet Sauvignon, Pineau d'Aunis, Grolleau oder Gamay gekeltert, die alle in den *appellations* Anjou (*S. 178*), Saumur (*S. 187*) oder Touraine (*S. 189*) heranreifen. Daher kommt es bei Qualität und Stil dieser Weine zu großen Schwankungen – wählen Sie also sorgfältig aus. Aus den gleichen Appellationen und aus Cheverny (*S. 179*) kommt der Crémant de Loire. Unter dieser Bezeichnung erhält man Weine in Weiß oder Rosé, gekeltert aus Chenin Blanc, Chardonnay, Pinot Noir, Cabernet Franc und Cabernet Sauvignon.

Die für leichte rote Gamay-Weine bekannte kleine *VDQS*-Region Coteaux d'Ancenis umfasst 300 ha, die außerdem billige, belanglose Durchschnittsweine von den Sorten Chenin Blanc, Cabernet Franc und Pinot Gris (hier Malvoisie genannt) produziert.

Die 1998 als *appellation contrôlée* anerkannten Coteaux du Giennois sind eine kleine Region, deren Anbaufläche aber stetig zunimmt, derzeit sind es 150 ha. Auf den Kalk- und Silexböden wachsen Gamay, Sauvignon Blanc und Pinot Noir, die kurzlebige, doch recht seriöse Weine ergeben.

Stellte die Tatsache, eine lange Geschichte zu haben, ein Bewertungskriterium dar, dann müsste allen voran St-Pourçain vom *VDQS*-Status in den Rang einer *appellation* erhoben werden. Denn hier wurde der erste Weinstock bereits 1100 v. Chr. von den Phöniziern gepflanzt. Die fruchtigen Roten und Rosés werden aus Gamay und Pinot Noir verschnitten, die trockenen, grasigen Weißweine aus der lokalen Tressalier, aus Chardonnay und Sauvignon. Ich vermute, die Beförderung in den Rang einer *appellation contrôlée* wird nicht mehr allzu lange auf sich warten lassen.

Weitere leichte Weine auf Gamay-Basis, die jung getrunken werden, sind Côtes du Forez, Châteaumeillant, Côtes d'Auvergne und Côtes Roannaises. Interessante Rotweine kommen aus den Coteaux du Vendômois. Hier zeigt sich, was die Sorte Pineau d'Aunis zu leisten vermag, wenn sie durch Gamay oder Cabernet Franc gestützt wird.

COTEAUX DU VENDÔMOIS
Die aufstrebende Region Coteaux du Vendômois gilt traditionell als die Heimat der Rebsorte Pineau d'Aunis.

LES VIGNERONS FOREZIENS
Die Domäne Côtes du Forez ist eine der wenigen, die sich auf die Gamaytraube konzentrieren.

Essen im Tal der Loire

Das Tal der Loire, von vielen Franzosen als »la Douce France« bezeichnet, als jene Region Frankreichs, in der es sich sehr gut leben lässt, ist ein Schlemmerparadies par excellence. Süßwasser- und Meeresfisch bereichern die regionale Tafel ebenso wie Wild, Schweinefleisch und praktisch alle Milchprodukte sowie Obst und Gemüse.

Folgt man der Loire in Richtung Atlantik, entdeckt man immer wieder neue regionale Spezialitäten. Ganz im Osten des Flusslaufs findet man Hecht mit Schweinefleisch gefüllt sowie Ziegenkäse, der bei Sancerre schon seit dem 8. Jh., als die Mauren Ziegen hierherbrachten, produziert wird.

Wie so oft in der französischen Küche werden auch in der Touraine Fleisch und Fisch zusammen verarbeitet, was manchen Freund der modernen Küche überrascht. So hat ein *vol au vent d'Amboise* mit den gleichnamigen Cocktailhäppchen kaum etwas gemeinsam. Er misst 25 cm im Durchmesser und ist mit einer Mischung aus Hecht, Kammmuscheln, Kalbsbries, Morcheln, Trüffeln, Sahne und

Rillettes
Für diese regionale Delikatesse wird Schweinefleisch mit Kräutern und Gewürzen in Schweinenierenfett gegart. Die Terrine wird kalt gereicht.

Saumon au beurre blanc
Zu diesem köstlichen Lachsgericht wird traditionell eine feine Sauce aus Butter, Essig, trockenem Weißwein (Muscadet) und Schalotten gereicht.

Fruits de Mer
Atlantik und Loire liefern Schalen- und Krustentiere in Hülle und Fülle. Meist werden sie auf großen Platten mit Zitronenscheiben angerichtet. Dazu schmeckt ein Glas gekühlter Muscadet.

MOULES MARINIÈRES
Für dieses leichte, erfrischende Muschelgericht werden Muscheln in einem Sud aus Weißwein mit Schalotten, Kräutern und einem Schuss Sahne gegart.

Eiern gefüllt. Kalbsbries, ebenfalls eine regionale Spezialität, ergibt mit Weißwein und Pilzen einen Kuchen, *la beauchelle* genannt. Kalbfleisch, gleichermaßen beliebt, wird mit Sahne und Pilzen gemischt und in Artischocken gefüllt.

Gern gegessen werden auch Rebhuhn, Fasan, Ente und Wachtel. Für *magrets à la Clavelière*, eines der köstlichsten Wildgerichte, wird Entenfleisch in Zwiebeln, Trauben, Armagnac und Muscadet gegart. Für den noch opulenteren *lièvre à la royale* schmort man Kaninchenfleisch mit *foie gras*, Rotwein sowie pro Person 4 Knoblauchzehen und 4 Zwiebeln.

An Fischspezialitäten bietet die Loireregion z. B. gegrillten Barsch in Salzkruste, Alse in Sauerampfer, Lachs mit *beurre blanc* oder *beurre nantais* (Butter, Zwiebeln und Wein) und Karpfen mit Pilzfüllung. Hinzu kommen Seeteufel, gebratene Seezunge, Breitling, hier *petite friture* oder *buisson de goujon* genannt. Die *chaudrée* schließlich ist eine mit Knoblauch gewürzte Fischsuppe.

In und um Nantes findet man auch in schlichten Häusern luxuriöse Platten mit Hummer, Muscheln und Austern. Wein, Petersilie und Muscheln ergeben die *moules à la marinière*, Austern werden mit Sahne und Lauch angerichtet. Zum Süßwein der Loire munden *tarte tatin*, eine karamelisierte, gestürzte Apfeltorte, *tarte aux poires* (Birnentorte), *gâteau nantais*, ein Gebäck aus Mandeln und Rum, sowie *méli-mélo de fruits rouges*, Rote Grütze aus Erdbeeren, Himbeeren, roten und schwarzen Johannisbeeren, Brombeeren, Muscadet und Zucker.

FISCHE IN HÜLLE UND FÜLLE
Lachse, Forellen, Karpfen und Hechte aus der Loire kommen fangfrisch auf den Tisch. Auch der Atlantik hat reiche Fischgründe.

REGIONALE KÄSESPEZIALITÄTEN

Traditionell werden die meisten Käsesorten der Region, vor allem in Anjou, aus Kuhmilch hergestellt. An der Grenze zu Burgund gibt es auch Ziegenkäse, z. B. Crottin de Chavignol, dessen Ursprünge sich bis 1573 zurückverfolgen lassen. Während des Reifevorgangs bilden sich verschiedene Schimmelarten, der Geschmack wird intensiver und der Käse bildet eine scharfwürzige Rinde. Vor dem Verkauf wird der Käse dann noch genau wie vor 300 Jahren in Stroh eingehüllt oder in Asche gerollt.

CROTTIN DE CHAVIGNOL
Die Rinde dieses Ziegenkäses ist zunächst weiß, doch mit der Zeit wird sie dunkler. Reifer Chavignol ist von geschmeidiger Konsistenz und scharf.

TOMME DE CHEVRE
Frankreich bietet ihn in vielen Variationen. An der Loire wird er während des Reifevorgangs mit einem Muscadet-getränkten Stofftuch eingerieben.

PROVENCE UND KORSIKA

DIE PROVENCE UND KORSIKA VERMÖGEN UNS MIT DER FÜLLE IHRER WEINE DAS FLAIR UND DIE SONNE DES SÜDENS DARZUBIETEN.

Provence und Korsika

WER IN PARIS EINEN ROSÉ aus der Provence bestellt, erhält höchstwahrscheinlich einen kupferfarbenen, geschmacksarmen Wein, so frisch wie ein verwelkter Blumenstrauß. Die Provence macht guten Wein, nur, so wird immer wieder zur Rechtfertigung angeführt, lässt er sich schwer transportieren. Jeder erfahrene Winzer wird jedoch bestätigen, dass ein gut gemachter Wein unbeschadet die Welt umrunden kann: Australischer Wein reist über mehrere tausend Kilometer, ehe die Kanadier ihn trinken. Was jedoch unter dem Stress der Reise und der Zeitverschiebung leidet, ist das menschliche Erinnerungsvermögen. Alltägliche Weine, die wir in einem kleinen Strandcafé an einem sonnigen Ferientag in der Provence genießen, verlieren ihren Zauber, wenn man sie, zurückgekehrt in die harte Realität des Großstadtlebens, an einem trüben Winterabend zu Hause trinkt.

Der geschichtlichen Überlieferung gemäß sollen die Weine der Provence in jener Zeit, als man sie in Amphoren nach Rom brachte, durchaus transportfähig gewesen sein. Damals waren sie allerdings höchstwahrscheinlich rot, und rot sind auch heute die besten Weine dieser Region. Der berühmte Rosé der Provence ist eine relativ neue Erscheinung, die insgesamt die ihm zuteil gewordene Aufmerksamkeit nicht verdient. Wer einen Wein genießen möchte, der das herrliche Potenzial dieser Gegend in sich birgt, halte sich an die *appellations*

DOMAINE DE ROCHEBELLE
Früher wurden die Weine der Provence meist über Winzergenossenschaften und Händler verkauft; aber nun machen sich kleine Güter wie dieses mit besseren, charaktervolleren Weinen einen Namen.

ANBAUBEREICHE

Ajaccio	Côtes de Provence
Bandol	Muscadet du Cap Corse
Bellet	Palette
Cassis	Patrimonio
Coteaux d'Aix-en-Provence	Vin de Corse
Coteaux Varois	*Département*-Grenze

Sonnenverwöhnte Küsten
Die Küste der Provence profitiert vom gleichen sonnenbeständigen Klima wie Korsika, die »Ile de Beauté«, 170 km vor der Küste Frankreichs.

Meeresblick
Korsikas Weine sind vielleicht nicht so berühmt wie andere, aber dafür sind hier das Wetter und die Aussicht auf das Meer umso schöner.

Bandol (*S. 196*), Cassis (*S. 197*) und Palette (*S. 198*) sowie an die *appellation* Coteaux d'Aix-en-Provence (*S. 197*) und das Dorf Les Beaux-de-Provence, das zur letztgenannten Appellation gehört.

Wie so oft geht Korsika auch mit dem Wein eigene Wege, obwohl das französische Festland nur 170 km entfernt ist. Städte wie Ajaccio und Porto-Vecchio, Weingüter wie Catarelli und Torraccia zeugen vom Einfluss Italiens. Korsika ähnelt in sehr vieler Hinsicht mehr den italienischen Inseln Sardinien und Sizilien als dem französischen Mutterland. Auch die in Korsika weit verbreitete Rebsorte Nielluccio z. B. ist eine Verwandte der Chiantitraube Sangiovese.

Die korsischen Behörden vergeben den Appellationsstatus sehr großzügig, die meisten Weine verdienen bisher jedoch tatsächlich eher den einfachen Rang des *vin de pays*. Doch inzwischen gibt es immer mehr Produzenten, deren gute Weine mit ausgeprägtem Charakter das Potenzial der korsischen Rebsorten voll ausschöpfen.

22 000 ha, 165 Millionen Flaschen

Die Meeresnähe sorgt für klimatische Unterschiede, aber die Sommer und die Winter sind mild. Ein Problem ist die Trockenheit.

Unterschiedlich, mit Granit, Sandstein und gelegentlich Kalk- und Flintböden

Rot: Nielluccio, Syrah, Grenache, Mourvèdre, Cinsault, Carignan, Sciallero, Barbarossa
Weiß: Ugni Blanc, Grenache

AJACCIO

AUFGRUND IHRER geografischen Lage müsste diese große *appellation* an der Westküste Korsikas eigentlich volle Weine mit hohem Alkoholgehalt liefern. Doch liegen hier, in Höhen von etwa 100 m und nahe dem Meer, die Temperaturen nicht so hoch wie man normalerweise erwarten würde. Das kühle Frühjahr lässt die Ernteerträge niedriger und somit die Weine konzentrierter in ihrem Geschmack ausfallen. Rotwein wird hauptsächlich aus der Sciacarello-Traube erzeugt, die auf den hiesigen Granitböden gut gedeiht. Ajaccios Weine zeigten bis vor kurzem übermäßig viel Tannin und zu wenig Säure. Doch hat sich die Qualität inzwischen verbessert, und nun entfaltet sich der pfeffrige Charakter der Sciacarello ebenso wie die kräuterwürzige Note der lokalen Vermentinotraube, die den weißen Ajaccio ergibt.

CLOS CAPITORO
Einer der besten Weine Korsikas: ein sehr frischer, fruchtiger, charaktervoller Ajaccio.

DER WEG LOHNT SICH
Korsika ist ein beliebtes Ferienziel für Franzosen und ausländische Touristen. Die meisten Weine werden direkt vor Ort verkauft und getrunken.

- AC Ajaccio
- Rot/Rosé: Sciacarello, Barbarossa, Nielluccio, Vermentino, Grenache, Carignan, Cinsault
  Weiß: Ugni Blanc
- Helle, pfeffrige Rotweine und Rosés; trockene, fruchtige, oft ziemlich saure Weißweine
- Clos d'Alzeto, Clos Capitoro, Comte Peraldi
- Rot: Gebackene Eier mit Parmesan, Mangold und Kerbel
- Rot: 1998, 1996, 1995
- Rot: 3–5 Jahre
  Weiß: 1–3 Jahre
  Rosé: 1–2 Jahre

BANDOL

BANDOL, EINE DER ÄLTESTEN FRANZÖSISCHEN *appellations*, macht körperreiche Weine, die schon im 16./17. Jh. an den Herrscherhöfen getrunken wurden. König Ludwig XV. pries sie als Spender von »Lebenskraft und Geist«. Wie Bordeaux (S. 77), profitierte auch Bandol von seinem Hafen, wo zuweilen mehr Bandol-Wein verschifft wurde als man aus Bandol-Reben kelterte. Im Zuge der Neubestockung der Weinberge nach der Reblausinvasion kämpften einige Winzer um die Beschränkung der *appellation* auf jene Rebterrassen, die eine Art natürliches Amphitheater bilden. Heute aber besteht das Hauptproblem der Region darin, dass sich hier ein Ferienhaus sehr viel leichter verkaufen lässt als Wein: Rotwein von der intensiv würzigen Mourvèdre, gute, pfeffrige Rosés, etwas ausdruckslose Weiße.

DOMAINE TEMPIER
Ihr zunehmendes internationales Ansehen hat die appellation fast allein dieser domaine zu verdanken.

DER PERFEKTE STANDORT
Diese Trauben reifen hier, in einer der schönsten und sonnigsten Gegenden Frankreichs, sehr zuverlässig.

- AC Bandol
- Rot/Rosé: Mourvèdre, Grenache, Cinsault
  Weiß: Sauvignon Blanc
- Dunkle, körperreiche Rote; einfache, trockene Weiße; aromatische, trockene Rosés
- Barthes, Bastide Blanche, Bunan, de Frégate, Moulin des Costes, la Noblesse, Pibarnon, Pradeaux, Romassan, de la Rouvière, Tempier, Terrebrune, la Tour de Bon, Vannières
- Ente mit Oliven
- Rot: 1995, 1994, 1990
- Rot: 3–10 Jahre
  Weiß/Rosé: 1–3 Jahre

Les Baux de Provence

Dieses faszinierende mittelalterliche Hügeldorf ist Frankreichs größte Touristenattraktion nach dem Mont St-Michel und darf seit kurzem, berechtigterweise, der allgemeinen, großen *appellation* Coteaux d'Aix en Provence seinen Namen anfügen. Die besten Rotweine sind voll, dunkelrot, schokoladig, mit Pflaumen- und Kirschnoten, und die Rosés können es mit den besten der Rhône aufnehmen. Es gibt vorzügliche Produzenten, die ihre Reben teils in traditionellem, teils in biologisch-organischem Anbau kultivieren.

- AC Les Baux de Provence
- Rot/Rosé: Grenache, Cinsault, Mourvèdre, Syrah, Cabernet Sauvignon
- Volle Rote; trockene Rosés
- Terres Blanches, Mas de la Dame, Mas de Gourgonnier
- Kalter Rindfleischsalat
- Rot: 1998, 1995, 1994
- Rot: 3–10 Jahre
  Rosé: 1–3 Jahre

Mas de Gourgonnier
Dieser vollmundige Wein verfügt über beerenfruchtige Aromen.

Bellet

Bellet an den Steilhängen westlich von Nizza ist eine der kleinsten französischen *appellations*. Die aus den Alpen und vom Meer herüberwehenden Winde sorgen für ein unerwartet kühles Mikroklima. Diese Weine stammen von Rebsorten, die sonst fast nirgendwo wachsen. Die duftigen Roten kommen von der Braquet (italienisch: Brachetto) und Fuella (Folle Noire). Die vorherrschende Weißweintraube heißt Rolle; sie wird mit Ugni Blanc, Pignerol Muscadet, Mayorquin, Clairette, Bouboulenc und Chardonnay verschnitten.

- AC Bellet
- Rot/Rosé: Braquet, Fuella, Cinsault
  Weiß: Rolle
- Körperreiche, erdige Rote; parfümierte, volle Weiße; trockene, volle Rosés
- Ch de Bellet, de Crémat
- Meerbarsch mit Fenchel
- Rot: 1996, 1995, 1994
- Rot: 3–10 Jahre
  Weiß/Rosé: 1–3 Jahre

Château de Bellet
Die Cuvée Baron G vereint das Aroma lokaler Trauben mit jenem würzigen von neuem Eichenholz.

Cassis

Das ehemalige Fischerdorf unweit von Marseille, eine der ältesten *appellations* Frankreichs, hat sich zu einem schicken Ferienort gemausert. Touristen und Immobilienhändler verdrängen den Weinbau, doch für die verbleibenden Weingüter ist dies recht einträglich. Rosés sind ansprechend, aber nicht aufregend; die vollen, tiefdunklen Roten schmecken jung am besten. Die Weißweinsorten Ugni Blanc, Sauvignon Blanc, Clairette, Doucillon, Marsanne und Pascal Blanc ergeben interessantere Weine, perfekt zu lokalen Fischgerichten.

- AC Cassis
- Rot/Rosé: Mourvèdre, Grenache, Cinsault
  Weiß: Clairette, Ugni Blanc, Marsanne
- Mittelschwere Rote; trockene, duftige Weiße; trockene Rosés
- Du Bagnol, Ste-Magdeleine
- Pizza
- Weiß: 1998, 1996
- 1–4 Jahre

Clos Sainte-Magdeleine
Ein feiner Cassis wie dieser zählt zu den schönsten Weißweinen der Welt.

Coteaux d'Aix en Provence

Die relativ junge *appellation* Coteaux d'Aix en Provence liegt mit ihren gut 50 *communes* über die Provence verstreut, von Arles bis Rians im Osten und vom Durance-Fluss bis nach Marseille im Süden. Die Auswahl an typischen, traditionellen Rebsorten wurde in jüngerer Zeit um Cabernet Sauvignon (30 %) ergänzt. Das macht die Rotweine haltbarer, reicht aber nicht aus, um dem Wein die Aufnahme in die von Cabernet dominierte *appellation* des regionalen Spitzenweinguts Domaine de Trevaillon zu sichern.

- AC Coteaux d'Aix-en Provence
- Rot/Rosé: Grenache, Cinsault, Mourvèdre
- Fruchtige Rote; leichte, trockene Rosés
- De Beaulieu, Calissanne, Fonscolombe, Pigoudet
- Rot: Lamm mit Knoblauch
- Rot: 1998, 1997, 1996
- Rot: 2–5 Jahre
  Weiß/Rosé: 1–3 Jahre

Château de Fonscolombe
Dieses große Château aus dem 18. Jh. erzeugt einen der besten Weine der appellation.

COTEAUX VAROIS

DIESER TEIL DER PROVENCE galt lange Zeit als eine Art Niemandsland der Weine. Doch ab 2000 müssen, laut Reglement, die Anteile an Mourvèdre, Syrah oder Grenache in Rotweinen und Rosés 80 % betragen – Qualitätsverbesserung ist also angesagt. Pfeffrige Rosés mit Cassisnote sind oft besser als der allgegenwärtige Côtes de Provence *(s. rechts)*. Rotweine haben zuweilen den vollen Charakter der Rhône-Weine, und die trockenen, aromatischen Weißweine passen zu lokalen Spezialitäten wie *poulpe* (Oktopus) *à la Provençale*.

- AC Coteaux Varois
- Rot/Rosé: Grenache, Syrah, Mourvèdre
Weiß: Vermentino
- Volle Rote; leichte bis mittelschwere Weiße; mittelschwere, trockene Rosés
- Des Chaberts, du Deffends
- Rot: *steak au poivre*
- Rot: 1998, 1996, 1995
- Rot: 2–5 Jahre
Weiß/Rosé: 1–3 Jahre

DOM DU DEFFENDS CLOS DE LA TRUFFIÈRE *Dieser Wein ist der Star unter den Roten der Provence.*

CÔTES DE PROVENCE

FAST DIE HÄLFTE der französischen Rosés kommen aus dieser *appellation*, mit rund 18 000 ha die größte des Landes. Landschaft und Rebsortenangebot sind hier gleichermaßen vielfältig. Die Rotweinskala reicht vom intensiv aromatischen Syrah bis hin zum leichten, pikantpfeffrigen Grenache. Unterschiedlich sind auch die Weinbereitungsmethoden und die Ambitionen der Erzeuger. Schwache Weine findet man im Supermarkt, doch es gibt auch gute Rosés (z. B. die teuren der Domaine Ott) sowie immer mehr gute Rot- und Weißweine.

- AC Côtes de Provence
- Rot/Rosé: Carignan, Syrah, Cabernet
Weiß: Clairette
- Körperreiche Rote; frische, trockene Weiße und Rosés
- La Bernarde, de la Mireille, Richeaume
- Rot: *saucisson sec*
- Rot: 1998, 1996, 1995
- Rot: 2–4 Jahre
Weiß/Rosé: 1–3 Jahre

DOMAINE RICHEAUME *Das schöne Wetter in der Provence veranlasste Produzenten wie die Domäne Richeaume zu biologisch-organischem Weinbau.*

MUSCAT DU CAP CORSE

BIS 1993 HATTEN DIESE klassischen Weine aus 17 Dörfern im rauen Norden Korsikas keine eigenständige *appellation* und keine Exporteure. So waren sie außerhalb Frankreichs seltener anzutreffen als die Muscats aus Beaumes-de-Venise *(S. 215)* oder aus Frontignan. Kalkboden und Meeresbrise scheinen dazu beizutragen, dass hier Weine mit wunderschön reifer, reiner Frucht und frischen, duftigen Aromen entstehen. Für Süßweinliebhaber zählt der Muscat Blanc à Petits Grains zu Frankreichs feinsten *vins doux naturels*.

- AC Muscat du Cap Corse
- Weiß: Muscat Blanc à Petits Grains
- Süß: *vins doux naturels*
- Antoine Arena, de Catarelli, de Gaffory, Dominique Gentile, Leccia, Orenga de Gaffory, San Quilico
- Schokoladenkuchen
- 1996
- 1–3 Jahre

DOMAINE DE CATARELLI *De Catarelli produziert einen Wein mit Orangenduft, der zu Fruchtsalat und Schokolade schmeckt.*

PALETTE

DIESER WEIN KOMMT heute von zwei Erzeugern, die sich den Kalksteinboden und das relativ kühle Klima der Nordhänge östlich von Aix zunutze machen. Gerechterweise muss man jedoch sagen, dass die (von den Königen René und Eduard VII. bewunderte) *appellation* ihre Existenz einzig und allein dem Erzeuger Château Simone verdankt. Wegen der geringen Größe erscheint die in Palette zulässige Zahl an Rebsorten haarsträubend hoch. Aber die Rotweine, die 20 Jahre liegen können, sind trotzdem von guter Qualität.

- AC Palette
- Rot/Rosé: Grenache, Mourvèdre, Cinsault, Syrah
Weiß: Clairette, Muscat, Ugni Blanc, Sémillon
- Vollmundige Rote und Weiße; langlebige Rosés
- Ch Cremade, Ch Simone
- Rot: 1998, 1995, 1990
- Rot: 1998, 1995, 1990
- Rot: 5–15 Jahre
Weiß/Rosé: 3–7 Jahre

CHÂTEAU SIMONE *Ein Klassiker Südfrankreichs – es lohnt sich, ihn einige Jahre in der Flasche reifen zu lassen.*

Patrimonio

Patrimonio ist Korsikas älteste *appellation* und eine ihrer besten. Sie umfasst sieben Gemeinden westlich von Bastia. Obwohl die vorherrschende Rotweintraube Nielluccio originär korsisch sein soll, ist sie ziemlich sicher eine toskanische Sangiovese, die auf Korsika eingeführt wurde. Diese sowie andere italienische oder italienisch anmutende Sorten ergeben, in Verbindung mit den Merkmalen des lokalen Kalksteinbodens, einen fleischigen, kräuterwürzigen Rotweinstil, z. B. jenen von Orenga de Gafforys langlebiger, holzgereifter Cuvée des Gouverneurs. Rosé wird u. a. von Grenache gekeltert, im kräuterartigen, pfeffrigen Stil des typischen Rosé der Provence, nur besser und relativ preisgünstig. Die *appellation* Patrimonio gilt auch für die ausschließlich aus Vermentino erzeugten Weißweine.

Antoine Arena
Ein Paradebeispiel für die kräuterwürzigen Aromen der Vermentinotraube, die den korsischen Weißweincharakter prägen.

Das wilde Land
Im Norden der Insel Korsika gibt es noch großartige, nahezu unberührte Landstriche.

- AC Patrimonio
- Rot/Rosé: Nielluccio, Rebsorten aus dem südlichen Rhônetal
  Weiß: Vermentino
- Tiefdunkel getönte, körperreiche, oft sehr pfeffrige Rote; trockene, pfeffrige Rosés; meist leichte, trockene Weiße
- Dom Aliso-Rossi, Antoine Arena, de Caterelli, Dominique Gentile, Leccia, Clos Marfisi, Orenga de Gaffory, Pastricciola
- Weiß: Fischsuppe
- Rot: 1996, 1995
- Rot: 3–5 Jahre
  Weiß, Rosé: 1–3 Jahre

Vin de Corse

Diese allgemeine *appellation* gilt für alle korsischen Roten, Weißen und Rosés ohne eigenständige *appellation*. Die Produktion wird von den großen Genossenschaften an der Ostküste beherrscht; kleine Güter machen interessantere Weine, oft in Unterappellationen. Die Domaine de Torraccia z. B. erzeugt Rotwein und Rosé in der *appellation* Vin de Corse Porto Vecchio. Der hellrote Wein ist ein körperreicher Rosé und mundet perfekt zur lokalen Fischsuppe, *bourride* genannt. Der Rotwein schmeckt nach Beeren, Kräutern und Tabak. Bei Bonifacio im Süden liegt die *appellation* Vin de Corse Figari, die viel »Zechwein« produziert; qualitätsbewusstere Erzeuger sind die Domaine de Tanella und Poggio d'Oro. Weitere kleinere Appellationen sind Vin de Corse Calvi und Vin de Corse Sartène.

Clos Culombu, Corse Calvi
Diese cuvée prestige ist modellhaft für einen gut gemachten Wein, wie er hier produziert wird.

Ein Winterparadies
Korsikas schneebedeckte Berge überragen diese Rebhänge an der Ostküste. Das Foto zeigt den »ruhenden« Weinberg vor Beginn der neuen Vegetationsperiode.

- AC Vin de Corse Coteaux du Cap Corse
- Rot/Rosé: Nielluccio, Sciacarello, Grenache, südliche Rhône-Sorten
  Weiß: Vermentino
- Körperreiche, kräuterwürzige Rote; trockene Rosés; trockene oder süße Weiße
- Clos d'Alzeto, Dom de Tanella, Clos Culombu, Clos Landry, Maestracci, Poggio d'Oro, Clos Reginu, de Torracia
- Rosé: Fischsuppe
- Rot: 1998, 1996
- Rot: 2–4 Jahre
  Weiß/Rosé: 1–3 Jahre

DAS TAL DER RHÔNE

KEINE ANDEREN FRANZÖSISCHEN WEINE SCHMECKEN SO AUFREGEND WÜRZIG WIE SO VIELE GUTE TROPFEN AUS DEM RHÔNETAL.

JEDESMAL, WENN ICH nach Südfrankreich fahre, will ich noch vor Einbruch der Dunkelheit zu einer kleinen Kapelle gelangen, die am Ende einer holprigen, gewundenen Straße ganz oben auf einem Hügel liegt. Dies hat, so muss ich gestehen, keine religiösen Beweggründe, auch wenn dieser Ort für mich etwas sehr Spirituelles ausstrahlt. Ich war auch noch nie im Innern der Kirche, denn immer, wenn ich dort ankomme, ist sie verschlossen. Einst lebte hier ein ehemaliger Kreuzritter, von seinem Glauben motiviert, als Eremit. Er gab einem der berühmtesten Weine der Welt seinen Namen: *appellation*

FAMILIENBETRIEBE
Obwohl es hier viele Winzergenossenschaften und Handelshäuser gibt, werden die Spitzenweine der Region oft in kleinen Familienbetrieben erzeugt.

70 000 ha, 450 Millionen Flaschen	Variabel; Granit mit Sand und Kalk im Norden; nach Süden hin Kalkstein und grobe Steine
Im Norden kontinentales Klima mit warmen Sommern und kalten Wintern. Der Süden ist mediterran geprägt, die jahreszeitlichen Schwankungen sind schwächer.	Rot: Syrah, Grenache, Mourvèdre, Cinsault, Carignan Weiß: Marsanne, Roussanne, Viognier, Grenache Blanc, Clairette, Muscat

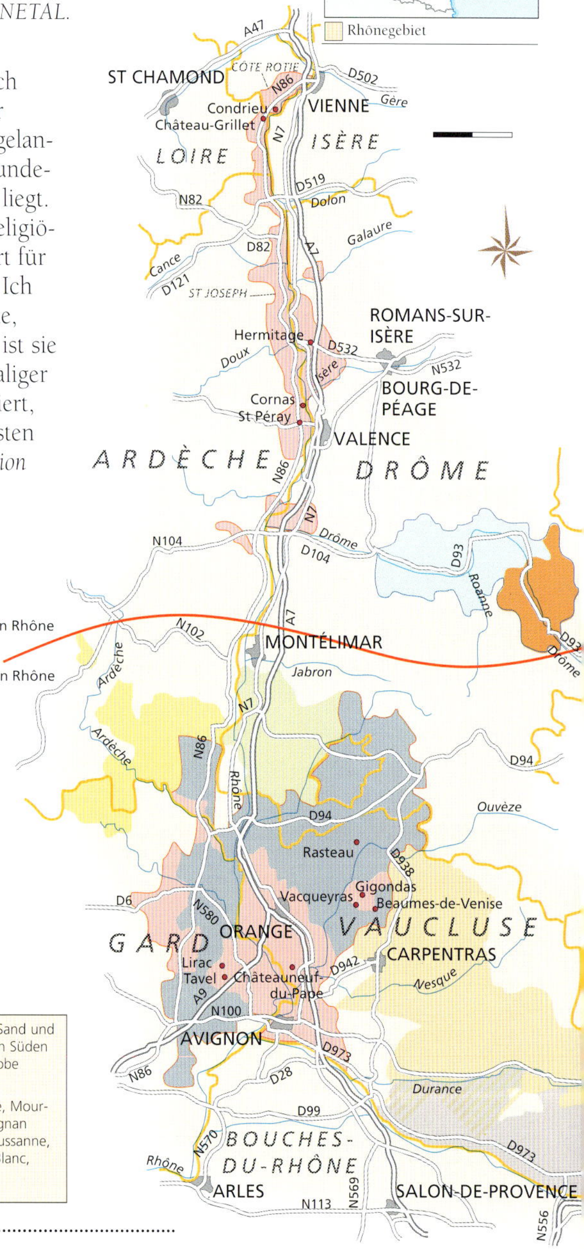

Hermitage. Einer der berühmtesten Weinberge dieser Appellation und einer der landschaftlich am schönsten gelegenen, die ich kenne, ist Jaboulet Aînés Weinberg Hermitage La Chapelle *(S. 214)*. Allein der Blick von hier über den Fluss, der sich zu Füßen des Hügels dahinschlängelt, ist spektakulär. Die Rebterrassen aber, die sich über den unwegsamen, halsbrecherisch steilen Hang erstrecken, sind für mich der Inbegriff all jener Anstrengungen, die das Pflanzen, Pflegen und Ernten dieser Früchte erfordert. Eine Autostunde von hier Richtung Süden liegt ein weiteres unbewohntes Gebäude, die heute verfallene, einstige Sommerresidenz von Papst Johannes XXII. (1316–1334), die dem Châteauneuf-du-Pape *(S. 207)* seinen Namen gab. Auch hier laden die Rebgärten nicht gerade zum Flanieren ein: grobe Kiesel, so wie man sie an der Küste Südfrankreichs findet, bedecken ihre Böden.

Beide Bereiche produzieren hauptsächlich Rotwein und nur geringe Mengen Weißwein. Das rauchige Brombeeraroma der Rotweine aus Hermitage im Norden des Rhônetals und aus den daran angrenzenden *appellations* Crozes-Hermitage *(S. 213)*, St-Joseph *(S. 216)*, Cornas *(S. 209)* und Côte Rôtie *(S. 212)* kommt ausschließlich von der Syrahtraube. Bei Weinen von Châteauneuf-du-Pape, Gigondas *(S. 213)* und aus den Dörfern, die ihre Weine als Côtes du Rhône *(S. 210 f.)* verkaufen, ist der Geschmack vielfältiger und variiert je nach Verschnitt. Auch hier gibt es Syrah, doch führend ist Grenache, die je nach Verarbeitungsmethode sehr unterschiedliche Weine ergibt. Allen gemeinsam ist jedoch der unverkennbare, köstlich exotische Duft und Geschmack von frisch gemahlenem Pfeffer.

Jahrhundertelang wurden diese Rhôneweine dazu verwendet, eher schmächtigen Weinen aus Bordeaux *(S. 70 ff.)* und Burgund *(S. 98 ff.)* mehr Farbe und Kraft zu verleihen. Irgendwann war dies derart akzeptiert, dass Médoc *(S. 216)* mit Hermitage sogar höhere Preise erzielte als reiner Médoc. Doch heute sind solche Verfahren illegal, zumindest aber sinnlos, da Weintrinker für die konzentrierten, feinen Weine der Rhône ebenso tief in die Tasche greifen wie für Spitzenweine anderer Regionen.

STEIL UND UNWEGSAM
Im Rhônetal wachsen die Reben öfter als in Bordeaux oder in Burgund an Steilhängen.

EIN WÜRZIGER GESCHMACK
Aus dem Rhônetal kommen eine ganze Reihe süßer und trockener Rot-, Weiß- und Roséweine. Allen gemeinsam ist ihr voller, würziger Geschmack.

ANBAUBEREICHE

- Châtillon-en-Diois
- Clairette de Die
- Coteaux de Pierrevert
- Coteaux du Tricastin
- Côtes du Luberon
- Côtes-du-Rhône (mit Château Grillet, Châteauneuf-du-Pape, Condrieu, Cornas, Côte Rôtie, Gigondas, Hermitage, Lirac, St-Joseph, St-Péray, Tavel, Vacqueras)
- Côtes-du-Rhône-Villages (mit Beaumes-de-Venise, Rasteau)
- Côtes du Ventoux
- Côtes du Vivrais
- *Departement-Grenze*

Das Tal der Rhône in der Geschichte

Auf der Nord-Süd-Achse Frankreichs gelegen, spielte das Tal der Rhône in der Geschichte des Landes zwangsläufig eine bedeutende Rolle. Doch werden hier auch – fast – schon immer wunderbare Weine erzeugt, im Norden der Region vor bereits 2000 Jahren und auch im Süden, so bei Châteauneuf-du-Pape, das 1400 Jahre später berühmt wurde.

Zu Beginn der Herrschaft des Römischen Weltreiches war die Rhône Frankreichs Hauptschifffahrtsweg. So ist belegt, dass im 1. Jh. v. Chr. die Weine aus Rom und der Provence durch das Rhônetal nach Norden befördert wurden, wo sie den um die dortige Vorherrschaft kämpfenden Volksstämmen Galliens als Tauschmittel dienten. Noch bevor Julius Cäsar mit seinem Heer in Chalon-sur-Saône im heutigen Burgund eintraf, hatten sich hier zwei römische Unternehmer als Händler niedergelassen, um vom florierenden Weinhandel zu profitieren.

Päpstliche Macht
1367 sollte Papst Urban V. seinen Hof von Avignon nach Rom zurückverlegen, doch tat dies erst Gregor XI. 1377.

Die ersten Qualitätsweine der Rhône, von den Allobrogern gekelterte Rotweine, stammten aus den Weinbergen in Hermitage *(S. 214)* und Côte Rotie *(S. 212)*. Sie waren so gut, dass Plinius im Jahr 71 schrieb, die roten Weine aus Vienne würden Höchstpreise erzielen, und dass man sie nach Rom und sogar über die Nordsee in die neue römische Kolonie Britannien ausführte.

Historiker streiten noch, ob die Allobroger ihre Weine nun aus Syrah oder Pinot Noir gekeltert haben. Weine dieser Trauben zeichnen sich durch ihren reifen, vollen Geschmack aus, doch da man damals die Transportbehälter mit Harz abdichtete, war das Aroma der Trauben wohl kaum noch wahrzunehmen. Im 12./13. Jh. wurde der Wein an der Rhône, wie überall in Frankreich, von den Klöstern erzeugt, doch erreichte er nicht das Ansehen jener Weine, die man im nördlicher gelegenen Burgund kelterte. Ab 1309 erkannte man jedoch das Potenzial dieser Weinbauregion, als Papst Clemens V. nämlich seine Residenz von Rom nach Avignon verlegte. Obwohl der Papst angeblich mehr dem Burgunder zugetan war, hielt sich der Hof meist an die Weine aus der Umgebung. Ohne es zu wollen, gab Papst Johannes XXII. schließlich dem berühmtesten Wein der Rhône seinen Namen, als er sich in der flachen, steinigen Region bei Avignon seinen Sommersitz errichten ließ: Châteauneuf-du-Pape.

Im 15./16. Jh. gelangte die Region zu Wohlstand, nachdem Lyon sich zur großen Seidenmetropole entwickelt hatte. Aber die Burgunder verhinderten, dass die Rhône-Weine durch Dijon transportiert wurden, mit der Begründung, sie seien *»très petits et povres«* (sehr klein und arm), so dass sie weder nach Nordfrankreich, noch nach Britannien oder in die Niederlande gelangten. Im 17./18. Jh. for-

Châteauneuf-du-Pape
Im 14. Jh. ließ Papst Johannes XXII. ein neues Schloss, Châteauneuf-du-Pape, errichten und Weingärten anlegen. Ihre Trauben ergeben einen der berühmtesten Weine der Rhône.

Zuhause im Exil
Paul Signacs Gemälde vom Palais des Papes in Avignon vermittelt etwas von der Atmosphäre, die dieser Palast zu jener Zeit ausstrahlte, als hier die Päpste residierten.

mierte sich dann in Paris und London eine Gemeinde von Liebhabern des Rhône-Weines, und Händler begannen, mit Hermitage Bordeaux-Weine zu verbessern.

Doch, Ironie der Geschichte, etwa 100 Jahre später zog der Wein einer anderen *commune* im Rhônetal die Aufmerksamkeit der Weinmischer und Panscher auf sich: Als die Weinberge von Châteauneuf-du-Pape Anfang des 20. Jh. nach der Reblauskatastrophe neu bepflanzt wurden, benutzten skrupellose Händler und Winzer den berühmten Namen auch für Weine, die nicht aus den steinigen Rebgärten der ehemals päpstlichen Residenz stammten. Um den drohenden Imageverlust zu vermeiden, machte sich eine Schar qualitätsbewusster Produzenten in Châteauneuf-du-Pape unter der Führung von Baron le Roy *(S. 35)*, dem Spitzenerzeuger der Region, an die Neufestsetzung der Bereichsgrenzen für Châteauneuf-du-Pape. Die Regelungen erstreckten sich auch auf die zulässigen Rebsorten, Anbau- und Rebschnittmethoden, den Reifegrad und sogar den Gesundheitszustand der Trauben. Châteauneuf-du-Pape wurde zur Wiege der *appellations contrôlées*. Diese Bemühungen und die Erfolge der Weine dieser Region verhalfen den herausragendsten *appellations* dazu, sich ihren Platz unter den angeseheneren Weinanbaugebieten Frankreichs zu erobern. Doch nur absolute Ausnahmeweine wie etwa der Hermitage la Chapelle von Jaboulet konnten sich neben den Spitzenweinen aus Bordeaux behaupten. Dies änderte sich in den 1980er und 1990er Jahren, als der amerikanische Weinexperte Robert Parker an die Rhône kam. Nicht anders als die Römer 2000 Jahre zuvor schätzte Parker den natürlich reifen und »üppigen« Stil der regionalen Spitzenweine, die er so hoch achtete wie jene aus dem Médoc *(S. 83)* oder St-Émilion *(S. 89)*. Vor einiger Zeit machten einige Winzer aus aller Welt eine Vergleichsverkostung mit australischen, kalifornischen und Rhône-Weinen, alle von denselben Rebsorten erzeugt. Und sie fragten sich, ob sie nicht lieber Syrah, Grenache und Viognier statt Cabernet, Merlot und Chardonnay pflanzen sollten. Keine andere Weinbauregion Frankreichs ist für das 21. Jh. besser gerüstet als das Rhônetal.

Die Rhône
Vom Schweizer Wallis bis zu den Bouches-du-Rhône in Südfrankreich, westlich von Marseille, erstrecken sich am Ufer dieses über 800 km langen Flusses die Weinberge.

EINE TOUR DURCH DAS RHÔNETAL

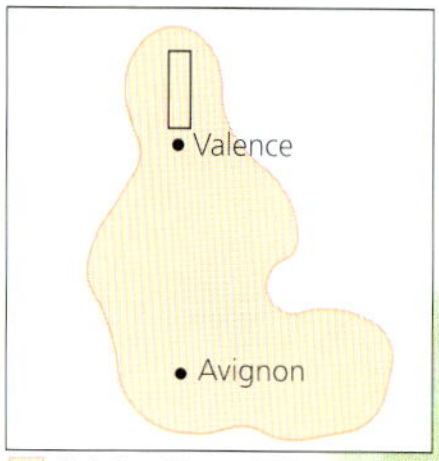

Tal der Rhône □ Route

Diese Route verläuft durch die Weinberge des nördlichen Rhônetals, wo hauptsächlich Syrah wächst, in südliche Richtung, durch Aufsehen erregende *appellations* mit so verheißungsvollen Namen wie Côte Rôtie, Hermitage und Condrieu, berühmt für ihre exotischen Weißweine.

CHÂTEAU GRILLET
Diese winzige appellation *erzeugt aus Viognier gute, aber überteuerte Weine.*

VON VIENNE NACH AMPUIS

Vienne ① bietet sehenswerte Kirchen und römische Bauwerke, z. B. La Pyramide, den 25 m hohen Obelisken, angeblich die Grabstätte von Pontius Pilatus. Folgen Sie hinter Vienne der Rhône in Richtung Süden und wechseln Sie nach einigen Kilometern zum Westufer hinüber. Hier befinden Sie sich mitten in der kleinen, aber ruhmreichen *appellation* Côte Rotie (»gerösteter« Hügel). Fahren Sie durch Verenay ②, wo es einige nennenswerte Erzeuger gibt, so Clusel-Roch und Jean-Michel Guérin. Dann geht es linker Hand die steilen Weinberge hinauf nach Ampuis ③. Dieses ruhige Städtchen erwacht jetzt, da die Côte Rotie und das angrenzende Condrieu mit ihren Weinen einen regelrechten Senkrechtstart erleben, wie aus einem tiefen Schlaf. Hier befinden sich die Weinkeller der Handelsfirma Marcel Guigal, deren Produkte zu den feinsten und teuersten Weinen der Côte Rôtie zählen. Zu den besten Weinen, die von einem Einzelgut in Guigal stammen, zählt der Wein des gleichnamigen, imposanten Château d'Ampuis, das aber für die Öffentlichkeit nicht zugänglich ist.

VON CONDRIEU NACH ST-PIERRE-DE-BOEUF

Unweit von Ampuis liegt der Ort Condrieu ④ inmitten der Weingärten, die die Trauben für den gleichnamigen Wein liefern. Hier zeigt die Viogniertraube, was in ihr steckt. Zur Zeit der Weinlese sehen Sie vielleicht den Schauspieler Gérard Depardieu, der hier Rebbesitz hat. Im Dorf Vérin biegen Sie dann rechts in die D34 ein und erreichen die winzige *appellation* Château Grillet ⑤, die ein einziges Weingut besitzt, das sehenswert ist, auch wenn seine – überteuerten – Weine nicht im Château verkauft werden. Günstigere Einkaufsmöglichkeiten für Condrieu-Weine findet man bei André Perret und Yves Cuilleron in Verlieu ⑥ und bei Alain Paret in St-Pierre-de-Boeuf ⑦.

VON ST-PIERRE-DE-BOEUF NACH ST-DÉSIRAT

Die roten und weißen Weine in der *appellation* St-Joseph stammen aus den *communes*, die über 60 km verstreut zwischen Condrieu und Hermitage liegen. Bestes Ziel ist hier das Dorf Malleval ⑧ aus dem 16. Jh. Zu diesem Zweck verlassen Sie die N86 bei St-Pierre-de-Boeuf und nehmen die D503. Fahren Sie durch die Gorge de Malleval, am Wasserfall Saut de Laurette vorbei, und nehmen Sie dann die D79 nach Malleval. Sehenswert sind der mittelalterliche Salzmarkt, das Schloss und die Weinkeller von Pierre Gaillard. Über die N86 gelangen Sie zur Winzergenossenschaft St-Désirat ⑨, eine der renommiertesten Frankreichs, die in dieser Gegend das beste Preis-Leistungs-Verhältnis bietet.

CROZES-HERMITAGE UND TAIN L'HERMITAGE

Überqueren Sie den Fluss bei Sarras und folgen Sie der N7; dann geht es linker Hand auf die D163 und in die Weinberge von Crozes-Hermitage ⑩. Eine gute Adresse in Crozes-Hermitage ist Michel Martin. Weitere gute Weingüter befinden sich in den umliegenden Dörfern, z. B. in Chanos-Curson. Zurück auf der N7, fahren Sie weiter nach Tain l'Hermitage ⑪ mit seiner Zwillingsstadt Tournon-sur-Rhône auf dem gegenüberliegenden Flussufer. Tain l'Hermitage entlehnt seinen Namen jenem Hügel, der die gesamte *appellation* Hermitage darstellt. Letztere erstreckt sich an der Ostseite des Flusses über ein 126 ha großes, nach

DER WEINBERG HERMITAGE
Dieser berühmte Hang markiert die Grenze zwischen Crozes-Hermitage und der Stadt Tain l'Hermitage.

FLUSSTERRASSEN
Am Westufer der Rhône wachsen die Trauben für wunderschön dunkle, kraftvolle Cornas-Weine heran.

Süden gerichtetes Areal mit Granitboden. Ganz oben thront die berühmte Kapelle des Rebgartens Hermitage La Chapelle, erreichbar über eine schmale Straße, die an der *cave coopérative* beginnt. Mein bevorzugter Hermitage stammt von Gérard Chave aus der Domaine Jean-Louis Chave und ist im Nachbardorf Mauves ⑫ erhältlich. Doch auch alle auf Seite 214 aufgeführten Erzeuger lohnen den Besuch.

VON CORNAS NACH ST-PÉRAY UND VALENCE

Das Dorf Cornas ⑬ liegt im Herzen der kleinen, unterschätzten *appellation* Cornas. Hier produzieren die Reben, vor dem Mistral geschützt, ungewöhnlich gut ausgereifte Früchte. Für einen schönen Ausblick auf die Weinberge und den Fluss nehmen Sie die schmale Straße nach Saint-Romain-de-Lerps. Dann geht es zurück auf die N86, die zu dem schmucken Weindorf St-Péray ⑭ führt und in die Stadt Valence ⑮, deren Häuser immer näher an die Weinberge rücken.

NÜTZLICHE HINWEISE

INFORMATION: Office de Tourisme, Parvis de la Gare, **Valence** ☎ 04 75 44 90 40. Fast jeder Ort hat ein Fremdenverkehrsbüro, doch dieses bietet die besten Informationen.

VERANSTALTUNGEN: Weinfest in Malleval, letzte Aprilwoche; in Crozes-Hermitage und Cornas: letztes Wochenende bzw. erster Sonntag im November.

RESTAURANTS:
La Pyramide, 14 Bd. Fernand Point, **Vienne** ☎ 04 74 53 01 96. Der Boulevard trägt den Namen des Küchenchefs, der das Restaurant berühmt machte.
Le Beau Rivage, Rue de Beau Rivage, **Condrieu** ☎ 04 74 56 82 82. Eines der am schönsten gelegenen Restaurants der Region: Hier kann man mit Blick auf den Fluss Mittag essen.
Reynaud, Rue Président Roosevelt, **Tain l'Hermitage** ☎ 04 75 07 22 10. Das Restaurant ist vorzüglich; ein Dutzend Zimmer mit Flussblick.
Pic, 285 Ave. Victor Hugo, **Valence** ☎ 04 75 44 15 32. Topwinzer und Händler kommen mit ihren Stammkunden hierher – wegen der Weine und auch wegen des Essens.

ÜBERNACHTEN:
Michel Chabran, Ave. du 45ème Parallèle, Route Nationale, Pont de l'Isère, **Crozes-Hermitage** ☎ 04 75 84 60 09. Zwischen Tain l'Hermitage und Valence gelegen; es bietet zwölf geräumige Zimmer und ein ausgezeichnetes Restaurant.
Hôtel Bellevue, Quai du Rhône, **Les Roches** ☎ 04 74 56 47 56. Der Blick über die Rhône vom Balkon ist das Beste an diesem Hotel zu angemessenen Preisen.

WEGWEISER

- Weinprobe
- Essen und Trinken
- Fremdenverkehrsamt
- ★ Sehenswürdigkeit
- Streckenverlauf
- Aussichtspunkt

Château Grillet

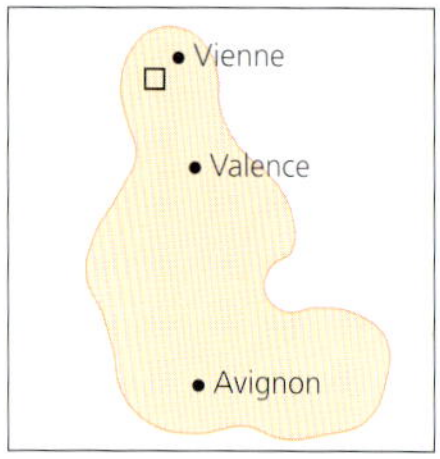

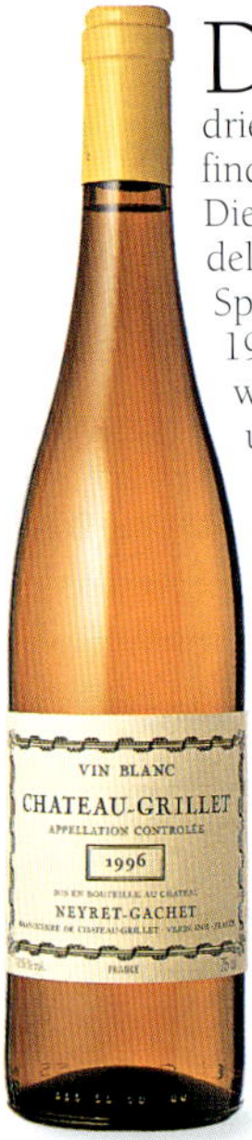

Château Grillet
Château-Grillet-Weine erkennt man an ihren braunen Flaschen und ihrem ausgefallenen Etikett.

Diese ungewöhnlich kleine *appellation* mit einem einzigen Weingut bildet eine Enklave innerhalb der *appellation* Condrieu *(S. 208)*. In diesem Weinberg, nach Südosten ausgerichtet, findet die ertragsschwache Sorte Viognier perfekte Bedingungen. Die schon von Kennern im 18. Jh. überschwänglich gelobten, delikaten Tropfen von Château Grillet zählen traditionell zu den Spitzenweinen Frankreichs. Die 1980er und ersten 1990er Jahrgänge waren allerdings eher ausdruckslos und übermäßig geschwefelt. In jüngerer Zeit konnte die Qualität deutlich angehoben werden. In Bestform entwickelt sich der Wein nach einiger Zeit beachtlich. Wer vorzügliche Viogniers mit Aprikosenaroma sucht, versucht es aber am besten erst einmal mit einem Condrieu, denn die Extravaganz von Château Grillet erstreckt sich auch auf die Preise.

Verblichener Glanz
Düster und imposant erhebt sich Château Grillet über den Weinbergen, die hier mit ihrem Granitgestein eine Art natürliches Amphitheater bilden.

- AC Château Grillet
- Weiß: Viognier
- Opulente, duftige, trockene Weiße
- Château Grillet
- Schwarze Trüffeln in einer Hülle aus Blätterteig mit *foie gras* und geräuchertem Speck
- 1997, 1996, 1995, 1994
- 5–20 Jahre

Renaissance der Viognier

Chardonnay ist die am weitesten verbreitete Weißweintraube der Welt und dementsprechend heute nahezu omnipräsent. Dies nun forderte eine Reihe experimentierfreudiger Winzer heraus, nach einer Alternative zur Chardonnay-Traube zu suchen. Nachdem sie Riesling, Sauvignon Blanc, Sémillon, Chenin Blanc und Pinot Gris verworfen hatten, konzentrierten sich einige Erzeuger wie der bekannte *négociant* Georges Duboeuf aus dem Beaujolais auf die Rebsorte Viognier. Diese duftige, aber ertragsschwache Sorte wurde früher lediglich im nördlichen Rhônetal in größerem Maßstab angebaut. Da die Sorte so niedrige Erträge bringt und der Wein schon nach wenigen Jahre in der Flasche abbaut, wurde sie jedoch immer seltener kultiviert. 1968 gab es nur noch 14 ha Rebfläche mit Viognier. Doch nun erlebt sie eine Renaissance. Georges Duboeuf hat in der Ardèche große Weingärten mit Viognier bepflanzt, und im südlicher gelegenen Languedoc-Roussillon wächst Viognier inzwischen auf einer Rebfläche von 150 ha. Am erfolgreichsten erweist sich die Traube in der *appellation* Condrieu *(S. 208)*, die seit einiger Zeit einen Aufschwung erlebt. Ihre oft reinsortigen, exotisch duftenden, harmonischen weißen Viognier zählen zu den aufregendsten Weinen des Rhônetals.

Eine Herausforderung, die sich lohnt
Köstlich duftend, launisch und ertragsschwach: Die Viogniertraube macht es den Winzern nicht leicht.

CHÂTEAUNEUF-DU-PAPE

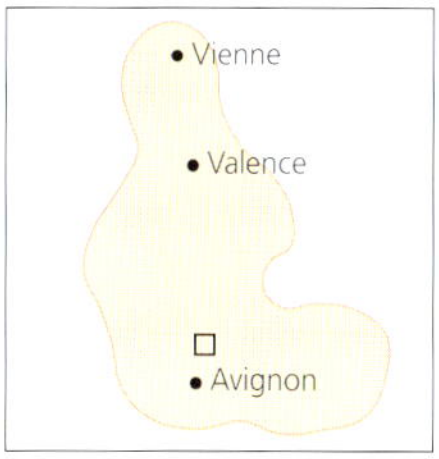

Die *appellation* Châteauneuf-du-Pape erstreckt sich über die von der Sonne verbrannten südlichen Ausläufer des Rhônetals. Dort ermöglicht das mediterrane Klima den Anbau vieler verschiedener Rebsorten. Die Weingärten sind für ihre einzigartigen Geröllböden aus der Gletscherzeit ebenso berühmt wie für ihre vollwürzigen, langlebigen Rotweine.

KIES UND REBEN
Die Rebgärten in Châteauneuf-du-Pape unterscheiden sich von anderen Anbauflächen Frankreichs durch ihre Kieselsteine. Diese speichern tagsüber die Hitze und geben sie nachts an die Reben ab.

HEUTE NUR NOCH EINE RUINE, erhebt sich das Châteauneuf-du-Pape aus dem 14. Jh. über dem gleichnamigen Dorf. Dieses Schloss ließ einst Papst Johannes XXII. errichten, um im Sommer mit seinem Hofstaat von Avignon hierher überzusiedeln. In der zweiten Hälfte des 14. Jh. wurden ummauerte Rebberge angelegt, deren beliebte Rot- und Weißweine als *vin d'Avignon* bis Ende des 18. Jh. in der ganzen Region verkauft wurden.

CHÂTEAU RAYAS
Der Name steht für eines der besten Güter der appellation. *Untypisch für Châteauneuf-du-Pape, werden diese Weine ausschließlich von der Grenache vinifiziert.*

- AC Châteauneuf-du-Pape
- Rot: Grenache, Syrah, Mourvèdre, Cinsault
  Weiß: Grenache Blanc, Clairette, Bourboulenc
- Körperreiche, trockene Rotweine; kleine Mengen trockener Weißwein
- Pierre André, Ch de Beaucastel, Beaurenard, Bosquet des Papes, Cabrières, les Caillous, Chapoutier, la Charbonnière, Clos du Mont Olivet, Clos des Pâpes, Delas, Font de Michelle, Fortia la Gardine, Guigal, Jaboulet, Janasse, Mont-Redon, la Mordorée, Nalys, la Nerthe, du Pegaü, Ch Rayas, Réserve des Célestins, de la Solitude, Tardieu-Laurent, du Trignon, Vieux Télégraphe, de Villeneuve
- Rot: Lammkeule im Teigmantel
- Rot: 1995, 1994, 1990, 1989
- Rot: 5–20 Jahre
  Weiß: 3–5 Jahre

1936 wurde das *terroir* von Châteauneuf-du-Pape nach den Regeln der *appellation contrôlée* klassifiziert. Die Bodenvielfalt reicht von Sand über Kieselsteine bis hin zu Alluvialböden. Und so sind die Produzenten berechtigt, 13 Rebsorten anzubauen, von Grenache und Syrah über Mourvèdre, Terret Noir bis hin zur hellen Bourboulenc. Trotz dieser Freiheit verschneiden die meisten Winzer aber nur drei oder vier Sorten, hauptsächlich Syrah, Mourvèdre und Grenache. Ein charakteristisches Merkmal der Weinberge dieser *appellation* sind die großen, weißen Steine, die an Kiesstrände erinnern. Tagsüber speichern sie die Wärme, nachts srahlen sie sie an die Reben ab.

Die vielen Rotweine, die hier produziert werden, kann man leicht in zwei große Kategorien unterteilen: leichte, fruchtige, früh trinkreife Weine und üppige, würzige, langlebige Tropfen. Weißwein ist oft ausdruckslos, doch der heute bessere Umgang mit der Roussane lässt nun einige faszinierende, aromatische Weißweine entstehen.

CHÂTEAUNEUF-DU-PAPE
Der längst verlassene Papstpalast erhebt sich über den Reben und beherrscht die Szenerie.

CHÂTEAU DE BEAUCASTEL
Dieses Gut macht Weine von wundervollem Charakter; für viele französische Kritiker bleibt es weiterhin ihr Favorit.

Clairette de Die

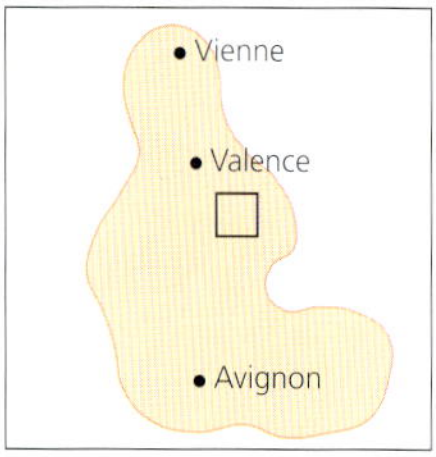

Rund 40 km östlich der Rhône, an den Hängen über dem Tal der Drôme, liegt die weiße Schaumwein-*appellation* Clairette de Die, so etwas wie eine Anomalie in einer Region, die eigentlich für ihre körperreichen Rotweine aus den *appellations* Côte Rôtie *(S. 212)* oder Crozes-Hermitage *(S. 213)* berühmt ist. Die Appellation produziert Schaumwein in zwei gegensätzlichen Stilen: den trockenen, geschmacksneutralen Crémant de Die, wie er neuerdings genannt wird, der nur aus der Clairette gekeltert wird, und den köstlich reifen Clairette de Die Méthode Dioise Ancestrale mit wunderbaren Pfirsicharomen. Dieser einzigartige Verschnitt aus Clairette und Muscat wird während der Erstgärung in Flaschen gefüllt. Da die Kohlensäure so nicht entweichen kann, entsteht ein schäumender Wein.

Vincent Achard
Dieser vorzügliche Produzent macht fruchtige, halbsüße Weine nach der méthode dioise ancestrale, *bis 1999 als Clairette de Die Tradition verkauft.*

Wind und Wetter
Im Unterschied zu den Rotweinappellationen des nördlichen Rhônetals sind die rauen, windzerzausten Hänge im Tal der Drôme optimal für weiße Schaumweine geeignet.

- AC Clairette de Die Méthode Dioise Ancestrale, AC Crémant de Die
- Weiß: Clairette, Muscat à Petits Grains
- Trockene und halbsüße weiße Schaumweine
- Vincent Achard, Cave Cooperative de Die, Didier Cornillon, Magord, Jean-Claude Raspail, Union des Jeunes Viticulteurs (Chamberan)
- Clairette de Die Méthode Dioise Ancestrale: Himbeer- und Erdbeertorte
- 1997, 1995
- 1–2 Jahre

Condrieu

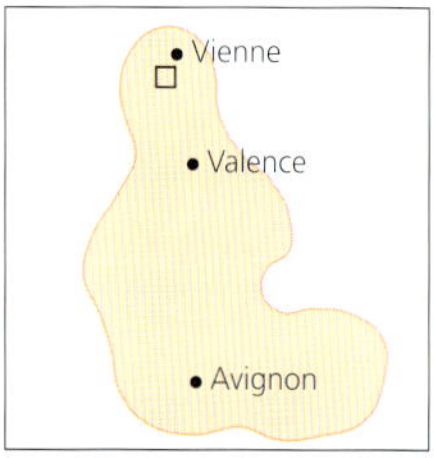

Die trockenen, alkoholintensiven Condrieu, die mit einem wundervollen Duft von Pfirsichblüten, Aprikosen und Veilchen überraschen, sind die besten Weißweine des Rhônetals und haben fast schon Kultstatus. Die Weinberge wurden bereits in den ersten Jahrhunderten n. Chr. in Südexposition rund um die Stadt Condrieu im Osten der *appellation* angelegt. Schon lange werden hier halbsüße Spätlesen, meist von edelfaulen Trauben, produziert, ein Weinstil, der seit einiger Zeit wieder im Kommen ist. Um 1960 betrug die Anbaufläche ganze 10 ha, und wie heute wuchs dort die aromatische, aber launische Viognier *(S. 206)*. Inzwischen ist der Rebbesitz auf 93 ha gestiegen: aufgrund des Booms, den die Rhône-Weine in den letzten 20 Jahren erlebten, aufgrund des Siegeszugs der Viognier und nicht zuletzt aufgrund des Engagements vieler junger, talentierter Winzer.

Yves Cuilleron
Dieser Produzent macht duftig süße Spätlesen und einfachere, trockene Weine mit Aprikosenaroma.

Traubenpflücker in Condrieu
Niedrige Erträge und die mühselige Lese an den Steillagen rechtfertigen zum Teil den hohen Preis der ungemein beliebten Weine von Condrieu.

- AC Condrieu
- Weiß: Viognier
- Körperreiche, duftintensive trockene Weiße; fallweise süße Weiße
- Ch d'Ampuis, Patrick et Christophe Bonnefond, Louis Chèze, Gilbert Chirat, Clusel-Roche, Yves Cuileron, Delas, Pierre Dumazet, Philippe Faury, Pierre Gaillard, Jean-Michel Gerin, Guigal, André Perret, Georges Vernay, François Villard
- Fischcremesuppe mit Krebsen, mit frittiertem Salbei garniert
- 1997, 1996, 1995, 1994
- 2–4 Jahre

CORNAS

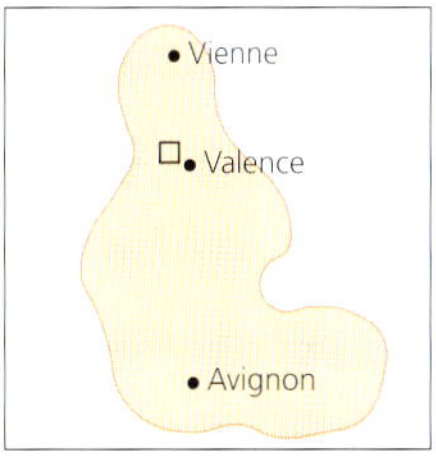

DIE WINZIGE *appellation* Cornas erstreckt sich am Westufer der Rhône über steile, nach Süden weisende Rebterrassen. 1975 betrug die Rebfläche mit ihren Granitböden nur 53 ha. Aber nun, da die Weine aus dem Rhônetal international immer beliebter werden, sind auch die vollen, etwas robusten Roten von Cornas wieder gefragt. Die Rebfläche beträgt heute bereits 76 ha. Verbesserte Anbaumethoden bringen höhere Erträge; neue Methoden der Weinbereitung, z. B. die Entrappung der Trauben vor der Gärung und der Ausbau in neuem Eichenholz, ergeben rauchwürzige Weine mit mehr Frucht und weniger Tannin als dies die früheren Weine aufwiesen. Die robusten, fleischigen Weine der alten Schule, wie Auguste Clape sie macht, können sehr gut ausfallen, brauchen aber etwas Zeit, um sich zu öffnen.

AUGUSTE CLAPE
Diese traditionellen, attraktiven, robusten Weine bilden den Gegenpol zu den neuen leichteren, fruchtigeren Cornas.

SONNENTERRASSEN
Die nach Süd-Südost ausgerichteten Rebterrassen in der appellation *Cornas fangen jeden Sonnenstrahl ein.*

- AC Cornas
- Rot: Syrah
- Körperreiche, tiefdunkle, in der Jugend tanninstarke Rotweine
- Thierry Allemand, Guy de Barjac, Chapoutier, Auguste Clape, Jean-Luc Colombo, Courbis, Jaboulet, Jean Lionnet, Robert Michel, Rochepertuis, de Saint-Pierre, Tardieu-Laurent, Noël Verset, Alain Voge
- Rebhuhn mit Wirsing
- 1995, 1994, 1990, 1989, 1988
- 8–10 Jahre

COTEAUX DU TRICASTIN

DAS SICH VOM OSTUFER der Rhône südlich von Montélimar ausbreitende, unbekanntere hügelige Gebiet Tricastin erhielt 1973 den Status der *appellation*. Mehrere Rebsorten gedeihen hier, aber für viele Rotweine und Rosés dieser *appellation* wird die pfeffrige Syrah mit der vollmundigen Grenache verschnitten. Vor allem die fruchtig-würzigen Rotweine können hervorragend sein. Die Weißweine werden zusehends besser, seit sie immer öfter aus den drei Rebsorten Viognier, Marsanne und Roussanne verschnitten werden.

- AC Coteaux du Tricastin
- Rot/Rosé: Grenache, Cinsault, Syrah, Carignan Weiß: Clairette, Viognier, Roussanne, Marsanne
- Würzige Rote; frische Weiße; trockene Rosés
- Grangeneuve, des Rozets, du Vieux Micoulier.
- Kaltes Roastbeef
- 1998, 1997
- 1–4 Jahre

DOMAINE DE GRANGENEUVE
Dieser fruchtige Wein mit würzigen, pfefferkörnigen Aromen bietet ein gutes Preis-Leistungs-Verhältnis.

CÔTES DU VENTOUX

ETWA DORT, WO DAS RHÔNETAL in die Provence übergeht, erhebt sich der Mont Ventoux, nach einem alten Volksglauben die Heimstätte des bitterkalten, stürmischen *mistral*, der im Winter durch das Rhônetal bläst. Hier erstreckt sich die *appellation* Côtes du Ventoux über das Kalkgestein, und Rebsorten wie Grenache, Cinsault, Mourvèdre und Syrah liefern leichte, früh trinkreife, fruchtig-süffige Rotweine. Auch geringe Mengen Weißwein und Rosé werden erzeugt, die allerdings meist eher belanglos sind.

- AC Côtes du Ventoux
- Rot/Rosé: Grenache, Syrah, Cinsault, Carignan Weiß: Clairette
- Duftintensive Rote; trockene Weiße und Rosés
- Des Anges, Michel Bernard, Jaboulet, Ch Pesquié
- Gebratenes Rebhuhn
- 1998, 1997, 1996
- 1–4 Jahre

CHÂTEAU UNANG
Die Côtes du Ventoux liefern im Unterschied zu anderen Rhôneregionen frische, duftige, früh trinkfertige Weine.

CÔTES DU RHÔNE

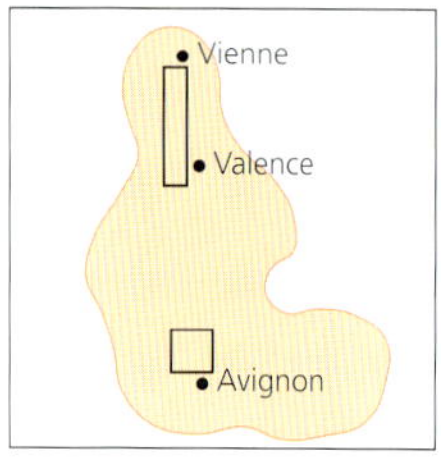

DIE *APPELLATION* CÔTES DU RHÔNE mit ihren 16 *villages*-Lagen erstreckt sich von Vienne bis nach Pertuis südlich von Avignon. Ich kenne keine andere große, so genannte allgemeine *appellation* in Frankreich, die in den letzten Jahren so sehr aufgeholt hat wie die Côtes du Rhône, deren Preis-Leistungs-Verhältnis zudem hervorragend ist.

DOMAINE DE LA CANTHARIDE
Dieser in der Jugend köstlich pfeffrige Wein aus Visan wird umso voller, je älter er wird.

THEORETISCH KANN EIN als *appellation contrôlée* Côtes du Rhône etikettierter Wein aus jedem Ort des Weinanbaubereichs zwischen Vienne und Pertuis kommen, also im Grunde aus dem ganzen Rhônetal. In der Praxis jedoch stammen die meisten Côtes-du-Rhône-Weine aus dem südlichen Rhônetal. Dort produzieren 10 000 Winzer rund 300 Millionen Flaschen pro Jahr, die als *appellation contrôlée* Côtes du Rhône verkauft werden. So vielfältig der Boden, so mannigfaltig die Sorten: Grenache dominiert, dicht gefolgt von Syrah, Mourvèdre und Cinsault. Bei den Weißweinen reicht die Palette von der faden Clairette bis hin zur duftigen Roussanne. Darüber hinaus unterscheiden sich auch die Weinbereitungsmethoden. Viele Rotweine werden heute im *macération carbonique*-Verfahren (S. 24) vinifiziert, was leichte, saftige Weine ergibt, die sich schon wenige Monate nach der Lese mühelos verkaufen lassen. Gleichzeitig erzeugen ambitioniertere Produzenten auch weiterhin nach altbewährter Methode fester strukturierte, langlebigere Weine.

Theoretisch befinden sich die feinsten Weine der Côtes du Rhône unter den 20 Millionen Flaschen, die als Côtes du Rhône-Villages verkauft werden. Viele der besten dieser Weine werden in den nebenstehend aufgeführten Dörfern erzeugt, deren jeweiliger Name auf dem Etikett der entsprechenden Weine genannt ist (als Anhang hinter Côtes du Rhône, nur bei Brézème vor Côtes du Rhône). Die hohen Preise der Village-Weine sind gerechtfertigt, doch auch die einfache *appellation* Côtes du Rhône kann viele gute Weine vorweisen. Sie stammen von namhaften Händlern wie Jaboulet Ainé und Guigal oder von Gütern im südlichen Rhônetal wie etwa Château Mont-Redon in Châteauneuf-du-Pape (S. 207).

KRÄUTERWÜRZIGE AROMEN
In den Hügeln der Côtes du Rhône wachsen die unterschiedlichsten Rebsorten, die viele exzellente Rotweine mit vollen, typisch kräuterwürzigen Aromen ergeben.

- AC Côtes du Rhône, AC Côtes du Rhône-Villages
- Rot/Rosé: Grenache, Syrah, Carignan, Mourvèdre
  Weiß: Clairette, Grenache Blanc, Bourboulenc, Viognier
- Mittelschwere Rote; trockene Rosés; trockene Weiße
- Denis et Daniel Alary, d'Ameilhaud, de Beaurenard, des Bernardins, Berther-Raynède Cabasse, Cave de Cairanne, Chapoton, Cave de Chusclan, du Colombier, de Fonsalette, les Goubert, Guigal, Jaboulet, de la Janasse, de Lindas, Jean-Marie Lombard, Mont Redon, de la Mordorée, Ogier, de l'Oratoire St Martin, Rabasse-Charavin, Marcel Richaud, Ste-Anne, Ste-Gayan, St-Maurice, la Soumade
- Rot: Kartoffeln mit *saucisson* und geschmolzenem Käse
- Rot: 1998, 1996, 1995, 1994
- Rot: 2–5 Jahre

DOMAINE DE LA GRANDE BELLANE
Dieser wunderschöne Wein eines Einzelguts im Dorf Valréas zeichnet sich durch reiche, würzige Fruchtaromen aus.

Die besten Weindörfer im Rhônetal

Die *appellation* Côtes du Rhône-Villages umfasst 16 Dörfer, die ihren Namen stets der *appellation* anfügen. Brézème wiederum, am Ende der Liste aufgeführt, hat eine eigenständige *appellation*.

Beaumes-de-Venise *(S. 215)* Neben gespriteten Weinen von der Muscattraube auch schöne leichte, aber doch saftige, pfeffrige Rotweine. Empfehlenswerte Produzenten sind z. B. Domaine de Fenouillet und Château Redortier.

Cairanne Der Star der Region. Mehrere ehrgeizige Erzeuger machen hier ausgesprochen gute, würzige Weine.

Chusclan Am besten sind die Rosés, die hier besser ausfallen können als im unweit gelegenen Tavel *(S. 217)*. Die ebenfalls attraktiven Rotweine werden nicht so alt.

Laudan Vorzügliche Weißweine, und die Grenache-geprägten Rotweine zählen zur Spitze der Region. Die besten verbessern sich noch ein oder zwei Jahre nach der Abfüllung.

Rasteau *(S. 216)* Neben Beaumes-de-Venise *(s. o.)* die einzige *commune* Frankreichs, die sowohl gespritete *(vin doux naturel)* als auch ungespritete Weine erzeugt.

Roaix Die *commune* Roaix teilt sich die Genossenschaftskellerei mit dem Nachbardorf Séguret *(s. u.)*. Die intensiven Rotweine dürfen gern noch 3 bis 4 Jahre liegen.

Rochegude Ehemals berühmte Weißwein-appellation, die heute nur noch leichten, pfeffrigen Rotwein produziert.

Sablet Dynamische *commune*, die mit Cairanne *(s. o.)* rivalisiert. Der Name verweist auf den sandigen Boden, der leichte Rotweine bedingt. Ein höherer Verschnittanteil an Syrah macht sie jedoch langlebiger.

St-Gervais Dass die *commune* im Ansehen steigt, hat sie teilweise Guy Steinmaier von der Domaine Ste-Anne zu verdanken. Mourvèdre und Syrah wachsen gut in dieser südlichen Zone; auch die Viognier, die für einige feine Weißweine verwendet wird.

St-Maurice-sur-Eygues Die meisten Alltagsweine stammen von der lokalen Winzergenossenschaft.

Die Sonne des Südens
An der Südgrenze der appellation Côtes du Rhône-Villages, erhebt sich Séguret über den sonnenverwöhnten Weinbergen.

St-Panteléon-les-Vignes und **Rousset-les-Vignes** Die leichten Weine beider Dörfer sind auf das für diesen Abschnitt untypische, kühle Klima zurückzuführen.

Séguret Macht mit die seriösesten und strukturiertesten Weine in der Region; sie müssen mindestens vier Jahre liegen, bevor sie getrunken werden.

Valréas Fruchtige, blumige Rotweine, die zu den attraktivsten der Rhône gehören.

Vinsobres Rotweine von leicht und süffig bis hin zu intensiv, voll und langsam reifend.

Visan Köstliche junge Weine, die auch älter werden können. Eine mehrjährige Wartezeit lohnt sich.

Brézème Am Übergang zwischen nördlichem und südlichem Rhônegebiet und nördlich der genannten 16 *villages* gelegen, etikettiert und verkauft Brézème seine Weine als Brézème-Côtes du Rhône. Auch hier wird Rotwein ausschließlich von der Syrahtraube erzeugt.

Intensiv-kraftvolle Weine
In den Weingärten von Vinsobres wächst Grenache, aus der viele unterschiedliche Weine, verkauft als Côtes du Rhône Vinsobres, erzeugt werden.

Côte Rôtie

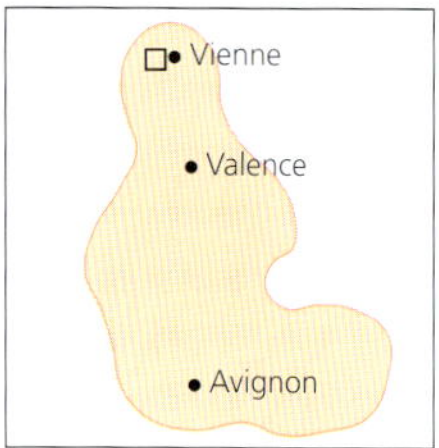

In der Côte Rôtie (»gerösteter Hügel«) können die Trauben oft buchstäblich in der Sonne »rösten«. Das entsprechend ausgereifte Lesegut ergibt tiefdunkle, köstlich üppige, körperreiche Weine. Die Weinberge an den steilen Hängen hinter dem Dorf Ampuis liegen am Übergang von Burgund im Norden zum südlich sich anschließenden Rhônetal.

Château d'Ampuis
Viele der feinsten Weine der Côte Rôtie kommen aus den verschiedenen Einzellagen des Produzenten Marcel Guigal. Seine jüngste Neuerwerbung ist Château d'Ampuis.

Obwohl die Côte Rôtie auf eine über 2000 Jahre lange Weinbaugeschichte zurückblicken kann, wurden die meisten Weinberge nach der verheerenden Reblausinvasion im 19. Jh. nicht mehr bestockt. Obstbäume verdrängten die Reben, so dass die Weine der Côte Rôtie bis in das letzte Viertel des 20. Jh. hinein fast vergessen waren. Zwar gab es immer Erzeuger, die den steilen, mühsam zu bearbeitenden Hängen die Treue hielten, doch ihr Fortbestehen verdankt die *appellation* allen voran dem talentierten Erzeuger und Weinhändler Marcel Guigal. Guigal setzt sich nicht nur unermüdlich dafür ein, hochwertige Côte-Rôtie-Weine zu erzeugen, sondern er »entdeckte« auch das Potenzial einiger Einzelgüter, deren Weine separat abgefüllt werden. Seine Einzellagen-Weine La Landonne, La Mouline, La Turque und Château d'Ampuis zählen zu den besten der *appellation* – und zu den teuersten Frankreichs. Für seinen *Brune et Blonde* aber verschneidet Guigal das Lesegut zweier renommierter Hanglagen der Côte Rôtie: Côte Brune und Côte Blonde. Diese Weinberge mit ihren Böden in unterschiedlichen Farben erhielten, so erzählt man sich hier, ihre Namen in Anlehnung an die gleichermaßen je unterschiedliche Haarfarbe der schönen Töchter ihres einstigen Besitzers.

Der Boden dieser Region ist wie geschaffen für Syrah, die hier vorzügliche Weine mit komplexen Beerenaromen und einer unverkennbar rauchigen Note ergibt. Immer mehr Erzeuger verschneiden die Syrah mit bis zu 20 % weißer Viognier, was den Weinen einen wunderbar exotischen Veilchen- und Aprikosenduft verleiht.

Côte Blonde
Die Nennung der Einzellage ist gängige Praxis an der Côte Rôtie. Die kreidigen, sandigen Böden der Côte Blonde liefern frische, früh trinkfertige Weine.

- AC Côte Rôtie
- Rot: Syrah, Viognier
- Körper- und bukettreiche Rote
- Ch d'Ampuis, Pierre Barge, Michel Bernard, de Boisseyt, Patrick et Christophe Bonnefond, Bernard Burgaud, Champet, Chapoutier, Clusel-Roch, Yves Cuilleron, Delas, Philippe Faury, Gaillard, Jean-Michel Gérin, Marcel Guigal, Jean-Paul et Jean-Luc Jamet, Robert Jasmin, la Landonne, Bernard Levet, Gabriel Meffre, les Moutonnes, Michel Ogier, René Rostaing, Georges Vernay, Vidal-Fleury, François Villard
- Gebratene Lammkeule mit frischem Rosmarin und Knoblauch gespickt
- 1997, 1996, 1995, 1994, 1991, 1990, 1989, 1988, 1985
- 10–15 Jahre

Konzentrierter Geschmack
Die Trauben der ertragsschwachen Reben an den Hängen der Côte Rôtie sind hocharomatisch.

La Landonne
Die Einzellagen dieses Guts haben der appellation zu Ansehen verholfen.

CROZES-HERMITAGE

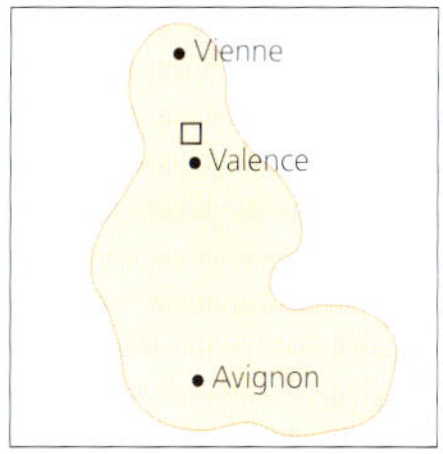

DIESE GROSSE APPELLATION erstreckt sich mit ihren 1000 ha über 11 Dörfer nördlich und südlich der Stadt Tain l'Hermitage. So vielfältig das *terroir*, so vielfältig die Weine von Crozes-Hermitage: die feinsten, komplex, voll und fruchtig, bieten viel Qualität für ihren Preis. Die besten Weingüter wie Les Chassis und Domaine de Thalabert liegen am Rhôneufer, nördlich von Tain l'Hermitage, an Hängen mit Südausrichtung. Nach Osten hin wird das Land flacher, die Erträge werden reicher und die Weine einfacher. 90 % der Produktion entfällt auf Rotwein, der vorwiegend von Syrah unter Beimischung von etwas Roussanne und Marsanne erzeugt wird. Für die oft frischen, eleganten Weißweine wird die delikate Roussanne alleine verarbeitet oder mit Marsanne verschnitten.

DIE GEBRÜDER CHAPOUTIER
Der größte Rebbesitz in Crozes-Hermitage gehört den Brüdern Chapoutier, die sehr viele schöne Weine erzeugen.

VERBORGENE SCHÄTZE
Einige der besten Weinberge von Crozes-Hermitage liegen etwas versteckt – hier wachsen die Trauben für die teureren Hermitage (S. 214).

AC Crozes-Hermitage
Rot: Syrah, Roussanne, Marsanne
Weiß: Roussanne, Marsanne
Körperreiche Rote; volle, kurzlebigere trockene Weiße
Belle, Chapoutier, les Chassis, Chave, des Clairmonts, Colombier, Combier, Delas, des Desmeure, Entrefaux, Alain Graillot, Jaboulet, Etienne Pochon, des Remizières, Marc Sorrel, Caves de Tain-l'Hermitage, Tardieu-Laurent, de Thalabert, Vidal-Fleury
Hühnchen mit Basilikum
1996, 1995, 1994
5–8 Jahre

GIGONDAS

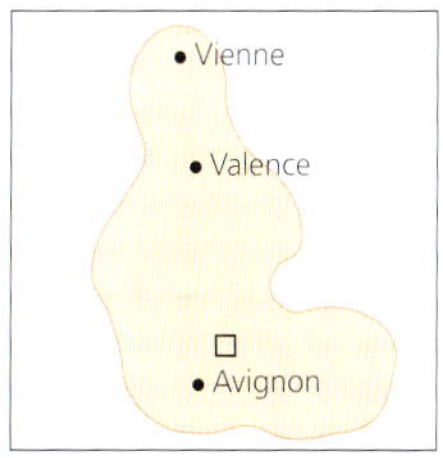

GIGONDAS UND DIE REBGÄRTEN der *appellation* Gigondas liegen in den spektakulären Bergen der Dentelles de Montmirail, östlich des Städtchens Orange. Anfang der 1950er Jahre erhielt die Gemeinde den Status *appellation contrôlée* Côtes du Rhône-Villages und 1971 wurden ihre Weine in die *appellation contrôlée* Gigondas erhoben. In Bestform erweist sich der rote Gigondas als pflaumig und voll, dominiert von den reifen Aromen der Grenache, sorgfältig kombiniert mit geringen Mengen der tanninreichen Syrah und der aromatischen Mourvèdre. Dieser Wein, eine ausgezeichnete Alternative zu den teureren Jahrgängen des angrenzenden Châteauneuf-du-Pape (S. 207), können 10 Jahre alt werden. Halten Sie Ausschau nach trockenen, pfeffrigen Roséweinen, die hier ebenfalls erzeugt werden.

DOMAINE DU CAYRON
Die pfeffrigen, langlebigen Gigondas-Weine bieten ein vorzügliches Preis-Leistungs-Verhältnis.

BERGE MIT »SPITZENBESATZ«
Der Gebirgszug der Dentelles de Montmirail mit seinem »Spitzenbesatz« überragt die Weinberge von Gigondas.

AC Gigondas
Rot/Rosé: Grenache, Syrah, Mourvèdre
Körperreiche, robuste Rote; trockene, pfeffrige Rosés
Des Bosquets, Brusset, De Cabasse, du Cayron, Delas, des Espiers, les Goubert, du Gour de Chaule, Marcel Guigal, Jaboulet, Ch de Montmirail, Piaugier, Raspail-Ay, St-Gayan, Ste-Anne, Santa Duc, Tardieu-Laurent, des Tourelles, Ch du Trignon, Vidal-Fleury
Lammragout
1997, 1995, 1994
Rot: 3–10 Jahre

HERMITAGE

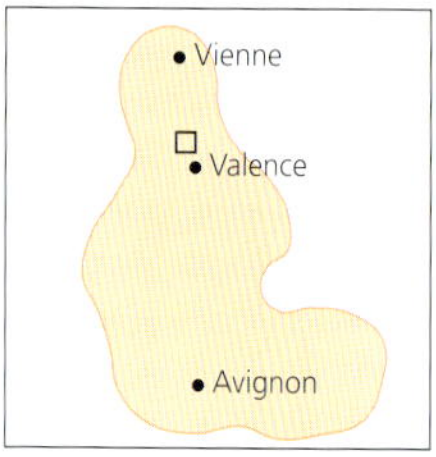

DIE REBEN VON HERMITAGE liegen mitten im »Land der Syrah«, an den Steilhängen des Rhônetals zwischen den Appellationen Crozes-Hermitage *(S. 213)* und St-Joseph *(S. 216)*. So wohl wie hier fühlt sich die Syrah sonst nirgendwo. Die Traube mit den würzig-rauchigen Aromen wird in dieser *appellation* reinsortig zu langlebigen Tropfen verarbeitet.

UNÜBERSEHBAR
Die steilen Rebterrassen in Hermitage sind mit Steinmauern befestigt. Die négociants *benutzen sie gern als Werbeflächen, um den Ursprungsort ihrer besten Weine anzuzeigen.*

IN DIESEN HERAUSRAGENDEN WEINBERGEN, berühmt seit 500 Jahren, wachsen die Trauben für klassische, tintig dunkle Weine. Im 19. Jh. erzielte der Hermitage höhere Preise als ein Spitzenwein aus Bordeaux. Der hügelige, sich vor Tain l'Hermitage wie ein Fächer ausbreitende Anbaubereich erstreckt sich, nach Süden weisend, über einen Granitfelsen, der wie ein gigantischer Pilz aussieht und auf dem die Trauben in praller Sonne reifen.

Im Unterschied zu den angrenzenden *appellations* Crozes-Hermitage oder St-Joseph, die ihren Syrah-Weinen geringe Mengen Wein von weißen Rebsorten zusetzen, damit er sich duftiger und leichter präsentiert, keltert Hermitage den Wein ausschließlich aus der tanninreichen Syrah. Obwohl von üppigen Himbeer-, Brombeer-, Pfeffer- und Raucharomen geprägt, können die Weine in ihrer Jugend sehr streng und abweisend sein. Nach rund 10 Jahren Lagerung weisen sie jedoch wundervoll komplexe Wildaromen auf.

- AC Hermitage, AC Hermitage Vin de Paille
- Rot: Syrah
  Weiß: Marsanne, Roussanne
- Mächtige, tanninreiche Rote; körperreiche Weiße mit Kräuter- und Pfirsicharoma
- Albert Belle, Michel Bernard, Chapoutier, Bernard Chave, Jean-Louis Chave, Gérard Chave, du Colombier, Delas Frères (Marquise de la Tourette, les Bassards), Faurie, Ferraton, Grippat, E. Guigal, Guyot, Paul Jaboulet Aîné, des Remizières, St-Jemms, Marc Sorrel, Cave de Tain l'Hermitage, Tardieu-Laurent, De Vallouit
- Fasanbraten mit einer Sauce aus Rotwein, Schalotten und Waldpilzen
- 1996, 1995, 1994, 1990, 1989, 1988, 1985
- Rot: 10–20 Jahre
  Weiß: 8–15 Jahre

Der Südhang, der für sich alleine die *appellation* Hermitage bildet, umfasst 154 ha. Er ist in mehrere Abschnitte unterteilt, die geringfügige Unterschiede aufweisen. Früher wurden die Trauben verschiedener Lagen miteinander verschnitten, doch heute gehen immer mehr Winzer dazu über, Einzellagen-Weine zu erzeugen, so z. B. Paul Jaboulet Aîné, dessen berühmter La Chapelle zu den besten gehört. Weitere nennenswerte Einzellagen sind Les Bessards und Les Greffieux.

Einst waren die weißen Weine von Hermitage so renommiert wie die Rotweine; aber nun sind sie rar. Es gibt zwei Stilrichtungen. Zum einen der ungewöhnliche *vin de paille* (Strohwein), der seine eigene *appellation* besitzt. Für diese frischen, honigsüßen Weine werden die Trauben vor dem Auspressen auf Strohmatten getrocknet. Weiter verbreitet sind die vollen, trockenen Weine aus einer Mischung von Marsanne und Roussanne, die sich, auf Flasche gezogen, oft noch zehn Jahre sehr schön weiterentwickeln.

IN TREUE FEST
Dieses berühmte Wahrzeichen der appellation *steht in P. Jaboulets Weinberg La Chapelle.*

JEAN-LOUIS CHAVE
Die Weine von Jean-Louis Chave zählen zu den besten Tropfen der appellation.

Lirac

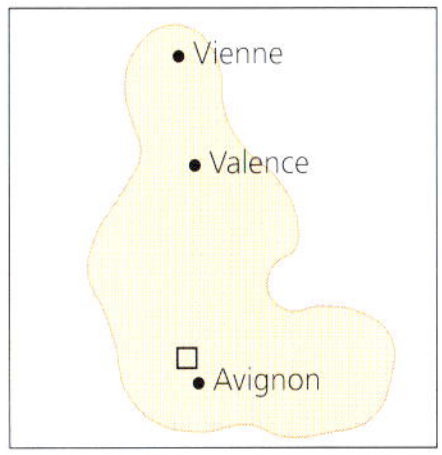

Die Appellation Lirac, vor kurzem nur als glücklose Rosé-Konkurrentin der Nachbarregion Tavel (S. 217) im Süden bekannt, ist heute für ihre roten und weißen Weine berühmt, die immer besser werden. Am Westufer der Rhône und im Norden von Avignon gelegen, wachsen hier die klassischen Rhône-Reben Grenache, Syrah, Mourvèdre und Cinsault, die mittelschwere, geschmeidig-würzige Rotweine ergeben. Die besten dieser Weine stehen in einem herausragenden Preis-Leistungsverhältnis. Die früher oft ausdruckslosen trockenen Weißweine konnten sich gewaltig verbessern, seit die Liste der zulässigen Rebsorten 1992 um Marsanne, Roussanne und die duftige Viognier erweitert wurde. Viele dieser Weine weisen heute ein blumig-duftiges Aroma auf.

Domaine Pélaquié
Die nicht so bekannten, köstlich vollmundigen, pfeffrigen Rotweine aus Lirac bieten in Bestform vorzügliche Qualität im Verhältnis zu ihrem Preis.

Die Rebsorte Grenache
In Verbindung mit anderen Trauben spielt die weiche Granache in den Rotweinen und Rosés aus Lirac eine wichtige Rolle.

AC Lirac

Rot/Rosé: Grenache, Carignan, Mourvèdre, Syrah
Weiß: Clairette, Ugni Blanc, Marsanne, Roussanne, Viognier

Körperreiche Rote; trockene Weiße; trockene Rosés

Ch d'Aquéria, des Causses et Saint-Eymes, de Devoye Martine, la Fermade, Maby, de la Mordorée, Chapelle de Maillac, Pélaquié, St-Maurice, St-Roch, Ch de Ségriès

Rot: Hasenrücken mit Thymian und Knoblauch

1997, 1995, 1994

Rot: 2–5 Jahre
Weiß/Rosé: 1–3 Jahre

Muscat de Beaumes-de-Venise

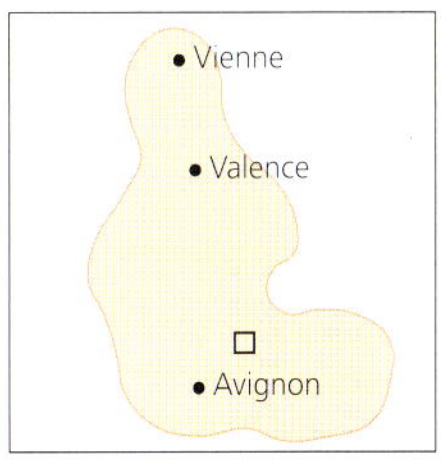

Neben hochwertigen Rotweinen in der *appellation* Côtes du Rhône-Villages produziert Beaumes-de-Venise, ein Dorf östlich der Stadt Orange, vor allem aprikosengoldene *vins doux naturels* (S. 29). Aus der duftigen Muscattraube gekeltert, stammt der größte Teil dieser Weine aus der Coopérative des Vins et Muscats, die in den 1970er Jahren berühmt wurde, als sie diese in den nordeuropäischen Ländern erfolgreich als Dessertwein, in Flaschen mit Schraubverschluss, vermarktete. Doch so ordentlich ihre Weine auch sein mögen, so reichen sie dennoch nicht an die Jahrgangsweine aus Einzellagen heran, die eigenständige Winzer in Flaschen mit Korkverschluss abfüllen. Die feinsten dieser ziemlich überteuerten Tropfen haben einen vollen Pfirsichton und zeigen eine perfekte Harmonie von Süße und Säure.

Domaine de Durban
Die besten Weine stammen von Einzelwinzern wie diesem, also nicht von der lokalen Genossenschaft.

Die Sonne der Provence
Schutzlos der Sonne ausgeliefert, gedeihen bei Beaumes-de-Venise zwei Arten der Muscat-Traube, die ihren Namen ihren muskatwürzigen Aromen verdankt.

AC Muscat de Beaumes-de-Venise

Weiß: Muscat Blanc à Petits Grains, Muscat Rosé à Petits Grains

Duftige *vins doux naturels*

Beau Mistral, de Beaumalric, Cave Coopérative des Vignerons de Beaumes-de-Venise, des Bernardins, Chapoutier, de Coyeux, de Durban, de Fenouillet, Paul Jaboulet Ainé, la Soumade, Vidal-Fleury

Drei-Schokoladen-Mousse mit einer Sauce aus Bitterorangen

Meist ohne Jahrgangsangabe

1–5 Jahre

Rasteau

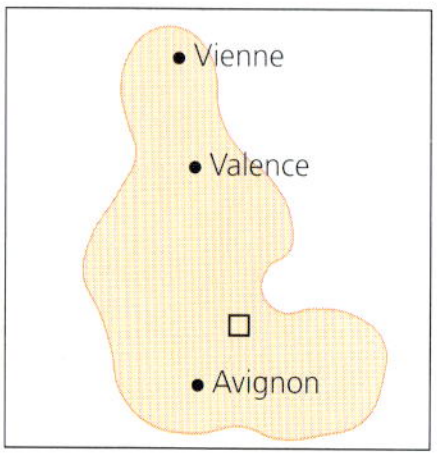

Diese commune der Côtes du Rhône-Villages liefert gespritete und ungespritete Weine, zu 90 % von Grenache (Noir, Gris oder Blanc) erzeugt. Das Lesegut stammt aus den Dörfern Rasteau, Sablet und Cairanne. Gespriteten Weinen wird im Frühstadium ihrer Aufbereitung Weinbrand zugesetzt, dann werden sie im *rancio*-Stil ausgebaut, das heißt, sie werden in Eichenholzfässern gelagert und unter Einwirkung von Luft und Sonne »madeirisiert«. Traubenqualität, Madeirisierungsgrad und die Sauberkeit der Fässer bedingen ihren Geschmack nach cremig-süßem Sherry oder nach leichtem, delikatem Madeira. Rote Tafelweine aus Rasteau sind, wenn auch nicht so reizvoll, so doch verlässliche, typisch pfeffrige Rhôneweine. Die Weißen, oft ausdruckslos, müssen fast immer jung getrunken werden.

Marie-France Masson
In diesem pfeffrig-würzigen Wein finden die Aromen und Düfte des südlichen Rhônetals ihren perfekten Ausdruck.

Cave des Vignerons
Wie in anderen Gegenden der Rhône, produzieren kleine Winzergenossenschaften auch hier die besten Weine – zu günstigen Preisen.

- AC Rasteau, AC Rasteau Rancio
- Rot/Weiß/Rosé/Tawny: Grenache Noir, Grenache Gris, Grenache Blanc
- Pfeffrige Rotweine und holzgereifte süße *vins doux naturels*
- Des Coteaux des Travers, des Girasols, de la Grangeneuve, Masson, de la Soumade, Francis Vache, Cave des Vignerons de Rasteau
- *Vin doux naturel:* Schokoladentorte
- Rot: 1998, 1996, 1995, 1993
- 3–10 Jahre

St-Joseph

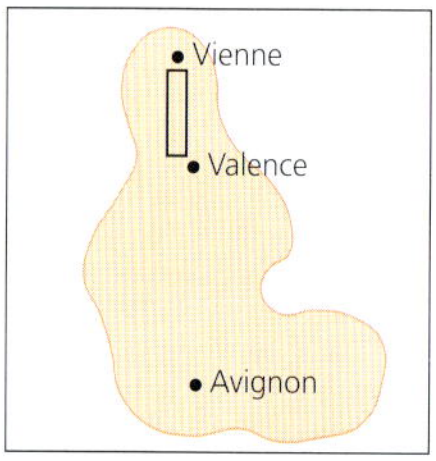

St-Joseph, dessen Wein früher nach der gleichnamigen *commune* Vin de Mauves genannt wurde, erhielt 1956 *appellation*-Status. Seine Anbauflächen, heute um das Sechsfache erweitert, erstrecken sich am Westufer der Rhône bis nach Valence im Süden. Die Neupflanzungen gingen oft auf Kosten seines ursprünglichen Charakters. Stil- und Qualitätsspektrum reichen von einfachen Côtes du Rhône *(S. 210 f.)* bis zu rangniedrigeren Hermitages *(S. 214)*. Die besten Weine kommen von den sandigen, kiesigen Granithängen rund um Tournon. Insgesamt aber reifen die Trauben hier weniger gut und sind geschmacksärmer als in Hermitage. Dennoch gibt es erstklassige, relativ früh trinkreife, von Brombeeraromen geprägte Rotweine. Marsanne und Roussanne liefern auch etwas Weißwein.

Jean-Louis Grippat
Ein klassischer Rotwein wie dieser kann zuweilen besser altern als ein schwacher, ranghöherer Hermitage.

Mauves
Das Dorf, nach dem einst die ganze Region benannt war, ist eine ruhige commune, *die fast unter Reben begraben liegt.*

- AC St-Joseph
- Rot: Syrah
  Weiß: Marsanne, Roussanne
- Liebliche, fruchtige, mittelschwere Rote; geschmacksintensive trockene Weiße
- Cave de St-Désirat, Cave de Tain-l'Hermitage, Chapoutier, Chave, Chèze, Courbuis, Pierre Coursodon, Yves Cuilleron, Pierre Gaillard, Graillot, J-L Grippat, Jaboulet, Perret, Georges Vernay, Villard
- Rot: Ringeltäubchen mit Zwiebeln, Rotwein und Schinken
- Rot: 1998, 1996, 1995, 1993
- Rot: 3–10 Jahre
  Weiß: 1–3 Jahre

ST-PÉRAY

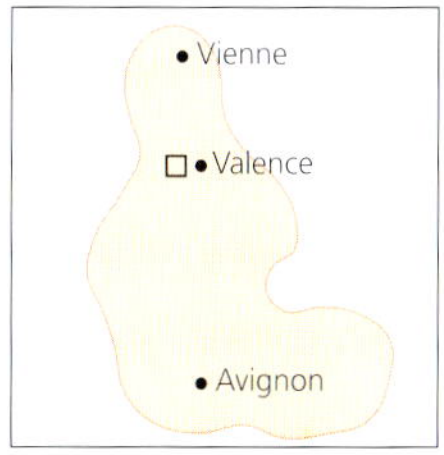

DIESE APPELLATION AM WESTUFER der Rhône ist schon fast Teil der stetig wachsenden Stadt Valence. Der leichte, saure, belanglose Charakter ihrer Weine erweist sich nicht eben als hilfreich im Kampf gegen die Baulöwen. In dieser Gegend, die von vollmundigen, fleischigen Syrah und körperreichen Viognier beherrscht wird, bildet der Weinstil von St-Péray eine Anomalie, die auf das kühlere Klima und uneinheitliche Böden zurückzuführen ist. Von den meisten Trauben wird ein robuster Schaumwein *méthode traditionnelle* erzeugt, und zwar von den beiden Genossenschaften in Tain l'Hermitage und St-Péray, und meist nur innerhalb der Region verkauft. Wenn Sie aber wissen wollen, was die *appellation* bei angemessener Pflege zustande bringt, dann probieren Sie die Weine von Jean Lionnet und Marcel Juge.

EIN BEDROHTES TERRITORIUM
In St-Péray werden die Reben von neuen Häusern und Wohnblocks für die stetig wachsende Bevölkerung von Valence verdrängt.

JEAN-LOUIS UND FRANÇOISE THIERS
Schaumweine wie die von Thiers werden immer rarer: blumig, trocken und aus traditionellen Rebsorten der Rhôneregion.

- AC St-Péray, AC St-Péray Mousseux
- Weiß und Schaumwein: Marsanne, Roussanne
- Stille, trockene Weiße; trockene weiße Schaumweine
- Cave de Tain l'Hermitage, J-F Chaboud, Auguste Clape, Bernard Gripa, Marcel Juge, Jean Lionnet, Jean-Louis et Françoise Thiers, Alain Voge
- Stillwein: Kalbsschulter in Weißwein gegart, mit Lauch, Zwiebeln und Kapern
- Stillwein: 1998, 1997, 1996
- Schaumwein: 1–3 Jahre Stillwein: 1–4 Jahre

TAVEL

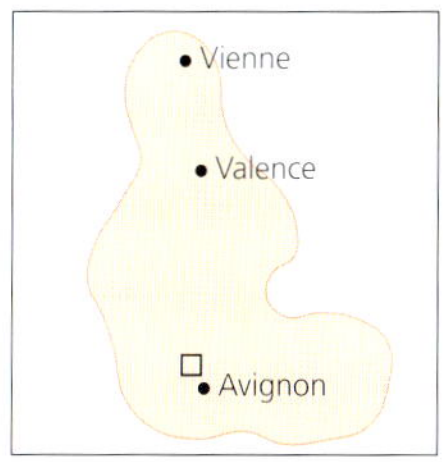

ALS EINER DER LANDESWEIT berühmtesten Rosés war er der Favorit Ludwig des XIV. und Honoré de Balzacs. Tavel ist die einzige *appellation* der Rhône, die ausschließlich Rosé produziert. Oft ist er schal und ausdruckslos, doch wurde er bislang immer wegen seines schönen Bronzetons und seiner für einen Rosé außergewöhnlichen Lebenserwartung gepriesen. Aufgrund dieses Renommees konnte sich die *appellation* auf fast 1000 ha vergrößern. Grenache, Syrah und Mourvèdre, die auf den sandigen, mit tonhaltigen Alluvialablagerungen und Kies bedeckten Böden gute Weine ergeben, haben zweifelsohne Potenzial. Moderne Erzeuger produzieren hier frische Weine mit violetten Farbnuancen, die den Beifall der Kritik finden. Guter Tavel ist duftig und knochentrocken – ein exzellenter Tischwein zu *charcuterie*, zu Fisch und zu hellem Fleisch.

ROSIGE AUSSICHTEN
Die verbesserten Weinbereitungs- und Anbaumethoden von Tavel lassen hoffen.

DOMAINE DE VALERY
Trotz des traditionellen Bronzetons hat dieser Tavel das volle, pfeffrige Aroma, das dem modernen Weingeschmack entspricht.

- AC Tavel
- Rosé: Grenache, Cinsault
- Potenziell erfrischende, pfeffrige, trockene Rosés
- Ch d'Aquéria, de la Forcadière, de la Genestière, Guigal, Jaboulet Aîné, de la Mordorée, Prieuré de Montezargues, Ch de Trinquevedel, de Valéry, Vieux Moulin de Tavel, du Vieux Relais
- Tintenfisch mit einer Füllung aus Zwiebeln und Knoblauch, in Tintenflüssigkeit und weißem Côtes du Rhône gegart
- Rosé: 1998, 1997, 1996
- 2–5 Jahre

VACQUEYRAS

VACQUEYRAS WURDE 1990, 18 Jahre nachdem Gigondas *(S. 213)* als erstes der Côtes du Rhône-Villages *(S. 211)* eine eigene *appellation* erhalten hatte, diese Auszeichnung ebenfalls zuteil. Doch die Rotweine können sich nur selten neben gutem Gigondas behaupten und sind nicht unbedingt besser als die Côtes du Rhône-Villages aus einer *commune* wie Cairanne. Aus Grenache (mindestens 50 %), Syrah, Mourvèdre und Cinsault verschnitten, sind sie in Bestform robust, tiefdunkel und würzig und erlangen drei bis vier Jahre nach der Abfüllung etwas an Komplexität. Der Rosé ist gut, Weißwein weniger, vermutlich aufgrund des hohen Anteils an Grenache Blanc, Clairette und Bourboulenc. Ein höherer Anteil an Marsanne, Roussanne und Viognier im Verschnitt könnte ihn beträchtlich verbessern.

CHÂTEAU DES TOURS
Ein seriöser Vacqueyras wie diese réserve kann sich neben einem Châteauneuf-du-Pape behaupten – und ihn überflügeln.

REBEN IN VACQUEYRAS
In diesen Rebgärten wächst Grenache, die hier mit die pfeffrigsten Rotweine des Rhônegebiets ergibt.

- AC Vacqueyras
- Grenache, Syrah, Mourvèdre, Cinsault
- Robuste, körperreiche Rote; wenige; nicht so eindrucksvolle Weiße und Rosés
- Dom des Amouriers, Burle, Clos de Cazaux, la Fourmone, Jaboulet, de Montmirail, de Montvac, Sang des Cailloux, Tardieu-Laurent, Ch des Tours
- Lammbraten mit Knoblauch, Kräutern, Zucchinigemüse und Tomaten
- Rot: 1998, 1997, 1995
- Rot: 2–10 Jahre
  Weiß: 1–4 Jahre
  Rosé: 1–3 Jahre

REBSORTENVIELFALT IM RHÔNETAL

MARSANNE
Die oft unterschätzte Sorte mit ihren typischen, würzig-blumigen Duft- und Geschmacksnoten ist die Hauptstütze vieler weißer Rhôneweine.

Im Rhônetal wachsen vier berühmte Rebsorten: In Führung liegt, im nördlichen Rhônetal, Syrah mit den vollmundigen, dunklen, rauchigen, brombeerfruchtigen Rotweinen aus Hermitage *(S. 214)*, Côte Rôtie *(S. 212)*, Cornas *(S. 209)*, St-Joseph *(S. 216)* und Crozes-Hermitage *(S. 213)*. Danach folgt Grenache, die wichtigste Stütze der erdbeerkirschgeprägten, pfeffrigen Rotweine der Côtes du Rhônes *(S. 210 f.)* und von Châteauneuf-du-Pape *(S. 207)* im südlichen Rhônetal. An dritter Stelle kommt Muscat mit dem ungemein konzentrierten Beaumes-de-Venise *(S. 215)*. Und die Vierte im Bunde ist Viognier, die ihr Comeback erlebt und in Condrieu *(S. 208)* und Château Grillet *(S. 206)* duftige Weißweine liefert. Das Rhônetal ist aber auch die Heimat vieler weniger bekannter Rebsorten. Einige, so die Grenache Blanc, die Bourboulenc und die Clairette, sind eher ausdrucksschwach und erfordern eine geschickte Hand, wenn daraus Weißweine mit einer Spur Aroma entstehen sollen. Andere wiederum wie Roussanne und Marsanne zeigen mehr Charakter. Aus ihnen entstehen mit die faszinierendsten und blumigsten trockenen Weißweine der Welt. Die würzigen Mourvèdre und Cinsault eignen sich zwar nicht so gut für rebsortenreine Weine, können aber zu dem sehr spezifischen Geschmack eines Châteauneuf-du-Pape und ähnlich hochwertiger Rotweine ihren – guten – Teil beitragen.

MOURVÈDRE
Würzig und Bestandteil vieler Weine aus Châteauneuf-du-Pape, ist sie eine der verkannten Größen der Rhôneregion.

SONSTIGE

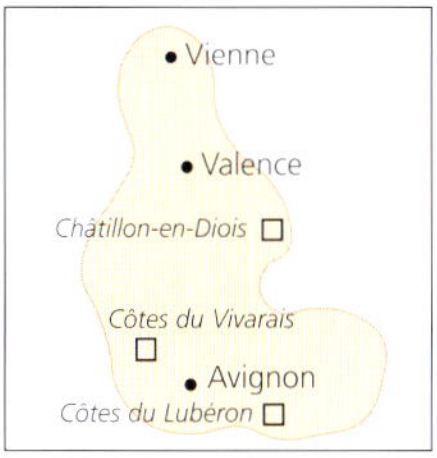

»SONSTIGE« BEINHALTET SOWOHL ausdruckslose, unzeitgemäße Rhôneweine als auch Gewächse, die in puncto Preis-Leistungs-Verhältnis in Frankreich führend sind. Empfehlenswert sind die leichten, saftigen Roten, die Weine im würzigen, wuchtigeren Stil der Côte du Rhône und die köstlich süßen Weißweine, teils aus getrocknetem Lesegut.

CÔTES DU VIVARAIS
In dieser von der Sonne verwöhnten Region reifen nicht nur Trauben, deren Weine weithin bekannt sind, sondern auch viele andere Früchte.

EIN WEIN DES RHÔNETALS, von dem ich abrate, ist der Coteaux de Die, der 1993, als die Schaumweinappellation Clairette de Die neu definiert wurde, *appellation*-Status erhielt. Gemäß dem neuen Reglement wird nun weniger Schaumwein der *appellation* Die aus der schwachen Clairette erzeugt. Doch anstatt diese Traube nun für den Verschnitt weißer *vins de pays* zu verwenden, ermutigen die Verantwortlichen die Winzer dazu, sie zu Stillweinen zu verarbeiten, um sie dann ebenfalls als *appellation* Clairette de Die verkaufen zu können.

Von nämlichem Großmut zeugt auch die 1998 erfolgte Beförderung der ehemaligen *VDQS*-Region Coteaux de Pierrevert zur *appellation contrôlée*.

Die kleine *appellation* Châtillon-en-Diois konnte 1999 ihr 25. Jubiläum feiern. Ihr Weißwein wird aus Chardonnay und Aligoté gekeltert, der Rotwein von Gamay mit Pinot Noir und Syrah.

Die Côtes du Lubéron verdanken ihren Appellationsstatus Jean-Louis Chancel, der in den 1970er und 1980er Jahren einen Teil seines Vermögens in 160 ha Anbaufläche investierte und das mustergültige Weingut Val Joanis gründete. Die Qualität der roten Grenache- und Syrah-Weine von Val Joanis werden dem Rang der *appellation* nicht immer gerecht, auch die Weißen sind oft ausdrucksschwach, doch es gibt guten Rosé. Auch andere Produzenten, z. B. Vieille Ferme, Châteaux de l'Isolette, Canorgue und die Domänen de la Citadelle und de Fontenille machen attraktive, leichte Weine in allen drei Stilrichtungen.

Gute, günstige Rotweine kommen aus den Côtes du Vivarais. Dieser *VDQS*-Bereich produziert ein stetig sich erweiterndes Spektrum guter, leichter Rotweine, Rosés und Weißweine, nachdem schwächere Sorten wie Carignan und Ugni Blanc allmählich ersetzt werden. Die besten Weindörfer (mit Namensanhang auf dem Etikett) sind St-Remèze und Orgnac.

Schließlich ist noch der Hermitage Vin de Paille zu erwähnen. Wie sein elsässisches Pendant verdankt dieser herrliche Wein in traditionellem Stil sein Comeback einigen Spitzenwinzern (Chave, Chapoutier, Grippat, Guigal). Mithilfe eines speziellen Dörrverfahrens werden den Trauben 75 % ihres Wasseranteils entzogen. Derart entsteht ein wundervoll süßer und langlebiger Wein.

PLUS ÇA CHANGE
Typisch in diesem Teil der Côtes du Lubéron: der Blick über das Dorf, wie hier vom alten Schloss über die Dächer von Cadenet.

DOMAINE DE LA CITADELLE
Hier zeigt sich, dass die Côtes-du-Lubéron-Rotweine ihren neuen Appellationsstatus verdienen.

Essen im Rhônetal

Wie die Loire verbindet auch die Rhône mehrere Regionen mit sehr eigenständigem Charakter. Und so ist es nicht verwunderlich, dass man in Lyon, im Herzen des Rhônetals, anders speist als im mediterran geprägten Châteauneuf-du-Pape. Doch wie die Rotweine sind auch die traditionellen Gerichte des Rhônetals überall gleichermaßen geschmacksintensiv.

Gefragt, in welcher Stadt sie am liebsten ein paar Tage verbringen würden, werden die meisten französischen Feinschmecker mit Sicherheit für Lyon optieren. An der Grenze zwischen Rhônetal und Burgund gelegen, ist Lyon seit eh und je berühmt für ausgezeichnete Restaurants und feine *charcuterie*. Pikante, salamiähnliche Wurstsorten haben Tradition, so die *rosette* oder *saucisson de Lyon*, zwei Vertreter der französischen *charcuterie* schlechthin. Lokale Spezialitäten sind auch der *saladier lyonnais,* den man heute nicht mehr mit Schafshoden, sondern mit Schafsfüßen und Hühnerleber zubereitet, und *cervelas lyonnais*, eine mit Kochwurst, Pistazien und Trüffeln gefüllte Brioche.

Andouillettes à la Lyonnaise
Gekrösewurst, andouillettes, *wird mit Kalbfleisch gefüllt. Dazu gibt es gebratene Zwiebelringe.*

Rosette de Lyon
Die berühmte rosette de Lyon *wird aus Beinfleisch hergestellt, dünn aufgeschnitten und in Rosettenform auf einem Teller angerichtet.*

Poulet à la Demi-Deuil
Für dieses Gericht, auch poularde à la lyonnaise *genannt, wird das Huhn in heller Hühnerbrühe pochiert und mit einer getrüffelten Farce gefüllt sowie mit kleinen Trüffelstückchen gespickt. Dazu reicht man Gemüse, ebenfalls in der Hühnerbrühe gegart.*

CLAFOUTIS
Dieser Flan wird aus Pfannkuchenteig mit den dunklen Kirschen der Region und einem Schuss Kirschlikör gebacken.

Im Norden der Region isst man *blanquette de veau,* in Weißwein gegartes Kalbfleisch. Auch die Zwiebel ist ein wichtiger Bestandteil des Speiseplans: in Form *von soupe à l'oignon* und *sauce soubise,* einer einfachen Zwiebelsauce, die zur Wurst gereicht wird.

Hecht kommt fangfrisch auf den Tisch und ist die Basis für *quenelles de brochet:* Das Fischfleisch wird zerkleinert und zu länglichen Rollen geformt. Aus kräftigem Fischfleisch und mit Krebssauce zubereitet, schmecken sie köstlich als Vorspeise.

Je weiter man nach Süden kommt, desto stärker zeigt sich der mediterrane Einschlag: in Ratatouille und Tapenade, in Zutaten wie aromatischen Kräutern, Safran, Tomaten, Paprika und Oliven. Während man im nördlichen Rhônetal mit Butter kocht, ist hier die Olive allgegenwärtig.

Mit den Flussaalen wird die berühmte *matelote* zubereitet; diese Fischsuppe stammt von der Rhône-Insel Barthelasse in der Nähe von Avignon.

Die besten Fische liefert jedoch das Meer, so für *Rougets grillés aux feuilles de vigne,* rote Meerbarben mit Weinblättern und Fenchel gegrillt, oder für Suppen, allen voran für die *bouillabaisse* mit *rouille,* einer Mayonnaise mit Knoblauch, Chili und Fischfond. Interessant ist auch die *bourride,* eine Suppe, zu der man *aioli,* eine Mayonnaise mit viel Eigelb und Knoblauch, serviert.

Die Auswahl für Süßmäuler ist beschränkt; Spezialitäten sind Nougat, *bugnes lyonnaises* (Zitronen-Pfannkuchen) und Brotpudding mit Mandeln und Kirschlikör.

PFEFFERSCHOTEN
Weiter südlich im Rhônetal macht sich der mediterrane Einschlag auch in der Küche bemerkbar. Pfefferschoten, Tomaten und Oliven sind hier typische Zutaten.

REGIONALE KÄSESPEZIALITÄTEN

Käseliebhaber assoziieren die Rhône im allgemeinen mit den Rhône-Alpes im Nordosten der Region. Von dort stammen verschiedene, ziemlich scharfwürzige Käsesorten. Weitere regionale Spezialitäten sind die Fourmes aus Forez, Chevrotins aus Ziegenmilch, Grataton d'Arèches aus Savoyen und der kräftige, cremige, aber relativ fettarme Tommes, den die kleinen Käsereien in den Alpen aus Kuhmilch herstellen. Alle Käsesorten schmecken zu leichten roten Rhôneweinen, doch besser noch zu Weißwein.

FOURME D'AMBERT
Der seit dem 17. Jh. berühmten Edelpilzkäse aus der Region Forez ist von sehr typischem, mildem Charakter und somit hier eher eine Ausnahme.

CHEVROTIN DES ARAVIS
Dieser Ziegenkäse ähnelt dem bekannteren Reblochon. Obwohl er aus dem Savoie stammt, wird er im Rhônetal gern zum Weißwein gegessen.

SÜDWESTFRANKREICH

FÜR ALLE, DIE UNGEWÖHNLICHE WEINE SCHÄTZEN UND EINE GUTE ALTERNATIVE ZUM BORDEAUX SUCHEN, IST DIESE REGION GENAU RICHTIG.

Südwestfrankreich

IM SÜDWESTEN WURDEN die Grenzen eher aus praktischen denn logischen Erwägungen gezogen. Hier wachsen in mehreren *appellations* dieselben Rebsorten wie im angrenzenden Bordeaux *(S. 70 ff.)*, und eigentlich könnte man sie, unter historischen wie geografischen Aspekten, dieser Region zuordnen. So war Bergerac *(S. 224)* z. B. schon lange vor dem Médoc *(S. 81)* ein bedeutendes Anbaugebiet. Die Einstufung Bergeracs als zweitrangig ist also auch tatsächlich eher eine Diskriminierung seitens der Bordeaux-Händler als eine zutreffende Charakterisierung dieser Region. Obwohl nie wirklich großartig, können sich Bergerarc-Weine, wenn sie gut und sorgfältig gemacht sind, neben vielen teureren Weinen aus Bordeaux sehen lassen. Dies gilt auch für Weine der Süßweinappellation Monbazillac *(S. 228)* und der teureren *appellations* wie Saussignac und Pécharmant *(S. 229)*.

Interessanter finde ich jedoch Appellationen wie Gaillac *(S. 226)*, Cahors *(S. 225)* und Irouléguy *(S. 229)*, die ihre Weine von lokalen Trauben wie Tannat, Fer, Gros und Petit Manseng und Len de l'Elh erzeugen, die es sonst weltweit kaum noch gibt. Es sind oft altmodische Weine, die an handwerklich hergestellte, grobe Töpferware in einem Laden voller glatter, seriengefertigter Stücke erinnern. Die sehr unterschiedlichen

EIN HAUCH VERGANGENHEIT
Im Südwesten Frankreichs dominieren kleine Familienbetriebe wie dieser der drei Brüder Laplace. Von der traditionellen Tannattraube keltern sie vollmundige Rotweine, unverwechselbar in ihrem reizvoll herkömmlichen Stil.

13 000 ha, 220 Millionen Flaschen	Kiesel- und Tonerde in Cahors, sandige Böden in den Côtes de Duras und Tursan
Sehr variabel wegen der Größe der Region; zwischen dem Atlantik im Westen und dem Mittelmeer im Südosten herrscht ein maritimes Klima mit warmen Wintern und kühlen Sommern vor.	Rot: Cabernet Sauvignon, Merlot, Cabernet Franc, Fer, Tannat, Malbec, Gamay Weiß: Gros & Petit Manseng, Picpoul, Clairette, Ugni Blanc, Colombard, Sauvignon

Rotweine neigen zu Schroffheit und Tannin und ergänzen die herzhaften regionalen Eintopfgerichte. In Bestform haben die Weißen einen typisch frischen, leicht würzigen Charakter. In den letzten Jahren hat, vielleicht unvermeidbar, das, was gemeinhin als Realität des internationalen Handels und technischer Innovation bezeichnet wird, seine Auswirkungen auch auf diese Region. Cahors z.B. produziert traditionell kräftige, tintenschwarze Weine, doch heute entstehen hier, mit modernen Methoden der Weinbereitung, auch leichte und mittelschwere Rotweine, und solange die Flasche nicht geöffnet ist, steht nicht fest, ob der Inhalt so reich an Tannin ist, dass er das *cassoulet* begleitet, oder ob er leicht und fruchtig ist und besser zur Aufschnittplatte passt. Im gesamten Südwesten gibt es eine neue Winzergeneration, die auf den internationalen Markt reagiert, indem sie durch neue An- und Ausbaumethoden das Beste aus dem Boden und den lokalen Rebsorten herausholen und Rustikalität durch Finesse ersetzen möchte. Es ist sicher kein Zufall, dass die Granden aus Bordeaux seit kurzem erwägen, die jahrhundertelang geächteten Anbauzonen Bergerac und Monbazillac in ihre *appellation* aufzunehmen.

SCHWARZ IN NEUEN ABSTUFUNGEN
Der harte, tanninreiche »schwarze Wein« aus dem Cahors ist rar geworden; aber es gibt auch köstliche moderne Versionen.

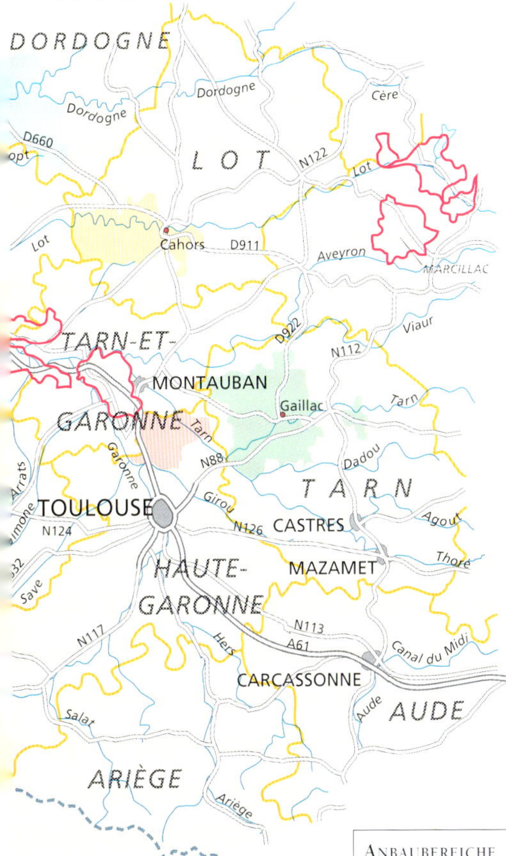

SÜDWESTFRANKREICH
Trotz der hohen Qualität ihrer Weine verblieb diese vielgestaltige Region im Schatten des Nachbarn Bordeaux. Dessen Händler unternahmen einiges, um dem Rivalen aus dem Süden den Zugang zu den Auslandsmärkten zu versperren.

ANBAUBEREICHE

- Bergerac
- Buzet
- Cahors
- Côtes de Duras
- Côtes de St-Mont
- Côtes du Frontonnais
- Côtes du Marmandais
- Gaillac
- Irouléguy
- Jurançon
- Madiran (mit Pacherenc du Vic-Bilh)
- Pecharmant
- *Département-Grenze*
- Andere AOC- und VDQ-Bereiche (mit Monbazillac, Marcillac, Montravel, Tursan)

BERGERAC

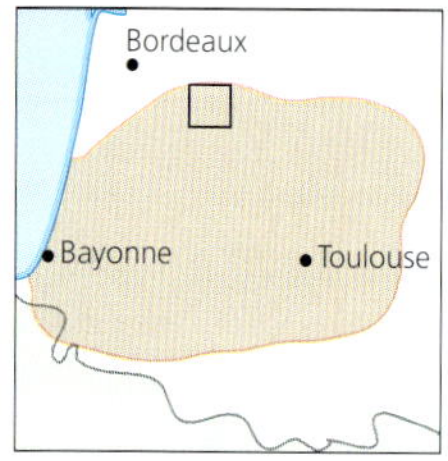

LANGE FRISTETEN DIE WEINE VON BERGERAC ihr Dasein im Schatten jener von Bordeaux (S. 77) auf der anderen Seite der Dordogne, die immer schon als Glanzlichter der Weinwelt auftraten. Schon unter den Römern wurde hier Wein gekeltert und bereits 1250 wurde Wein von hier nach England exportiert. Heute ist Bergerac die größte *appellation* Südwestfrankreichs, deren Weine häufig einem Bordeaux ähneln. Denn sowohl in Bergerac als auch in Bordeaux werden die Weine vorwiegend von Merlot und Sémillon gekeltert. Auch die Böden ähneln sich und somit sind die Gemeinsamkeiten so groß, dass man heute in Erwägung zieht, Bergerac der Anbauregion Bordeaux zuzuordnen. Die *appellation* Côtes de Bergerac steht für Rotwein mit mindestens 11 % Alkohol.

CHÂTEAU TOUR DES GENDRES
Ein so guter weißer Bergerac schafft es leicht, einen Wein wie Entre-Deux-Mers (S. 79) und einfachen weißen Bordeaux zu überflügeln.

BERGERAC
Das Theaterstück »Cyrano de Bergerac« lockte Tausende von Besuchern nach Bergerac. Doch die Weine des hübschen Städtchens sind erst jetzt zu Ansehen gelangt.

- AC Bergerac, AC Côtes de Bergerac, AC Bergerac Sec
- Rot: Merlot, Cabernet Sauvignon, Cabernet Franc
  Weiß: Sauvignon Blanc, Sémillon, Muscadelle
- Mittelschwere Rote; trockene oder süße Weiße; trockene Rosés
- Ch Belingard, Court-les-Mûts, des Eyssards, de Gouyat, Grinou, Jaubertie, le Raz, Richard, Ch Tour des Gendres
- Weiß: Gebratener Karpfen
- Rot: 1996, 1995
- Rot: 3–5 Jahre
  Weiß: 1–3 Jahre

BUZET

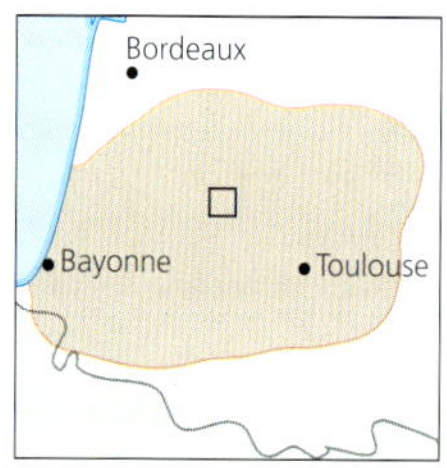

DIE WEINBERGE DIESES BEREICHS, vormals Côtes de Buzet und zwischen den Städten Agen und Marmande gelegen, stammen aus römischer Zeit. Wie viele andere *appellations* des Südwestens hatte auch Buzet nach dem Hundertjährigen Krieg unter dem Weinimportverbot durch Bordeaux (S. 77) zu leiden. Später dann gingen seine Weine in den Verschnitt der Bordeaux-Weine ein, bis das dortige Reglement dem ein Ende setzte. Heute sind Buzets Rotweine oftmals besser als jene aus den *appellations* Haut-Médoc (S. 83) und St-Émilion (S. 89). Die empfehlenswerten Châteaux de Gueyze, Baleste, du Frandat und de la Tucque stammen aus der lokalen *coopérative;* sie sind holzgereift und machen den größten Teil der Gesamtproduktion von Buzet aus. Die Rosés und Weißen sind nicht so interessant.

LES VIGNERONS DE BUZET
Dieses Beispiel zeigt, dass die Qualität von coopérative-Weinen mit jener der Weine individueller Erzeuger und Händler mithalten kann.

DIE REBEN VON BUZET
Weltruhm haben sie nicht, aber in guten Jahren sind die Trauben aus Buzet ebenso reif wie jene aus Bordeaux.

- AC Buzet
- Rot: Merlot, Cabernet Sauvignon, Cabernet Franc
- Bordeaux-ähnliche Rotweine, oft in kleinen Eichenholzfässern gereift
- Ch Baleste, Ch. du Frandat, Ch de Gueyze, Pierron, Sauvagnères, les Vignerons de Buzet (die Weine werden unter den Namen von Einzelgütern verkauft, z. B. Ch du Bouchet und de la Tuque)
- Lammtopf mit Frühlingsgemüse
- Rot: 1998, 1996, 1995
- 4–8 Jahre

CAHORS

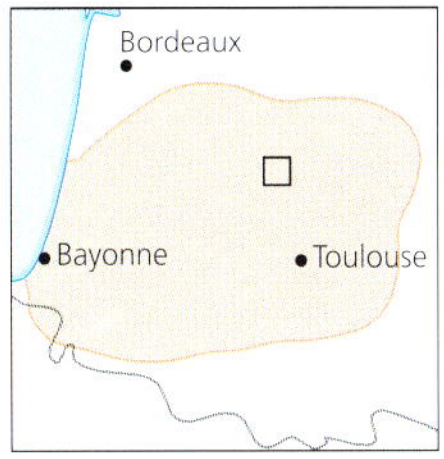

DER EINST BERÜHMTE »SCHWARZE WEIN« aus Cahors verdankte diesen Beinamen der vor der Reblausinvasion hier angebauten Malbec-Rebe, die tintenschwarze Weine erbrachte. In London bereits im 13. Jh. hoch geschätzt, verhinderten die Händler von Bordeaux (*S. 77*) nach dem Hundertjährigen Krieg ihre Ausfuhr nach England, doch taten sich in Holland, wo man die »schwarzen Weine« dem helleren Bordeaux vorzog, neue Märkte auf. Cahors wird heute aus Tannat und Merlot verschnitten und nach neuen Methoden der Weinbereitung gekeltert. Dies ergibt hellere Weine, die dem allgemeinem Weingeschmack eher entsprechen. Liebhaber des traditionellen Cahors sollten nach Flachlagen mit Kalksteinboden Ausschau halten; leichtere, pflaumigere Rote stammen von Hanglagen mit Kies- und Sandböden.

CLOS LA COUTALE
Dieser Cahors ist nicht »schwarz«, zeugt aber von der Fülle, die traditionell mit dieser appellation *assoziiert wird.*

PONT VALENTRÉ
Die imposante turmbewehrte Brücke, die den Fluß Lot überspannt, zeugt von der einstigen Bedeutung des Ortes als mittelalterlicher Umschlagplatz für allerlei Güter.

- AC Cahors
- Rot: Malbec, Tannat, Merlot
- Dunkle, tanninreiche, langlebige traditionelle Rote; geschmeidige, fruchtige Rote im modernen Stil
- Ch de Caix, la Caminade, Ch du Cèdre, Clos la Coutale, Clos de Gamot, Côtes d'Olt Coopérative, Gautoul, de Hauterivem, Haute-Serre, Lagrezette, Lamartine, Latuc, Paillas, Rochet-Lamothe, Clos Triguedina
- Bayonneschinken
- 1996, 1995, 1990, 1989
- 5–15 Jahre

CÔTES DE DURAS

SOLLTE BORDEAUX (*S. 77*) seine Grenzen weiter stecken, könnten sich die Erzeuger in den Côtes de Duras niederlassen. Diese Hänge, die sich über der Dourdèze erheben, liegen praktisch in der Verlängerung der Entre-Deux-Mers (*S. 79*). Auch die Rebsorten sind zumeist identisch mit denen von Bordeaux. In puncto Qualität ist der Wein aus den Côtes de Duras nicht umwerfend; aber es gibt sehr viele ordentliche Rot- und Weißweine, die ebenso gut sind wie ähnliche Weine aus Bordeaux, wenn nicht sogar besser als diese.

- AC Côtes de Duras
- Rot: Cabernet Sauvignon, Cabernet Franc, Merlot Weiß: Sémillon, Sauvignon Blanc, Muscadelle
- Bordeaux-ähnliche Rote; trockene oder süße Weiße
- Amlard, Moulin des Groyes
- Rot: Lamm in Briocheteig
- Rot: 1998, 1996, 1995
- Rot: 2–5 Jahre Weiß: 1–3 Jahre

MOULIN DES GROYES
Ein klassischer, trockener weißer Côtes de Duras, der einem Bordeaux zum Verwechseln ähnlich ist.

CÔTES DU MARMANDAIS

UMGEBEN VON DEN Entre-Deux-Mers (*S. 79*), Côtes de Duras und Buzet (*S. 224*), erstreckt sich diese *appellation* für Rot, Weiß und Rosé auf beiden Ufern der Garonne. Um die oft robusten Roten aus den Côtes du Marmandais von Bordeaux (*S. 77*) zu unterscheiden, wurde verfügt, dass dieser Wein nur zu 75 % aus den drei wichtigsten Bordeauxsorten Cabernet Franc, Merlot und Cabernet Sauvignon gewonnen werden darf. Für die Weißen wird Sauvignon Blanc mit geringeren Mengen Sémillon und Ugni Blanc verschnitten.

- AC Côtes du Marmandais
- Rot/Rosé: Cabernet Sauvignon, Cabernet Franc, Merlot, Abouriou, Fer Weiß: Sauvignon Blanc
- Leichte Rote; trockene Weiße; trockene Rosés
- Ch de Beaulieu, Cave de Beaupuy, de Cocumont
- Rot: Wildschmorbraten
- 1996, 1995
- 3–5 Jahre

CHÂTEAU DE BEAULIEU
Die lokalen Rebsorten verleihen den Weinen der Côtes du Marmandais einen Hauch von Wildcharakter.

GAILLAC

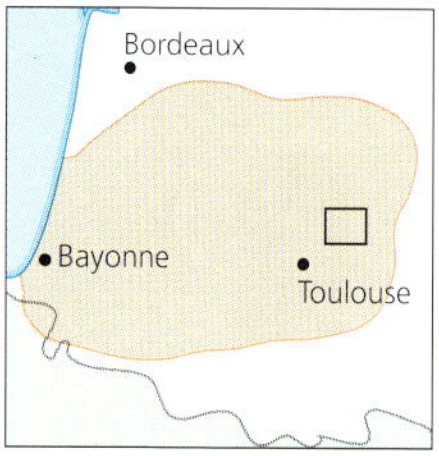

GAILLAC, EINE DER ÄLTESTEN WEINREGIONEN Frankreichs, erfreut sich heute ein wenig einer Renaissance, die vom wachsenden Interesse an traditionellen Trauben und Weinstilen zeugt. Die für Gaillacs schwächliche Rotweine verantwortliche Gamay weicht allmählich den lokalen Sorten Duras und Fer, und auch die weißen Sorten Mauzac, Ondenc und Len de l'Elh sind wieder im Kommen. Glücklicherweise erkannten die Behörden aber, dass diese Trauben bessere Weine ergeben, wenn man sie mit Syrah und Sauvignon Blanc verschneidet. Gaillac produziert leichte Rote, helle Rosés, duftige trockene oder honigsüße Weißweine mit Apfelaroma. Am interessantesten aber ist der schäumende Gaillac mit Apfelaroma, den es in zwei Stilrichtungen gibt: Méthode Gaillaçoise und Méthode Gaillaçoise Doux.

DOMAINE DES PERCHES
Dieses schöne, würzige Beispiel eines Gaillac der neuen Machart stammt von der Sauvignon Blanc.

DIE VIELFALT DER NATUR
Gaillac zählt zu den ältesten Weinregionen Frankreichs, doch wachsen hier auch viele andere Feldfrüchte.

- AC Gaillac, AC Gaillac Doux, AC Gaillac Mousseux
- Rot: Duras, Gamay, Syrah, Cabernet Franc, Merlot Weiß: Mauzac, Sauvignon Blanc, Sémillon, Ondenc
- Liebliche Rote; stille und schäumende Weiße
- De Bouscaillous, de Gineste, de Labarthe, Ch de Lastours, Mas d'Aurel, des Perches, Robert Plageoles, René Rieux, Clement Termes, des Terrisses, de Très-Cantours, de Vayssette
- Kalbsbrust mit Mangoldfüllung
- Rot: 1998, 1996, 1995
- Rot: 3–5 Jahre

JURANÇON

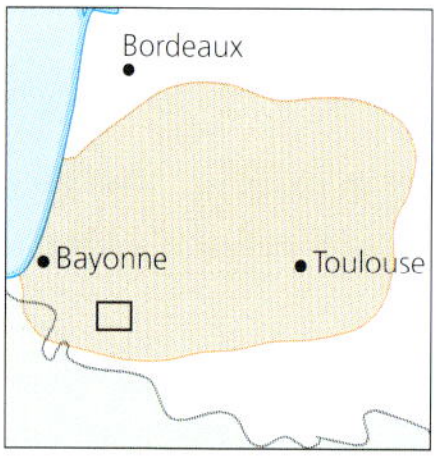

WER HEUTIGE MASSSTÄBE des Jugendschutzgesetzes im Hinblick auf Alkohol anlegt, muss schockiert sein, wenn er hört, dass man, so die Überlieferung, Heinrich dem IV. als Täufling 1553 etwas Jurançon zu trinken gab. Jurançon ist eine der ältesten *appellations* in Frankreich, die mit ihren delikaten Weißweinen schon immer sehr sorgsam umgeht. In den Pyrenäen-Ausläufern bei Pau reifen die Reben in Höhenlagen bis zu 300 m, wo sie zum Schutz gegen Frost oft wie Spalierobst gepflanzt werden. Die Sorten Gros Manseng, Petit Manseng und Courbu ergeben trockene oder süße Weine mit einem typischen, würzigen Ananas-Pfirsich-Bukett. Ihr ausgewogene Kombination von Fülle und Säure verdanken sie der unterschätzten Mansengtraube. Die *appellation* hat gute Produzenten, deren Weine mehr Anerkennung verdienten.

DOMAINE CAUHAPÉ
Ein bemerkenswerter Produzent für trockenen und auch süßen Jurançon.

VON OBEN GESEHEN
Einige der besten Jurançons wachsen an den Steilhängen der appellation; *in den Flachlagen gedeihen auch andere Früchte.*

- AC Jurançon, AC Jurançon Sec
- Weiß: Gros Manseng, Petit Manseng
- Frische, trockene und köstliche süße Weiße
- Bellegarde, Jean-Pierre Bousquet, Brana, Bru-Baché, Cauhapé, Clos Guirouilh, Clos Lapeyre, Clos Uroulat, Cru Lamouroux
- Roquefortkäse und Walnusstorte
- 1998, 1997, 1996, 1995
- 3–6 Jahre

MADIRAN

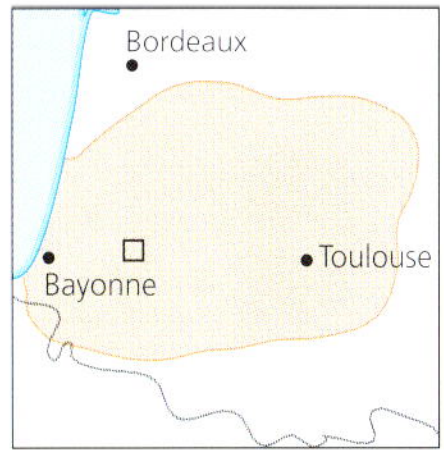

MADIRAN IST EINE DER wenigen *appellations*, die aus der Tannattraube Rotwein mit ausgesprochen altmodischem Charakter keltern. Im Mittelalter erlebte der Madiran seine Blütezeit, als sich die Pilger auf ihrem Weg nach Santiago de Compostela an ihm labten. Die Böden der *appellation* bestehen vorwiegend aus Ton und Kalkstein; das Klima wird durch atlantische Einflüsse aus dem Westen gemäßigt. Die Sorten Tannat und Fer ergeben hier einen robusten Wein, der viel Zeit braucht, um sich zu öffnen. Zwar ist immer noch vorgeschrieben, dass der Verschnitt mindestens 40 % Tannat enthalten muss, doch werden heute auch Cabernet Franc und Cabernet Sauvignon mitverschnitten, damit der Wein weicher wird und seine Fruchtigkeit erhält, die er ansonsten in seiner Jugend nicht aufweisen würde.

DOMAINE PICHARD
In diesem roten Madiran wird die Härte der Tannat durch Frucht und Fülle wundervoll ausgeglichen.

CHÂTEAU BOUSCASSE
Auf diesem Château produziert Alain Brumont, einer der besten und fortschrittlichsten Erzeuger der Region, seinen fassgereiften Madiran.

- AC Madiran
- Rot: Tannat, Fer, Cabernet Sauvignon, Cabernet Franc
- Körperreiche, traditionelle, tanninreiche Rotweine
- Aydie, Barréjat, Berthoumieu, Bouscassé, Brana, la Chapelle, Crampilh, Ducourneau, Lanestousse, Lafitte-Teston, Lenclos, Montus, Moureou, de Peyros, Pichard, Cave de Plaimont
- Gebratene Tauben in Armagnac und Rotwein
- 1996, 1995
- 5–10 Jahre

MARCILLAC

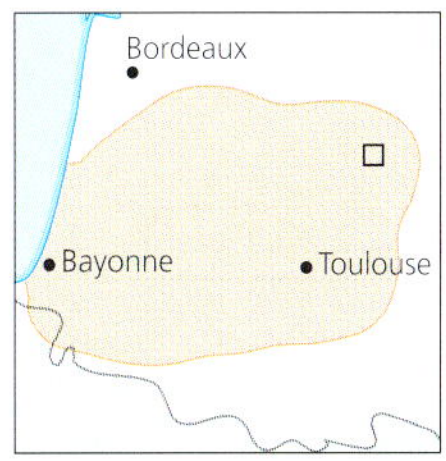

DIE AUVERGNE mit ihrer so ursprünglich anmutenden Landschaft ist eine der wenigen Regionen, in denen noch die Rebsorte Fer, auch Mansois genannt, zu finden ist. Sie ergibt Rotweine und Rosés, die in der Jugend tanninreich und im Alter pfeffrig und fast parfümiert erscheinen. Einst bedeckte sie hier Tausende von Hektar, heute sind es nur noch knapp 100 ha. Hätten die Behörden Marcillac 1990 nicht aus dem *VDQS*-Stand in den einer *appellation contrôlée* erhoben, wäre der Wein wohl in Vergessenheit geraten. Nach den neuen Bestimmungen beträgt der Verschnittanteil an Fer mindestens 90 %; zugesetzt werden Merlot, Cabernet Sauvignon oder Cabernet Franc. Heute sind die Roten früher zugänglich als ihre Vorgänger; doch die Rosés neigen immer noch zu schwachem Ausdruck.

DOMAINE DU CROS
Die pfeffrigen, geruchsintensiven Weine der Domaine du Cros zählen zu den charaktervollsten und verlässlichsten Weinen aus Marcillac.

IN PRALLER SONNE
In Marcillac liegen die Rebgärten an steilen Hängen, wo die Trauben gut reifen und dicke Schalen entwickeln. Das kann Rotweinen und Rosés Härte verleihen.

- AC Marcillac
- Rot/Rosé; Fer, Cabernet Sauvignon, Cabernet Franc, Merlot
- Pfeffrige, ideal aromatische, aber häufig tanninharte Rote; trockene, körperreiche, pfeffrige Rosés
- Du Cros, Lacombe Père et Fils, Cave du Vallon-Valady
- Hühnchen mit einer Farce aus Ei, Schinken und gehacktem Knoblauch, in Tomaten und Kräutern gegart
- Rot: 1998, 1996, 1995
- Rot: 3–5 Jahre
Rosé: 1–3 Jahre

MONBAZILLAC

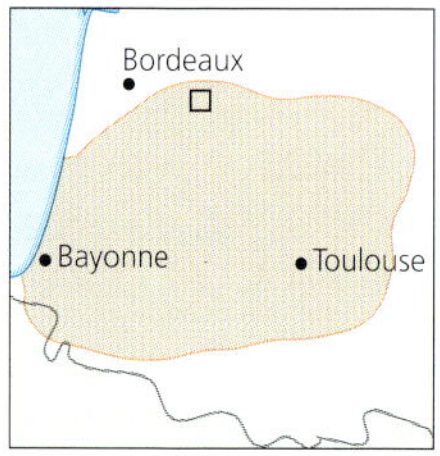

MONBAZILLAC ERLEBTE SEINE BLÜTEZEIT im 16./17. Jh., als die Holländer Hauptabnehmer der Weine dieser Region waren. Die ersten Weingärten wurden hier vor 900 Jahren auf dem Mont Bazailhac angelegt. In der Zeit nach der Reblausinvasion wurde Monbazillac zum Sauternes *(S. 94)* »für die Armen« degradiert, und dementsprechend durchschnittlich war seine Qualität. Das Lesegut für exzellente Süßweine sollte generell besser von Hand gepflückt werden, aber hier setzte man oft auch Maschinen ein. Dies wurde jedoch 1993 im Zuge neuer Bestimmungen auf Drängen qualitätsbewusster Erzeuger verboten. Heute werden die Trauben hier stets in mehreren Durchgängen und ausschließlich manuell gelesen. Die entsprechenden Weine müssen eine tiefgoldene Farbe aufweisen, mit einer leichten Färbung ins Orange hinein.

CHÂTEAU THEULET
Sehr sorgfältiges Arbeiten in Weinberg und Keller ergibt auf Château Theulet oft bessere Weine als in Sauternes.

CHÂTEAU DE MONBAZILLAC
Eines der eindrucksvollsten Châteaux in Monbazillac, das mit die besten, langlebigsten Weine der appellation liefert.

- AC Monbazillac
- Weiß: Sémillon, Sauvignon Blanc, Muscadelle
- Süße, botrytisierte Dessertweine mit Orangenaroma
- Ch Belingard, la Borderie, la Brie, Fonmourges, Grand Marsalet, Lajonie, les Marnières, Ch de Monbazillac, de Pecoula, Septy, Theulet, Tirecul la Gravière, Treuil de Nailhac
- *Foie gras* in mit Monbazillac zubereitetem Aspik
- 1997, 1996, 1995, 1990
- 5–15 Jahre

MONTRAVEL

DIESE KLEINE REGION folgt dem Flusslauf der Dordogne von Ste-Foy-la-Grande nach Westen bis an die Grenze der *départements* Gironde und Dordogne. Montravel produziert in drei eigenständigen *appellations* frische trockene Weißweine, vorwiegend von Sémillon und Sauvignon, während die Côtes de Montravel und Haut-Montravel die traditionelleren lieblichen und halbsüßen Weißweine sowie weiße Spätlesen erzeugt. Einige der besten hiesigen Weißweinproduzenten bieten auch gute rote Bergerac *(S. 224)*.

- AC Montravel, AC Côtes de Montravel, AC Haut-Montravel
- Weiß: Sémillon
- Trockene und süße Weiße
- Ch du Bloy, Ch de Bondieu, Ch Pique-Serre, De la Roche-Marot, Viticulteurs de Port Ste-Foy
- Gebratene Forelle
- 1998, 1997, 1996
- 2–4 Jahre

CHÂTEAU PIQUE-SERRE
Dieser weiße Montravel hat den typischen, trockenen Pfirsichgeschmack.

PACHERENC DU VIC-BILH

EIN UNBEKANNTERES KLEINOD der französischen Weinwelt ist Pacherenc du Vic-Bilh. Das Gebiet mit dem ungewöhnlichen, aber typischen Gascogner Namen umfasst 100 ha Rebfläche im Westen von Auch und im Norden von Pau. Die trockenen, halbsüßen und süßen Weine werden von den Sorten Ruffiac, Petit Courbu, Petit und Gros Manseng erzeugt, die vor allem in Jurançon bekannt sind *(S. 226)*, sowie Sémillon und Sauvignon. In Bestform präsentiert sich ein Pacherenc du Vic-Bilh mit Frucht und einem Hauch von neuem Eichenholz.

- AC Pacherenc du Vic-Bilh
- Weiß: Gros Manseng, Petit Manseng, Ruffiac, Petit Courbu
- Trockene und süße Weiße
- Ch Berthoumieu, du Boucassé, Brumont, Capmartin, des Crouseilles, Laffitte-Teston, Plaimont
- Gebratene *foie gras*
- 1997, 1996, 1995
- 5–10 Jahre

PLAIMONT
Ein vortrefflicher, honigsüßer Pacherenc du Vic-Bilh von der Genossenschaft in Plaimont.

PÉCHARMANT

DIE *APPELLATION* PÉCHARMANT, im Osten der Stadt Bergerac gelegen und 180 ha groß, stellt so manch einen roten Bordeaux (S. 77) in den Schatten. Cabernet Franc, Cabernet Sauvignon und Merlot wachsen am Ufer der Dordogne auf mit Eisen angereicherten Böden, die zur guten Struktur, Fülle und langen Lebenserwartung der Weine beitragen. Einige Erzeuger setzen sich dafür ein, dem Potenzial der Region zu seiner vollen Entfaltung zu verhelfen. Die Weine sind optimale Begleiter der traditionellen Küche des Périgord.

- AC Pécharmant
- Rot: Merlot, Cabernet Franc, Cabernet Sauvignon
- Mittelschwere bis körperreiche Rote
- Ch de Biran, Champeral, des Costes, Grand Jaure, de Tiregand
- Täubchen mit Steckrüben und Morcheln
- 1996, 1995, 1990
- 5–8 Jahre

CHÂTEAU DE TIREGAND
Dieses alte Château ist nicht nur wunderschön, es produziert auch subtile, geschmeidige Weine.

TURSAN

DIE MEISTEN WEINE dieses kleinen *VDQS*-Bereichs westlich von Armagnac stammen von der örtlichen Genossenschaft. Die oft harten, beerigfruchtigen Roten und fruchtigen Rosés müssen außer Tannat mindestens 25 % Cabernet Franc, Fer oder Cabernet Sauvignon enthalten. Den früher ausdruckslosen Weißweinen, von der Baroque gekeltert, verhilft seit kurzem Starkoch Michel Guérard auf der Domaine de Bachen zu mehr Charakter. Diesen aromatischen, fassgereiften Weinen wird Sauvignon und Gros Manseng zugesetzt.

- VDQS Tursan
- Rot: Tannat
  Weiß: Baroque
- Tanninreiche Rote; aromatische Weiße
- De Bachen, Cave de Tursan
- Weiß: Gebratene Alsen oder Heringe
- Rot: 1996, 1995
- Rot: 3–7 Jahre
  Weiß: 1–4 Jahre

CAVE DE TURSAN
Ein so leckerer, robuster Rotwein wie dieser passt ideal zu scharfwürzigen Speisen.

SONSTIGE

UNTER DEN SONSTIGEN WEINEN des Südwestens befinden sich die interessanten Rotweine aus Irouléguy, die, vollwürzig und tanninstark, aus den Sorten Tannat und Cabernet verschnit-ten werden. Man erkennt sie auf Anhieb an ihren baskischen Namen, wahren Zungenbrechern, wie etwa die exzellente Cuvée Bixintxo. Die Rosés hier können ordentlich sein, die Weißen sind ausdruckslos. Die Rotweine der *appellation* Béarn, die fast dasselbe Mischungsverhältnis aufweisen wie oben genannte, sind leichter und belanglos, doch können hier die jugendlichen Weißen und Rosés aromatisch sein. Die Weine der Côtes du Frontonnais, die je nach Herkunft auch als Fronton oder Villaudric ausgewiesen sind, erweisen sich als charaktervolle rote Landweine; das würzige Beerenaroma verdanken sie der Sorte Négrette, deren Anteil im Verschnitt mindestens 60 % beträgt. Bei den erfolgreicheren Süßweinen sind Saussignac und Rosette zu nennen. Saussignac ist ein Verschnitt aus Sémillon, Sauvignon Blanc, Muscadelle und Chenin Blanc, mit 18 g/l Restzucker. In Bestform ergeben sie körperreiche, geschmackskonzentrierte Weine. Ein Rosette muss 8 bis 54 g/l Restzucker enthalten und ist süßer als der Saussignac. Produziert werden diese Weine in der Nähe von Bergerac (S. 224), und der Rotwein wird unter diesem Namen deklariert. Sie stellen eine gute Alternative zum Sauternes dar.

IROULEGUY
Irouléguy liegt in einer der malerischsten, stimmungsvollsten und schönsten Landschaften dieser südwestfranzösischen Region.

DOMAINE ETXEGARAYA
Dieser beerenfruchtige rote Irouléguy passt zu baskischen Gerichten mit Tomaten und Kräutern.

VINS DE PAYS

DIE VINS DE PAYS, DIE LANDWEINE, SPIELEN FÜR DEN FRANZÖSISCHEN WIRTSCHAFTSFAKTOR WEIN EINE IMMER BEDEUTENDERE ROLLE.

COTEAUX D'AIX-EN-PROVENCE
Der größte Teil des roten vin du pays des Departements Boûches-du-Rhône kommt aus dem Bereich Coteaux d'Aix-en-Provence.

ANFANG DER 1990er Jahre hätte ein Pariser Weinsnob schon die Nase gerümpft, wäre in seiner Umgebung nur das Wort *vins de pays* aufgetaucht. Australien und Südafrika, hätte er gemurrt, machten ja inzwischen zugegebenermaßen ganz genießbare Landweine, aber in Frankreich gäbe es ordentliche Weine nur in einer *appellation contrôlée.*

Vin de pays, so sein Argument, sei lediglich eine nette, in den 1970er Jahren erfundene Bezeichnung für 141 Bereiche, die zuvor *vin de table* produzierten, der in Literflaschen aus Kunststoff oder in Pfandflaschen verkauft wurde oder direkt in den europäischen Weinsee floss. Zwar sei auch für *vins de pays* festgelegt, wo und aus welchen Sorten sie hergestellt sein müssen, doch sei dieses Reglement längst nicht so streng wie das der *appellations.* Ein *vin de pays* könne somit aus sonst nirgendwo verschnittenen Sorten, bisweilen über Hunderte von Kilometern zusammengetragen, gekeltert sein.

Diese verächtliche Haltung gegenüber den *vins de pays* war und ist teilweise berechtigt, trotz rühmlicher Ausnahmen, z. B. jenem *vin de pays* de l'Hérault, den Aimé Guibert auf Mas de Daumas Gassac erzeugt. Doch die meisten *vins de pays* sind belanglose Durchschnittsweine, die von schlecht ausgerüsteten *coopératives* aus wenig gepflegtem Rebgut, das auf kärglichen Böden reift, wenig sorgfältig produziert werden. Doch hinter

VINS DE PAYS
Vins de pays sind in regionale, departement- *und lokalspezifische Kategorien untergliedert. Theoretisch gibt es keine Qualitätsunterschiede; dennoch zeichnen sich die lokalspezifischen* vins de pays *vor ihren regionalen oder* departement-*Verwandten durch individuelleren Charakter aus.*

ANBAUBEREICHE

Vin de Pays du Jardin de la France	Vin de Pays du Comtés Rhodaniens (mit den Coteaux de l'Ardèche)
Vin de Pays du Comté Tolosan (mit Côtes de Gascogne)	*Departement*-Grenze
Vin de Pays d'Oc (mit Hérault)	Regionalgrenze

HÉRAULT
In dieser departement-Appellation werden alljährlich über 11 Millionen Kisten vin de pays hergestellt, 85% davon ist Rotwein.

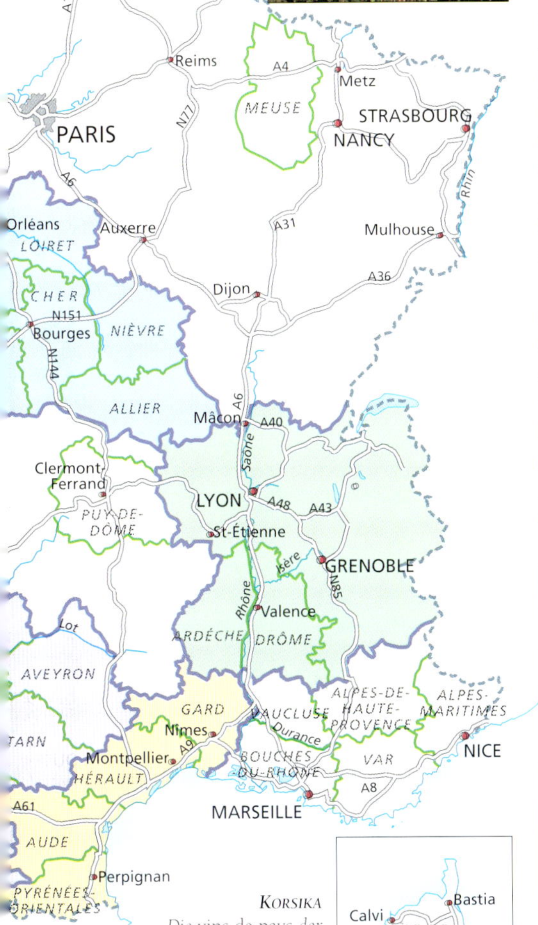

KORSIKA
Die vins de pays der Insel Korsika gehören nicht in die departement-, sondern die gebietsspezifische Gruppe.

den Kulissen gerät einiges in Bewegung. Wegbereiter wie Yves Grassa in der Gascogne und Robert Skalli haben Vinifikations- und Marketingmethoden der Neuen Welt übernommen und beginnen nun, diese Konkurrenz mit ihren eigenen Waffen zu schlagen. Das Ergebnis sind dem heutigen Stil entsprechende, fruchtige Weine, abgefüllt in Flaschen mit einem gut gestalteten Etikett. Im Languedoc-Roussillon mussten die ausdruckslosen Sorten Grenache Blanc und Carignan den Sorten Chardonnay, Sauvignon Blanc, Merlot und Cabernet Sauvignon weichen, deren Namen nun, ebenfalls nach kalifornisch-australischem Vorbild, das Etikett der entsprechenden *vins de pays* zieren. Zudem kamen gebietsfremde Investoren in die Region sowie »flying wine makers«, »fliegende Kellermeister«, von britischen Supermarktketten entsandt, um jene Weine zu machen, die ihre Kunden bevorzugen.

Mehr als ein Viertel der französischen Weine sind heute *vins de pays*, deren Exportanteil ebenfalls steigt. Qualitätsverbesserungen sind noch möglich, doch die besten Landweine sind schon heute nicht nur weitaus besser als weniger sorgfältig bereitete *appellations contrôlées* aus Bordeaux oder von der Loire, sondern sie erzielen aufgrund ihrer Qualität auch höhere Preise.

DAS REGLEMENT FÜR VINS DE PAYS

So wie *appellation contrôlée*-Weine in eine Qualitätspyramide eingeordnet sind, deren Skala von einfachen regionalen Weinen bis hin zu *grands crus* und *premiers crus* reicht, hat auch der *vin de pays* eine Rangordnung. Ganz unten stehen die vier regionalen Bereiche Vin de pays du Jardin de la France, Vin de Pays du Comté Tolosan, Vin de Pays d'Oc (mit Languedoc-Roussillon, Teilen des südlichen Rhônetals und der Provence) sowie Vin de Pays Comtés Rhodaniens. Die nächsthöhere Stufe bilden die 39 *vins de pays départements*, die fast die Hälfte aller *vins de pays* ausmachen. Per definitionem tragen sie den Namen ihres Ursprungsdepartements, sofern dieser nicht eine *appellation contrôlée* bezeichnet.

Den Abschluss bilden die fast 100 lokalen Bezeichnungen, die etwa ein Viertel bis zu einem Drittel aller *vins de pays* ausweisen.

BOUCHES-DU-RHÔNE

DAS *DÉPARTEMENT* Bouches-du-Rhône erstreckt sich von den höchsten Gipfeln der Alpilles bis ins flache Marschland der Camargue, von der Stadt Marseille bis zum stillgelegten Hafen der Aigues-Mortes. Die meisten Bouches-du-Rhônes-Weine kommen aus dem Gebiet Coteaux d'Aix-en-Provence. 80 % entfällt auf Rotwein; die Rebsorten heißen Merlot, Carignan, Grenache, Syrah, Cinsault und Cabernet Sauvignon. Die Rosés der Bouches-du-Rhône sind oft besser als die Rosés der *appellations contrôlées* aus der Provence.

- Bouches-du-Rhône
- Rot/Rosé: Carignan, Syrah, Grenache, Cinsault, Merlot, Cabernet Sauvignon
  Weiß: Clairette, Ugni Blanc
- Liebliche, fruchtige Rote; trockene Weiße und Rosés
- De Beaulieu, des Gavelles, Mas de Rey, de Trévallon
- Lamm mit Knoblauch
- Rot: 1998, 1996, 1995
- Rot: 1–7 Jahre

DOMAINE DES GAVELLES *Dieser vollmundige Rotwein ist besser als man es von einem vin de pays erwartet.*

COTEAUX DE L'ARDÈCHE

EIGENTLICH FÄLLT DER BEREICH in die regionale Kategorie Comtés Rhodaniens, aber die hiesigen Winzer ziehen es vor, ihren Wein in den Coteaux de l'Ardèche zu verkaufen. Aus Burgund kommt Louis Latour, dessen Trauben für seinen Grand Ardèche Chardonnay auf Kalksteinböden reifen; aus dem Beaujolais kommt Georges Duboeuf, der mit 120 Winzern und 7 Genossenschaften neue Reben pflanzte und der Region zum Durchbruch verhalf. Weißwein und Rosé stellen je 10 % der Gesamtproduktion, und 30 % dieser Weine sind sortenrein.

- Coteaux de l'Ardèche
- Rot/Rosé: Syrah, Grenache, Cinsault
  Weiß: Marsanne, Ugni Blanc, Roussanne, Viognier
- Mittelschwere, oft duftige Rotweine; trockene Rosés
- Ardéchois, la Clapouze, Combelonge, Louis Latour
- Rot: Tauben mit Oliven
- Weiß: 1998, 1997
- 1–5 Jahre

VIGNERONS ARDECHOIS *Die Winzer aus Ardèche erzeugen angenehm leichte, pfeffrige Rotweine.*

CÔTES DE GASCOGNE

NOCH IN DEN 1970er Jahren produzierte die Region fast nur Armagnac. Dank der Bemühungen der Domaine du Tariquet und der *coopérative* Plaimont werden heute aus den Sorten Colombard und Ugni Blanc auch fruchtige, trockene Weine alternative zum Weinbrand gekeltert. Moderne Gärmethoden und die Beimengung von Sauvignon Blanc und Manseng ergeben leichte, aromatische Weißweine. Leider haben die Weine der Côtes de Gascogne mit jenen der viel wärmeren, südlicheren Regionen eine starke Konkurrenz.

- Côtes de Gascogne
- Rot: Gamay, Cabernet Franc, Cabernet Sauvignon, Duras, Tannat
  Weiß: Colombard, Ugni Blanc, Chardonnay
- Mittelschwere Rote; frische, trockene Weiße
- Grassa, Plaimont
- Weiß: Käse-*Tarte*
- Weiß: 1998, 1997
- Weiß: 1–3 Jahre

DOMAINES GRASSA *Gemeinsam mit der* coopérative *Plaimont hat dieser Produzent das Ansehen der Region erheblich verbessert.*

HÉRAULT

DAS ANSEHEN DIESES riesigen *département* stieg enorm durch den Erfolg von Mas de Daumas Gassac nördlich von Montpellier. Dessen Besitzer Aimé Guibert pflanzte eine exzentrische Sortenmischung auf dem dortigen vulkanischen Boden, der nach Ansicht des bekannten Geologen Professor Enjalbert aus Bordeaux Weine mit *grand cru*-Charakter liefern kann. Solche Flecken sind rar, doch aufgrund besserer Weinbau- und Weinbereitungsmethoden sind die hiesigen *vins de pays* den *appellation*-Weinen angrenzender Regionen oft ebenbürtig.

- Hérault
- Rot: Carignan, Cinsault, Grenache, Syrah
  Weiß: Clairette, Ugni Blanc, Macabéo, Grenache Blanc
- Vollmundige Rote; trockene Weiße und Rosés
- De Bosc, Capion, Mas de Daumas Gassac
- Rot: Rindfleisch, geschmort
- Rot: 1998, 1996, 1995
- Rot: 3–10 Jahre

MAS DE DAUMAS GASSAC *Dieser exzentrische Verschnitt stammt aus einem der berühmtesten Weingüter Südfrankreichs.*

ÎLE DE BEAUTÉ

NACHDEM DER STATUS der *appellation contrôlée* auf Korsika so großzügig gewährt wird, findet sich kaum noch eine Flasche, die als *vin de pays* ausgewiesen ist. Dennoch sind interessante Experimente zugange, z. B. mit der Sorte Pinot Noir. Obwohl die Traube schon gewisse Erfolge verzeichnet, werden doch auch lokale Sorten noch im Überfluss vinifiziert und verschnitten, ebenso italienische Trauben. So wird eine allgemeingültige Beurteilung der Rot- und Weißweine sowie der Rosés von der Île de Beauté sehr schwierig.

- Île de Beauté
- Rot/Rosé: Nielluccio, Cabernet Sauvignon, Pinot Noir
  Weiß: Vermentino, Muscat
- Kräuternoten bei Rot und Rosé; fruchtigleichte Weiße
- Laroche, Producteurs Réunis, Sette Piana
- Rot: Schweinefleisch
- Rot: 1998, 1997, 1996
- 1–3 Jahre

PRODUCTEURS RÉUNIS *Der attraktive Rotwein hat den für Korsika typischen kräuterwürzigen, italienisch anmutenden Charakter.*

VAR

DAS DÉPARTEMENT Var erstreckt sich von Saint-Raphaël bis Bandol sowie nach Norden bis zu den Alpen der Provence und zum Lac Saint-Croix. Rosés, nach der *saignée*-Methode als helle *vins gris* bis hin zu dunkelkorallenrot erzeugt, stellen den größten Anteil. Weißweine sind eher belanglos; doch gibt es gute, würzige Rotweinverschnitte aus Grenache, Mourvèdre, Cabernet Sauvignon und Syrah. Zu Var gehören auch die Coteaux de Verdon, die roten Pinot Noir liefert; Louis Latour verkauft ihn neben seinem Chardonnay de l'Ardèche.

- Var
- Rot/Rosé: Grenache, Syrah, Mourvèdre
  Weiß: Ugni Blanc, Clairette, Roussanne
- Liebliche, fruchtige Rote; trockene Weiße und Rosés
- Du Deffends, Rabiega, de Valmoissine (Louis Latour)
- Rot: Pizza
- Rot: 1998, 1997, 1996
- Rot: 1–4 Jahre

NICOLAS THIAIS *Dieser leichte, fruchtige und würzige Rotwein ist typisch für diese Anbauregion.*

VIN DE PAYS D'OC

DIE RIESIGE REGION Oc reicht bis in die *départements* Pyrénées Orientales, Aude, Hérault und Gard hinein. Sie produziert die meisten der besten *vins de pays* Südfrankreichs, die vor allem außerhalb Frankreichs hohes Ansehen genießen – wegen ihres unkomplizierten Namens und »internationalen Stils«, den die hiesigen Produzenten pflegen: Skalli Fortant de France und Domaine Virginie, Australier wie BRL Hardy und Penfolds und nicht zuletzt die »fliegenden Kellermeister«, die hier für britische Supermarktketten tätig sind.

- Vin de Pays d'Oc
- Rot: Merlot, Grenache, Syrah, Cabernet Sauvignon
  Weiß: Sauvignon Blanc, Chardonnay, Marsanne, Viognier
- Volle, fruchtige Rote; trockene Weiße
- De la Baume, Fortant
- Rot: Schweinefleisch
- Rot: 1998, 1996, 1995
- Rot: 1–6 Jahre

FORTANT DE FRANCE *Dieser erst kürzlich herausgebrachte Rotwein stammt von einem der ehrgeizigsten Produzenten der Region.*

SONSTIGE

GEMESSEN AN OC erscheinen die drei anderen großen *vins de pays* eher belanglos. Der Jardin de la France erstreckt sich von der Loire-Mündung bei Nantes bis nach Auxerre über 14 *départements*. Am bekanntesten sind die trockenen Weißweine; aber Rotwein stellt den größten Anteil der Produktion. Comté Tolosan erstreckt sich an den Ufern von Garonne, Lot und Tarn, in die Pyrenäen und die Auvergne hinein und liefert hauptsächlich Rotweine unterschiedlicher Rebsorten. Die Comtés Rhodaniens erstrecken sich über 8 *départements* südlich von Mâcon bis in die Ardèche und in die östlichen Alpen. Nur lokalspezifische *vins de pays* dürfen diesen Namen benutzen. Außerhalb dieser drei großen Bereiche befinden sich die *départements* Dordogne und Puy de Dôme und, zwischen Champagne und Alsace, das *département* Meuse.

CLOS DE CRAY *Der Jardin de la France im Loiretal ist für köstliche Chardonnay bekannt.*

Glossar der Fachausdrücke

Verkostungsvokabular siehe S. 40 f.

Appellation Contrôlée/Appellation d'Origine Contrôlée *(S. 34 f.)*
Diese Qualitätsstufe garantiert für den Ursprungsbereich, die verwendeten Rebsorten und Herstellungsverfahren der ranghöheren Weine.

Caves Coopératives
Winzergenossenschaften, deren Mitglieder Miteigentümer der Anbauflächen und Kellereien sind. Mehr als die Hälfte der französischen Anbauflächen sind in Genossenschaftsbesitz, doch dieser Anteil sinkt.

Climat
Spezifische Weinberglage mit charakteristischen klimatischen und geographischen Bedingungen. *Climat* und *terroir* sind Synomyme.

Commune
Bezeichnung für ein Dorf oder eine Gemeinde.

Cru Classé
Die besten Weine im Médoc (Bordeaux) werden in 5 Gütestufen eingeteilt: *premier cru classé* (die beste) bis *cinquième cru classé*; den Abschluss bildet die sechste, angehängte Stufe *cru bourgeois*.

Cuvée
Weine, die aus mehreren Rebsorten verschnitten sind. Bei Schaumweinen und Champagnern gibt es auch Jahrgangscuvées: Sie sind aus mehreren Jahrgängen verschnitten.

Cuvée Prestige
Keine durch das Reglement ausgewiesene Bezeichnung; sie kann vom Erzeuger nach eigenen Vorstellungen verwendet werden.

Dégorgement (Degorgieren)
Die an die ***remuage*** anschließende letzte Phase der Champagnerbereitung, um den vereisten Hefepfropfen aus der Flasche zu entfernen.

Dekantieren
Das Umgießen des Weins – vor allem Rotweins – bis zu zwei Stunden, bevor er getrunken wird. Derart wird der Wien »belüftet« und somit weicher.

Èlevé en futs de chêne
Bezeichnet einen Wein, der in Holzfässern ausgebaut wurde, meist in neuen Eichenholzfässern.

Grand Cru
Bedeutet wörtlich »großes Gewächs.« Dieser Rang bezeichnet eine Spitzenweinberglage und den dazugehörigen Wein. Die Güte ist unterschiedlich in Bordeaux, Burgund, Champagne und Elsass.

Grand Vin
Der beste Wein eines Weinguts, im Gegensatz zum Zweitwein.

Grand Vin de France
Eine nicht reglementierte Bezeichnung, etwa wie Prestige Cuvée (s. oben).

INAO
Abkürzung für das 1935 gegründete Institut National des Appellations d'Origine. Es bestimmt das Reglement der appellations contrôlées (s. oben).

Maische
Das Lesegut vor der Pressung: Schalen, Kerne, Stiele und Most liegen im Fass bzw. Gärtank. Man sagt auch: Der Wein liegt auf der Maische.

Marc
Schalen, Kerne und Stiele, die zurückbleiben, nachdem das Lesegut gepresst ist. In manchen Regionen wird daraus ein (Trester-)Schnaps destilliert, etwa der berühmte Marc de Bougogne.

Méthode Champenoise
Französisches Champagnerverfahren, das u. a. eine Zweitgärung in der Flasche einschließt.

Phylloxera
Lateinisches Wort für Reblaus: Sie frisst die Wurzelreben an und zerstört so in periodischen Abständen die französischen Weinberge.

Premier Cru
Qualitätsbezeichnung; in Burgund für die Weine unter dem *grand cru*; die Verwendung in Bordeaux und anderswo ist variabel.

Remuage (Rütteln)
Teil der ***méthode champenoise.*** Bezeichnet den Rüttelvorgang, durch den sich die nach Abschluss der Zweitgärung abgestorbenen Hefen im Flaschenhals absetzen.

Réserve Spéciale
Eine nicht reglementierte Bezeichnung, etwa wie Cuvée Prestige (s. oben).

Trester
Deutscher Begriff für marc (s. oben).

Vieilles Vignes
Hinweis darauf, dass die Trauben dieses Weins von alten, ertragsarmen Reben stammen. Trauben von alten Rebstöcken sind konzentrierter in Farbe und Geschmack.

Villages
Villages-Lagen sind gesondert ausgewiesene, hochwertigere Lagen einer appellation, z. B. in den Côtes du Rhône (S. 210).

Vin Doux Naturel
Ein Wein, der aufgespritet wird, das heißt, ihm wird während der Gärung Branntwein zugesetzt, um seinen Alkoholgehalt zu erhöhen und um die Gärung zu stoppen.

Vin de Table
Einfachste Gütekategorie für französische Weine.

Vin de Pays
Die Gütestufe zwischen ***vin de table*** und ***VDQS.*** Steht meistens für einfachen regionalen Landwein.

Vin Délimité de Qualité Supérieure (VDQS)
Gütebezeichnung für Weine, die besser sind als ***vin de pays,*** aber nicht so gut wie ***appellation contrôlée.***

REGISTER

D

DANKSAGUNGEN

Auftragsfotos
Max Alexander, Andy Crawford, Phillip Dowell, Neil Lukas, Ian O'Leary, Neil Mersh, Stephen Oliver, Guy Ryecart, Kim Sayer

Bildnachweis:
o: oben, ol: oben links, olm: oben links Mitte, om: oben Mitte, orm: oben rechts Mitte, or: oben rechts, mlo: Mitte links oben, mo: Mitte oben, mro: Mitte rechts oben, ml: Mitte links, m: Mitte, mr: Mitte rechts, mlu: Mitte links unten mu: Mitte unten, mru: Mitte rechts unten, ul: unten links, u: unten, um: unten Mitte, uml: unten Mitte links, ur: unten rechts, a: Ausschnitt.

Der Verleger dankt den nachstehend aufgeführten Personen, Unternehmen und Bildagenturen für die Abdruckgenehmigung ihres Bildmaterials:

AKG, London: 11m, 61o/u, 202o; **Ancient Art & Architecture Collection:** 3m, 174u; **Anthony Blake Photo Library:** 45u; **Bridgeman Art Library,** London and New York: Archives Nationales, Paris 72o; Biblioteca de Catalunya, Barcelona 73o; British Library, London 13u; Buhrle Collection, Zurich 13o; Giraudon/Musée Conde, Chantilly 100o; Musée d'Orsay, Paris Palais des Papes 1900 by Paul Signac © ADAGP, Paris and DACS, London 1999 203o; Musée National du Moyen Age et des Thermes de Cluny, Paris 10–11, 14u; Museo Archeologico Nazionale, Naples 14ol; Museo dell'Opera del Duomo, Florence 12o; Private Collection 72b, 57 (insert); Private Collection/Roger-Viollet, Paris 203u; Staatliches Museum, Schwerin 12u; Victoria & Albert Museum, London 60o; **Cephas Picture Library:** Nigel Blythe 174o; Mick Rock 155m, 175o/ur, 130u, 161or; StockFood 44ul; TOP/Christine Fleurent 44ur; TOP/Pierre Hussenot 47, 141or, 193m; TOP/Tripelon/Jarry 69or; Wine Magazine 39o; **Jean Loup Charmet:** Musée Carnavalet 15o; **Robert Joseph:** 171ur; E. T. Archive: Cathedral Treasury, Aachen 14or; **Institut National des Appellations d'Origine (INAO):** 34ol, 35ul/ur; **Interior** Archive: Jonathan Pilkington 49o; **Pol Roger:** 145u; **Retrograph Archive,** London: Martin Breese 144o; **Scope,** Paris: Jean-Luc Barde 1, 2–3, 8, 18o/ul, 19ml, 23u, 24u, 25u, 26ul, 29mr, 30, 32, 35o, 39u, 45o, 50o, 51, 55u, 71, 80ol/ul, 83or, 88u, 93mr/u, 95o/ul, 97or, 99, 106o/ul, 107ol/or/u, 109o/u, 110o/ul, 111ur, 119ur, 120o/uc, 121or, 122ur, 123o, 124ur, 126or, 128ur, 132ur, 159or, 162, 163, 165o/ul, 166or/ur, 167or/ur, 168or/ur, 169or/ur, 171or, 219o, 222, 223, 224or/ur, 225or, 226or/ur, 227or/ur, 228or, 229ur, 231; Philippe Beuzen/Îles Images 199or/ur; Philippe Blondel 20o, 172, 181ur, 191ul/o, 199ur; Charles Bowman 50u; Daniel Czap 42o; Jacques Guillard 4, 5ur, 6ol, 16, 17ol/or, 19or/ur, 20u, 21o, 22o/ul, 26o/ur, 28o/u, 29ol, 38u, 46, 48o, 49u, 52o, 54o/u, 56–57, 58o, 60u, 62, 63o/m/u, 64ur, 65or/ur, 66or, 67or/ur, 86ol, 100u, 101u, 102ml/ur, 103o/m, 104o, 105o/m/ur, 108ul, 111o, 112ul, 113or/m/u, 114ur, 115o, 116ur, 117ol, 118or, 119or, 122ur, 125ol, 127o/ul, 128or, 129o, 130or/m, 131ml/ul, 132o, 133o, 134ur, 136ur, 137ul, 138ul, 139o/ul, 143o, 144u, 145o, 146u, 147o, 152ul/ur/ul, 156, 157, 158o/ul, 160ur, 161ur, 173, 175ml, 176, 177o, 178or/ur, 179or, 180or/ur, 181or, 182or/ur, 183o, 184ml, 185or, 186o, 187ul, 188or/ur, 189o, 190ul, 194, 195, 196ur, 201, 202u, 204o, 205, 206or/u, 207o/um, 208or/ur, 209or, 210ul, 211o/u, 212o/um, 213or/ur, 214o/ul, 215or/ur, 216or/ur, 217or/ur, 218or/m/u, 219ul, 230; Michel Guillard 17u, 18ur, 21ul, 22ur, 23o, 24o, 25o, 27u, 29u, 36o, 38o, 43o, 48u, 52u, 64or, 73u, 74o/u, 75, 76o/u, 77o/u, 79ur, 82ol, 83ur, 84ol, 85o/m/u, 87ol, 88or, 89ol, 90o/ul, 91mr, 92o/ml, 93or, 94o, 121ur, 135or, 177u, 189ul, 196or, 204u; Frederic Hadengue 21ml; Noël Hautemanière 44o, 164or, 170o; Francis Jalain 5ol, 27o, 126ur; Sara Matthews 55o, 98; Michel Plassart 34u, 37o/mo/mu/u, 66ur, 101o, 118ur, 142, 183ul; Jean-Luc Sayegh 15u; **Clive Streeter:** 221m.

Titelbild: Auftragsfotos außer **Cephas Picture Library:** Mick Rock Titelbild oml, um; **Martin Preston:** Innenklappe hinten o; **Scope:** Jean-Luc Barde Rückseite ur; Jacques Guillard Rückseite ol; Michel Guillard Titelbild ul/ur, Innenklappe vorn o.

Frankreichs Weinregionen

Regionen	S.
Elsass und Lothringen	58–69
Bordeaux	70–97
Burgund	98–141
Champagne	142–155
Jura und Savoyen	156–161
Languedoc-Roussillon	162–171
Das Tal der Loire	172–193
Provence und Korsika	194–199
Das Tal der Rhône	200–221
Südwestfrankreich	222–229
Département-Grenze	

Das Tal der Loire

Bordeaux

Südwestfrankreich

Languedoc-Roussillon

Provence und Korsika